Ассоциация исследователей российского общества
(АИРО-XXI)

А.Д. Попова

ФЕМИДА В ЭПОХУ ПРЕОБРАЗОВАНИЙ

Судебные реформы 1864 г. и рубежа XX—XXI вв. в контексте модернизации

Москва
Новый хронограф
2009

УДК 342.56(470+571)
ББК 67.71(2Рос)
П 57

Попова А.Д.

П 57 Фемида в эпоху преобразований: судебные реформы 1864 г. и рубежа XX—XXI вв. в контексте модернизации / А.Д. Попова; Ассоциация исследователей российского общества (АИРО-XXI). — М.: Новый хронограф, 2009. — 360 с. — (Серия «Российское общество. Современные исследования»). — ISBN 978-5-94881-073-7.

Агентство CIP РГБ.

Монография посвящена исследованию роли судебной реформы в сложном преобразовательном процессе, который переживает последние полтора десятилетия российское общество. В работе впервые ставится задача подведения итогов современной судебной реформы и выявления ее значения для общества и для всего процесса модернизации. Автор показывает значение преобразований в судебном ведомстве для процесса модернизации, исследуя сразу две судебные реформы, которые проводились в сложные переломные моменты развития общества: в 1864 г. и на рубеже XX—XXI вв. На основе широкого круга источников, большинство из которых впервые вводится в научный оборот, изучены цели, задачи и содержание судебных реформ в контексте процесса преобразований в политической, экономической, социальной и культурных сферах, а также взаимоотношение судов с другими ветвями власти — законодательной и исполнительной, финансирование судебного ведомства, решение кадрового вопроса, загруженность судей, отношение к суду общества, доступность суда для граждан. В работе анализируется общественное значение обеих судебных реформ, их влияние на процесс формирования гражданского общества. Впервые проведена сравнительная оценка результатов современной судебной реформы и реформы 1864 г., проанализирована точность воплощения той модели судопроизводства, которая была задумана авторами Судебных уставов и авторами Концепции судебной реформы 1991 г. Книга представляет интерес для историков, юристов, работников правоохранительных органов.

УДК 342.56(470+571)
ББК 67.71(2Рос)

ISBN 978-5-94881-073-7

СОДЕРЖАНИЕ:

ВВЕДЕНИЕ

Жить в эпоху реформ и трудно, и интересно одновременно. Уже более двух десятков лет наша страна и общество переживают сложный модернизационный процесс. Изменилось многое: государственный строй, система органов власти, политический режим, экономика, даже название страны стало другим. Кардинально сместились идейные ценности и цели общества: на смену строительству коммунизма пришло построение демократического и правового государства, где приоритетными являются общечеловеческие ценности, права и свободы людей.

Неотъемлемой частью происходящих преобразований стала судебная реформа. Деятельность судебной власти во многом зависит от того, какие методы управления обществом выбирает государственная власть, насколько она признает права и свободы своих граждан. Словом, традиции того или иного политического режима отражаются на методах работы судебной власти. Поэтому без судебной реформы произвести демократические преобразования в политической или экономической жизни невозможно. Она является необходимым условием построения правового государства и демократического общества. Реформы в судебном ведомстве начались уже более 15 лет назад. За это время хоть и медленно, но лицо судебной власти сильно преобразилось. Изменился статус судей, введены суды присяжных, мировая юстиция, институт судебных приставов, утверждаются принципы состязательности, повысился уровень открытости работы судебной системы, иным стало отношение государства к финансированию судов. Пройденный путь уже позволяет сделать какие-то выводы и обобщения. Именно на это направлена предлагаемая монография. Однако главная цель работы заключается не столько в обобщении результатов преобразований в судебном ведомстве, сколько в анализе результатов воздействия судебной реформы на процесс модернизации всего общества. Эта книга не только о суде, но и о роли судебной системы в жизни страны и общества, о сложном процессе взаимодействия судебной реформы со всем реформаторским процессом, который мы сейчас еще продолжаем переживать. Автор исходит из того, что судебная реформа является элементом сложного реформаторского процесса. И поэтому она, с одной стороны, вытекает из политических, экономических и других реформ, а с другой стороны — создает для них условия. Соответственно автор постарался ответить на сложный вопрос о воздействии судебной реформы на преобразования в политической, экономической, социальной и культурной жизни, оценить, насколько судебная реформа соответствует потребностям общества и страны, как строится взаимодействие различных ветвей власти в процессе преобразований, как судебная реформа воздействует на изменение общественного сознания, какова ее роль в формировании демократических механизмов, рыночной экономики, институтов гражданского общества, и в то же время как условия переходного периода сказываются на работе судебной системы. Таким образом, взгляд на судебную систему осуществляется через призму глобального преобразования страны последних двух десятилетий, в контексте строительства правового государства и гражданского общества.

Большую роль в выполнении поставленной в исследовании задачи играет обращение к историческому опыту. Одной из наиболее ярких страниц отечественной истории является судебная реформа 1864 г., изучение опыта которой очень полезно для проведения сегодняшней реформы. Это обуславливается рядом факторов. Во-первых, обе реформы по целям и содержанию весьма похожи и во многих моментах совпадают. Обе ставили задачу сформировать независимое, оперативное, справедливое, доступное правосудие. Обе закрепляли такие принципы, как гласность, независимость, состязательность, равенство перед судом и законом, вводили суд присяжных, мировых судей, институт судебных приставов. Во-вторых, современная судебная реформа только завершается, а результаты реформы 1864 г. дают возможность подробно проанализировать, как тогда себя проявили на практике многие новшества, которые сейчас активно внедряются вновь. Качество любого закона можно оценить только в процессе применения его на практике. Для оценки любой реформы и для извлечения из нее уроков на будущее мало исследовать только ее содержательную сторону, необходимо проследить, как вводимые новшества прижились, какой был результат от их внедрения, проанализировать причины успехов и неудач. Это позволит избежать повторения одних и тех же ошибок. В-третьих (и это самое главное), обе судебные реформы проводились в схожих исторических условиях, когда обществу и стране требовалось обновление практически во всех сферах. Причем основной вектор реформ тоже был примерно одинаковым: демократизация, повышение уровня законности, повышение уровня защиты прав и свобод, создание рыночных отношений в экономике. Судебная реформа 1864 г. стала частью знаменитой эпохи Великих реформ Александра II, современная судебная реформа стала частью демократических преобразований рубежа XX—XXI вв. Поэтому их сравнение позволит глубже выявить роль судебной реформы в процессе модернизации, ее влияние на преобразования в политике, экономике, культурной и социальной сферах, а также показать судебную реформу не как узковедомственное мероприятие, а как фактор построения гражданского общества. Такой подход придает исследованию большое практическое значение, так как позволяет на историческом материале спрогнозировать развитие событий и откорректировать направление современного реформаторского курса.

Работа над монографией потребовала обобщения большого фактического материала. Было проанализировано законодательство как современное, так и XIX в., партийные документы — материалы XIX Всесоюзной партийной конференции, XXVII съезда КПСС, пленумов. Для изучения процесса реализации судебной реформы 1864 г. большую помощь оказали архивные материалы, большинство из которых используется впервые. Большое значение имело знакомство с официальными материалами: «Положением о введении судебной реформы 1864 г.», «Соображениями комиссии, высочайше утвержденной для окончания работ по преобразованию судебной части, о порядке введения в действие Судебных Уставов 20 ноября 1864 г.», «Концепцией судебной реформы 1991 г.», докладами Уполномоченного по правам человека, материалами Высшей квалификационной коллегии судей, материалами съездов судей, данными управления Судебного департамента при Верховном Суде РФ в Рязанской области и Рязанского областного суда. Изучались публикации периодических изданий как XIX века, так и современных. В частности, были использованы современные периодические издания 10 регионов (Воронежской, Орловской, Рязанской, Нижегородской, Ульяновской, Владимирской, Липецкой, Смоленской, Тамбовской и Амурской областей). Использование мемуаров людей, живших в XIX в., и интервью с современными судьями позволили показать «взгляд изнутри». Также в процессе работы над книгой автором было проведено четыре социологических опроса, в том числе один опрос проводился и среди судей.

Автор выражает благодарность всем, кто оказал помощь в сборе материалов для книги: председателю Рязанского областного суда А.П. Музюкину, заместителю председателя Рязанского областного суда А.И. Платонову, сотрудникам пресс-службы Рязанского областного суда И.С. Матвеевой и В.П. Катаргиной, начальнику Управления Судебного департамента при Верховном Суде в Рязанской области А.Н. Павлухину, сотрудникам департамента А.Н. Кельм, Г.Г. Дворецкой, начальнику отдела по расследованию особо важных дел Следственного управления Следственного комитета при прокуратуре РФ по Рязанской области А.В. Широкову.

Автор с благодарностью примет все отзывы, замечания и пожелания, которые можно направлять по электронной почте: annolga@popovd.ryazan.ru

1. ПРИЧИНЫ И ПРОГРАММА РЕФОРМИРОВАНИЯ СУДЕБНОГО ВЕДОМСТВА

1.1. Политические и экономические предпосылки преобразований в судебном ведомстве

Рубеж XX—XXI вв. ознаменовался крупномасштабными преобразованиями во всех сферах жизни нашей страны. Начиная с 1985 г. и по сегодняшний день общество переживает сложные взаимосвязанные преобразования, затронувшие различные стороны жизни — политику, экономику, культурную жизнь, социальную сферу. Целью реформирования является построение демократического государства и гражданского общества, что предполагает кардинальное изменение политического и экономического строя. В этом плане данные преобразования сопоставимы с Александровской модернизацией, имевшей место в период правления Александра II. Наиболее ярким событием обеих реформаторских эпох можно назвать судебные реформы. Преобразования в судебной сфере важны не только для самой судебной системы, они влияют и на многие сферы общественной жизни — успешное развитие политической, экономической, культурной жизни невозможно без эффективной, независимой и доступной судебной власти.

Следует признать, что судебные реформы стали одним из условий всех преобразований обоих исторических периодов, т.к. их содержание и методы проведения продиктованы общей стратегией модернизации как XIX в., так и конца XX — начала XXI веков. Судебная реформа находится в тесной взаимосвязи с остальными реформами, задачи и содержание которых предопределяют содержание и темп судебной реформы. Представляется актуальным выделить политические и экономические основы судебной реформы, установить, каким образом экономические, политические и социальные причины модернизации в целом обусловили необходимость преобразований в судебной сфере, насколько они предопределили вектор судебной реформы.

1.1.1. Назревание кризиса. Реформы второй половины XIX в. и рубежа XX—XXI вв. проводились в условиях глубокого общественно-политического кризиса. К концу 70-х гг. двадцатого столетия советская политическая и экономическая система явно проявляла признаки надвигающегося глобального коллапса. Созданная в 30-х гг. административно-командная система давно уже перестала быть эффективной: в стране нарастали спад производства и отставание в научно-техническом прогрессе, рос бюджетный дефицит. Созданная в период индустриализации 30-х гг. производственная база значительно устарела, физический износ оборудования к началу 80-х гг. превысил 40%, а во многих отраслях — 50—60%[1]. Крайне медленно внедрялись новые технологии, слабо учитывались достижения научно-технического прогресса. Из всех разработок различных НИИ и КБ треть так и не доходила до массового производства. Например, СССР значительно отставал по производству пластмасс (в 130—250 раз от таких стран, как США, Япония, ФРГ) прежде всего потому, что экономика была не в состоянии востребовать большие объемы производства пластмасс[2]. Для предприятий модернизация производства была невыгодна, т.к. это не влияло на главный показатель работы — выполнение плана по объему продукции. Доля ручного труда еще оставалась слишком высокой: в промышленности она составляла 60%, на транспорте — 50%, в строительстве — 60%, в торговле — 70%, в сельском хозяйстве — 80%. Если в 1975 г. высокотехнологичные изделия составляли 32,7% советского импорта, то в 1983 г — всего 5%[3]. Труд ученого, инженера становился все менее престижным. Если в 1955 г. инженерные работники получали на 70% больше, чем рабочие, то в 1985 г. разница сократилась до 10%[4]. Стоило ли пять лет учиться в вузе, чтобы получить такую незначительную прибавку. Да и само качество высшего образования в Советском Союзе было пусть не самым худшим в мире, но далеко до идеала. В 1987 г. рядовой коммунист В.М. Гарбузюк в письме на имя Генерального секретаря М.С. Горбачева, высказывая беспокойство о ходе перестройки, среди прочего с горечью отмечал проблему качества подготовки специалистов в вузах и ссузах: «Да и если посмотреть на выпускников вузов. Одна треть — откровенные “двоечники” и толь-

---

1 Баранов А.С. Введение в современную российскую историю. 1985—1991 гг. Курс лекций. М., 2002. С. 33.

2 Смирнов В.С. Экономические причины краха социализма в СССР // Отечественная история. 2002. № 6. С. 99.

3 Баранов А.С. Указ. соч. С. 39.

4 Шубин А.В. Социальная структура СССР в канун перестройки // Отечественная история. 1997.№ 4. С. 137.

ко 30—40% выпускников соответствуют диплому»[5]. Конечно, автор письма несколько утрирует ситуацию. Однако нельзя не согласиться с тем, что в Советском Союзе студенты были нацелены, прежде всего, на получение оценок в зачетку (порой любыми способами), а не знаний как таковых. Советская экономика развивалась по экстенсивному пути, т.е. не за счет повышения производительности имеющихся производственных мощностей, а за счет ввода в строй новых производственных сил и вовлечения дополнительных человеческих ресурсов. В СССР имелась система способов привлечения дешевой рабочей силы: ею являлись так называемые лимитчики, т.е. жители провинции, приехавшие в крупные города и согласные работать в худших условиях, чем, например, коренные москвичи или ленинградцы. Источником дешевой рабочей силы были также военнослужащие, студенты, привлекаемые в стройотряды и для сбора урожая, обитатели ЛТП (лечебно-трудовых профилакториев для лиц, страдающих алкоголизмом), заключенные. Каждая «зона» была, прежде всего, производственным участком, приносящим прибыль[6]. Как отмечает доктор экономических наук В.С. Смирнов, «социализм обладал уникальными трудовыми и природными ресурсами (в этом была его сила и слабость) и затраты мог не считать»[7].

В годы советской индустриализации была заложена главная черта несбалансированности советской экономики: приоритет отдавался производству средств производства (так называемая группа А), а производству товаров потребления (группа Б) отводилось второе место, сельское же хозяйство долгие годы рассматривалось как источник ресурсов, а не как самостоятельная отрасль, нуждающаяся в инвестициях. Это соотношение свято соблюдалось на протяжении всего пути развития социалистической экономики. Например, к 1975 г. прирост группы «А» составил 46%, а группы «Б» — 37%. По данным официальной статистики, в этом году группа «А» выросла по сравнению с 1940 г. в 23,3 раза, а группа «Б» — в 9 раз[8]. Только 1/7 часть всех производственных фондов была сосредоточена на производстве товаров народного потребления[9]. СССР производил электроэнергии почти в 2 раза меньше США, однако на промышленные нужды электроэнергии

5 ГАРФ Ф. Р-9492. Оп. 8. Д. 2374. Л. 23.

6 Шубин А.В. Указ. соч. С. 140.

7 Смирнов В.С. Экономические причины краха социализма в СССР // Отечественная история. 2002. № 6. С. 106.

8 Смирнов В.С. Указ. соч. С. 99.

9 Горбачев М.С. Политический отчет ЦК КПСС XXVIII съезду КПСС и задачи партии // Материалы XXVIII съезда КПСС. М., 1990. С. 6.

тратилось столько же, сколько в США, зато на освещение и бытовые нужды — в 10—12 раз меньше[10]. Аналогичная картина наблюдалась с производством и потреблением топлива. СССР потреблял топлива в 1,5 раза меньше, чем США. При этом производство потребляло топлива в 1,5 раза больше США, а население — в 15—20 раз меньше. По объему потребления бензина легковым автотранспортом СССР уступал США в 20—25 раз[11]. Однако особым вниманием пользовалась военная сфера — военно-промышленный комплекс. Участие страны в гонке вооружений обуславливало то, что предприятия «оборонки» находились в привилегированном положении. Как сказал М.С. Горбачев на XXVIII съезде КПСС: «Я уже не говорю о милитаризации экономики, поглотившей колоссальные, причем лучшие, материальные и интеллектуальные ресурсы»[12]. По мнению бывшего премьер-министра СССР В.С. Павлова, «страна, расходующая 34—36% своего производственного национального достояния на военные нужды, не может иметь другого социального и технико-экономического положения, исхода развития, даже если ею руководит гений»[13]. На потребление, как личное, так и коллективное, приходилось 50% валового национального продукта (ВНП), в то время как в западных странах — 70—80%[14]. Как результат, постоянно нарастающий спад производства с вытекающими отсюда последствиями: рост национального дохода в восьмой пятилетке составил 41%, в девятой — 28%, в десятой — 21%, в одиннадцатой — 17%. На январском 1987 года Пленуме ЦК КПСС М.С. Горбачев был вынужден признать, что планы по большинству показателей с начала 70-х гг. не выполнялись[15].

Простые советские люди ощущали это по нарастающему дефициту промышленных и продовольственных товаров, очередям в магазинах, низкому качеству товаров и услуг, нехватке жилья. За товарами приходилось ездить в другие города, жилье ждать годами, покупку машины тоже, и не потому, что не было денег, а потому, что не хватало машин. На многие товары — машины, холодильники, стиральные машины устанавливались очереди, в которых приходилось стоять годами. Существовали нормы распределения товаров по различным на-

---

10 Смирнов В.С. Указ. соч. С. 100.

11 Там же. С. 100.

12 Горбачев М.С. Политический отчет ЦК КПСС XXVIII съезду КПСС и задачи партии // Материалы XXVIII съезда КПСС. М., 1990. С. 6.

13 Баранов А.С. Указ. соч. С. 32.

14 Там же. С. 33.

15 Горбачев М.С. О перестройке и кадровой политике. Доклад Пленуму // Материалы Пленума ЦК КПСС 27—28 января 1987 г. М., 1987. С. 10.

селенным пунктам. Самыми высокими они были для столиц — Москвы и Ленинграда, меньше для крупных городов, самые маленькие для села. Если жители Москвы и Ленинграда имели возможность покупать необходимые товары, то в провинции приходилось ловить нужный товар в магазине, искать знакомство с торговыми работниками, совершать товарные «экскурсии» в столицу. Верхом мечтаний было не просто «отловить» пальто или сапоги нужного размера, а купить товар, произведенный за границей. Качество промышленных отечественных товаров оставляло желать лучшего. В уже цитировавшемся письме коммуниста В.М. Гарбузюка ставился злободневный практически для каждого жителя страны вопрос: «Почему мы не можем выпускать приличную обувь или хорошие костюмы?»[16] Рост благосостояния осуществлялся медленно. Среднемесячная зарплата служащих в 1980—1985 гг. выросла с 168,9 рубля до 190,1 рубля, а зарплата рабочих — с 182,5 до 208,5 рубля, т.е. 12 и 14% соответственно. В то время как цены на мясо выросли на 5%, на колбасные изделия — на 13%, на рыбу — на 2%, на фрукты — более чем на 21%, на хлопчатобумажные ткани — на 30%[17].

Социальная сфера также была в запущенном состоянии. На первый взгляд советский человек имел как никакой уровень социальной защиты: была гарантирована бесплатная медицинская помощь, бесплатные школы, детские сады, плата за коммунальные услуги была одной из самых низких в мире. Однако это была только видимость, бесплатная медицина сильно отставала по уровню от западных стран, хорошему врачу приходилось доплачивать из своего кармана. Детские сады были переполнены, нередко в группе находилось до 40 малышей. Серьезной проблемой была нехватка жилья, традиционная советская семья — это представители нескольких поколений, живущих под одной крышей: старшее (бабушка, дедушка), среднее — их взрослые дети, и младшее (один-два ребенка). Получить отдельную квартиру было мечтой всей жизни, ее приходилось ждать годами. Так же подолгу приходилось ждать установки телефона в квартире. К концу существования СССР на его долю приходилось порядка 60% мирового грузооборота железных дорог, 40—50% изымаемой из недр горной массы и около 75% выплавки стали в мартенах, а по уровню телефонизации СССР отставал от ведущих стран на 50—150 лет. В 100 км от Москвы из-за отсутствия телефонной связи и, как следствие, невозможности вызвать помощь гибли люди[18]. Если гражданину удавалось скопить

16 ГАРФ Ф. Р-9492. Оп. 8. Д. 2374. Л. 18.

17 Шубин А.В. Указ. соч. С. 142.

18 Смирнов В.С. Указ. соч. С. 103.

на машину и дождаться своей очереди на ее покупку, то приходилось решать следующую проблему — строительство гаража, это тоже было нелегким делом. Все это создавало условия для различных злоупотреблений, взяточничества. Не случайно именно это дало материал для одной из лучших комедий Э. Рязанова «Гараж».

В этих условиях расцветает так называемая теневая экономика, т.е. нелегальное предпринимательство, которое в первую очередь касалось товаров народного потребления. Ресурсы, прежде всего сырье для нелегального производства, находили на государственных предприятиях за счет экономии или, точнее, снижения качества официальной продукции. Это в свою очередь создало базу для появления организованной преступности или, проще говоря, мафии. Как отмечает А.В. Шубин, «…организованная преступность возникла в СССР именно при Брежневе. В 70-е гг. теневой капитал, который в условиях запрета частной собственности мог быть единственной формой частного бизнеса, сформировал специфическую социальную систему, состоявшую из теневой буржуазии и контролировавшей ее мафии»[19]. Любая производственная или хозяйственная инициатива могла быть приравнена к нарушению закона, предпринимательство официально было признано преступлением, и любая удачная мысль по извлечению несанкционированных доходов могла повлечь неприятные последствия в виде приговора народного суда с последующим лишением свободы. Например, в 1984 г. один москвич разработал технологию извлечения из промышленных отходов драгоценных металлов, из которых изготовлял высокохудожественные ювелирные изделия. Сырьем служили производственные отходы, которые он добывал на городской свалке, т.е. не только ничего не украл у государства или общества, а, наоборот, приносил ему пользу, пополняя потребительский рынок качественными товарами. Тем не менее он был осужден[20]. Случай далеко не единственный: однажды двое парней были осуждены за то, что они наловчились извлекать серебро из отработанного фотографического реактива — фиксажа. Фотография была делом массовым, причем в первую очередь была распространена не цветная, а именно черно-белая фотография, которая и содержит микрочастицы серебра. В основном все фотолюбители осуществляли весь процесс обработки пленки и печати готовых фотоснимков у себя дома, а отработанные реактивы обычно сливали в канализацию, не думая о ценных металлах.

---

19 Шубин А.В. Социальная структура СССР в канун перестройки // Отечественная история. 1997. № 4. С. 136.

20 Смирнов В.С. Экономические причины краха социализма в СССР // Отечественная история. 2002. № 6. С. 95.

Налицо была и деградация политического строя. Формально Советский Союз являлся демократической республикой, в которой власть принадлежит народу, и это народовластие осуществляется через Советы народных депутатов, а каждый гражданин СССР наделен широким спектром политических и социально-экономических прав и свобод. Однако реальность была другой. Ядром государственной и политической системы Советского Союза была Коммунистическая партия. Именно партийная верхушка, а не народ, и управляла страной. Статья 6 Конституции СССР 1977 г. официально закрепила руководящую и направляющую роль партии. Выборы и народовластие превратились в красивую ширму и простую формальность — реально Советы власти не имели и занимались решением только мелких вопросов под бдительным контролем партийных органов. Деятельность государственного аппарата была сильно бюрократизирована, простой человек оказался бесправным перед властью чиновника любого ранга. Росло взяточничество в чиновничьей среде, причем эта болезнь затрагивала даже самые высокие эшелоны власти. В 70-е гг. XX в. началось сращивание бюрократии с представителями «теневой экономики».

Самым главным проявлением кризиса советской системы было не просто нарастание недоверия к руководству страны, а падение веры в социалистические идеалы. В 30—50-е гг. XX в., когда положение простых людей было еще хуже, подавляющее большинство советских людей верило, что строят коммунистическое государство и что их страна самая лучшая в мире; даже если и случались выступления против власти, то они, как правило, были направлены против сталинских извращений ленинской концепции социалистического строительства. В 1954 г. в Воронежский обком партии поступило письмо без подписи: «Не подумайте, товарищ секретарь, что мы антисоветские люди, нет! Один из нас еще в гражданскую войну с оружием в руках завоевывал Советскую власть, один имел три ранения и пролил кровь во вторую империалистическую войну за власть Советов, третий тоже имеет контузию в этой войне. Так что в этом не сомневайтесь. Наша страна с каждым годом идет не вперед, а назад. Возьмите наш Воронеж — рабочему классу живется сейчас труднее, чем год назад. Ведь в магазинах, кроме хлеба, ничего нет. Сахар появился на 3-4 месяца и исчез, мяса нет, масла нет, да и вообще по государственным ценам ничего не достанешь, а покупать все на базаре, получая 600—700 рублей в месяц и имея семью пять-шесть человек — это просто что ничего»[21]. Данные авторы особо оговорили, что они горячие сторонники Советской

21 Цитируется по: Власть и оппозиция. Российский политический процесс XX столетия / Под ред. В.В Журавлева. М., 1995. С. 194.

власти, проливали за нее кровь, недовольство вызывает только отсутствие товаров в магазинах, и это даже не высказывание недовольства, а нижайшая просьба к власти, которой они безгранично доверяют, обратить внимание на этот вопрос. Недовольство самим политическим строем высказывалось весьма редко и порой в достаточно робких формах. Так, студенты ряда московских вузов на военных сборах соревновались на самый хлесткий политический анекдот. В других вузах возникали идеи организовать подпольные кружки, однако до реального воплощения дело доходило редко. Причем интересно, что активность в таком «антисоветском» поведении в первую очередь проявляли студенты не просто наиболее элитарных вузов (МГУ, Московского историко-архивного института, Всесоюзного института кинематографии), а специальностей, где идеологическому воспитанию уделялось особое внимание (в этом были замечены будущие журналисты, архивные работники, кинематографисты)[22].

В 70-е годы люди уже перестают верить в социалистическую идею. Оппозиционное движение становится более массовым, по данным КГБ, за 1967—1971 гг. было выявлено 3096 «группировок политически вредного характера»[23]. Широка география возникновения таких групп: Москва, Ленинград, Свердловск, Тула, Владимир, Омск, Казань, Тюмень, Украина, Литва, Эстония, Белоруссия, Молдавия, Казахстан, Закавказье и другие города и республики, фактически весь Советский Союз. Самое главное — это уже были выступления не против искажения идей социализма, а против социализма как такового. На заседании Секретариата ЦК КПСС 15 января 1971 г. отмечалось, что только за 1965—1970 гг. самиздатовским способом было издано более 400 исследований, критикующих советский строй, внутреннюю и внешнюю политику КПСС. В диссидентское движение включались широкие слои населения, даже дети. Так, в Рязани в 1970 г. ученики одной из школ распространяли листовки с критикой правительства и призывами устраивать забастовки и демонстрации[24]. Аналогичная группа была выявлена в Туапсе, в которую входило 14 учащихся 8—9-х классов. Скептическое отношение к прежде бесспорным идеалам становится массовым явлением. Характерная черта общественного сознания конца 70-х — начала 80-х гг. — политическое двуличие: днем на партсобрании люди говорят о преданности идеям социализма, единстве партии и народа, о прозорливости советских руководителей,

---

22 Там же. С. 215.

23 Власть и оппозиция. Российский политический процесс XX столетия / Под ред. В.В Журавлева. М., 1995. С. 244.

24 Там же. С. 262.

а вечером слушают «Голос Америки» и рассказывают анекдоты про советских руководителей. Именно это в наибольшей степени свидетельствует о кризисе социалистической системы.

1.1.2. Модернизация как выход из кризиса. Таким образом, все общество и все общественные и государственные институты нуждались в кардинальном обновлении, нужно было проводить не просто реформы, а коренное обновление всех сфер. В.В. Согрин предлагает рассматривать произошедшее на рубеже XX и XXI веков коренное обновление нашей страны, вошедшее в историю под термином «перестройка», через призму теории модернизации[25]. Модернизация — это коренное и многоплановое обновление общества. Профессор МГУ Л.И. Семенникова считает, что наша страна пережила 5 модернизаций:

1) Петровская модернизация (начало XVIII века);
2) модернизация Александра II, проведенная в 70—80-х годах XIX века и вошедшая в историю как эпоха Великих реформ;
3) модернизация начала XX века, которую можно назвать Столыпинской;
4) Сталинская модернизация 20-30-х гг. XX в.;
5) современная модернизация рубежа XX и XXI вв[26].

Как уже отмечалось, по своему характеру, целям, методам проведения современная модернизация наиболее близка к модернизации Александра II. Конечно, нельзя однозначно ставить знак равенства между СССР начала 80-х гг. XX века и Российской империей середины XIX века. Формально Советский Союз представлял демократическое государство, в котором есть парламент, а власть народа осуществляется через Советы. Российская империя являлась абсолютной монархией с неограниченной властью царя. В Российской империи того периода царило крепостное право, являвшееся основой всего социального и экономического устройства, все подданные были поделены на сословия, каждое со своим правовым статусом, причем весьма ограниченным, тогда как в СССР все граждане пользовались одинаковыми правами, Конституция СССР гарантировала широкий спектр политических и социально-экономических прав и свобод. Согласно ей граждане имели право на труд, отдых, образование, бесплатную медицинскую помощь, право на участие в управлении страной, проведение митингов и демонстраций и др.

---

25 Согрин В.В. Политическая история современной России 1985—2001 гг : от Горбачева до Путина. М., 2001. С. 6.

26 Семенникова Л.И. Концепт цивилизации в современной историографической ситуации в России // История России теоретические проблемы.. Вып. 1: Российская цивилизация: Опыт исторического и междисциплинарного изучения / Ред. А.С. Синявский. М., 2002. С. 39.

Даже трудно представить, чтобы какой-либо нормативный акт XIX столетия мог содержать подобные нормы. Существенно отличается экономическое развитие Российской империи и СССР. Российская империя представляла собой аграрную страну, где большая часть населения была занята в сельском хозяйстве, в СССР же производство металла и добыча газа занимали одно из первых мест в мире.

Однако в то же время можно выделить и принципиальное сходство двух систем. Во-первых, развитие СССР и Российской империи одинаково характеризуется серьезным отставанием в научно-техническом прогрессе и внедрении новых способов производства, только для Российской империи это отставание выражалось в отсутствии машинного производства, а для СССР — в отсутствии компьютеризации и наличии высокого уровня применения ручного труда. Во-вторых, общим является экстенсивный путь развития хозяйства. В-третьих, обе системы отличало слабое для своего времени развитие демократических институтов, реальное бесправие подданного Российской империи и гражданина СССР было схожим. Формально за советским человеком закреплялся целый спектр прав и свобод, но реально в жизнь он не воплощался. Легальных возможностей разрешать противоречия между обществом и государством не было ни в середине XIX, ни в конце XX века. Общим для обеих эпох была потребность в модернизации: — только проведя многоплановые преобразования, затрагивающие самые различные сферы, можно было преодолеть кризис. Схожими являются основные цели и направления обеих модернизаций: создать условия для свободного развития разных форм экономической деятельности на конкурентной основе, обеспечить реализацию прав и свобод людей, создать демократические институты, повысив уровень участия общества в управлении государством, и, преодолев при этом отставание от передовых стран мира, сформировать правовое государство и гражданское общество.

Александровская модернизация представляет собой уникальный позитивный опыт многоплановых и радикальных преобразований, вошедших в историю как эпоха Великих реформ. Она была вызвана целым комплексом проблем в обществе и государстве, центральной причиной которых являлось крепостное право. Этот главнейший социально-экономический институт оказал свое влияние на все стороны жизни российского государства — политику, экономику, культуру. Крепостное право повлияло на русский быт, психологию и традиции русского народа. Оформившись в XVI—XVIII веках, к XIX веку оно приобрело черты самого настоящего рабства.

Положение российского крестьянина немногим отличалось от положения раба на хлопковых плантациях в Североамериканских штатах. Крестьяне находились в положении живых вещей: их продавали, обменивали, оставляли как залог. Помещик или его управляющий был полновластным хозяином в деревне или на селе, он воплощал в себе и полицию, и администрацию, и порой даже суд. Он имел право сам наказывать своих крепостных, в том числе и за некоторые уголовные преступления, ссылать в Сибирь, заключать на определенный срок в смирительный дом.

Формально помещик не имел права лишить жизни своего крепостного или причинить ему увечье. В этом он отличался от североамериканского плантатора. Однако реально разницы практически не было. Произвол помещиков приобретал самые ужасные и уродливые формы. В некоторых имениях пытки и истязания крестьян были обычным делом. Чтобы такой произвол отдельного помещика был пресечен, требовалось, чтобы он достиг небывалого размаха. Помещица Дарья Салтыкова была привлечена к суду только после того, как количество замученных ею людей перешло за сотню. А сколько еще случаев диких расправ, повлекших смерть человека, осталось не расследованными, а виновные — не наказанными! Помещик был полным хозяином над жизнью, имуществом и даже душой крестьянина. В любой день жизнь крепостного могла кардинально измениться по малейшей прихоти хозяина. Так, актеры частного театра, приученные к жизни в искусстве, могли в один момент оказаться скотниками. Художник или музыкант, привыкший творить, пусть даже по воле барина, мог оказаться птичником или пастухом. Помещик мог беспрепятственно распоряжаться личной жизнью крестьянина. Отдать крепостную девку замуж по своему велению, завести гарем — все это тоже не было редким явлением.

Однако крепостное право было не просто антигуманным, к середине XIX века оно стало несостоятельным по своей сути, постепенно становясь тормозом развития страны. Возможности роста крепостнического хозяйства были исчерпаны. Наличие крепостного права тормозило развитие торговли, промышленности, предпринимательства. «Подневольный труд малопроизводителен» — в справедливости этой истины могли ежедневно убеждаться многие помещики. Их хозяйства постепенно приходили в упадок, с каждым годом давая все меньше урожая.

Под требования крепостного права был устроен весь государственный механизм России первой половины XIX века: система органов управления, армия, правоохранительная система. Поэтому в середине века кризис крепостного права проявлялся многолико: упадок экономики, дефицит бюджета, нарастание волнений в крестьянской среде. В стране маячил призрак новой крестьянской войны. Именно кризис стал причиной поражения в Крымской войне — упадок экономики не позволил оснастить армию современным вооружением, как это было сделано в зарубежных войсках. Перед государством стоял целый ряд важнейших задач. Упадок крепостнической экономики требовал решения крестьянского вопроса. Развитие торговли и промышленности было возможно только при наличии достаточного количества образованных людей, что делало актуальным проведение реформы системы образования. Давно назрела необходимость преобразований в армии. Проблемы бюджета, несовершенство банковской системы ставили на повестку дня проведение финансовой реформы.

Эпоха Великих реформ действительно кардинально изменила общество. Первое событие этой эпохи состоялось в России 19 февраля 1861 года — наконец-то было отменено крепостное право. Несмотря на свою противоречивость и непоследовательность, крестьянская реформа имела огромное значение — наконец, было ликвидировано рабство на российской земле, созданы условия для создания классов промышленников и наемной рабочей силы. Не меньшее значение имели реформы в сфере местного самоуправления — земская (1863 г.) и городская (1870 г.). Они образовали всесословные органы самоуправления — земства и городские думы, состоящие из избираемых представителей всех сословий. Эти органы самоуправления были призваны решать местные хозяйственные дела (строить дороги, открывать больницы и школы, содействовать развитию сельского хозяйства).

Для упорядочения финансов и развития экономики много значила финансовая реформа, проведенная в 1862 году. Ее результатом была централизация финансового дела — единственным распорядителем всех доходов и расходов стало Министерство финансов, а не каждое ведомство, как это было раньше. Смета доходов и расходов государственного бюджета отныне должна была проходить утверждение в Государственном совете и к тому же публиковаться для всеобщего обозрения.

Целый ряд шагов был предпринят для улучшения дел в сфере народного образования. В 1864 году была проведена школьная реформа. В этом году были учреждены «Положение о начальных народных училищах» и «Устав гимназий и прогимназий». Эти акты давали возможность открывать школы всем желающим (чем активно пользовались земства), при этом на учредителе лежала забота о материальном обеспечении школ, а за ходом учебного процесса наблюдали уездные и губернские училищные советы. Реформа вводила принцип формального равенства в среднем образовании всех сословий и вероисповеданий. В учебные заведения принимались дети всех сословий. В 1863 году был подготовлен также новый Университетский устав. Этот

Устав называют самым либеральным из всех университетских уставов в дореволюционной России. Устав расширил круг предметов, преподаваемых в университетах, вдвое увеличивалось жалование профессорам и преподавателям. Университетам предоставлялась широкая автономия — все ректоры, проректоры и деканы избирались, совет университета получал право решать самостоятельно все научные, учебные и административные вопросы. Книги и журналы, выписываемые университетами или их профессорами, не подлежали проверке на таможне.

Демократизации общественной жизни содействовала цензурная реформа (1865 год). Реформа отменяла предварительную цензуру для сочинений объемом не менее 10 печатных листов, а для переводных — не менее 20 листов. Центральные периодические издания могли освобождаться от цензуры. Эти новшества не распространялись на провинциальную печать и массовую литературу.

Целый комплекс мер был принят по преобразованию российской армии. Реформы в армии связаны с именем одного из выдающихся либеральных деятелей эпохи Великих реформ — Д.А. Милютина. В 1861 году он был назначен на пост военного министра. Одним из первых шагов, предпринятых им, было сокращение срока срочной службы с 25 лет до 15. Им же была изменена система военного управления: территория России делилась на 15 военных округов, каждый имел свое управление, но оставался в подчинении Военного министерства. После Крымской войны началось перевооружение армии: гладкоствольное оружие стало заменяться нарезным, началось строительство парового флота. Менялась система подготовки кадров для армии, реформировались военные учебные заведения. Самое главное мероприятие в серии военных реформ состоялось в 1874 году — была введена всеобщая воинская повинность. Отныне отменялась жестокая рекрутская система: в армию призывались по жребию представители всех сословий, кроме негодных по состоянию здоровья и освобожденных по семейному положению.

Все эти шаги имели важное значение: они создали условия для быстрого развития экономики и культуры. Проведение реформ содействовало развитию промышленности и торговли, так как в результате этого расширился рынок свободных рук, были упорядочены банковская и кредитная системы. Реформы содействовали росту культуры, в частности, они формировали благоприятные условия для расширения системы образования и роста уровня образованности населения. Следует сказать еще об одном значении реформ 60—70-х годов — они демократизировали и гуманизировали общественную жизнь, содействовали продвижению к гражданскому обществу. Реформы заложили основу для создания гражданского общества, в частности, было начато формирование гражданского самоуправления, т.е. всесословного, а не корпоративного типа. При этом большинство реформ было направлено на разрушение сословных традиций. Военная, земская, городская реформы, реформа образования исходили не из привычного деления людей на сословия, а создавали равные права и обязанности для всех людей. Вся Александровская модернизация была проникнута духом демократических идей. Вместе с реформами в России стали появляться представления о равенстве людей перед законом, уважении человеческого достоинства, праве на собственное мнение.

Современная модернизация (она может быть названа горбачевско-ельцинской) также создала рыночную экономику и условия для построения правового государства и гражданского общества. Одной из наиболее значимых реформ обеих модернизаций является судебная реформа. Судебная реформа 1864 г. была одной из наиболее ярких страниц эпохи Великих реформ. Современная судебная реформа также является неотъемлемым атрибутом нынешней модернизации. И это не случайно — судебные реформы обеих эпох должны были создать предпосылки для развития рыночной экономики (свободная хозяйственная деятельность невозможна без эффективного способа урегулирования различных споров на правовой основе), а также повысить правовую защищенность людей и уровень законности в обществе. Поэтому обе модернизации не могли быть проведены без создания независимого, скорого, справедливого и доступного правосудия. В оба исторических периода судебные реформы становились условием проведения всей модернизации. Соответственно задачи, стоящие перед судебной реформой прошлого века и современной, очень близки и в ряде моментов совпадают, т.к. они вытекают из общих задач модернизаций, а как уже отмечалось, цели и направления обеих модернизаций были похожими. Совпадают и многие мероприятия обеих реформ: суды отделены от администрации, определен правовой статус судей, введен суд присяжных, мировой суд, институт судебных приставав. Объединяет обе реформы и то, что обе они были очень назревшими для своего времени.

1.1.3. Состояние судебных систем обоих периодов накануне реформ. В канун обеих модернизаций судебные системы нуждались в серьезных преобразованиях. Судебные системы как николаевской России, так и Советского Союза были скроены под требования авторитарных режимов и не соответствовали новым веяниям, приносимым модернизацией. Старый суд николаевской эпохи был полностью скроен под крепостнические порядки и являлся серьезным препятствием для развития страны. Дореформенная судебная система была организована по сословному принципу — для каждого сословия существовали свои суды. Для дворян в каждом уезде существовал уездный суд, члены которого (уездный судья и два заседателя) избирались дворянами на три года. Апелляционной инстанцией для уездных судов были верховные земские суды. Они состояли из двух департаментов: по уголовным и гражданским делам. Верховный земский суд был один на губернию. В него входили назначенные императором председатель и вице-председатель и избранные дворянством на три года заседатели.

Для горожан низшей судебной инстанцией был городской магистрат, а апелляционной инстанцией — губернские магистраты. Члены городского и губернского магистратов избирались на три года из состава горожан.

Государственные крестьяне были подсудны уездной нижней расправе и верхней расправе, последняя была апелляционной инстанцией. Судьи этих судов назначались. Кроме того, существовали так называемые совестные суды. Совестный суд был предназначен для рассмотрения гражданских дел. В нем тоже сохранялся принцип сословности: судебная коллегия состояла из председателя и двух заседателей, которые специально избирались каждым сословием для себя. Так, дела дворян рассматривали заседатели-дворяне, дела горожан — заседатели-горожане, дела крестьян — заседатели-крестьяне.

Решение верховного земского суда, губернского магистрата, верхней расправы можно было опротестовать в судебной палате. Существовали уголовные и гражданские палаты. Высшей судебной инстанцией для всех судов был Сенат.

Функции судов осуществляли также и некоторые административные органы (ратуши, полиция). Правосудие отправляли люди, не имеющие юридического образования: знание законов требовалось только от секретаря суда, он должен был знакомить судей с соответствующей статьей закона при разборе дела. Сама процедура судопроизводства отличалась крайним архаизмом. Не было устного производства. Дела не «слушались» в современном понимании этого слова — суд не заслушивал показания сторон, свидетелей, обвиняемых и потерпевших, он только читал бумаги, представленные сторонами, если дело было гражданским, и протоколы допросов свидетелей и других фигурантов, если дело было уголовным. Не меньшим архаизмом являлась теория формальных доказательств: судье четко предписывалось, какие доказательства должны присутствовать, чтобы признать человека виновным в преступлении, при этом регламентировалось, чьи показания должны считаться более достоверными (мужчинам следовало доверять больше, чем женщинам; знатным — больше, чем незнатным). Судебная система была сильно «больна» волокитой и взяточничеством. Даже самое пустяковое дело могло переходить из одной инстанции в другие годами, обрастая ворохом бумаг, или, как говорили в народе, «волочиться». Например, дело о краже из Московского уездного казначейства медных монет на 115 тысяч было начато в 1844 году, а закрыто в 1865 году, т.е. велось 21 год[27]. Взяточничество достигло небывалых размеров. Как правило, решение принималось в пользу того, кто сильнее «вознаградит» служителя Фемиды. Судебные чиновники могли легко и безнаказанно разорить любого человека, попавшего в колеса судебной машины. Такая судебная система была не просто антигуманной и антидемократической, она серьезно мешала экономическому развитию страны. Рост предпринимательства и торговли невозможен без такой системы правосудия, которая способна быстро и справедливо разрешать споры, охраняя интересы собственников.

Аналогичная ситуация сложилась с советской судебной системой в канун реформ — она была под стать всему государственному аппарату и обществу; в ней, как и во многих других сферах жизни, накопилось немало проблем. Эта сфера государственного механизма нуждалась в серьезных преобразованиях. Одной из самых неприятных болезней советского правосудия следует назвать зависимость судов. Ленинская концепция строительства государства не предполагала разделения властей — законодательная и исполнительная власти должны быть слиты в полномочиях Советов, однако суды должны были действовать самостоятельно. В Конституции СССР 1977 г. ст. 15 провозглашала: «Судьи и народные заседатели независимы и подчиняются только закону». Реально же говорить о независимости судей не приходилось. Можно согласиться с формулировкой американского профессора Германа Швартса, который писал, что советский суд не был предназначен быть независимым[28]. Советская судебная система, как и все остальные учреждения и организации, находилась в сфере политического руководства со стороны коммунистической партии. Советский суд был одним из инструментов проведения партийной линии. Все судьи составляли партийную номенклатуру. Назначение или смещение на судейскую должность было возможно только с разрешения соответствующего партийного органа. Подавляющее число судей были членами партии или комсомольцами. Партийность кандидата в судьи имела принципиальное значение при обсуждении его личных и деловых качеств. Не случайно в справке, составленной Главным специалистом отдела кадров МЮ СССР А. Малакева о кадровой политике в судебной системе Молдавской ССР,

---

27 Толмачев Е.П. Александр II и его время. М., 1998. Т. 1. С. 252.

28 Schwartz Herman. The Struggle for Constitutional Justice in Post-Communist Europe. Chicago and London. 2000. P. 112.

говоря о зачислении в резерв судей 49 человек, особо отмечается, что из них 90% являются членами КПСС[29]. В аналогичной справке по Могилевской области уменьшение количества партийных среди вновь избранных судей с 94,8% в 1982 г. до 79,6% в 1987 г. отмечается как существенное снижение требовательности в подборе кандидатов в судьи[30]. В результате независимость судей подминалась партийной дисциплиной и была очень призрачной. Судьи нередко согласовывали свои решения с партийными органами и вышестоящими судами.

В 70-е гг. XX в. зависимость судей от партийных органов усилилась. Крайне распространенным становится так называемое телефонное право, т.е. негласное право партийных руководителей давать указания (как правило, это делалось по телефону) судьям, как надо решать то или иное дело. Четверть из 736 опрошенных в начале 80-х гг. судей подтвердили, что подвергались незаконному влиянию[31]. А в начале 90-х годов уже треть судей признали факты такого воздействия[32]. Председатель Орловского областного суда в 2004 г. А.И. Карпов отмечал: «Некоторые судебные функции брали на себя партийные органы, например, в решении семейных, земельных вопросов, вплоть до уголовно-правовых. Доходило до того, что партийные руководители решали, возбуждать или не возбуждать уголовное дело в отношении члена КПСС. Такое влияние компартии объяснялось просто — рекомендации на должности судей давали парторганы, и особенно принципиальные судьи страдали. Давление на них было огромным»[33].

Само законодательство было достаточно идеологизированно. Например, статья 1 Гражданского кодекса РСФСР отдавала предпочтение социалистической собственности во имя «создания материально-технической базы коммунизма». Кодекс о браке и семье РСФСР выступал за «подготовку детей к активному участию в строительстве коммунистического общества». В итоге «суды вынуждены иметь дело с откровенно политизированным законодательством, содержащим сплошь и рядом не юридические, а в лучшем случае социологические понятия и определения»[34].

---

29 ГАРФ Ф. Р-9492. Оп. 8. Д. 2749. Л. 15.

30 ГАРФ Ф. Р-9492. Оп. 8. Д. 2405. Л. 86.

31 Петрухин И.Л. Правосудие: время реформ. М., 1991. С. 102.

32 Концепция судебной реформы. М., 1992. С. 23.

33 Карпов А.И. Жизнь на пределе человеческих возможностей (интервью с председателем Орловского областного суда / Беседовал С.А. Цыпленков) // Информационный бюллетень Управления судебного департамента в Орловской области. Орел. 2004. № 7. С. 37.

34 Концепция судебной реформы. М., 1992. С. 19.

Другим недостатком советского правосудия следует назвать преобладание обвинительного уклона. «Самый гуманный суд в мире» крайне редко выносил оправдательные приговоры. В 60-е гг. XX в. суды выносили примерно 10% оправдательных приговоров, в 1984 г. — всего 0,2% [35]. В 1975 г. отмена оправдательного приговора по протесту прокурора в 80% случаев влекла вынесение обвинительного приговора при новом слушании, тогда как после отмены обвинительного приговора в 81% случаев снова выносился обвинительный приговор[36]. Как отмечал ведущий специалист Института государства и права И.Л. Петрухин, «в треугольнике "суд — прокурор — следователь" судья был своим человеком, добрым и покладистым в отношении коллег-юристов, тенденциозным в отношении обвиняемых. Понятие "обвиняемый" и "виновный" нередко сливались»[37]. Данная позиция четко была видна в самом ходе судебных разбирательств. Формально провозглашенные состязательность и равенство сторон на деле соблюдались плохо. Прокурор в ходе судебного заседания чувствовал себя гораздо вольготнее, чем адвокат. Прокурор имел больше возможностей задавать вопросы, его редко ограничивали по времени выступления, также редко снимали его вопросы к свидетелям и подсудимому. Адвоката же могли оборвать на полуслове. Так, в «Концепции судебной реформы» приводится факт, что в результате изучения 343 уголовных дел, по которым осужденные были впоследствии реабилитированы вышестоящими судебными инстанциями, в 98% случаев адвокаты просили оправдать их подзащитных, но суды на их доводы внимания не обратили[38]. Более привилегированное положение стороны обвинения, т.е. прокуратуры, подчеркивалось и в мелочах. Например, во время перерыва прокурор мог свободно пойти пить чай в кабинет судьи, а для адвоката это было недопустимо[39]. Более того, судьям считалось предосудительным даже здороваться с адвокатами. Так Председатель Верховного суда В.М. Лебедев вспоминал, что в самом начале его судебной карьеры он однажды поздоровался за руку с адвокатом, после чего был вызван «на ковер» председателем суда[40].

Во многом обвинительный уклон был предопределен деформациями в работе всей правоохранительной системы, судебные органы

---

35 Петрухин И.Л. Указ. соч. С. 101.

36 Там же. С. 101.

37 Там же.

38 Концепция судебной реформы. М., 1992. С. 11.

39 Ликас А.Л. Культура судебного процесса. М., 1971. С. 21.

40 Интервью Председателя Верховного Суда РФ В.М. Лебедева // Известия. 2003. 23 января.

были тесно связаны с органами предварительного следствия. Если судья начинал дотошно и критично оценивать представленные доказательства, то со стороны органов предварительного следствия могли последовать обвинения в потакании преступникам. Суды, прокуратура, милиция — все представляли единую систему органов, которая в первую очередь была предназначена не защищать интересы граждан, отстаивать позицию закона, а представлять интересы политической системы. Прокурор и следователь могли давить на судью через партийные органы. Оправдательные приговоры нарушали устойчивые идеологические установки, считалось, что они вредно влияют на авторитет государства, подрывают воспитательную функцию суда. Раз совершено преступление, то обязательно виновный должен быть назван и публично осужден. Из опрошенных Г.М. Резником 305 судей 40% не согласились с утверждением, что «лучше оправдать десять виновных, чем осудить одного невиновного», а 80% считали, что нельзя оправдывать в выездном заседании[41]. При этом в системе советского правосудия было очень мало общественного элемента — народные заседатели, которые были призваны представлять общество и обеспечивать народный характер правосудия, на самом деле были безлики и крайне послушны судьям. Их участие в рассмотрении дела сводилось нередко к простому присутствию в зале суда, ведение же процесса, вынесение решения или приговора — все это было в руках судьи. Активность народных заседателей иногда просто пресекалась[42]. Формально народный заседатель имел право подать особое мнение, в котором выражалось несогласие с судьей, однако опрос судей свидетельствует, что у 93,2% судей в течение восьми лет не было случаев подачи особого мнения[43]. Как признали авторы Концепции судебной реформы, «суд был и остается чисто государственным органом, чья сущность слегка закамуфлирована безмолвствующими народными заседателями. В государственных судебных местах не обеспечена общественная функция правосудия — оно оказалось в безраздельной власти государства»[44].

Проблемой судебного ведомства следует назвать и достаточно низкий уровень подготовки самих судей. Закон требовал от кандидата в судьи высшего юридического образования, однако ценз опытности (т.е. требование наличия стажа работы по юридической профессии) отсутствовал. В результате не редкостью было, что правосудие отправляли новички в судебном деле. В 1987 г. среди всех избранных судей

41 Концепция судебной реформы. М. 1992. С. 20.

42 Петрухин И.Л. Указ. соч. С. 104.

43 Там же. С. 175.

44 Концепция судебной реформы. М., 1992. С. 26.

31,7% не имели опыта судебной работы, а 3,4% юридическое образование получили в этом же 1987 г.[45]. Недостаточный профессиональный уровень отражался даже на качестве составления приговоров, которые иногда содержали «перлы», достойные пера сатирика. Например, журнал «Социалистическая законность» опубликовал следующие выдержки из судебных приговоров и решений судов: «Осужденным в конфискации имущества отказать»; «Чернова И.А. подвергнуть аресту на 20 рублей с содержанием в изоляторе временного содержания»; «Дрезина, принадлежащая заводу врезалась в нож трактора, принадлежащему леспромхозу, в результате чего он был травмирован, длительное время находился на лечении»; «Превращая животного в мясо копченое, подсудимый не создал другой продукт. Он лишь видоизменил его, улучшил вкус и вид»; «Сбритие усов после свершения преступления еще раз убеждает его отношение к содеянному с целью уйти от уголовной ответственности»; «Подсудимый Р. периодически имел поощрения и относительно вырос его авторитет в окружающей среде»; «Пьяного тащили войлоком»[46].

Еще более страшным последствием было некачественное рассмотрение уголовных и гражданских дел. В обзорных справках о работе судов того или иного региона периодически можно было встретить фразу: «Качество работы судов остается низким»[47] или «Отдельные суды допускают еще значительное количество ошибок при назначении наказаний»[48]. Как было признано в «Концепции судебной реформы», по оценке экспертов, невыявленные ошибки правосудия составляют 40% от учтенных статистикой нарушений. Только в первом полугодии 1991 г. в кассационном порядке по делам о восстановлении на работе отменено и изменено 9,8% вынесенных решений, по другим трудовым спорам — 7,6%, по искам о выселении — 8,1%, по жалобам на неправомерные действия государственных органов и должностных лиц — 7,0%[49]. В Узбекистане в 1986 г. был отменен почти каждый десятый приговор, вынесенный народным районным судом, а в судах областной инстанции дело обстояло еще хуже: коррективы были вне-

45 Батурин Ю.М., Лившиц Р.З. Социалистическое правовое государство: от идеи к осуществлению. М., 1989. С. 159.

46 Подобрано автором из подшивок журнала «Социалистическая законность» за 1986—1987 гг.

47 Например, справка о работе судов Казахской ССР за 1986 г. ГАРФ Ф. Р-9492. Оп. 8. Д. 2405. Л. 10; справка о работе судов Узбекской ССР за 1986 г. ГАРФ Ф. Р-9492. Оп. 8. Д. 2405. Л. 65.

48 Например, справка о работе судов Запорожской области за 1989 г. ГАРФ Ф. Р-9492. Оп. 8. Д. 2749. Л. 33.

49 Концепция судебной реформы. М., 1992. С. 10.

сены в каждый второй приговор (!)[50]. Еще более страшным признанием можно считать встречающиеся в подобных обзорах фразы типа: «Судьи допустили необоснованное осуждение граждан»[51]. Причем за незаконное осуждение судей крайне редко привлекали к ответственности. В 1986 г. в Казахской ССР 96 судей вынесли неправомерные обвинительные приговоры, только 17 из них были наказаны в дисциплинарном и партийном порядке[52].

Серьезную проблему представляла текучесть судебных кадров. Судебную службу легкой не назовешь, она связана с сильными физическими и моральными перегрузками. При этом уровень заработной платы в судебном ведомстве был достаточно низок, ниже средней зарплаты по стране. Даже повышение должности не давало серьезной прибавки к зарплате: разница в зарплате народного судьи и председателя народного суда составляла всего 10 рублей[53]. И это при том, что обязанности председателя по организации работы суда весьма хлопотные. Среди судей остро стояла жилищная проблема — судьям квартиры выделяли неохотно: на 1991 г. 7 тысяч судей нуждались в улучшении жилищных условий. В то же время на судей возлагали совсем не свойственные им функции, в том числе крайне далекие от отправления правосудия, даже такие, как прополка грядок в подшефном совхозе[54]. Учитывая значение судебной власти для общества, такое положение дел нельзя признать нормальным. Это обуславливало текучесть кадров: 40% судей покидало свою должность до истечения срока, на который были выбраны. В 1990 г. уволились по собственному желанию 11,5% народных и 4,7% вышестоящих судей РСФСР. В 1988 г. в Москве, Калужской и Читинской областях 60—80% судей имели стаж работы до трех лет[55]. «Служение правосудию становится все менее престижным», — констатировалось в Концепции судебной реформы[56].

Общего числа судей в стране было явно недостаточно. В ФРГ количество судей на 100 тысяч человек населения было в 4,7 раза боль-

---

50 ГАРФ Ф. Р-9492. Оп. 8. Д. 2405. Л. 65

51 Например, справка о работе судов Казахской ССР за 1986 г. ГАРФ Ф. Р-9492. Оп. 8. Д. 2405. Л. 10; справка о работе судов Белорусской ССР за 1986 г. ГАРФ Ф. Р-9492. Оп. 8. Д. 2405. Л. 51; справка о работе судов Узбекской ССР за 1986 г. ГАРФ Ф. Р-9492. Оп. 8. Д. 2405. Л. 65.

52 ГАРФ Ф. Р-9492. Оп. 8. Д. 2405. Л. 11.

53 ГАРФ Ф. Р-9492. Оп. 8. Д. 2249. Л. 13.

54 Колоков Н.А. Судебная власть: некоторые проблемы реформирования. Курск, 2002. С. 24.

55 Петрухин И.Л. Указ. соч. 107.

56 Концепция судебной реформы. М. 1992. С. 14.

ше, чем в СССР[57]. Это обуславливало крайне большую нагрузку на работников судебного ведомства и медлительный темп производства. В 1990 г. судами РСФСР рассмотрено по первой, второй и надзорной инстанциям более 4 миллионов гражданских и уголовных дел, что составило по 42 дела ежемесячно на каждого народного судью, а на судью областного суда — 176 дел[58]. В результате правосудие в нашей стране явно не могло претендовать на звание «скорого и правого». Нарушение сроков рассмотрения дел в судах (как, впрочем, и на предварительном следствии) стало делом далеко не единичным. В том же 1990 году 14,8% уголовных дел было рассмотрено с нарушением сроков[59]. Это существенно подрывало авторитет судов в глазах людей.

Подрыву авторитета способствовало и отношение государства к судам. Оно явно не демонстрировало уважения к судебной ветви власти. Это проявлялось не только в зависимости судей от райкомов и обкомов, но и в низкой зарплате судей, в убогом состоянии помещений судов. Просторное и удобное помещение суда — редкость для нашей страны еще с дореволюционных времен. В начале 90-х гг. XX в. 39% народных судов были размещены крайне неудовлетворительно, свыше 300 судов располагались в аварийных помещениях[60]. Суды практически не были оснащены современной техникой: диктофонами, видеомагнитофонами, компьютерами. Обеспеченность оргтехникой для оперативного тиражирования документов не превышала 3%.

Нищета Фемиды сказывалась на принципах судопроизводства: половина уголовных и гражданских дел рассматривалась в кабинетах судей, а не в залах судебного заседания, нарушая этим принцип гласности судопроизводства. Как общее следствие всех перечисленных проблем — падение престижа судебной власти, недоверие к ней со стороны общества. Народ привык видеть в судах не защитника законных прав и свобод человека, не наиболее авторитетного арбитра, а репрессивный орган. Сам судебный способ защиты своих прав не был признан в обществе как один из наиболее приемлемых, само обращение в суд нередко воспринималось как кляузничество и стяжательство. Более того, в самом судейском корпусе начало формироваться представление о суде как об органе карательном, а не об органе, призванном защищать права и свободы, разрешать споры и конфликты. Так, судьи, рассматривающие уголовные дела, порой позволяли себе подтрунивать над коллегами, занимающимися гражданскими делами:

---

57 Концепция… С. 14.

58 Концепция… С. 13.

59 Там же. С. 13.

60 Там же. С. 15.

занимаетесь «тряпичными» делами, зря зарплату получаете[61]. То, что сами судьи не осознавали насколько значимо может быть для отдельного гражданина его «тряпичное» дело, свидетельствует о серьезной коррозии системы.

Все эти проблемы были симптомами болезни не только судебной системы: они говорили о серьезном кризисе всей политической системы. Можно сказать, что как в николаевской России, так и в Советском Союзе был сформирован облик судебной системы по заказу политической власти. Поэтому, с одной стороны, реформы в судебной системе создавали условия для кардинальной модернизации, но в то же время преобразования в судебной сфере были невозможны без изменения политической и экономической систем. Нельзя было реконструировать только один корпус государственного здания, без перестройки всего здания.

1.1.4. Начало преобразований. В оба исторических периода осознание необходимости модернизации во властных структурах и в обществе происходило медленно и постепенно. Назревание кризиса в царской России начало ощущаться с начала XIX в., когда стали появляться первые ростки капитализма. Власть в лице Александра I и его окружения сумела осознать необходимость перемен и даже начала разрабатывать программу реформ. Начало правления Александра ознаменовалось рядом либеральных шагов. Более того, император поручает М.М. Сперанскому разработать проект более глубоких преобразований. Проект (знаменитое «Введение к Уложению государственных законов») был составлен и даже получил одобрение императора («признать нужным и полезным»). Однако он так и остался на бумаге — у Александра не хватило духа начать его реализовывать, преодолевая сопротивление консервативной части дворянства. Россия потеряла уникальную возможность начать продвижение к Конституции и парламентской монархии.

В ответ на обманутые ожидания общество откликнулось первым в истории России организованным нелегальным оппозиционным движением — в стране стали формироваться дворянские нелегальные кружки, целью которых были насильственная смена власти и проведение реформ. В историю это движение вошло под названием движение декабристов. Декабристы оставили о себе память не только трагической попыткой государственного переворота 14 декабря 1825 г., главное их наследие — проекты предполагаемых реформ. Два

61 Колоков Н.А. Судебная власть: некоторые проблемы реформирования. — Курск, 2002. — С. 23.

знаменитых конституционных документа — «Конституция» Н. Муравьева и «Русская правда» П. Пестеля как никогда точно отражали главные беды России. Оба документа, хоть и по-разному, предлагали отменить крепостное право, ликвидировать сословный строй, демократизировать государственный строй и политическую систему, введя парламентскую демократию. Однако по известным причинам проекты остались нереализованными. Была упущена еще одна возможность изменить развитие страны.

Пришедший к власти новый император Николай I иллюзий по поводу состояния государства не испытывал: не случайно у него на столе всегда лежал свод из показаний декабристов как напоминание о том, какие проблемы в стране требуют решения. Более того, он свою должность воспринимал как ответственную и многотрудную службу, был готов работать на пользу государства с утра до ночи. Однако Николай не понимал главного — с бедами России можно справиться только путем проведения реформ, демократизации общественных отношений. Николай все свои усилия направил на усиление контроля, бюрократизации, выявление недовольных. Агенты III Отделения действовали по всей стране, пресекая малейшее свободомыслие. В результате Николай I не вылечил больной организм, а, наоборот, чуть не залечил его до смерти. В николаевской России не то что реформы, даже их обсуждение было невозможно.

В этот период общество все глубже продолжало осознавать необходимость реформ. В салонах 30—40-х гг. девятнадцатого столетия активно спорят западники и славянофилы. И те, и другие были представителями либеральной мысли, активно выступали за отмену крепостного права и крупномасштабные реформы. Только пути преобразований они видели разные. Западники (к ним относились Б.Н. Чичерин, К.Д. Кавелин, Т.Н. Грановский, А.М. Унковский) считали Россию такой же страной, как и большинство западных стран. Соответственно в России надо ввести западные демократические институты: парламент, широкое самоуправление, суд присяжных. Славянофилы (к ним относились А.И. Кошелев, Ю.Ф. Самарин, К.А. Аксаков, А.С. Хомяков) считали Россию страной уникальной, своеобычной. Поэтому из западных стран они предлагали заимствовать только результаты технического прогресса, что сами в своих хозяйствах порой активно практиковали. Так, рязанский помещик А.И. Кошелев использовал в своем имении самые разнообразные иностранные орудия труда. А политический и государственный строй страны должен развиваться совсем иначе, чем в западных странах. Горячо выступая за отмену крепостного права и ограничение абсолютного самодержавия, за реформу суда, они были против западных парламентских институтов. Их идеалами были Земские соборы эпохи Ивана Грозного[62].

Надежду на преобразования страна получила только со сменой царствования. Надо отдать должное Александру II как государственному деятелю — он сумел осознать необходимость проведения реформ. По своим политическим взглядам он не был либералом. К моменту восшествия на престол он уже имел опыт государственной деятельности. Можно сказать о хорошем образовании нового российского самодержца — он владел пятью языками, изучал историю, статистику, экономику, право.

Участвуя в управлении страной при жизни отца, Александр II действовал в духе Николая, порой выступая даже «правее», чем его отец. Однако, став императором, он смог понять необходимость смены внутреннего курса и решиться на проведение реформ. Уже в первый год своего царствования он допустил некоторые послабления: были сняты запреты на выезд за границу, облегчены цензурные правила, амнистированы декабристы и ряд других политических ссыльных. Это зародило в российских подданных надежду на серьезные преобразования. Оживилась общественная жизнь.

У либералов появилась надежда быть услышанными. В адрес Александра II направляется целый ряд записок с предложениями реформ: «Восточный вопрос с русской точки зрения» (Б.Н. Чичерин), «Мысли вслух об истекшем тридцатилетии» (Н.А. Мельгунов), «О внутреннем состоянии России» (К.С. Аксаков), «О денежных средствах в настоящих обстоятельствах» (А.И. Кошелев), «Дума русского во второй половине 1855 г.» (П.А. Валуев). Всего только за 1855—1857 гг. было подано 63 проекта с различными предложениями о реформах[63]. Не всё из этих проектов будет принято императором, но они давали пищу для размышления, самое главное — они были слепком общественного мнения, на фоне которого Александр не мог не задумываться о реформах. Потребность в реформах осознается не только в общественном мнении, но и в правительственных кругах. В окружении царя люди были разные, были и ярые консерваторы, как, например,

---

62 В задачу данного исследования не входит подробный анализ эволюции общественной мысли России первой половины XIX в., т.к. это является достаточно разработанным сюжетом в исторической литературе: см. Революционная ситуация в России в середине XIX века. / Под ред. М.В. Нечкиной. М., 1978; Толмачев Е.П. Александр II и его время. М., 1998. Т. 1—2; Литвак Б.Г. Переворот 1861 г. в России: почему не реализовалась реформаторская альтернатива. — М., 1991; Левин Ш.М. Общественное движение в России в 60—70-хх гг. XIX века. М., 1958; Коротких М.Г. Самодержавие и судебная реформа 1864 г. в России. Воронеж, 1989.

63 Толмачев Е.П. Александр II и его время. М., 1998. Т 1. С. 154.

министр юстиции В.Н. Панин, но были и те, кто понимал неизбежность реформ: брат царя великий князь Константин, великая княгиня Елена Павловна, братья Милютины. Все это создавало предпосылки для глубоких реформ. В 1857 году один русский журнал напечатал следующие строки: «Нынешнее время богато новыми мыслями, новыми стремлениями. Русский ум встрепенулся… Сколько важнейших вопросов пересмотрено или хоть поднято в последние два года… Мы никак не отстаем от мысли, что нашему времени предначертано быть эпохою важных преобразований в России»[64]. Анонимный автор этих фраз даже не предполагал, насколько пророческими окажутся его слова. Россию ждало время больших перемен, вошедших в историю как «эпоха Великих реформ».

Осознание необходимости современной модернизации происходило также нелегко. Как известно, старт перестройки был дан на апрельском 1985 г. Пленуме ЦК КПСС. Надо отдать должное М.С. Горбачеву, осознавшему необходимость реформ и осмелившемуся их начать. Его доклад на апрельском Пленуме, бесспорно, ознаменовал начало нового курса. Как и было положено, М.С. Горбачев начал с подведения итогов строительства социализма, в очередной раз было отмечено преимущество социалистического образа жизни, перечислены победы социализма: «Впервые в истории человек труда стал хозяином страны, творцом своей судьбы»[65]. Однако в очень аккуратных фразах о необходимости идти дальше, углублять социализм, было сказано и о проблемах. Конечно, им не были названы конкретные цифры отставания советской экономики от других стран, но тот ряд задач, который он выделил, как раз и заложил начало этому процессу обновления, который вошел в историю как «перестройка». Прежде всего, М.С. Горбачев выделил необходимость интенсификации производства путем научно-технического обновления. Для этого была предложена, во-первых, модернизация производства: «Нужны революционные сдвиги — переход к принципиально новым технологическим системам, к технике последних поколений, дающим наивысшую эффективность»[66]. Во-вторых, была поставлена задача более рационально использовать уже имеющийся производственный потенциал, покончить с расточительством и небережливостью. Здесь ставка делалась на человеческой фактор — с одной стороны, напоминалось о необходимости повысить

64 Русский вестник. 1857. № 9. С. 152.

65 Горбачев М.С. О созыве очередного XXVII съезда КПСС и задачах, связанных с его подготовкой и проведением // Материалы Пленума Центрального Комитета КПСС 23 апреля 1985 г. М., 1985. С. 7.

66 Горбачев М.С. О созыве очередного XXVI съезда КПСС. С. 10.

дисциплину, жестче спрашивать с руководителей, попустительствующих плохим работникам. Наконец, была осуждена практика привлечения различных работников для выполнения несвойственных им задач: «Нельзя добиться существенных результатов ни в одной сфере деятельности до тех пор, пока партийный работник будет подменять хозяйственника, инженер — курьера, ученый будет работать на овощной базе, ткачиха — на ферме»[67]. Воспетая В. Высоцким традиция отправлять «доцентов с кандидатами» на картошку впервые была признана порочной. С другой стороны, был поднят вопрос о стимулировании работников, добросовестно выполняющих свои обязанности, и об отказе от уравниловки. В-третьих, М.С. Горбачев несколько изменил традиционный подход к планированию. Ни в коем случае не отвергая плановость, по-прежнему оставляя ее в роли главной «священной коровы» социалистической экономики, он признал, что советская плановая система крайне заорганизована: «…планы объединений и предприятий надо разгрузить от обилия показателей, шире применять экономические нормативы, открывающие простор инициативе и предприимчивости»[68]. Так начался долгий и трудный путь осознания неизбежности перехода к рынку. В-четвертых, много внимания было уделено социальной сфере. Была поставлена задача выполнить Продовольственную программу, провести школьную реформу, удовлетворить спрос на промышленные товары и услуги, насытить рынок качественной продукцией. Это был первый шаг, с которого, как говорил сам инициатор перестройки, «процесс пошел».

Идеи апрельского Пленума были развиты примерно в том же русле и на очередном XXVII съезде партии, который состоялся зимой 1986 г. Доклад Генерального секретаря М.С. Горбачева во многом соответствовал партийным традициям. Достаточно большое место в нем занимало обоснование преимущества социалистического строя в условиях противостояния двух систем — капиталистической и социалистической. В то же время была подтверждена приверженность новому курсу, обозначенному на апрельском Пленуме. В докладе были также поставлены задачи перевода промышленности на интенсивный путь развития, изменения принципов руководства народным хозяйством, а также социальные задачи, в том числе решение продовольственной программы. Не отвергая плановость, М.С. Горбачев подчеркнул значение финансово-кредитного механизма управления экономикой, в частности, было заявлено о повышении роли товарно-денежных отношений, были намечены изменения в ценовой полити-

67 Там же. С. 18.

68 Там же. С. 12.

ке: «Намечается шире использовать лимитные и договорные цены»[69], т.е. был сделан еще один шаг к осознанию неизбежности перехода к рыночной экономике.

Более глубоко, чем на апрельском Пленуме, на съезде были затронуты задачи реформирования политической системы. Здесь тоже речь не шла о революционных преобразованиях, подчеркивалась приверженность социалистическим традициям: «Советы народных депутатов прошли проверку временем, доказали свою жизнеспособность, огромные возможности в осуществлении полновластия народа...»[70] В зарубежной литературе существует даже мнение, что преобразования в политической сфере начались исключительно с целью поддержать экономические реформы, а демократизация сама по себе не была первоначальной целью[71]. Тем не менее на съезде была выделена необходимость углубить демократические начала в управлении, активнее вовлекать в управление страной общественные организации, привлекать новые кадры, смелее выдвигать на руководящую работу молодежь и женщин. Рабочие должны принимать непосредственное участие в управлении своим предприятием, участвовать в осуществлении механизма хозрасчета. Одним из наиболее существенных способов оживления политической жизни была названа гласность, не должно быть зон, закрытых для критики: «коммунистам всегда и при всех обстоятельствах нужна правда»[72]. На этом фоне были затронуты вопросы соблюдения прав и свобод граждан, утверждения принципов социалистической законности. Конечно, глава государства в тот момент не мог открыто признать, что в СССР с соблюдением прав и свобод дело обстоит плохо, что социалистическая законность попирается самим государством. Он ограничился общими фразами: «углубление» социально-политических и личных прав и свобод и «упрочнение» социалистической законности. Однако это был первый шаг к реальной защите прав и свобод людей. Естественно, задача укрепления социалистической законности была возложена на правоохранительные органы — суды, прокуратуру, адвокатуру. В тот момент М.С. Горбачев не мог честно признать пороки правоохранительной системы, например, «телефонное право» в судах, зависимость последних от партийных

---

69 Горбачев М.С. Политический доклад ЦК XXVII съезду КПСС // Материалы XXVII съезда КПСС. М., 1986. С. 35.

70 Там же. С. 55.

71 Mc Faul Machael Russia's unfinished revolution Politic change from Gorbachev to Putin. London, 2001. P. 40.

72 Горбачев М.С. Политический доклад ЦК XXVII съезду КПСС // Материалы XXVII съезда КПСС. М., 1986. С. 60.

органов, неприкасаемость высокопоставленных чиновников: «Строжайшим образом должны соблюдаться демократические принципы правосудия, равенства граждан перед законом, другие гарантии, обеспечивающие защиту интересов государства и каждого гражданина»[73]. Однако обязательно надо отметить обещание подготовить закон о порядке обжалования в суд неправомерных действий должностных лиц, ущемляющих права граждан. Этим стал закладываться базис для переосмысления роли судов в обществе, осознания того, что именно суд является одним из наиболее признанных арбитров в обществе.

Специально работе правоохранительных органов было посвящено постановление Центрального Комитета КПСС «О дальнейшем укреплении социалистической законности и правопорядка, усилении охраны прав и законных интересов граждан», опубликованное в «Правде» 30 ноября 1986 г. В данном постановлении было признано, что в работе государственных и хозяйственных органов допускаются (даже было употреблено слово «нередко») различные серьезные нарушения законности, причем были признаны не только нарушения в сфере трудового законодательства, злоупотребления при распределении жилья, но даже и деятельность групп расхитителей и взяточников. Это было новым в практике партийных органов — до этого нарушения закона, с их точки зрения, могли иметь только случайный и незначительный характер, как пелось в известной песне «если кто-то кое-где у нас порой честно жить не хочет». Постановление определило задачу начать борьбу с нарушениями закона, невзирая на лица. Соблюдение социалистической законности рассматривалось как неотъемлемая часть перестройки. Однако в постановлении ни в коем случае не оговаривался вопрос о независимости судов и других правоохранительных органов, наоборот, главная ответственность за состояние законности была возложена на партийные организации: «Партийные комитеты наряду с Советами народных депутатов несут полную ответственность за состояние законности и правопорядка на своей территории»[74]. Более того, на работу в суды, прокуратуру, органы внутренних дел предписывалось в первую очередь направлять по рекомендациям партийных и комсомольских организаций. При этом большая роль в укреплении социалистической законности традиционно отводилась общественным организациям — товарищеским судам, народным дружинам, обществам борьбы за трезвость. Соответственно постановление в первую очередь рассматривало изменения в правоохранительной системе только в контексте усиления борьбы с

73 Там же. С. 61.

74 Правда. 1986. 30 ноября.

преступностью, тогда как задача обеспечить независимость суда, поставить его выше партийного контроля, сделать главным органом защиты прав и свобод людей не ставилась.

Предпосылки для серьезных преобразований создали январский Пленум 1987 г. и XIX Всесоюзная партийная конференция, которая проходила с 28 июня по 1 июля 1988 г. В январе 1987 г. на Пленуме М.С. Горбачев уже более смело признал накопившиеся проблемы в обществе. Были признаны ослабление контроля за социалистической собственностью, деформация в планировании, предубеждение против товарно-денежных отношений, отставание в научно-технической сфере, «глухота к социальной сфере»[75], большой рост приписок и даже пренебрежение к законам и взяточничество. Последнее, наверное, было признано открыто впервые. Надо отдать должное М.С. Горбачеву, он нашел смелость не искать виновных за рубежом или у себя в стране в лице врагов или каких-либо объективных трудностей, а признал, что ответственность за это должна нести партия. Выдвинутые меры не затрагивали основ социалистического строя и главных принципов политической системы, хотя предполагали значительное ее реформирование.

Во-первых, была поставлена задача выборности всех руководителей, что в условиях хозрасчета было немаловажно. Во-вторых, для активизации Советов были предложены выборы на альтернативной основе, проект закона об изменении в избирательном праве было предложено вынести на всенародное обсуждение[76]. Фактически это был шаг к демонтажу сложившейся системы назначения депутатов и к свободным демократическим выборам. Правда, Горбачев вряд ли сознавал, что последует за предложением ввести выборы на альтернативной основе. В-третьих, предлагалось ввести реальную отчетность всех избираемых и назначаемых должностных лиц, расширить внутрипартийную демократию. Предлагалось даже выдвигать на руководящую работу беспартийных людей. В-четвертых, ставилась задача развития гласности и создания проекта закона, гарантирующего гласность, пресечение гонений за критику, поддержку средств массовой информации в этом: «В советском обществе не должно быть зон, закрытых для критики. Это в полной мере относится и к средствам массовой информации»[77]. В-пятых, была отмечена необходимость ликвидации

---

75 Горбачев М.С. О перестройке и кадровой политике партии // Материалы Пленума ЦК КПСС 27—28 января 1987 г. М., 1987. С. 10

76 Горбачев М.С. О перестройке и кадровой политике партии // Материалы Пленума ЦК КПСС 27—28 января 1987 г. М., 1987. С. 33.

77 Там же. С. 35.

деформаций в сфере национальных отношений. Достаточно большое внимание было уделено и правовой сфере, работе правоохранительных органов. Кроме уже сказанных ранее слов об укреплении законности, беспощадной борьбе с нарушителями закона невзирая на лица, М.С. Горбачев отметил необходимость совершенствования законодательства, в частности, был обещан новый уголовный кодекс. Говоря о работе правоохранительных органов, глава государства уже более решительно, чем раньше, отмечает первоочередные задачи: «Нам надо подумать и принять меры по повышению роли и авторитета советского суда, строгому соблюдению принципа независимости судей, решительному усилению прокурорского надзора, следственных органов»[78]. Со ссылкой на письма граждан, приходящие в ЦК партии, был брошен призыв «не стрелять из пушек по воробьям, оставляя нераскрытыми тяжкие преступления». Безусловно, под этим подразумевалась борьба с нарушителями законов не взирая на лица, в том числе и среди руководящих работников. Уже видна маленькая, но все же эволюция в оценке работы правоохранительных органов. Впервые, хотя и очень осторожно, прозвучал вопрос о независимости судей, прокуратуры и следственных органов.

Еще более принципиальные заявления были сделаны на XIX Всесоюзной партийной конференции летом 1988 г. В эти несколько летних дней руководство страны от робких попыток реанимирования советской системы перешло к проведению в жизнь развернутой программы обновления. Впервые с высоких трибун открыто было заявлено то, что раньше осознавалось многими, но говорилось только «на кухне». Вместо оптимистических утверждений, что социализм у нас уже построен, открыто было признано, что социалистическое здание имеет много изъянов. Был признан бюджетный дефицит, отставание в научно-техническом прогрессе, засилье бюрократии. Говоря о реформе политической системы в докладе конференции, Генеральный секретарь М.С. Горбачев признал, что ленинской модели государства, управляемого народом, не получилось. Власть не у народа, а у партийной бюрократии: «Стало характерным все большее сосредоточение хозяйственно-управленческих функций в руках партийно-политического руководства. Одновременно гипертрофировалась и роль исполнительного аппарата»[79]. Горбачев констатировал, что в результате народ оказался равнодушен к общественной жизни и к участию в управлении обществом, и провозгласил задачу реально включить народ в управление страной, открыть

78 Там же. С. 35.

79 Горбачев М.С. Доклад XIX Всесоюзной партийной конференции // Материалы XIX Всесоюзной партийной конференции. М., 1988. С. 36.

простор для самоуправления масс. В докладе поднималась (наверное, впервые за всю историю правления коммунистической партии) проблема соблюдения прав человека. Советский Союз провозглашал себя самой демократической страной в мире. Однако, как отметил М.С. Горбачев о политических правах: «...на их реализации особенно болезненно сказались командно-административные методы руководства и связанные с ними ограничения демократии»[80].

В докладе было затронуто положение с реализацией и личных прав. В частности, может, впервые с партийной трибуны, глава коммунистической партии отметил недопустимость нарушения прав верующих, было подчеркнуто, что все верующие любых конфессий являются полноценными гражданами СССР. Знаковыми являются и положения доклада о таких личных правах, как неприкосновенность личной жизни, жилища, тайна переписки и телефонных разговоров: «В современных условиях права человека, и прежде всего право на жизнь, становятся предметом заботы всего мирового сообщества, интернационализируются, как и многие другие аспекты общественной жизни. Мы готовы активно сотрудничать со всеми другими странами, обмениваться опытом, скрупулезно выполнять взятые на себя обязательства»[81]. Это означало коренной перелом в отношении к человеку. После таких заявлений вполне логично в докладе М.С. Горбачева следует предложение о реконструкции системы власти. Здесь наблюдается попытка свести воедино два подхода.

С одной стороны, М.С. Горбачев поднимает вопрос о возрождении советских принципов государства. В докладе признается, что Советы давно уже не являются воплощением власти народа, что они попали в зависимость от партийных и исполнительных органов. Горбачев ставит задачу сделать Советы самостоятельными, обеспечить их деятельность финансово, предоставить возможность реально располагать местными доходами, проводить выборы на альтернативной основе. Правда, независимость от партийных органов не оговаривается, наоборот, на должность председателей Советов предлагается избирать первых секретарей соответствующих партийных комитетов[82].

С другой стороны, в докладе ставится задача построения социалистического правового государства[83]. Таким образом, был определен один из важнейших векторов современной модернизации, предопределивший содержание многих реформ, в том числе и судебной, —

80 Там же. С. 40.

81 Там же. С. 43.

82 Горбачев М С. Доклад XIX Всесоюзной партийной конференции… С. 45.

83 Там же. С. 62.

построение правового государства (при проведении модернизации XIX в. термин «правое государство» не использовался, хотя фактически некоторые его принципы в жизнь проводились). Это, безусловно, принципиальное новшество для советской идеологической доктрины государственной власти. До этого советская юридическая наука (да и все остальные общественные науки) отвергала понятие «правовое государство», считая его буржуазным. Впервые с самой высокой трибуны это понятие прозвучало применительно к советской стране. Однако стоит обратить внимание на интересную формулировку: не просто правовое государство, а «социалистическое правовое». В докладе не дается никакой расшифровки этого странного словосочетания, не объясняется, чем социалистическое правовое государство будет отличаться от обычного правового государства. Это было оставлено на откуп ученым-юристам, хотя самый главный принцип правового государства был в докладе проведен четко: «Ни один государственный орган, должностное лицо, коллектив, партийная или общественная организация, ни один человек не освобождаются от обязанности подчиняться закону»[84]. В докладе говорится не только об ответственности гражданина перед государством, но и государства перед гражданином, а также о необходимости модернизации всей правовой системы, т.к. многие законы превратились в тормоз.

Логично, что дальнейшие положения доклада были посвящены задачам правоохранительных органов в новых условиях. Главное положение этой части доклада заключается в том, что правоохранительные органы должны стать, прежде всего, защитниками прав и свобод людей. В частности, подчеркивается значение деятельности судебных органов: «От того, насколько точны весы правосудия, зависят судьбы многих людей, защита их прав, неотвратимость наказания тех, кто преступил закон»[85]. Уже более решительно М.С. Горбачев говорит о необходимости строгого следования принципу независимости судей, подчинения их только закону. Для этого он предложил увеличить срок избрания судей, повысить роль народных заседателей путем увеличения их числа. Также в докладе было сказано о необходимости обеспечения строжайшего соблюдения таких начал судопроизводства, как состязательность, гласность, и даже в открытую была признана необходимость преодолеть обвинительный уклон. Это уже был серьезный шаг к пересмотру работы судебной системы.

М.С. Горбачев коснулся работы и других правоохранительных органов. В отношении прокуратуры была поставлена задача возро-

---

84 Там же. С. 62.

85 Там же.

дить ее основную функцию — надзора за точным и повсеместным соблюдением законов. Говоря о работе МВД, Генеральный секретарь был вынужден признать, что в этих органах имеется немало серьезных злоупотреблений, и соответственно поставил задачу усовершенствования кадровой политики в МВД. В докладе была одобрена идея создания следственного комитета и выделения его в самостоятельную структуру. Очень важными представляются несколько строк доклада, посвященных адвокатуре — ее деятельность напрямую связывается с защитой прав и свобод граждан.

Эти же положения доклада были закреплены и в Резолюции конференции. В ней был сформулирован целый ряд задач, стоящих перед правоохранительной системой:

1) обеспечение верховенства закона во всех сферах жизни общества;
2) проведение кодификации законодательства, демократизация законов, обеспечение правовой защиты личности, ее прав и свобод;
3) повышение авторитета суда, укрепление таких начал советского судопроизводства, как состязательность, гласность, неукоснительное соблюдение презумпции невиновности, недопустимость обвинительного уклона, обеспечение независимости судов;
4) повышение ответственности прокуратуры, полное восстановление принципов прокурорского надзора, в частности, обеспечение независимости прокуроров и превращение надзора за законностью в основную функцию прокуратуры;
5) повышение профессионализма и культуры работников милиции;
6) повышение роли адвокатуры по оказанию юридической помощи и расширение участия защитников в предварительном следствии и судопроизводстве;
7) повышение уровня подготовки юристов;
8) повышение уровня правосознания и правовой культуры, распространение правовых знаний, с этой целью обеспечение доступности правовой литературы для каждого человека[86].

Фактически это было провозглашение достаточно обширной программы реформирования правоохранительной системы. Конференция

86 Резолюция XIX Всесоюзной партийной конференции // Материалы XIX Всесоюзной партийной конференции. М., 1988. С. 147.

также создала экономические предпосылки для проведения судебной реформы. В докладе М.С. Горбачева по-прежнему подтверждается приверженность социалистическому способу производства, т.е. на основе государственной собственности на средства производства. Однако в то же время подчеркивается необходимость широкого внедрения хозрасчета, самофинансирования и самоуправления. Эти меры пока не рынок, но они, безусловно, повышают потребность в быстром разрешении хозяйственных споров. В резолюции также говорилось о необходимости расширения полномочий Государственного арбитража.

Конференция произвела сильное впечатление на все советское общество, оживила общественную и научную дискуссию о дальнейших путях его развития. Положения конференции получили дальнейшее развитие. Провозглашение тезиса о правовом государстве дало возможность ученым начать обсуждение применения теории правового государства к нашей стране. Публикуется целый ряд статей и монографий по этому вопросу[87].

В них подробно раскрывается и само понятие правового государства, и обсуждается проблема его строительства в нашей стране. Интересно, что авторами этих работ были известные юристы-теоретики, немало написавшие трудов по теории государства и права в советский период, естественно, на основе марксистско-ленинского учения. Доктор юридических наук, профессор В.О. Мушинский справедливо замечает: «Возникла неординарная идеологическая ситуация: к социалистической государственности «примеряется» концепция, выработанная домарксовой научной мыслью и не получившая благоволения у наших классиков. Она рождена либеральными направлениями буржуазной политической мысли»[88]. Мушинский отмечает необходимость проведения переоценки либеральной политико-правовой мысли, обратиться, в частности, к ее положениям о партнерском отношении индивида и государства, признании свободных и независимых от власти сфер деятельности индивидуума.

Интересно, что в этих публикациях предпринимаются попытки, видимо по привычке, найти корни теории правового государства… в

---

87 См. Мушинский В.О. Правовое государство и правопонимание // Советское государство и право. 1990. № 2. С. 21—28; Явич Л.С. Господство права (к концепции правового государства в СССР) // Известия высших учебных заведений. Правоведение. 1990. № 5. С. 11—20; Он же. Социализм: право и общественный прогресс. М., 1990; Прохоров А.В. Организационное обеспечение социалистического правового государства // Известия вузов. Правоведение. 1989. № 4. С. 43—49; Батурин Ю.М., Лившиц Р.З. Социалистическое правовое государство: от идеи к осуществлению. М., 1989.

88 Мушинский В.О. Правовое государство и правопонимание // Советское государство и право. 1990. № 2. С. 21.

марксизме-ленинизме. Если Мушинский просто отмечает, что у марксизма и у либерализма был один источник — классическая философия, то Л.С. Явич пишет, что хотя Маркс, Энгельс и Ленин считали образцом социалистического государства Парижскую коммуну, выступали за соединение законодательной и исполнительной власти, то впоследствии Энгельс пришел в выводу о допустимости парламентской демократической республики, а Ленин писал о Республике Советов[89].

Говоря о признаках правового государства, авторы выделяют в первую очередь такой признак, как верховенство закона: «С точки зрения юридической сущности правового государства публичная власть исключает произвол и действует только в соответствии с правом, но не с законом, который тоже может быть произволом. Право как антипод произвола и как барьер на его пути — такова юридическая сущность правового государства»[90]. Этот же принцип выделяет и Л.С. Явич: «Господство права подчиняет государство обществу»[91]. Наряду с принципом верховенства права эти и другие авторы выделяют принцип разделения властей. Это, безусловно, было новшеством советской юридической науки, ранее отстаивавшей слияние в Советах законодательных и исполнительных функций. В теоретических работах 1990—1992 гг. весьма мало рассуждений о таком принципе правового государства как приоритет прав и свобод, их гарантии и защита. Возможно, это происходило оттого, что обсуждение этого принципа означало бы признание несоблюдения прав и свобод человека в СССР. К этому ни общественная, ни научная мысль еще не были готовы. О необходимости реализовывать этот принцип говорится косвенно.

Например, в работе Ю.М. Батурина и Р.З.Лившица «Социалистическое правовое государство: от идеи к осуществлению» (М., 1989) подчеркивается, что правовое государство невозможно без гласности, без борьбы с бюрократизмом и с административно-командными методами управления, без освобождения от чрезмерной опеки общественных организаций государством. Таким образом, юридическая советская наука приняла в начале 90-х гг. основные положения теории правового государства. Однако противопоставление первой в мире страны Советов загнивающему Западу еще делалось. Как уже отмечалось, речь шла не просто о правовом государстве, а о социалистическом правовом государстве. Именно такая формулировка прозвучала на конференции, и на советскую юридическую науку легла задача рас-

---

89 Явич Л.С. Социализм: право и общественный прогресс. М., 1990. С. 157.

90 Мушинский В.О. Указ. соч. С. 23.

91 Явич Л.С. Господство права (к концепции правового государства в СССР) // Известия высших учебных заведений. Правоведение. 1990. № 5. С. 16.

крытия этого понятия. И наши юристы с этой задачей достойно справились. Мушинский приводит интересные рассуждения, что идея правового государства была и будет утопична, реализоваться она может только в советской стране, где нет частной собственности на средства производства: «Концепция социалистического правового государства не отрицает и не может отрицать централизованного государственного планирования и регулирования»[92]. Следовательно, социалистическое правовое государство — это правовое государство с социалистическим способом хозяйствования, основанным на плановой экономике, и государственной собственностью на средства производства. Однако следует отметить, что в работах этого периода в качестве прогрессивных были предложения разграничить полномочия партийных и государственных органов[93].

На дальнейших партийных форумах руководству страны уже отступать было некуда, нужно было идти дальше по выбранному пути, углубляя начатые реформы. На XXVIII съезде партии, который состоялся летом 1990 г., впервые было заявлено о переходе к рыночной экономике: «…именно регулируемая рыночная экономика позволит так нарастить общественное богатство, что в результате поднимется уровень жизни всех»[94]. Было объявлено и о демонтаже государственно-монопольных отношений, создании условий для свободного состязания производителей. Причем в борьбе с таким злом, как спекуляция, особо досаждавшая тогда гражданам, приоритет был отдан экономическим, а не силовым методам. М.С. Горбачев так и сказал, что на 80% это — экономический вопрос. Все это закладывало экономический базис для судебной реформы — рыночная экономика без оперативного и справедливого правосудия существовать не может.

Интересно отметить, что как правовое государство было допущено с оговоркой «социалистическое», так и понятие «рынок» вводилось с оговоркой — «регулируемая рыночная экономика». Даже сам переход к рынку подавался не как отход от социализма, а как его углубление. Если раньше огосударствление всех средств производства подавалось как главная черта социалистического общества, то теперь и переход к рынку представлялся как исключительно социалистическая черта. На октябрьском 1990 г. Пленуме ЦК партии заместитель Генерального секретаря В.А. Ивашко назвал тотальное огосударствление собственности «грубейшим теоретическим и практическим

---

92 Мушинский О.В. Указ. соч. С. 23.

93 См. Мушинский О.В. Указ. соч. С. 26; Явич Л.С. Господство права… С. 16.

94 Горбачев М.С. Политический отчет ЦК КПСС XXVIII съезду партии и задачи партии // Материалы XXVIII съезда КПСС. М., 1990. С. 58.

просчетом»[95]. «Партия не отказывается от идей социализма, но под социализмом она понимает не равенство в нищете... не жесткую административную регламентацию экономики и всей общественной жизни… Социализм — это общество, в котором целью общественного развития является человек, в котором на основе многообразия форм собственности и хозяйствования обеспечивается превращение трудящихся в хозяев производства, сильна мотивация высокопроизводительного труда, гарантируется социальная справедливость и социальная защищенность трудящихся», — было сказано в докладе[96].

На XXVIII съезде уже четко была признана задача соблюдения прав и свобод граждан, в том числе было заявлено о необходимости законодательной защиты личности и достоинства гражданина, неприкосновенности его жилища и имущества, свободы выбора профессии, определения места жительства, въезда и выезда в страну, тайны переписки и переговоров, свободы слова, печати, информации, исключения какой-либо дискриминации. Государство должно стать подконтрольным обществу и обеспечить свободное соревнование всех общественно-политических сил, действующих в рамках закона. Причем впервые было четко заявлено, что должна вырасти роль суда в защите гражданских прав. Также впервые было сказано не просто об обеспечении независимости суда и прокуратуры, повышении их статуса в обществе, но и о строгом соблюдении принципа презумпции невиновности и права на защиту, о повышении уровня профессиональной подготовки и материального обеспечения работников правоохранительных органов. Все это создавало базу для переосмысления места и роли суда в обществе и в системе других государственных органов, а также для ускорения подготовки судебной реформы.

Постепенно теоретические и идеологические постулаты начинают реализовываться в жизнь. 26 марта 1989 г. состоялись выборы делегатов на Первый съезд народных депутатов СССР. Это были первые выборы в нашей стране, проводившиеся на альтернативной основе, и первая избирательная кампания в СССР, осуществленная на демократических принципах. Она дала стране и обществу первый опыт избирательной кампании на соревновательных началах. Предстоящее проведение выборов на альтернативной основе не очень испугало местные партийные органы, они сориентировались весьма быстро — на альтернативной основе народу стали предлагаться безликие кандидатуры

95 Ивашко В.А. О положении в стране и задачах КПСС в связи с переводом экономики на рыночные отношения // Материалы Пленума ЦК КПСС 8—9 октября 1990 г., 1990. С. 21.

96 Там же. С. 22.

от местных райкомов и обкомов, одинаково устраивавшие партийные власти. Однако народ захотел настоящих выборов. Своих кандидатов отстаивали на собраниях и митингах. В ряде мест дошло до открытых столкновений. Так, в Рязани людей, пришедших к горсовету с просьбой включить в избирательный список их кандидатуру, разогнали милицейскими дубинками. Впервые рязанцы увидели спецсредство ПР[97] не в кадрах зарубежных фильмов, а в руках отечественных работников правопорядка, после чего дубинкам дали название «демократизаторы». В ответ на это навязанных депутатов просто провалили, а во многих округах выборы не состоялись. Тогда в бюллетенях еще не было графы «против всех», власти были не готовы к мысли, что народ не согласится с навязанными кандидатурами.

В 1990 и 1991 гг. принимается ряд нормативных актов, демократизировавших политическую систему. 9 октября 1990 г. был принят закон СССР «Об общественных объединениях», 25 октября 1990 г. — закон СССР «О свободе вероисповедания», 10 декабря 1990 г. — закон СССР «О профессиональных союзах», 27 декабря 1991 г. — закон РСФСР «О средствах массовой информации». Эти акты значительно либерализовали политический режим. Статья 1 закона СССР «Об общественных объединениях» признавала право на объединение неотъемлемым правом человека и гражданина. Допускалось создание любых общественных организаций, в том числе и политических партий, кроме призывающих к свержению политического строя, пропагандирующих войну и насилие, разжигающих ненависть. Государству запрещалось вмешиваться в деятельность общественных организаций, финансировать их деятельность (статья 5 Закона). Партии получили право участвовать в политической жизни, т.е. выдвигать кандидатов в народные депутаты, вести предвыборную агитацию. Это было началом создания многопартийной системы.

Принятие закона РСФСР «О средствах массовой информации» делало шаг к свободе слова. Статья Закона запрещала цензуру, закон вводил регистрационный, а не разрешительный порядок создания новых изданий. Не допускалась только пропаганда жестокости, войны, насилия и дискриминации. Большое значение имело принятие закона СССР «О свободе вероисповедания», это означало признание за гражданами права выбирать и исповедовать любую религию. Указ Президента России от 25 мая 1992 г. № 524 создал условия для реализации еще одного права, неотъемлемого для демократического общества, — права на проведение уличных митингов, шествий, демонстраций. Все это было симптомами перевода стрелок от антидемократического к демократическому режиму.

97 Спецсредство ПР — палка резиновая.

В эти же годы происходят изменения и в экономической системе. Еще до XIX партийной конференции были приняты акты, вводившие хозрасчет и самофинансирование, разрешавшие создание кооперативов и занятие индивидуальной трудовой деятельностью. Эти акты не меняли основы социалистического способа хозяйствования, в основе которого лежали плановость и государственная собственность на средства производства, но оживляли ее, вносили элементы рыночной экономики. Законы, принятые после конференции, углубили эту тенденцию. В 1990 г. было принято два закона СССР «О собственности в СССР» и «О предприятии в СССР». Они, в целом, также утверждали социалистический способ хозяйствования, но допускали смешанную собственность (совместную советскую и иностранных субъектов) и существование индивидуальных и семейных предприятий.

Перелом внесло принятие двух законов РСФСР: «О собственности в РСФСР» (24 декабря 1990 г.) и «О предприятиях и предпринимательской деятельности» (25 декабря 1990 г.). Закон «О собственности в РСФСР» однозначно восстанавливал частную собственность на средства производства. Закон разрешал гражданам быть владельцами ценных бумаг, земельных участков, средств массовой информации, предприятий, транспортных средств, предусматривал возможность приватизации, т.е. передачу государственной собственности в частные руки.

Закон РСФСР «О предприятиях и предпринимательской деятельности» впервые со времен нэпа предоставлял предприятиям право реализовывать свою продукцию и услуги по ценам, устанавливаемым самостоятельно. В июле 1991 г. был принят закон РСФСР «О приватизации государственных и муниципальных предприятий в РСФСР», который открыл возможность для формирования слоя собственников. Все это ознаменовало поворот к рыночной экономике. И наконец, все произошедшие изменения в политической и экономической системах нашли закрепление в новой Конституции Российской Федерации, которая была принята в 1993 г.

Конституция провозглашала Россию демократической страной с политическим плюрализмом и рыночной экономикой, в которой права и свободы человека являются высшей ценностью. Статья 13 Конституции подчеркивает, что в России признается идеологическое многообразие, многопартийность, никакая идеология не может устанавливаться в качестве государственной, все общественные объединения равны перед законом. Также в статье 14 отмечается светский характер государства, но в то же время выделяется равенство всех религиозных объединений. Статьи 35 и 36 гарантируют право частной собственности, в том числе и на землю. Статья 34 закрепила право предпринимательской деятельности. Конституция закрепила разделение власти на три ветви, особо подчеркнула значение прав и свобод личности, впервые государство взяло на себя ответственность за их соблюдение. Таким образом, в Конституции был оформлен совсем другой тип государства. Еще рано говорить о том, что в нашей стране создано полностью демократическое правовое государство. Однако уже формулировка подобной цели предполагает совершенно иное регулирование общественных отношений, чем в советский период. Административно-командный метод управления с жестким контролем над всеми сферами жизни и плановой экономикой должен быть заменен условиями для развития конкуренции как в экономической, так и в политической жизни.

Соответственно меняется и роль государства — вместо жесткого надзирателя и контролера, детально регламентировавшего поведение каждого, должен появиться мудрый и справедливый арбитр, создающий для всех равные условия и контролирующий, чтобы все субъекты общественной жизни действовали в рамках закона. Меняется и роль суда. В демократических государствах суд — главный защитник прав и свобод, именно он в первую очередь выступает в качестве арбитра между конкурирующими субъектами в различных сферах общественной жизни, разрешает споры между гражданами, гражданином и властью, между общественными объединениями и пр.

С 90-х гг. XX в. с ростом признания политических прав и свобод хоть медленно, но растет роль судов как их защитников. Если указ Президиума Верховного Совета СССР «О порядке организаций и проведения собраний, митингов, уличных шествий и демонстраций в СССР» от 28 июля 1988 г. допускал только административный порядок обжалования запретов на проведение митингов и демонстраций, то закон СССР «О выборах народных депутатов СССР» от 1 декабря 1988 г. вводил судебный порядок обжалования действий участковых избирательных комиссий. В судебном порядке предлагалось обжаловать действия органов здравоохранения в случае несогласия с принудительным освидетельствованием и стационарным лечением при заболевании СПИДом (закон СССР «О профилактике заболевания СПИД» от 23 апреля 1990 г.).

Закон СССР «Об общественных объединениях» вводил судебный порядок ликвидации общественных организаций, а Закон РСФСР «О средствах массовой информации» предусматривал возможность обжалования в суде отказа в регистрации СМИ, решения комиссии об аннулировании права на вещание, отказа в предоставлении информации, отказа в аккредитации и ее лишения.

Таким образом, в конце 80-х — начале 90-х гг. XX века в Советском Союзе, так же как и в середине XIX в. в царской России, созревали предпосылки для крупномасштабных судебных реформ. Их созревание шло неотрывно от процессов в политической и экономической сфере. Как советская судебная система, так и судебная система николаевской России имели целый ряд недостатков. В судах преобладал обвинительный уклон, судьи не были независимыми, низким был уровень подготовки судей, явно было недостаточным финансирование судебной власти, что выражалось в низких зарплатах судей и плохом состоянии помещений судов. Можно отметить низкий авторитет суда в обществе. Основными причинами недостатков в судебном ведомстве можно назвать, прежде всего, состояние политической и экономической систем общества. Суды были такие, какие они были нужны административно-командной системе. Авторитарное государство не может быть заинтересовано в свободном независимом правосудии, независимый суд может появиться только в демократическом государстве. Фактически в канун обеих модернизаций как в николаевской России, так и в Советском Союзе существовал авторитарный режим, с сильной авторитарной властью, которая не признавала права и свободы личности.

Поэтому преобразования в судебной сфере в оба периода могли начаться параллельно с кардинальными реформами во всех сферах общества. В XIX в. такие предпосылки формируются в первые годы правления Александра II, когда оживляется общественная мысль, проводятся первые реформы, отменяется крепостное право. В Советском Союзе такие предпосылки создаются в процессе перестройки. На протяжении почти 10 лет постепенно происходит смена внутреннего курса — робкие попытки усовершенствования социалистической системы руководством страны, а также системы хозяйствования сменяются задачами построения другого государства. От гласности, выборов на альтернативной основе, расширения самоуправления общество постепенно переходит к многопартийности, демократическим выборам, реальному предоставлению гражданам целого спектра прав и свобод: права на свободу слова, вероисповедания, передвижения, проведения митингов и шествий, создания различных организаций. Послушное голосование в Советы сменяется бурными избирательными кампаниями, безликие Советы — многопартийными Государственной Думой и местными законодательными собраниями. От хозрасчета и госприемки постепенно происходит переход к осознанию неизбежности введения рыночной экономики.

После первых преобразований в оба исторических периода меняется и роль суда в обществе. Теперь нужен не послушный суд, а справедливый, независимый арбитр, способный разрешать споры участников общественных и экономических отношений, защищать законные интересы людей, общественных организаций, субъектов экономической жизни, государства. В условиях рыночной экономики свободный независимый суд становится условием успешной экономической деятельности, справедливой конкуренции различных участников экономических отношений. Без независимого правосудия невозможно и построение демократии: различные субъекты политической жизни (партии, общественные объединения, общественные деятели) тоже действуют в условиях конкуренции, и суд выступает в роли беспристрастного арбитра в этом соревновании, обеспечивая всем равные права. В этом плане российская история не является чем-то уникальным: потребность в изменении органов внутренних дел и судебной системы испытали все страны бывшего социалистического лагеря после крушения социалистической системы. Не только на территории бывшего Советского Союза, но и во многих других странах социалистического лагеря демократизация вызвала кардинальные реформы судебной системы[98].

Осознание необходимости судебной реформы тоже шло постепенно, вслед за осознанием необходимости проведения политических и экономических реформ. Первоначально задачи, стоящие перед судебным ведомством, формулируются применительно к усилению борьбы с нарушителями закона. Затем постепенно вырастает роль суда как главного защитника прав и свобод граждан. Наконец, общество и руководство страны в оба исторических периода осознают необходимость глобальной судебной реформы.

1.2. Поиск стратегии реформы

Осознание кризиса как в конце 50-х гг. XIX в., так и в середине 80-х гг. XX в. позволило начать процесс модернизации. В политической и экономической жизни страны начинают происходить серьезные изменения. Историческая роль обоих руководителей государства — Александра II и М.С. Горбачева в том и заключается, что они не просто осознали наличие кризиса, но и решились на преобразования. Они осмелились сделать первые шаги, после которых, как говорил сам советский руководитель, «процесс пошел». Однако, как уже отмечалось, для того чтобы «процесс шел», нужны были реформы в судебной системе. Поэтому в оба исторических периода вопрос о судебной реформе ставился на повестку дня автоматически. В связи с этим представляется важным проследить, как происходила разработка стратегии судеб-

98 Caparini M., Marenin O. Crime, Insecurity and Police Reform in Post-Socialist CEE // The Jornal of Power Institutions in Post-Soviet Societies. An electronic journal of sciences. Issue 2. 2005.http://www.pipss.org/document330.html.10.02.2008.

ной реформы в оба периода, каким образом общественная и научная мысль смогла повлиять на этот процесс.

1.2.1. Научная и общественная мысль середины XIX в. и рубежа XX—XXI вв. о реформе суда. Подготовка обеих судебных реформ сопровождалась активным обсуждением общественной и научной мыслью проблем судебного ведомства. Оживление общественной жизни в конце 50-х гг. XIX века позволило газетам и журналам писать о несовершенстве судебной системы. Стали появляться публикации, критикующие российские судебные порядки и предлагающие различные преобразования. Эти первые выступления были довольно робкими и касались самых архаичных вещей — письменности и тайны судопроизводства. Суд в России, писалось в этих статьях, должен стать устным и гласным, как в большинстве стран Европы[99]. Последующие публикации рассматривали необходимые преобразования более детально[100]. По мнению одного из горячих сторонников судебной реформы профессора уголовного права Санкт-Петербургского университета С.И. Баршева, в российских судах, как и в английских, необходимо разграничить функции рассмотрения дела и обвинения и одновременно предоставить широкие возможности подсудимому защищаться. Защита и обвинение должны иметь в судах своего представителя, следовательно, в России надо создать институт адвокатуры. Фактически это было требование введения состязательного процесса, которого в России не было.

Апофеозом этих публикаций было предложение ввести суд присяжных. Только суд присяжных гарантирует настоящее беспристрастие и хранит суд от судебной ошибки, доказывал Баршев[101]. Чем детальнее обсуждались в российской прессе проекты возможных преобразований по судебной части, тем активнее шло обращение к опыту работы зарубежных судов. Все рассуждения о необходимых нововведениях сопровождались иллюстрациями из деятельности зарубежных судебных систем. Зарубежный опыт служил в качестве аргумента в пользу тех или иных преобразований. Практически каждый писав-

---

99 См. О словесном делопроизводстве в России // Русский вестник. 1857. Т. 11. Кн. 1.; Баршев С.И. Уголовное судопроизводство // Русский вестник. 1857. Т. 10. Кн. 2; Х.Д. Несколько мыслей о судопроизводстве // Русский вестник. 1858. Т. 16. Кн. 2.; Палюмбецкий А.А. Вопрос об устности и гласности суда // Русский вестник. 1859. Т. 16. Кн. 2.

100 См. Баршев С.И. О необходимых гарантиях уголовного суда // Русский вестник. 1859. Т. 20. Кн. 2; Он же. Задачи присяжных в деле уголовного суда // Русский вестник. 1863. Т. 45.

101 Баршев С.И. Задачи присяжных в деле уголовного суда // Русский вестник. 1863. Т. 45. С. 116.

ший о судебной реформе использовал этот прием. Наиболее красноречивый пример привел в своей статье один анонимный автор. Молодой человек (подданный России), отправляясь за границу, поспешил расплатиться с кредиторами, потому что они пригрозили представить его заемные письма к взысканию в Париже: «Там шутить не станешь, говорили они, как раз в тюрьму попадешь»[102].

В 1860—1866 гг. в русском обществе наблюдается всплеск интереса к зарубежным судам. В прессе следует целая серия статей о них[103]. У многих образованных людей России вызвала интерес книга немецкого ученого А. Миттеермайера «Уголовное судопроизводство в Англии, Шотландии и Северной Америке», изданная в 1851 году на немецком языке в Германии, а в 1864 году она вышла в России на русском языке. В 1860 г. в Казани профессором права А. Чебышевым-Дмитриевым был прочитан курс лекций на тему: «Очерк лекций уголовного процесса в Англии, Франции и Германии»[104].

Однако несмотря на такое активное выступление общественности, министерство юстиции бездействовало. Во главе этого ведомства стоял граф В.Н. Панин, человек крайне консервативных взглядов. При нем не только реформа, но даже разговоры о ней были невозможны. Единственно, что было сделано — это в 1860 году был учрежден институт судебных следователей. Отныне предварительное следствие должно было производиться не чиновниками полиции, а специальным должностным лицом судебного ведомства — судебным следователем. Это должностное лицо было новой фигурой в российском уголовном процессе, до этого следователи не существовали ни при судах, ни в полиции. Предварительное следствие вели чины полиции, которые при этом осуществляли массу других функций. Однако одной этой меры было крайне недостаточно, но в эпоху Панина ожидать предложений от министерства юстиции о более кардинальных преобразованиях не приходилось. Поэтому первые проекты реформирования российского

102 О словесном делопроизводстве в России // Русский вестник. 1857. Т. 11. Кн. 1. С. 165.

103 Сравнение английского и французского уголовного судопроизводства // Журнал министерства юстиции. 1862. Т. 19. Ч. 2; Утин Н. Очерк исторического образования суда присяжных в Англии // Русский вестник. 1860. Т. 26; Кистяковский А. Очерк английского уголовного процесса // Журнал министерства юстиции. 1860. № 6, 9, 11, 12; Берви В. Очерк судебного управления Англии // Журнал министерства юстиции. 1859. № 9; Утин Б. О мировой юстиции в Англии // Современник. 1860. № 4, 11; К. С. У. Об адвокатах и ходатаях во Франции // Русский вестник. 1858. Т. 18. Кн. 2; О специальных присяжных для особого рода дел в Англии, Франции и Италии // Журнал министерства юстиции. 1862.Т. 14. Ч. 2; Щербаня Н.В. Суды, магистратура и адвокатура во Франции // Русский вестник. 1858. Т. 15. Кн. 1—2; Арсеньев А.О. современном состоянии французской адвокатуры // Русский вестник. 1861. Т. 32.

104 Текст лекций был опубликован в журнале «Отечественные записки» (1860. № 10, 11, 12).

судоустройства и судопроизводства стали разрабатываться чиновниками военно-морского ведомства и II Отделения Его Императорского Величества канцелярии[105]. Во главе военно-морского ведомства стояли либеральные политики, которые и начали разрабатывать планы преобразования военных судов.

В целом, в 1857—1858 годах в правящих кругах по поводу реформы суда существовало два мнения (если не считать консервативной позиции В.Н. Панина). Одно направление воплощал главноуправляющий II Отделением Д.Н. Блудов. Он считал, что судебную систему России можно улучшить без ее коренной ломки, возражая против использования идей правоведения стран Запада. Второе направление пропагандировал директор Комиссариатского департамента морского министерства князь Д.А. Оболенский. Он полагал необходимым активно внедрять в России правила судопроизводства, принятые на Западе: устное и гласное судопроизводство, суд присяжных, институт адвокатуры. В конечном итоге верх одержало мнение Д.А. Оболенского. В 1861 г. создается Комиссия во II Отделении для подготовки проекта судебной реформы[106]. К осени 1863 года работа по составлению новых Судебных Уставов была закончена, и 20 ноября 1864 года они были подписаны Александром II. Под этим общим названием подразумевается 4 нормативно-правовых акта: Учреждение судебных установлений, Устав уголовного судопроизводства, Устав гражданского судопроизводства и Устав о наказаниях, налагаемых мировыми судьями. По сути дела их можно соотнести со следующими современными нормативными документами: Учреждение судебных установлений — с законами России «О статусе судей» и «О судебной системе Российской Федерации», Устав уголовного судопроизводства — с Уголовно-процессуальным кодексом РФ, Устав гражданского судопроизводства — с Гражданско-процессуальным кодексом, Устав о наказаниях, налагаемых мировыми судьями — с Кодексом об административных правонарушениях.

Новые уставы ознаменовали кардинальные перемены в судебном ведомстве. Они были так обширны, что уместно говорить о строительстве новой судебной системы, а не о реформировании старой. Судебные Уставы 1864 года по праву могут быть названы уникальным памятником передовой либеральной мысли XIX века. Они закрепили такие передовые принципы судопроизводства, как всесословность, независимость суда от администрации, несменяемость судей и следо-

---

105 Его Величества имперская канцелярия была создана при Николае I. II Отделение должно было заниматься кодификацией русского законодательства.

106 Толмачев Е.П. Александр II и его время. М., 1998. Т. 1. С. 253.

вателей, равенство всех перед судом. Сословная система судов заменялась едиными судами для всех сословий.

Создавалось две системы судов: местных и общих. К местным относились судебно-мировые учреждения (мировая юстиция). Первой инстанцией в них являлись мировые судьи, которые выбирались земством. Второй инстанцией в мировой юстиции был съезд мировых судей (как правило, он объединял всех судей уезда). Юрисдикция судебно-мировых учреждений распространялась на малозначительные преступления и проступки, такие, как нарушение Устава о паспортах, прошение милостыни, драки, нарушения санитарных норм, оскорбления, мелкие кражи, мошенничества и другие правонарушения, предусмотренные Уставом о наказаниях, налагаемых мировыми судьями, а также несложные гражданские дела (взыскание долга до 300 р., возмещение ущерба до 500 р., споры о движимом имуществе). Общие суды решали более серьезные дела. Первой инстанцией в системе общих судов были окружные суды, второй — судебные палаты. Для некоторых дел первой инстанцией устанавливались судебные палаты — например, для дел о должностных преступлениях. Кассационные департаменты Сената являлись высшей судебной инстанцией как для местных, так и для общих судов. Они также могли выступать судами первой инстанции по делам о служебных преступлениях.

Кардинально менялся судебный процесс. Он становился устным, гласным и состязательным. В гражданском споре состязались ответчик и истец, при рассмотрении уголовного дела — обвинение, представленное прокуратурой, и защита. Обвиняемый получил право на защиту, теория формальных доказательств заменялась принципом личного убеждения судьи. При рассмотрении в окружных судах и судебных палатах тех уголовных дел, где могло быть назначено серьезное наказание, привлекались представители из народа — присяжные заседатели. Они решали вопрос факта, т.е. виновен ли подсудимый в том преступлении, в котором он обвинялся.

Для оказания профессиональной юридической помощи создавался институт адвокатуры (присяжных поверенных). Они должны были как оказывать помощь при ведении гражданского дела, составлении жалоб, исков и прочих бумаг, так и осуществлять защиту подсудимых в уголовном процессе. Присяжные поверенные не являлись государственными чиновниками. Они объединялись в свободное профессиональное объединение, которое действовало на основании Судебных Уставов.

Для приведения приговоров и решений суда в действие создавалась служба судебных приставов — эти государственные чиновники должны были осуществлять исполнение решений суда. Судебные приставы находились как при общих судах, так и при съездах мировых судей. Для удостоверения различного рода юридических актов (договоров, сделок, завещаний, доверенностей) учреждалась система нотариальных контор. Нотариат также был новшеством для России. Отныне нотариусы должны были появиться во всех губернских и уездных городах, а при окружных судах учреждалась должность старшего нотариуса.

Таким образом, Судебные Уставы 1864 года предполагали коренную перестройку судебной системы. Реформу 1864 года нельзя воспринимать как простое обновление правил судопроизводства. Она вобрала в себя все тенденции новой эпохи, которая стремилась вытеснить Россию крепостническую. Эта эпоха несла демократические ценности: всесословность, уважение к человеческому достоинству, равенство всех перед законом. Все реформы в той или иной степени способствовали укоренению этих ценностей в России, а судебная реформа — в особенности. Кроме того, она была призвана создать быстрый и справедливый суд, т.е. обеспечить защиту интересов собственников, что было необходимым условием для роста промышленности и торговли.

Велись активные дискуссии о судебной реформе и в конце XX в. После XIX партийной конференции правовое положение судей и судов начинает меняться в общем русле реформ 80—90-х гг. Ряд положений конференции относительно судебной власти начинает реализовываться в жизнь. В 1989 г. был принят ряд законов СССР, касающиеся судебной власти: Закон СССР «О статусе судей»[107], «Положение о квалификационных коллегиях судей судов Союза ССР»[108], Закон СССР «Об ответственности за неуважение к суду»[109], Закон СССР «Основы законодательства Союза ССР и союзных республик о судоустройстве»[110]. Закон СССР «О статусе судей» впервые устанавливал для кандидатов в народные судьи не только ценз образованности (высшее юридическое образование), но и ценз опытности (стаж работы по юридической специальности не менее двух лет), а также требование сдачи квалификационного экзамена. Закон повысил срок полномочий судей с 5 до 10 лет, а народных заседателей с 2,5 до 5 лет. Закон установил неприкосновенность судей. По закону судья и народный заседатель не могли быть задержаны, подвергнуты обыску, административному взысканию. Уголовное дело против судьи могло быть воз-

107 Ведомости съезда народных депутатов и Верховного совета СССР.М.: 1989. № 9, № 223.

108 Там же. № 22, № 421.

109 Там же. № 22, № 418.

110 Там же. № 23, № 441.

буждено только прокурором союзной республики или Генеральным прокурором СССР.

Закон «Об ответственности за неуважение к суду» устанавливал уголовную ответственность за вмешательство в разрешение судебных дел, за угрозу по отношению к судье или народному заседателю, за оскорбление судьи или народного заседателя и за неисполнение судебного решения. Административная ответственность предусматривалась за злостное уклонение от явки в суд свидетеля, потерпевшего, истца, ответчика, неподчинение распоряжениям председательствующего, воспрепятствование явке в суд народного заседателя, непринятие мер по частному обвинению.

Особо стоит отметить Закон СССР «Основы законодательства Союза ССР и союзных республик о судоустройстве». Закон в общих чертах определял принципы судопроизводства и структуру судебных органов. В нем еще есть некоторые сугубо политические моменты в духе времени. В частности, статья 3 Закона «Задачи суда» гласила: «Вся деятельность суда направлена на всемерное укрепление социалистического правового государства, законности и правопорядка, утверждение принципа социальной справедливости, обеспечение демократизации и дальнейшего развития самоуправления народа, предупреждение правонарушений, воспитание граждан в духе точного и неуклонного исполнения Конституции СССР, конституций союзных республик, конституций автономных республик и советских законов, уважения к правам, чести и достоинству граждан, к правилам социалистического общежития». Также явно устаревшей следует признать статью 22 «Организационное обеспечение деятельности судов». Законодатель возложил обязанность организационного обеспечения судов не только на Министерство юстиции СССР, но и на отделы юстиции местных советов, что не могло способствовать независимости судей.

В то же время Закон содержал и ряд очень важных новелл, которые намечали серьезные изменения в деятельности судов. Статья 7 закрепляла право граждан на судебную защиту от неправомерных действий органов власти и должностных лиц. Статья 14 расширяла возможности для защиты. Согласно ей защитник предоставлялся обвиняемому не в последний день следствия (после предъявления обвинительного заключения), а с момента задержания или предъявления обвинения, если подследственный не находился под стражей. Эта же статья более четко сформулировала принцип презумпции невиновности. В Конституции 1977 г. (еще действовавшей в 1989 г.) статья 160 гласила: «Никто не может быть признан виновным в совершении преступления, а также подвергнут уголовному наказанию иначе как по приговору суда и в соответствии с законом». Пункт 2 статьи 14 вводил более грамотную формулировку: «Обвиняемый считается невиновным, пока его виновность не будет доказана в предусмотренном законом порядке и установлена вступившим в законную силу приговором суда». Кардинальным новшеством следует назвать статью, предусматривающую возможность введения суда присяжных. Статья 11 «Состав суда при рассмотрении гражданских и уголовных дел» гласила, что по делам о преступлениях, за совершение которых законом предусмотрена смертная казнь либо лишение свободы на срок свыше 10 лет, вопрос о виновности подсудимого может решаться судом присяжных. Правда, статья не регламентировала, кто может решать вопрос о суде присяжных, статья не закрепляла права для граждан требовать для себя суда присяжных. Видимо, законодатель отнес этот вопрос на усмотрение законодательных органов республик.

В этом же 1989 г. в СССР был создан Комитет конституционного надзора — предшественник Конституционного суда. Формально Комитет не являлся судебным органом, он не имел права отменять антиконституционные законы, а мог только давать свои заключения, носившие рекомендательный характер. Как отмечает американский профессор Герман Швартс, это была попытка компромисса между традициями советской государственной системы и зарубежным опытом[111]. В то же время следует отметить, что для советской государственной системы это был большой шаг вперед — создавался орган, который должен давать оценку соответствия выходящих законов нормам Конституции. Впервые официально признавалось верховенство именно Конституции, а не указания партии. Создание Комитета надо рассматривать как первый шаг по реализации принципа верховенства закона. Как пишет профессор Т.Г. Архипова: «Такого органа Россия не знала никогда, и это воодушевляло общественное мнение»[112].

Однако это были только первые шаги. На самом деле была потребность в гораздо более серьезных преобразованиях. Общественная и научная мысль конца XX века тоже взывала к коренным переменам в судебном ведомстве. Научные публикации 80—90-х гг. XX века выдвигают ряд предложений по углублению реформ в судебном ведомстве, связанных с переходом к правовому государству. Наиболее актуальными следует назвать предложения, связанные с обеспечением независимости судебной власти и выделением ее в самостоятельную ветвь, а также о передаче судебной власти функций конституционного надзора. В частности, предлагалось вывести Верховный Суд из

111 Schwartz Herman The Struggle for Constitutional Justice in Post-Communist Europe. Chicago and London, 2000. P. 113

112 Архипова Т.Г. Государственность современной России. М., 2003. С. 65.

подчинения Верховного Совета СССР[113], ослабить роль Министерства юстиции в работе судов[114]. Активно поднимается вопрос о передаче судебной власти функций конституционного надзора. Существовавший на тот момент Комитет конституционного надзора был органом скорее политическим, чем судебным — он избирался Верховным Советом из политиков, а не из судей. Ученые предложили передать споры о праве судам. Так, Л.И. Явич предложил наделить Верховный суд правом контролировать соответствие всех нормативно-правовых актов Конституции страны[115], а А.В. Прохоров — наделить правом конституционного надзора все суды: «Необходимо установить, что любой гражданин или группа лиц вправе обратиться в суд и оспорить любые кажущиеся им незаконными решения»[116].

В научных публикациях тех лет активно поднимается вопрос о расширении полномочий суда в вопросе защиты прав и свобод граждан, подаются предложения ввести судебный порядок обжалования отказов в проведении митингов и демонстраций и решения вопроса о законности забастовки: «Суд необходимо превратить в основу гаранта свободы мысли и слова, других политических прав граждан (беспрепятственное проведение митингов, шествий, собраний граждан). Необходимо, чтобы люди могли обжаловать в суд любые ущемления их политических прав. Отказали в проведении митинга — жалуйся в суд, изуродовали рукопись в редакции — в суд. Столь высокое положение суда в обществе как раз соответствовало идее правового государства»[117].

Публикации содержат ряд и других прогрессивных предложений. Так, неоднократно встречается предложение ввести суд присяжных[118]: «Двое заседателей, как правило, пассивны в процессе, безропотно кивают судье и послушно подписывают предложенные судьей приговоры и решения. А на судью часто давят, и давят эффективно». Встречаются предложения ввести административные суды[119]. Ряд предложений направлены на преодоление обвинительного уклона, повышение состя-

113 См. Прохоров А.В. Организационное обеспечение социалистического правового государства // Известия вузов. Правоведение. 1989. № 4. С. 46; Явич Л.И. Господство права… С. 20.

114 Петрухин Л.И. Указ. соч. С. 117.

115 Явич Л.И. Господство права… С. 18.

116 Прохоров А.В. Указ. соч. С. 45.

117 Петрухин Л.И. Указ. соч. С. 43.

118 См.: Петрухин Л.И. Указ. соч. С. 87; Батурин Ю.М., Лившиц Р.З. Указ соч. С. 160; Явич Л.С. Господство права...С. 181.

119 См.: Петрухин Л.И. Указ. соч. С. 87; Батурин Ю.М., Лившиц Р.З. Указ соч. С. 167.

зательности судопроизводства. В частности, с целью обеспечения прав и свобод граждан при осуществлении предварительного следствия предлагалось установить судебный контроль за его осуществлением с расширением прав защиты в досудебной стадии уголовного процесса[120]. Соответственно должна измениться и роль прокуратуры. За прокурором должна остаться только функция обвинения в суде и убрана функция надзора за судом.

В работах поднимается вопрос и об отношении общества и государства к суду. Так, бесспорным является замечание Ю.М. Батурина, что в правовом государстве недопустимо нищее положение судей, убогое состояние самих судов, т.к. это тоже определяет степень независимости суда, его авторитет в обществе: «Для повышения роли судов мало только законодательных решений. Должно быть изменено отношение общества к суду. В суде должно измениться многое: от помещений, где работает суд, до зарплаты судей. Только тогда мы получим тот сильный, авторитетный суд, без которого немыслимо правовое государство»[121].

Достаточно активно обсуждались проблемы судебной власти и в печати. В газетах 89—90 гг. XX в. появляется ряд проблемных статей, затрагивающих работу судов, часто публикуются интервью с судьями. Причем следует отметить большую активность в этом процессе главной газеты страны «Правды», что свидетельствует о неравнодушии к этой проблеме самой власти. Актуальность вопроса также подчеркивает и тот факт, что круг газет, печатавших публикации на эту тему, был достаточно широким: «Правда», «Известия», «Литературная газета», «Комсомольская правда», «Сельская жизнь», «Красная звезда», «Советская Россия», «Советская культура».

В публикациях тех лет деятельность советского суда воспринимается уже достаточно критично, постепенно разрушается привычный стереотип советской пропаганды — «советский суд самый гуманный и справедливый суд в мире». Более того, появляются упоминания о судебных ошибках, приводятся конкретные примеры несправедливого осуждения людей. Причем такие очерки появляются даже в «Правде»[122]. Сам Председатель Верховного Суда СССР Е. Смоленцев в газете «Правда» признал факты необоснованных обвинений граждан[123]. Вопрос у гуман-

---

120 См.: Петрухин Л.И. Указ. соч. С. 187; Явич Л.С. Господство права...С. 183.

121 Батурин Ю.М., Лившиц Р.З. Указ соч. С. 160.

122 См.: Волынский Н., Ошеров М. Забытая грань. Почему не всегда беспристрастно вершится правосудие // Правда. 1989. 22 февраля; Рыжиков Г. Сомнительные люди или о жертвах судебного произвола // Сельская жизнь. 1989. 21 ноября.

123 Смоленцев Е. Какой быть третьей власти? // Правда. 1990. 15 июня.

ности правосудия также нередко поднимался в публикациях тех лет[124]. Причем поводом для этого становился рост количества дел отправляемых судами на доследование, и даже рост (хоть и очень незначительный) количества оправдательных приговоров. В этих публикациях объясняется, что гуманизм и справедливость правосудия заключается в том, чтобы вынести обвинительный приговор только тогда, когда никаких сомнений в виновности не будет, когда уголовное наказание будет адекватно совершенному деянию. Фактически начался процесс формирования нового взгляда в обществе на правосудие. Вместо советских стандартных форм — «раз судят, то, значит, виноват» или «органы не ошибаются», внушаемых ранее обществу, прививается другая мысль: любая вина должна быть доказана. Назвать человека преступником можно только тогда, когда в судебном порядке будет установлена его вина.

Одними из наиболее активно обсуждаемых были вопросы о выделении судебной власти в самостоятельную ветвь и о независимости судей. В проблемных статьях, в интервью с судьями подчеркивается недопустимость какого-либо давления на судей[125]. В интервью газете «Правда» министр юстиции В.Ф. Яковлев отметил, что независимость судей является одной из наиболее актуальных проблем формирования третьей власти. Он признал, что в советский период судьи не были независимыми: «Судом пусть негласно, но фактически руководил партаппарат»[126]. Эта проблема не исчезла совсем, на смену телефонному праву, пришло «депутатское право», т.е. народные депутаты пытаются давать указания судьям, требуют от них объяснений по вынесенным решениям. Авторы приводят ряд примеров и выдвигают предложение — назначать или избирать судей пожизненно[127]. Обсуждался вопрос и о партийности судей — имеет ли судья право быть членом какой-либо партии. Например, министр

---

124 Голик Ю., Коробеев А. Какой гуманизм нам нужен? // Правда. 1990. 20 сентября; Ромазин С. Суду все ясно? (Интервью с председателем судебной коллегии по уголовным делам Верховного суда СССР С. Ромазиным / Подготовил А. Уванцев) // Правда. 1990. 14сентября; Бабенко А.М. Легко ли сидеть в судьях? (Интервью с председателем Куйбышевского областного суда А. Бабенко / Подготовил А. Праздников) // Советская культура. 1989 сентября.

125 См.: Яковлев В.Ф. Закон и власть (беседа с министром юстиции СССР В.Ф. Яковлевым / Подготовил Г. Овчаренко) // Правда. 1990. 13 июня; Петров С. Презумпция виновности // Комсомольская правда. 1988. 25 ноября; Алексеева Л. Судью — на ковер // Сельская жизнь. 1990. 27 июня.

126 Яковлев В.Ф. Закон и власть (беседа с министром юстиции СССР В.Ф. Яковлевым / Подготовил Г. Овчаренко) // Правда. 1990. 13 июня.

127 Петров С. Презумпция виновности // Комсомольская правда. 1988. 25 ноября; Алексеева Л. Судью — на ковер // Сельская жизнь. 1990. 27 июня.

юстиции В.Ф. Яковлев высказался против запрета судьям состоять в какой-либо партии, сославшись на западный опыт — в США каждый судья имеет право состоять в любой партии[128].

Не менее активно обсуждался вопрос о финансировании судов[129]. Этот вопрос возникал в разных ракурсах: низкая зарплата судей, убогое состояние судебных помещений, нехватка оргтехники, транспорта. «Называя вещи своими именами, надо признать: юстиция у нас сегодня — нищая. Не в переносном, а в самом что ни на есть буквальном смысле этого слова», — отмечалось в «Литературной газете»[130].

Много споров, так же как и в XIX веке, было по поводу суда присяжных. У суда присяжных также нашлись горячие сторонники[131]. В частности, адвокат С. Петров настаивал: «Восторжествует, наконец, принцип презумпции невиновности. Сомнения будут толковаться в пользу подсудимого действительно не заинтересованными в исходе дела людьми. Наконец, восторжествует и принцип состязательности»[132]. Доктор юридических наук С. Вицин поддержал идею суда присяжных, утверждая, что даже если количество народных заседателей увеличить до 20 человек, то они также будут послушно голосовать за мнение судьи. Если уж 125 лет назад в России, в стране с гораздо более низким уровнем развития, присяжные оказались способными рассматривать дела и выносить справедливые решения, то и современники смогут, убеждал он. Против суда присяжных выступил Председатель Верховного Суда СССР Е. Смоленцев[133]. Он считал, что нужно сохранить народных заседателей, только нужно изменить принцип их под-

---

128 Яковлев В.Ф. Закон и власть (беседа с Министром юстиции СССР В.Ф. Яковлевым / Подготовил Г. Овчаренко) // Правда. 1990. 13 июня.

129 См.: Смоленцев Е. Какой быть третьей власти? // Правда.1990.15 июня; Ромазин С. Суду все ясно? (Интервью с председателем судебной коллегии по уголовным делам Верховного суда СССР С. Ромазиным / Подготовил А. Уванцев) // Правда. 1990. 14 сентября; Бабенко А.М. Легко ли сидеть в судьях? (Интервью с председателем Куйбышевского областного суда А. Бабенко / Подготовил А. Праздников) // Советская культура. 1989. 23 сентября; Борин А. Нищая юстиция или сколько стоит правовое государство? // Литературная газета. 1989. 23 августа.

130 Борин А. Нищая юстиция или сколько стоит правовое государство? // Литературная газета. 1989. 23 августа.

131 Вицин С. Что значит суд скорый и правый? // Советская культура. 1989. 10 августа; Петров С. Презумпция виновности // Комсомольская правда. 1988. 25 ноября; Ромазин С. Суду все ясно? (Интервью с председателем судебной коллегии по уголовным делам Верховного суда СССР С. Ромазиным / Подготовил А. Уванцев) // Правда. 1990. 14 сентября.

132 Петров С. Презумпция виновности // Комсомольская правда. 1988. 25 ноября.

133 Смоленцев Е. Какой быть третьей власти? // Правда. 1990. 15 июня.

бора — выбирать в народные заседатели самых ответственных, самых достойных, а не самых ненужных на предприятии людей[134].

Встречались предложения изменить структуру судебной системы. В частности, тот же доктор юридических наук С. Вицин отмечал, что существенным недостатком советской судебной системы является ее однообразие: 90% всех уголовных и гражданских дел рассматриваются народным судом в составе судьи и двух народных заседателей. Получается, что в одинаковом порядке рассматриваются и малозначительные дела, и сложные о тяжких преступлениях, в то время как на Западе принята трехуровневая система судов — для рассмотрения дел о малозначительных уголовных правонарушениях (проступках), для рассмотрениях уголовных преступлений, для рассмотрения тяжких преступлений. Он предложил тоже ввести трехуровневую систему судов. Дела о проступках будет рассматривать единолично один судья. Здесь главное даже не правда, а скорость. Судебная ошибка может быть легко исправлена. Дела об уголовных преступлениях должен рассматривать судья и два народных заседателя. Здесь уже важна в первую очередь правда, а не скорость, поэтому процедура рассмотрения дела должна быть сложнее. Дела о тяжких преступлениях, когда подсудимому угрожает серьезное уголовное наказание, должны рассматриваться особенно тщательно, здесь уместно использовать суд присяжных[135]. Также автор предложил возродить мировые и торгово-промышленные суды. Идея создания специализированных судов встречается и в публикациях Председателя Верховного Суда СССР Е. Смоленцева[136].

Много публикаций было об адвокатуре. Адвокаты, журналисты, представители судебной власти говорили о необходимости поднять статус адвоката, сделать его работу более эффективной, расширить его полномочия в уголовном и гражданском процессах[137]. Это было действительно необходимо, т.к. в Советском Союзе защита была формальной. Защитник обвиняемому предоставлялся только после окон-

---

134 Смоленцев Е. Какой суд нам нужен? (Интервью с Председателем Верховного Суда СССР / Подготовил Г. Овчаренко) // Правда. 1989. 16 июля.

135 Вицин С. Что значит суд скорый и правый? // Советская культура. 1989. 10 августа.

136 Смоленцев Е. Какой быть третьей власти? // Правда. 1990. 15 июня.

137 Кожевникова Н. Адвокат просит слова // Советская культура. 1990. 4 августа; Ромазин С. Суду все ясно? (Интервью с председателем судебной коллегии по уголовным делам Верховного суда СССР С. Ромазиным / Подготовил А. Уванцев) // Правда. 1990.14 сентября; Мове А. Быть ли союзу адвокатов? // Советская культура. 1989. 2 февраля; Петров С. Презумпция виновности // Комсомольская правда. 1988. 25 ноября. Веремчук В. Защита в нападении? // Комсомольская правда. 1989. 24 февраля; Резник Г. Сколько стоит адвокат? (Интервью с московским адвокатом Г. Резником / Подготовил Л. Никитинский) // Комсомольская правда. 1989. 15 декабря.

чания следствия, на суде адвокат нередко воспринимался обществом как пособник преступника — «в каждом судебном разбирательстве оказывалось два обвиняемых: подсудимый и его адвокат»[138]. Суд имел даже право вынести частное определение в адрес адвоката, слишком резво отстаивающего интересы своего клиента. Теперь авторы статей, среди которых было много профессиональных адвокатов, выступали за расширение полномочий адвокатов, предоставления права не просто присутствовать при следственных действиях с участием своего подзащитного, но и иметь возможность самостоятельно собирать доказательства и фиксировать их[139].

Особо в прессе поднимался вопрос о создании независимой Ассоциации адвокатов, что было обещано давно. Однако процесс создания такой ассоциации явно затянулся. Более того, адвокаты с тревогой писали, что Министерство юстиции умышленно срывает его[140]. Это вызвало беспокойство не только у юристов, но и у общественных деятелей. 19 декабря 1988 г. в «Правде» было опубликовано коллективное письмо, которое подписали видные деятели культуры: академик Н. Боголюбов, академик К. Валиева, доктор юридических наук, профессор МГУ А. Мишина, драматург М. Розовский, народный артист СССР О. Табаков, режиссер М. Хуциев, народный артист СССР М. Ульянов. В письме поднимался вопрос о необходимости создания этой ассоциации. В том же номере было дано заверение, что ассоциация будет создана, только для этого надо время.

Затрагивалась в публикациях этого периода и деятельность прокуратуры. Одним из главных предложений, которое встречается, можно назвать требование ликвидировать прокурорский надзор за законностью деятельности судов[141].

Таким образом, можно отметить, что к началу 90-х гг. XX в. в нашей стране не просто назрела глобальная судебная реформа, но эта потребность была осознана и общественной, и научной мыслью, и даже руководством страны.

1.2.2. «Концепция судебной реформы». Старт современной судебной реформы можно отсчитывать от принятия в 1991 г. Верховным Советом РСФСР «Концепции судебной реформы». Принятие этого до-

---

138 Кожевникова Н. Адвокат просит слова // Советская культура. 1990. 4 августа.

139 Петров С. Презумпция виновности // Комсомольская правда. 1988. 25 ноября; Кожевникова Н. Адвокат просит слова // Советская культура. 1990. 4 августа.

140 Мове А. Быть ли союзу адвокатов? // Советская культура. 1989. 2 февраля; Веремчук В. Защита в нападении? // Комсомольская правда. 1989. 24 февраля.

141 Петров С. Презумпция виновности // Комсомольская правда. 1988. 25 ноября; Смоленцев Е. Какой суд нам нужен? (Интервью с Председателем Верховного Суда СССР / Подготовил Г. Овчаренко) // Правда. 1989. 16 июля.

кумента можно считать таким же знаковым моментом в истории современной судебной реформы, как и подписание Судебных Уставов в 1864 г. Канадский ученый П. Соломон назвал принятие этого документа «самой большой вехой в российской судебной реформе»[142]. Однако «Концепция…» принципиально отличалась от Судебных Уставов 1864 г.: Уставы уже вводили преобразования в судебной системе, а «Концепция» только формировала программу преобразований. «Концепция» разрабатывалась группой экспертов под руководством народного депутата РСФСР Б.А. Золотухина. Кроме него в группу вошли: С.Е. Вицин, доктор юридических наук, А.М. Ларин, доктор юридических наук, И.Б. Михайловская, доктор юридических наук, Т.Г. Морщакова, доктор юридических наук, Р.В. Назаров, член Московского областного суда, С.А. Пашин, кандидат юридических наук, И.Л. Петрухин, доктор юридических наук, Ю.И. Стецовский, доктор юридических наук.

В «Концепции» выделялось политическое значение надвигающейся судебной реформы: «Государство, переставая быть инструментом насилия в руках тоталитарного режима, демократизируется… На арену общественной жизни выходит независимый, свободный от корыстных интересов, политических симпатий и идеологических предубеждений суд, выступающий гарантом законности и справедливости…»[143] «Концепция» содержала развернутую программу преобразований судебной системы и судебного процесса. В частности, предполагалось в ходе реформы решить следующие задачи:

- превратить суд из карательного органа в правоохранительный;
- ликвидировать идеологизацию правоохранительной деятельности;
- гарантировать защиту прав и свобод человека в сфере юстиции;
- обеспечить независимость судебной власти;
- демократизировать гражданское и уголовное судопроизводство;
- сделать правосудие доступным для населения;
- сделать открытой и достоверной судебную статистику;
- повысить престижность работы в правоохранительных органах.

Конкретные мероприятия, планируемые в ходе реформы, были намечены весьма разнообразные. Мероприятия предполагали:

1) изменения в сфере законодательства;
2) выделение судебной власти в самостоятельную ветвь;

142 Solomon P. Courts and transition in Russia: the challenge of Judical reform. Boulder Oxford Westview press, 2000. P. 10.

143 Концепция судебной реформы. М., 1992. С. 6.

3) изменение статуса судей и работников правоохранительных органов;
4) изменение структуры судебной системы;
6) изменение функций прокуратуры;
7) расширение полномочий адвокатуры;
8) улучшение материально-технического обеспечения судов;
9) изменения уголовного процесса и многое другое.

Главным постулатом в изменении законодательства должно было стать признание принципа верховенства закона. При этом все вопросы, затрагивающие реализацию прав и свобод граждан, планировалось регулировать только актами, принятыми Верховным Советом РСФСР или Съездом народных депутатов РСФСР, исключив возможность регулирования этих вопросов какими-либо другими подзаконными актами, например постановлениями правительства, должностными инструкциями и пр.[144]. Предполагалось разграничить полномочия в области регулирования судоустройства и судопроизводства между федеративной властью Российской Федерации и ее субъектами. Конституция РСФСР должна была определить основные принципы организации и функционирования судебной власти. За субъектами федерации предполагалось оставить право самим определять структуру судебной системы республик. В частности, республикам предлагалось самим выбрать, будут ли в составе судебной системы субъекта суды апелляционной инстанции. При этом республики не могли создавать суды чрезвычайные или ad hoc («для данного случая», то есть специальные присутствия для конкретных лиц). Федеральным законом предполагалось установить минимальное число звеньев в судебной системе, а также определить требования, предъявляемые к кандидатам в судьи, порядок их назначения на судебные должности и отрешения от должности[145]. Можно предположить, что на данные положения «Концепции…» оказали достаточно сильное влияние идеи о широкой самостоятельности субъектов федерации, царившие тогда как во власти, так и в обществе. Лозунг: «Берите суверенитета сколько сможете» — проник и в судебную сферу.

В процессуальном законодательстве тоже предполагалось допустить некую многовариантность, хотя «Концепция» подчеркивала, что в процессуальных нормах это возможно в меньшей степени, чем в материальном праве. В «Концепции» было высказано опасение, что слишком большая самостоятельность субъектов при составлении

---

144 Концепция судебной реформы… С. 36.

145 Там же. С. 38.

процессуальных законов может привести к большому влиянию на ход судебного процесса политических и национальных процессов, в то время как везде и в одинаковой степени должны быть защищены права и свободы личности, выражены общие требования к методам осуществления правосудия. К федеральным основам должны быть отнесены вопросы общей части процессуального законодательства: основные принципы, доказательственное право, меры процессуального принуждения, а также регламентация производства в суде присяжных. Субъектам федерации предполагалось разрешить принять как в полном виде процессуальные кодексы РСФСР, так и создать свои, с конкретизацией или дополнением отдельных норм при условии, что они не будут противоречить федеральным законам. Аналогичный подход предполагалось распространить и на уголовное законодательство страны. Предполагаемая вариативность уголовного законодательства может быть оправданна с учетом религиозных и национальных особенностей нашей многонациональной страны.

Так как основой правовой системы в правовом государстве является Конституция, то «Концепция…» предполагала, что судебная реформа невозможна без изменения и Конституции страны. На момент написания «Концепции…» еще действовала советская «брежневская» Конституция 1977 г. В ней были закреплены такие важные положения, как осуществление правосудия только судом, коллегиальность, гласность судопроизводства, равенство сторон, право на защиту, участие народных заседателей. Однако для осуществления намеченных преобразований этого было явно мало. Поэтому авторы «Концепции…» вполне обоснованно предлагали ввести следующие положения:

- закрепить отделение судебной власти от исполнительной и законодательной;
- сформулировать норму верховенства суда в правоохранительной деятельности;
- запретить судам следовать неконституционным актам;
- подтвердить прерогативу судебной власти защищать от необоснованного ареста;
- установить судебные гарантии неприкосновенности жилища, охраны личной жизни, тайны переписки, телефонных переговоров;
- признать право гражданина на рассмотрение его дела судом присяжных, если ему грозит наказание в виде лишения свободы сроком более чем на 1 год;
- запретить создание чрезвычайных судов;
- дать более полную формулировку презумпции невиновности;

- гарантировать гражданину право не свидетельствовать против самого себя.

Естественно, все эти поправки были жизненно необходимы для судебной реформы, они должны были положить начало демократизации судопроизводства, сделать правосудие настоящим защитником прав и свобод граждан. Таким образом, «Концепция...» предполагала не просто кардинальное обновление правовой системы, а существенное изменение функционирования системы нормативно-правовых актов — вводился жесткий принцип значимости нормативной нормы от источника права: нормы законов ставились выше норм всех других источников права. Четко определялось верховенство Конституции и международного законодательства. При этом наиболее важные вопросы — в частности, вопросы реализации прав и свобод людей — предполагалось регулировать только законами, что должно было повысить уровень защищенности граждан. Очень важными следует признать предполагаемые изменения в Конституции, которые должны были закрепить независимость суда от административной и судебной власти, обеспечить судебный порядок защиты прав и свобод, что в мире считается наиболее совершенным способом защиты. Предполагаемые изменения в законодательстве исходили из того, что судебная власть должна защищать прежде всего гражданина и человека, а не чьи-либо политические интересы. Определенное влияние старых советских традиций проявилось в стремлении сохранить многовариативность процессуального и материального права, в частности, в идее процессуальных кодексов отдельных республик Российской Федерации, в предоставлении республикам права самим строить судебную систему, определять полномочия судов субъектов.

Документ достаточно подробно изложил предполагаемые изменения и в структуре судебной власти, и в ее положении среди других государственных органов. Прежде всего, авторы «Концепции...» подчеркнули необходимость воплощения в нашей стране принципа разделения властей: «Законотворец и предержащие власти активно преобразуют этот мир, а жрец Фемиды всегда “не от мира сего”»[146]. Именно отстраненность судебной власти, как справедливо заметили авторы проекта, позволяет ей играть роль справедливого арбитра в различных спорах. Ими приводится следующая аргументация преимущества судебного способа разрешения споров:

- процедура детально разработана;
- данная процедура демократична;

146 Концепция судебной реформы... С. 42.

- осуществляется независимыми, специально подготовленными людьми;
- находится под общественным контролем.

Весьма примечательна формулировка авторов проекта, согласно которой суд и есть такой способ связи, «через который гражданскому обществу порой удается докричаться до государства»[147]. Однако при этом в «Концепции...» поставлена и проблема недопущения своеволия судебной власти. Чтобы это не произошло, предполагалось ввести два жестких ограничения:

1) недопустимость нарушения процессуальных норм;
2) жесткое ограничение репрессивных судебных мер законом (например, суд не должен иметь право наказывать строже, чем предусмотрено законом).

Именно независимость суда, его свобода от политических или каких-либо других интересов и возможность применять закон адекватно каждому конкретному случаю позволяют сделать суд, как считают авторы проекта, центральным органом во всей правоохранительной системе. Они предложили передать под контроль суда:

- санкционирование следственных действий, связанных с ограничением конституционных прав и свобод граждан;
- последующую проверку законности и обоснованности таких действий и решений органов расследования;
- разрешение споров между органами, ведущими процесс и рассмотрение жалоб граждан на органы уголовного преследования, при условии, что сам суд должен быть освобожден от функции преследования[148].

Фактически впервые в нашей стране за советский период прозвучало предложение сделать суд независимым арбитром между органами уголовного преследования и обвиняемыми. Впервые за весь советский период предлагалось передать суду функции контроля за законностью и обоснованностью арестов, обысков и прочих действий, связанных с ограничением прав и свобод граждан.

Центральной фигурой в отправлении судопроизводства всегда был и будет судья, поэтому авторы «Концепции...» большое внимание уделили и изменению статуса судей. Краеугольным камнем судебной реформы они назвали несменяемость судей, которая будет распространяться на всех судей, кроме мировых, последние будут избираться

147 Там же. С. 43.

148 Там же. С. 45.

населением на пятилетний срок[149]. Не совсем ясны мотивы, по которым мировых судей предлагалось выбирать, а не назначать. Можно предположить, что повлиял исторический опыт — по Судебным Уставам 1864 г. мировые судьи избирались земствами. Всех остальных судей назначать предлагалось Президенту РСФСР с учетом заключений соответствующих постоянных комиссий Верховного Совета РСФСР на срок до отставки в связи с достижением установленного возраста. Предполагалось упразднить институт отзыва судей, кроме мировых. Вопросы представления кандидатур судей на должности, возбуждения против них дисциплинарного производства и освобождения от должности планировалось передать судейской корпорации.

Также авторы «Концепции…» предложили:

- освободить судей от несвойственных им функций (проведения воспитательной работы, чтения лекций);
- не включать судей в комитеты по борьбе с преступностью;
- запретить принадлежность судей к политическим партиям, создание политических организаций в судах, прокуратуре;
- предоставить судьям право налагать штрафы за неуважение к суду;
- обеспечить судей форменной одеждой, усилить торжественность ритуала судопроизводства;
- присваивать квалификационные классы судьям независимо от усмотрения властей;
- создавать в судах комнаты отдыха, восстановления сил, психологической разгрузки персонала;
- предоставлять жилье судьям за счет централизованных фондов, признать право судей на дополнительную жилплощадь;
- предоставлять судьям, следователям и прокурорам ежегодный увеличенный отпуск (до 45 рабочих дней);
- признать право работников правоохранительных органов на отставку с получением после 10—20 лет работы на соответствующих должностях пожизненного содержания, пропорционального количеству отработанного времени[150].

«Концепция…» предусматривала изменение статуса не только профессиональных судей, но и народных представителей в суде. Говоря о представителях народа, авторы имели в виду не привычных для советской судебной системы народных заседателей, а присяжных

---

149 Концепция судебной реформы… С. 45.

150 Там же. С. 47.

заседателей. Институт народных заседателей, по мнению создателей «Концепции…», «в достаточной мере продемонстрировал свою несостоятельность»[151]. Взамен предлагался институт присяжных заседателей. Предлагалось предоставить право быть присяжным заседателем любому гражданину РСФСР, обладающему правом голоса и постоянно проживающему на территории данного судебного округа. Согласно тексту документа присяжным заседателем мог стать каждый гражданин, достигший 18-летнего возраста, что, безусловно, мало для выполнения такой ответственной функции, как отправление правосудия. Исключения должны были составить:

- лица, не владеющие языком судопроизводства;
- лица, страдающие физическими или психическими недостатками, не позволяющими правильно воспринимать происходящее в суде;
- лица, привлеченные к уголовной ответственности;
- должностные лица правоохранительных органов;
- священнослужители и монашествующие[152].

Присяжных было предложено отбирать путем жребия среди избирателей, постоянно проживающих на территории данного судебного округа, с учетом отводов и самоотводов перед началом процесса.

Таким образом, главное стремление авторов «Концепции…», которое следует отметить при анализе предложений об изменении статуса судей и суда, — это стремление сделать суд независимым, отделить его от других ветвей власти. Суд воспринимается авторами как независимый арбитр в наиболее сложных и жизненно важных спорах. С этой целью выдвинут целый ряд предложений, которые следует оценить как целесообразные и своевременные. Весьма актуальным было желание лишить суд обвинительных функций, в то же время придать суду полномочия проверять обоснованность действий других правоохранительных органов. Среди них особо надо выделить положение о независимости и несменяемости судей, повышении их статуса и защищенности от каких-либо форм воздействия. Именно с этой целью вводятся дополнительные меры социальной защищенности судей (увеличенный отпуск, представление квартир не от местной власти, а служебных квартир от Министерства юстиции, предоставление права пожизненного содержания). В то же время следует отметить, что создатели «Концепции…» ничего не сказали о таких, безусловно, необходимых требованиях к судьям, как наличие высшего юридического

151 Там же..

152 Концепция судебной реформы… С. 47.

образования и ценза опытности, сдача квалификационного экзамена. Не был даже оговорен возраст для кандидатов в судьи. В качестве достоинства документа можно отметить желание авторов видеть суд более торжественным, что должно повысить его авторитет в глазах простых людей.

Достаточно подробно в «Концепции…» изложен проект судебной системы страны. Авторы стремились сделать суд максимально приближенным к населению. Поэтому в основу строительства судебной системы был положен принцип отказа от единства судебной системы, что предполагало два новшества:

1) ввести две судебные системы — федеральную и республиканскую;
2) судебную систему строить без учета административно-территориального разделения страны[153].

Предполагалось, что на территории РСФСР будут действовать две ветви судебной системы, замкнутые на Верховный Суд РСФСР — федеральная и республиканская. Федеральная судебная система должна была оказаться четырехзвенной, а республиканская — двухзвенной. Республиканская судебная система будет связана с Верховным Судом РСФСР не непосредственно, а через федеральные республиканские суды, юрисдикция которых будет распространяться на территорию соответствующей республики. Республикам страны предполагалось с учетом основных принципов судоустройства предоставить право учреждать наиболее удобную свою систему судов. Компетенция федеральных и республиканских судов должна быть отрегулирована федеративным договором. Было в «Концепции…» сказано и о судебных органах СССР, в ней подчеркивалось верховенство судов РСФСР: «Федеральные и республиканские суды России не поднадзорны судебным местам СССР»[154]. Единственное исключение, которое предполагалось допустить, — это создание военных трибуналов СССР.

Достаточно подробно авторы «Концепции…» рассмотрели предполагаемую систему федеральных судов. Предполагалось, что судопроизводство будет отправляться: а) единолично судьями, б) коллегией из трех профессиональных судей, в) судом присяжных. В результате предполагаемая система федеральных судов должна была включать следующие звенья.

1. Мировые суды — это всегда суды первой инстанции, действующие в составе единоличного судьи. Мировых судей намеревались

153 Там же. С. 48.
154 Концепция судебной реформы… С. 49.

подразделить на участковых (т.е. территориальных) и специализированных (следственных, пенитенциарных). Территориальные должны были заниматься рассмотрением уголовных и гражданских дел, а специализированные — контролировать соблюдение прав и свобод граждан в определенных сферах. По проекту участковым мировым судьям должны быть подсудны дела об административных правонарушениях, дела частного обвинения, дела об уголовных проступках[155], а также вопросы, связанные с исполнением приговора, малозначительные гражданские дела и судебный контроль за следствием.

Явно под влиянием опыта судебной реформы 1864 г. в «Концепции…» появилось предложение ввести институт почетных (неоплачиваемых) мировых судей из числа лиц, имеющих высшее юридическое образование и не связанных с адвокатской практикой и с деятельностью правоохранительных органов. Предполагалось, что их будут привлекать к работе временно, специальным распоряжением начальника отдела юстиции, для разрешения мелких конфликтов.

2. Федеральные районные суды — это, в основном, суды первой инстанции, действующие по отнесенным к их ведению делам в составе единоличного судьи, трех судей или суда присяжных. Единолично федеральный районный судья должен рассматривать уголовные дела о преступлениях, влекущих наказания в виде лишения свободы на срок не свыше одного года, а так же большинство гражданских дел. Планировалось, что три профессиональных судьи будут рассматривать уголовныс дела о преступлениях, влекущих за собой наказание в виде лишения свободы на срок свыше одного года, но не более 10 лет, если обвиняемый не требует суда присяжных. Так коллегия из трех профессиональных судей должна была стать второй инстанцией для мировых судов. При рассмотрении уголовных дел о преступлениях, влекущих наказание в виде лишения свободы на срок от 1 до 10 лет, могли привлекаться присяжные заседатели, они также могли привлекаться для рассмотрения и ряда гражданских дел, подсудных районному суду.

3. Федеральные окружные суды — это суды первой инстанции для ряда дел или суд второй инстанции для дел, рассматриваемых районными судами. В федеральных окружных судах предусматривалось не единоличное рассмотрение дел, а только коллегией из трех профессиональных судей с участием или без коллегии присяжных заседателей. Коллегия из трех судей без присяжных заседателей должна была рассматривать в первой инстанции ряд уголовных и граждańс-

155 Уголовный проступок — понятие, заимствованное из зарубежного уголовного права и подразумевающее незначительное нарушение закона, предусмотренное Уголовным кодексом, однако в современное уголовное право России оно так и не введено.

ких дел или жалобы и протесты на решения районных судов. Коллегия из трех профессиональных судей с участием присяжных заседателей должна была рассматривать дела, отнесенные исключительно к ведению суда присяжных.

4. Верховный Суд РСФСР — высший судебный орган в системе общих судов. Акты Верховного Суда окончательны и дальнейшему обжалованию не подлежат. Заседания Верховного Суда планировалось осуществлять в коллегиях из трех профессиональных судей и присяжных заседателей или в коллегии профессиональных судей из трех — пяти человек. Верховный Суд планировался как вторая инстанция для федеральных окружных судов, а также как надзорная инстанция. В качестве суда первой инстанции Верховный Суд РСФСР должен был рассматривать дела о преступлениях высших должностных лиц, совершенных ими в связи со служебной деятельностью.

В федеральную судебную систему планировалось ввести и специализированные суды: Конституционный Суд РСФСР, административные суды, арбитражные суды, ювенальные суды. Система республиканских судов, естественно, не была показана, т.к. она была отнесена к ведению республиканских органов власти.

Таким образом, «Концепция...» предполагала кардинальное изменение судебной системы страны. Как уже было отмечено, она должна включать федеральные и республиканские суды и не быть единой для всей страны, судебная система не должна совпадать с административно-территориальным делением страны. В предлагаемой концепции строительства судебной системы сказывается опыт судебной реформы 1864 г. Тогда тоже выдвигалась идея отхода от административно-территориального принципа при определении судебных округов, только она не была реализована. Теперь эта идея обрела второе дыхание. Возможно, ее следует признать целесообразной, а вот идея отказа от единства судебной системы, введения двух судебных систем и предоставления республикам права самим строить свою судебную систему вызывает опасение. Судебная власть как никакая другая должна быть четко и единообразно организована в стране, чтобы не возникали различные условия применения права, ставящие граждан страны в неравные условия.

В целом предлагаемую федеральную систему следует оценить как достаточно четкую и логично построенную. Чувствуется желание авторов «Концепции...» сделать правосудие по-настоящему демократичным и народным — в работе судебной системы предполагалось активно использовать суд присяжных. Авторы «Концепции...» очень горячо выступали за суд присяжных, доказывая, что именно такая форма отправления правосудия сделает суд действительно справедливым: «Присяжных будут беспокоить не ведомственные отчетные показатели, но лишь судьба подсудимого. Вклад народных представителей в судебный поиск истины состоит не более и не менее чем в свежем взгляде, не замутненном профессиональной позицией»[156]. Кроме того, в качестве достоинства суда присяжных отмечалось:

- привнесение в атмосферу казенной юстиции житейского здравого смысла и народного правосознания;
- стимулирование состязательности процесса;
- способность испытывать правоту законов применительно к конкретному случаю.

Присяжных предполагалось привлекать для рассмотрения весьма широкого круга дел, как уголовных, так и гражданских, что, безусловно, надо отметить как новшество — по Судебным Уставам 1864 г. присяжные участвовали только при рассмотрении уголовных дел. Да и предполагаемый круг уголовных дел был достаточно широкий: практически все уголовные дела о преступлениях, где может быть назначено наказание сроком более 1 года лишения свободы, подлежали рассмотрению судом присяжных заседателей. Причем присяжные предполагались в судах почти всех инстанций: от районного суда до Верховного. Однако, к сожалению, следует отметить утопичность этого проекта: работа суда присяжных — дело весьма дорогое (надо оплатить работу 12 человек), к тому же в России по сей день нет нормальных судебных помещений. Во многих судебных залах присяжным будет просто негде разместиться.

Явным пережитком времени следует назвать предложение ввести институт почетных мировых судей. Оно также появилось под влиянием опыта судебной реформы 1864 г., когда желание сэкономить породило этот институт. Появление в XX в. этого предложения, возможно, тоже продиктовано желанием облегчить содержание Фемиды. Однако эта идея выглядит явно наивной. Особенно неясен вопрос о том, кто будет привлекаться в качестве почетных мировых судей. Если исключить действующих работников правоохранительных органов, преподавателей вузов, научных работников, то остаются люди хоть и имеющие юридическое образование, но далекие от юридической деятельности.

Достаточно полно обрисованы в «Концепции…» предполагаемые изменения в уголовном и гражданском процессах. Главная цель, которая ставится авторами документа, — сделать правосудие состязательным. В частности, в уголовном процессе предполагалось ликвидировать все элементы обвинительного судопроизводства:

156 Концепция судебной реформы … С. 80.

- право суда возбуждать уголовные дела;
- обязанность суда направлять подсудимому копию обвинительного заключения;
- обязанность восполнять пробелы предварительного расследования за счет самостоятельного поиска доказательств;
- оглашение судом обвинительного заключения;
- право первого допроса подсудимого и сторон;
- обязанность продолжать процесс при отказе прокурора от обвинения;
- обязанность направлять уголовные дела на доследование при неполном расследовании.

Также можно отметить вторую цель, которая четко прослеживается в документе: повысить уровень защиты прав личности. В этом плане также был сделан целый ряд весьма своевременных предложений:

- разработать порядок возмещения государством ущерба от преступления;
- сократить до трех суток срок нахождения под стражей до предъявления обвинения;
- ввести государственную защиту свидетелей;
- ввести новые меры пресечения, не связанные со взятием под стражу (домашний арест, залог);
- ввести иммунитет от самоизобличения.

«Концепция…» не могла не затронуть деятельность смежных институтов, без которых деятельность судов невозможна — прокуратуры, адвокатуры, следственного аппарата, Министерства юстиции.

Авторы предложили кардинально реформировать функции прокуратуры, в частности, сократив ее функции в сфере общего надзора. В том числе предполагалось:

- запретить проведение прокурорских проверок, если не поступало сигнала о правонарушениях, кроме случаев, когда требуется защита безгласного интереса (несовершеннолетние, престарелые, недееспособные);
- установить, что вмешательство прокурора должно преимущественно выражаться в предупреждении о возможном его обращении в суд за защитой нарушенного права, если нарушение не будет устранено добровольно;
- ликвидировать предостережения о недопустимости нарушения закона и обязательные предписания как формы прокурорского реагирования;

- сузить права прокуроров по вызовам граждан и должностных лиц для дачи объяснений.

За прокуратурой предполагалось сохранить функции процессуального руководства расследованием со следующими полномочиями:

- возбуждать дела;
- знакомиться с материалами дела дознания и уголовным делом;
- давать указания органу дознания и следствия;
- присутствовать при производстве следственных действий;
- обосновывать перед судом необходимость производства следственных действий;
- составлять обвинительный акт.

Планировалось полностью устранить полномочия прокуратуры по надзору за исполнением законов при рассмотрении дел в судах. Прокуратура должна иметь право участвовать в процессе, но не надзирать за ним, т.к. надзор за судом уменьшает независимость суда.

Таким образом, предполагалось снизить карательные полномочия прокуратуры в деле охранения закона. Прокуратура должна была стать органом, который устраняет нарушения путем обращения в суд.

Судебная реформа неосуществима без предоставления гражданам возможности получить квалифицированную помощь, поэтому специальный раздел «Концепции…» посвящен адвокатуре. В нем подчеркивается, что «уровень развития адвокатуры — индикатор состояния демократии в обществе, один из признаков реальной защищенности прав человека»[157]. Авторы документы ратовали за закрепление в Конституции положения о независимости адвокатуры, что очень слабо было проведено в советском законодательстве, в частности, в советском законе «Об адвокатуре». Новый закон должен закрепить это положение, а также ряд других принципиальных положений:

- добровольность членства в коллегии адвокатов;
- материальная заинтересованность в труде адвоката;
- коллегиальность руководства;
- избрание путем тайных прямых выборов руководителей коллегий адвокатов;
- самоуправление коллегии;
- обязанность адвоката защищать и хранить профессиональную тайну, соблюдать профессиональную этику (в частности, запретить адвокату признавать виновность подсудимого, когда он отрицает, что совершил преступление)[158].

---

157 Концепция судебной реформы … С. 67.

158 Концепция судебной реформы … С. 69.

В «Концепции...» содержится предложение о ликвидации монополии на адвокатскую деятельность. Юридическую помощь должны иметь право оказывать как члены государственной коллегии, так и частные фирмы и частнопрактикующие адвокаты с обязательным лицензированием права на оказание юридической помощи. Основанием для выдачи лицензии должно быть: наличие высшего юридического образования, отсутствие судимостей, наличие опыта работы по юридической специальности, сдача квалификационного экзамена. Высказанные предложения должны были создать рынок адвокатских услуг, что реально должно привести к повышению их качества.

Достаточно серьезно предполагалось изменить предварительное следствие. Авторы предложили отказаться от сложившейся системы, когда предварительное следствие осуществляют три ведомства: МВД (расследовало 90% всех уголовных дел), прокуратура (9,1% уголовных дел), оставшийся незначительный процент приходился на следователей КГБ[159]. Взамен предлагалось соединить все расследования в специально созданной структуре — Следственном комитете, который был бы независим от МВД, прокуратуры и КГБ. У прокуратуры должны остаться полномочия по расследованию только очень ограниченного круга уголовных дел, например, дел о правонарушениях, совершенных самими сотрудниками правоохранительных органов. При этом должны быть ликвидированы такие привычные атрибуты работы следователей, как военизация Следственного комитета, введение обмундирования и военной дисциплины, дисциплинарная ответственность следователя перед руководителями Следственного комитета, иерархическая организация процессуальных связей. Центральной фигурой в Следственном комитете должен быть следователь, а существование руководителей допустимо лишь в качестве организаторов его работы, осуществляющих техническое и методическое обеспечение расследования. В «Концепции...» высказывается даже предложение создания органов «следовательского самоуправления», наделенных властными полномочиями (рассмотрение дисциплинарных дел следователей, постановка вопроса об увольнении начальников следственных подразделений, разработка мер по улучшению следственной работы)[160]. При этом авторы отмечали, что создание Следственного комитета обеспечит состязательность уголовного процесса с самого начала, что прокурорский контроль за предварительным следствием заменится судебным надзором.

---

159 Концепция судебной реформы .... С. 63.

160 Концепция судебной реформы ... С. 66.

Кардинальные изменения должны были, по мнению авторов «Концепции…», произойти в Министерстве юстиции. Вместо функции руководства судебными органами на него будут возложены вопросы материально-технического обеспечения деятельности судов и исполнения судебных решений.

В частности, на Министерство юстиции должны быть возложены полномочия в следующих сферах: 1) формирование судейского корпуса, 2) меры по материально-техническому обеспечению деятельности судов, 3) руководство экспертными учреждениями, 4) ведение статистического учета, 5) осуществление уголовно-исполнительной политики.

При выполнении первой задачи Министерство юстиции будет осуществлять следующие функции:

- определять кадровую потребность путем исследования нагрузки на судей;
- вносить предложения о введении дополнительных судейских должностей;
- подбирать вне судебной системы кандидатов на судейские должности;
- прогнозировать потребности судебной системы в квалифицированных кадрах.

Наиболее важной функцией Министерства юстиции должно стать материально-техническое обеспечение деятельности судов:

- организация строительства и оборудования судебных помещений;
- обеспечение судов кадрами технических работников и вспомогательного персонала;
- подбор кадров судебных исполнителей;
- организация социального обеспечения судей;
- информационное обеспечение системы юстиции[161].

При этом авторы особо подчеркивали, что все материально-техническое обеспечение судов должно происходить из бюджета Министерства юстиции, а не из местных бюджетов, как это было принято ранее. Последнее ставило суды в неравное положение, в отдельных регионах на суды выделяли дополнительные средства, в других — экономили. Можно полностью согласиться с мнением авторов «Концепции…», что «юстиция не должна быть содержанкой местных органов

161 Концепция судебной реформы… С. 71.

власти и управления, ни нищенкой»[162]. Тем более что деятельность судов — это не просто выполнение очень важной функции в государстве, это еще источник серьезных доходов в казну государства. За счет уплаты государственной пошлины суды перечисляют в государственный бюджет в два раза больше, чем тратится на их содержание.

Для выполнения задачи руководства экспертными учреждениями предлагалось передать в ведение Министерства юстиции учреждения экспертизы. Это позволит исключить ведомственную разобщенность экспертных служб, зависимость их от заказчиков, например МВД или КГБ.

Функция ведения статистического учета и так уже была возложена на Министерство юстиции. По мнению авторов «Концепции...» необходимо усовершенствовать выполнение этой функции — в министерстве должна сосредотачиваться вся информация о правовых конфликтах, начиная с сигнала о преступлении и до исполнения наказания. Также объектом статистического учета должны стать сведения о денежных поступлениях в бюджет, образуемых в результате деятельности судов (государственная пошлина, штрафы, удержания из заработков осужденных).

Кардинальным предложением можно назвать идею передачи исполнения уголовного наказания из ведения Министерства внутренних дел в ведение Министерства юстиции. Министерство юстиции должно отвечать за создание и организацию деятельности учреждений для исполнения уголовных наказаний и подготовку кадров для этих учреждений.

Если оценивать предложения авторов «Концепции...» по реформированию смежных институтов — адвокатуры, прокуратуры, следственного аппарата, Министерства юстиции, то следует отметить, что они стремились сделать деятельность правоохранительной системы более гуманной. Однако не все предложения можно оценить равнозначно. Так, предложение снизить роль прокуратуры в осуществлении общего надзора, хотя и продиктовано благими намерениями — повысить защищенность граждан от необоснованных проверок, безусловно, привело бы к крайней загруженности судов, сделало бы механизм восстановления нарушенных прав более длительным. В советское время прокуратура худо-бедно была тем институтом, который мог помочь гражданину быстро добиться справедливости в случае нарушения его прав. Возможно, кардинальные предложения авторов «Концепции...» относительно прокуратуры следует признать несколько преждевременными.

---

162 Концепция судебной реформы ... С. 73.

Также поспешным следует признать предложение создать независимую структуру — Следственный комитет, особенно вкупе с идеей «распогонить» следователей, т.е. лишить следственный комитет всех атрибутов военизированного учреждения. Можно предположить, что здесь оказало влияние изучение зарубежного опыта — в США существует независимая следственная система ФБР. В определенной степени, хотя гораздо меньше, также чувствуется влияние опыта проведения судебной реформы 1864 г., тогда следователи были не в полиции, а состояли при судах. Минусов у этой идеи было больше, чем плюсов. Повысит ли создание Следственного комитета самостоятельность следователей — вопрос сложный: может, и не повысит, зато очевидно, что сделает работу следователя менее престижной. В Советском Союзе к погонам обычно прилагалась более высокая зарплата, чем у обычных служащих, целый ряд льгот (бесплатный проезд, льготы по квартплате, досрочная пенсия). Вряд ли нашлось бы много опытных следователей, готовых перейти в Следственный комитет, лишившись всех льгот. Реализация данного предложения привела бы к полному оголению следственных кадров, большинство следователей предпочло бы перейти на другие должности в своих ведомствах, чем расстаться с положенными привилегиями. Какой-либо компенсации за утраченные льготы авторы нововведений не предлагали.

Зато очень высоко следует оценить предложение в сфере деятельности адвокатуры. Идея разрешить наряду с государственными коллегиями адвокатов действовать частным юридическим фирмам, частнопрактикующим адвокатам с обязательным лицензированием их деятельности должна была повысить уровень и доступность юридической помощи, т.к. это, бесспорно, создало бы рынок адвокатских услуг.

Так же высоко следует оценить предложения, содержащиеся в «Концепции…» относительно Министерства юстиции. Авторы документа подняли один из наиболее актуальных вопросов — содержание судов. В Советском Союзе суды были одними из наиболее нищих учреждений, находящимися в сильной материальной зависимости от местных органов власти. Сама идея сделать ответственным за финансирование судов и содержание их зданий Министерство юстиции должна была серьезно улучшить материальное положение Фемиды. При этом не были забыты и другие важные статьи расходов: содержание технического персонала, обеспечение судей современной техникой, в частности, компьютерами, нормативными материалами, юридической литературой.

Таким образом, «Концепция судебной реформы» предлагала глобальные преобразования в судебной сфере. Планировалось установить судебные гарантии неприкосновенности прав и свобод личности, запретить создание чрезвычайных судов, ввести судебный порядок санкционирования следственных действий, связанных с возможностью ограничения конституционных прав и свобод, повысить социальную защищенность судей (что включало повышение зарплаты, увеличение отпуска, обеспечение форменной одеждой), создать более доступную новую судебную систему, исходя из принципа, что судебные округа не обязательно должны совпадать с административно-территориальным делением страны, ввести суд присяжных и мировую юстицию, сделать правосудие по-настоящему состязательным, создать специализированные суды (административные, ювенальные), реформировать следственный аппарат, создав Следственный комитет, обеспечить доступность юридической помощи гражданам, улучшить материально-техническое обеспечение судов. В этом отношении планируемая реформа может быть сопоставима с судебной реформой 1864 г., которая также кардинально изменила судебное ведомство. Можно бесспорно утверждать, что эти две реформы весьма похожи как по целям, так и по содержанию — обе ставили цель сделать правосудие гуманным, состязательным, демократичным, гласным, независимым; обе реформы вводили суд присяжных, мировую юстицию, институт судебных приставов, реформировали предварительное следствие.

1.2.3. Дискуссии о программах реализации судебных реформ. Заключительный раздел «Концепции судебной реформы» был посвящен проблеме реализации реформы. Данный вопрос имеет принципиальный характер — от него зависит не просто темп судебной реформы, но и темп всей модернизации, т.к. судебная реформа формирует условия для нее. Опыт проведения судебной реформы 1864 г. заслуживает внимания не только с точки зрения содержания, но и с точки зрения выбора стратегии реализации судебной реформы. Когда в 1864 г. Судебные Уставы были подписаны, встал вопрос, каким образом вводить Уставы в действие. Предполагаемые изменения были так обширны и требовали таких больших финансовых затрат, что вряд ли могли быть введены в полном объеме сразу по всей стране. Поэтому в Государственном Совете разгорелись жаркие споры о стратегии проведения реформы. Было выдвинуто два предложения. Одно из них была высказано царю председателем Государственного совета князем Гагариным. Он пришел к выводу, что Судебные Уставы следует вводить не сразу, а постепенно: вначале ввести в действие только часть их статей, а затем, по прошествии времени, — остальные. Первоначально следует ввести в действие только судебно-мировые учреждения, при этом должны быть составлены особые переходные правила взаимодействия мировых судов и старых судебных учреждений. Князь Гагарин предлагал совместить должности мировых судей и мировых посредников. В полном объеме ввести Судебные Уставы им предполагалось в нескольких губерниях, затем постепенно и в остальных[163]. Обосновывал автор свой проект тем, что единовременное введение реформы по всей стране потребует слишком больших затрат.

Проект Гагарина обсуждался на заседании Совета министров 5 ноября 1864 г., где был подвергнут критике со стороны министра юстиции Дмитрия Николаевича Замятнина. Министр был согласен с тем, что финансовое положение не позволяет полностью провести реформу по всей стране сразу. Уставы должны вводиться пусть на ограниченной территории, но только во всем объеме. Введение одних только судебно-мировых учреждений и неудобно, и вредно для дела. Неудобно потому, что это потребует корректировки Уставов для работы мировых судов в системе старых судов. Опасно потому, что мировая юстиция без контроля общих судебных мест может взять неверное направление — мировые судьи не были обязаны иметь юридическое образование, и их работу должны были корректировать общие судебные места[164]. Замятнин справедливо полагал, что план Гагарина может серьезно повредить делу преобразования судебной системы. Позицию Замятнина следует признать более дальновидной. Сама идея отдельного введения мировой юстиции создала бы опасный прецедент использования только отдельных положений Судебных Уставов. Частичное исполнение их норм в качестве временной меры обозначало бы ограничение реформы еще до ее введения, так как в России нет ничего прочнее временных мер. Опасаясь, что после внедрения только части планируемых преобразований дело реформирования суда остановится, Замятнин добивался использования Судебных Уставов исключительно в полном объеме[165].

---

163 Соображения Комиссии, высочайше утвержденной для окончания работ по преобразованию судебной части о порядке введения в действие Судебных Уставов 20 ноября 1864 г. Б.м. и г. С. 7.

164 Там же. С. 10.

165 История подтвердила правоту Д.Н. Замятнина. В последующие годы идея введения только одних судебно-мировых учреждений была все-таки воплощена в ряде губерний. В некоторых местах (там, где не была проведена земская реформа) мировые судьи не избирались, а назначались правительством. Один из таких назначенных судей, И.Н. Захарьин, служивший в Каменец-Подольской губернии, оставил любопытные воспоминания. По его описанию, введение одних только мировых судов отдельно от общих несильно изменило судебную систему. Существование старых судов создавало благоприятные условия для взяточничества и прочих злоупотреблений для судей и следователей. Следователи, работавшие в этой губернии, хорошо понимали, что судьба человека по-прежнему зависит от того, что они напишут в бумагах, посылаемых в суд. Опровергнуть их ложь в суде будет некому, судьи никого из живых фигурантов не увидят, они будут иметь дело только с бумажками. Это давало им возможность нагло вымогать взятки. В судах по-прежнему сидели

Правильно оценивал министр и опасность, которую несла идея соединения в одном лице мировых судей и мировых посредников. Это означало соединить в одном лице функции представителя судебной власти (мирового судьи) и исполнительной власти (мирового посредника). Такой подход изначально подорвал бы наметившийся процесс разделения власти на три ветви, а именно такое разделение является основным условием создания независимой судебной власти. Интересно, что князь Гагарин через несколько месяцев сам категорически выскажется против своей же идеи на заседании Государственного Совета[166]. В чем сошлись мнения Гагарина и Замятнина, так это в том, что необходимо создать специальную комиссию для подробного обсуждения плана введения реформы. Александр II не взял на себя ответственность в выборе пути реализации реформы и, не отдав предпочтения ни одному из мнений, велел комиссии, составлявшей Судебные Уставы, разработать нужный план[167].

Комиссия была создана 11 января 1865 года, в нее вошли многие из тех, кто трудился над составлением Уставов (С.И. Зарудный, В.П. Бутков, Н.А. Буцковский и др.). Перед ней была поставлена задача составить общую программу и правила введения Судебных Уставов. Кроме того, она должна была решить вопрос о слиянии должностей мировых судей и мировых посредников и высказать соображения об учете региональных особенностей при проведении судебной реформы. Изучение материалов этой комиссии позволяет восстановить процесс создания стратегии введения судебной реформы в действие. Эти материалы практически не использовались учеными и вводятся в научный оборот впервые. В комиссии сложилось две точки зрения, и было выработано две системы проведения реформы. Обе они были построены на том, что экономическое положение страны не позволяет сразу по всей стране создать большое количество судов. Их авторы по-разному искали выход из положения. Создатели первой системы (ее авторами были три человека: Буцковский, Зарудный, Квист, поэтому этот проект может быть назван «планом трех») предлагали ввести реформу сразу в 31 губернии, исключение должны были составить губернии на особых правах: западные, сибирские и восточные земли. Первая система предполагала введение Судебных Уставов в полном объеме, т.е. одновременное открытие мировых судов, окружных судов

ленивые и необразованные судьи. Волокита и взяточничество оставались обычными атрибутами их работы. Судебной реформы, таким образом, словно не было. См. Захарьин И.Н. Жизнь, служба и приключения мирового судьи. СПб., 1900.

166 Дневник П.А. Валуева. М., 1961, Т. 2. С. 57.

167 Соображения комиссии... С. 12.

и судебных палат, но в меньшем количестве самих судов и с меньшим штатом, чем это может быть необходимо в будущем.

Вторая система (ее авторами были восемь человек: Бутков, Есипович, Зубов, Книрим, Ковалевский, Плавский, Принц, Репинский, и она может быть названа как «план восьми») предполагала открытие новых судов только на ограниченной территории в 10 губерниях, но в таком количестве и таком составе, которые будут необходимы для нормальной работы органов судебной власти. Этот проект поддерживал министр Замятнин. На первый взгляд, первая система была более либеральной, а вторая более умеренной, так как первая предполагала введение реформы на большей территории. В некоторых работах советского периода этому спору придан глубокий идеологический и политический смысл. Позиция Замятнина и авторов «плана восьми» объясняется желанием отсрочить проведение реформы[168]. Анализ обоих планов позволяет несколько иначе взглянуть на эту проблему и установить, что существование двух мнений было не плодом политической борьбы вокруг судебной реформы, а наличием различных управленческих подходов. Первая система предполагала открытие с 1 января 1866 года в каждой из 31 губернии одного окружного суда с небольшим штатом, состоящим из председателя, его товарища, 4-х членов. При окружном суде должны находиться 2 судебных пристава и один окружной прокурор с 1 товарищем в каждом уезде. Одновременно в шести главных городах должны были открыться судебные палаты (в Петербурге, Москве, Казани, Саратове, Харькове и Одессе), которые также должны иметь немногочисленные штаты (председатель, 3 члена, 2 пристава, прокурор и его товарищи)[169]. При этом округ Петербургской палаты должен включать 4 губернии, Московской — 8, Харьковской — 6, Казанской — 5, Саратовской — 5, Одесской — 3.

С 1-го апреля по 1-е июня 1866 года предполагалось увеличить окружные суды на одно отделение из трех человек, а судебные палаты — на один департамент, состоящий из председателя и трех членов. С 1-го июня по 1-е октября планировалось закрыть все гражданские и уголовные палаты, а оставшиеся дела передать в окружные суды. Для их рассмотрения должны были образовываться временные отделения окружных судов из трех человек. С 1-го января 1867 года предполагалось сформировать штат судебных следователей из расчета один следователь на 1 уезд. Главный недостаток «плана трех» заключался в крайне малочисленном составе судебных мест. Указанное размещение судов сделало бы их малодоступными для большинства населения.

---

168 См. Ефремова Н.Н. Министерство юстиции Российской империи. М., 1983. С. 88.

169 Соображения комиссии... С. 16.

Если каждая губерния, независимо от ее размеров, будет иметь только один суд, то для жителей ее окраин он будет далеко расположен. Например, площадь Новгородской губернии составляла 101 тысячу квадратных верст. Сколько же надо преодолеть верст пути жителю отдаленного уезда, чтобы попасть в окружной суд! Еще более отдаленными оказались бы суды второй инстанции — судебные палаты. Их округа получались очень большими. Самым маленьким был округ Одесской судебной палаты — 175 тысяч кв. верст. Площади Петербургского, Харьковского, Московского округов достигали 240, 277, 296 тысяч кв. верст[170]. Размер самого большого округа — Казанского превышал 450 тысяч кв. верст.

Еще более негативные последствия могла вызвать малочисленность штатов судебных мест. С первых дней работы новые суды могли оказаться перегруженными делами, малый штат сотрудников не успевал бы рассматривать их вовремя. Новая судебная система сразу бы оказалась больной болезнью старой — медлительностью судопроизводства. Проект был построен на уравнительном принципе: для всех губерний предполагался единый вариант, без учетов их размеров, экономических и других особенностей. Авторы «плана восьми» понимали необходимость обеспечения достаточного количества судов. Соглашаясь с тем, что нежелательно создавать их больше, чем необходимо, они считали: «Гораздо вреднее, если судебные установления, по причине слишком малого числа их и состава, не в состоянии будут справиться со всеми возложенными на них обязанностями, ибо прямым последствием такого положения явится медлительность в отправлении правосудия»[171].

Восемь членов комиссии более глубоко анализировали все обстоятельства. Они прогнозировали увеличение количества дел в судах, исходя из того, что, во-первых, с развитием народной жизни количество гражданских дел растет, а с ходом крестьянской реформы особенно. Во-вторых, предполагали, что при новом судопроизводстве многие уголовные и гражданские дела, не возникавшие ранее, теперь обязательно будут возбуждаться. Более продуманными выглядят их доказательства того, что норма «1 окружной суд на 1 губернию» будет крайне неудобной. Здесь были ссылки и на масштабы российских земель, и даже на такой чисто российский аргумент, как состояние дорог в стране. Восемь членов исходили из того, что распределение судебных мест и составление их штатов должно опираться на статистические сведения, а они были собраны только по 11 губерниям. Кроме того, Замят-

170 Соображения комиссии... Приложение VI.

171 Соображения комиссии... С. 36.

нин и восемь членов опасались, что при организации сразу большого числа судов будет невозможно найти достаточное количество способных судебных деятелей. Поэтому второй проект предполагал образование только двух округов судебных палат: Санкт-Петербургской и Московской. В округ первой должны были войти Петербургская, Новгородская и Псковская губернии. В округ второй — Московская, Владимирская, Калужская, Рязанская, Тульская, Тверская и Ярославская губернии[172]. В двух губерниях, Псковской и Ярославской, предполагалось открыть по два окружных суда (в Рыбинске и Великих Луках), в Тверской и Новгородской — по три (их местоположение пока не было определено).

В расчет принимались не только размеры губерний, но и наличие удобных способов сообщений между городами в губернии, а также особенности развития экономики в этих регионах. Восемь членов предлагали открывать суды 4-х разрядов, отличие которых должно было состоять только в количестве служащих, а объем юрисдикции и порядок судопроизводства везде должен быть одинаков[173]. По сравнению с «планом трех» гораздо больше было предусмотрено штатных должностей для технического персонала — секретарей и их помощников. Шире был штат судебных следователей — по два на уезд. Все это позволяло ожидать от судебных мест более быстрого разрешения поступающих дел. В целом система введения реформы по плану восьми была более продуманной, чем по плану трех. Вряд ли авторы второго проекта желали затормозить проведение реформы, предлагая организовать только две судебные палаты. Их записки содержат предложение немедленно закончить сбор статистических сведений по оставшимся губерниям и завершить проведение реформы за три-четыре года[174]. Таким образом, можно сделать вывод, что после подписания Судебных Уставов государство имело твердое намерение проводить реформу и предприняло соответствующие шаги по ее реализации. Однако оно было пока не способно действовать гласно и принимать решения о выборе пути проведения реформы публично, на глазах общественности.

Осенью работа по поиску путей осуществления реформы была завершена, и 19 октября 1865 года проект приобрел форму норматив-

---

172 Там же. С. 51.

173 Суд 1-го разряда предназначался для столичных городов, т.е. Москвы и Петербурга (их штат должен был состоять из 25 чинов магистратуры, включая председателя и его товарищей). Суды 2-го разряда — для губерний, где учреждался только один окружной суд (штат включал 12 чинов магистратуры), 3-го разряда — для губернского города в губернии, где не один окружной суд (8 чинов магистратуры) , 4-го разряда — для уездного городка (4 чина магистратуры).

174 Соображения комиссии... С. 50.

но-правового акта — был подписан Указ Правительствующему Сенату, утверждающий «Положение о введении в действие Судебных Уставов 20 ноября 1864 года». Он законодательно утверждал проект «восьми» и определял сроки проведения реформы. В 10 губерниях новые суды должны были открыться в течение 1866 года, а в остальных — в течение 4-х (!) лет. Указ имел огромное значение: он заложил основу правового механизма введения судебной реформы в действие, назначил сроки ее проведения и определял стратегию осуществления реформы. Суть этой стратегии заключалась в быстром и глубоком реформировании судебного ведомства. С подписанием этого указа осуществление реформы становилось осязаемым делом, при этом срок был определен сравнительно небольшой — через 5 лет в стране должно быть закончено формирование новой судебной системы. Для сравнения можно вспомнить, что проведение крестьянской реформы было запланировано на 49 лет.

В 1866 году была завершена работа по сбору статистических сведений и разработке плана проведения реформы по всей стране. Комиссия под председательством товарища министра юстиции Н.И. Стояновского составила расписание окружных судов для 31 губернии. Только в 11 из них предполагалось открытие одного суда, в остальных — двух-трех. Округа судебных палат не должны были превышать 5 губерний. Планировалось сократить округ Московской судебной палаты — Ярославская и Калужская губернии должны были перейти к другим округам. Площади округов судебных палат намечались небольшими: 5 округов достигали 200 тысяч кв. верст, 3 округа имели площади от 200 до 270 тысяч кв. верст. Только округа Петербургской, Саратовской и Уфимской палат намечались большими, так как они включали обширные губернии[175]. Планировалось реализовать этот план за относительно небольшой срок — 4 года. Через 4 года страна должна была получить новую судебную систему.

Несколько иначе подошли к выбору стратегии реализации судебной реформы на рубеже XX—XXI веков ее создатели. Они сразу отвергли исторический опыт реализации судебной реформы 1864 г., осудив его как слишком резкий и кардинальный: «Недостатки этого пути очевидны: живая жизнь будет перестраиваться по кабинетным схемам, неизбежен период метания и неразберихи, когда старые опоры рассыпаны, а новые не готовы принять на себя все тяжесть ответственности»[176]. Авторы ратуют за другой путь — постепенную замену одних институтов другими: «Это именно тот случай, когда можно

175 Судебно-статистические сведения и соображения о введении в действие Судебных Уставов 20 ноября 1866 г. СПб., 1866. Т. 3.

176 Концепция судебной реформы … С. 101.

попробовать влить новое вино в старые мехи»[177]. Поэтому было предложено провести реформу в три этапа.

Первый этап:

1. Утверждение и опубликование «Концепции судебной реформы».
2. Разработка проектов УПК, ГПК, УК, Арбитражного кодекса РСФСР, законов РСФСР «О судоустройстве», «О статусе судей РСФСР», «О прокуратуре РСФСР», «Об адвокатуре РСФСР», «Об арбитражных судах РСФСР».
3. Поэтапное введение этих законов в действие — некоторые нормы вводятся по всей территории РСФСР, некоторые только в отдельных субъектах в качестве эксперимента.
4. Проведение исследований оптимальных норм нагрузки на кадры юстиции. Принятие решений о материально-техническом снабжении юстиции и кадровом укомплектовании ее органов.

Второй этап:

1. Корректировка разработанного законодательства с учетом опыта и полученных откликов.
2. Полное введение действующего законодательства, но на прежней судоустройственной базе.
3. Создание специализированных судебных составов без учреждения специализированных судов (кроме арбитражных).
4. Определение подсудности по делам присяжных путем исчерпывающих указаний в законе случаев, когда дело может быть передано на их рассмотрение.
5. Обобщение практики правоохранительной деятельности за период преобразований.
6. Завершение формирования материально-технической базы юстиции.

Третий этап:

1. Введение в действие законодательства о судебной реформе на новой судоустройственной базе.
2. Разворачивание системы специализированных судов.
3. Преобразование судебных округов и расположение их в границах, не совпадающих с пределами административно-территориальных единиц.

177 Там же. С. 101.

Таким образом, постепенность стала главным девизом судебной реформы рубежа XX—XXI веков. Если судебная реформа 1864 г. проводилась постепенно в территориальном отношении, то отцы современной судебной реформы выбрали постепенный путь и в территориальном, и в содержательном отношении. Предлагаемые этапы были намечены очень расплывчато, без определения конкретных дат и мероприятий. Это заложило крайне медлительный темп судебной реформы рубежа XX—XXI веков.

Таким образом, в начале 90-х гг. XX века была выработана общая концепция проведения судебной реформы, были определены ее цели и методы проведения. Так же как и в середине XIX в., цели судебной реформы были продиктованы общими изменениями, происходившими в политической и экономической жизни страны. Демократизация политической и экономической жизни требовала создания сильной, оперативной, независимой судебной власти. Осознание обществом и властью этого факта подтверждается принятием в 1991 г. «Концепции судебной реформы». Документ был разработан ведущими юристами страны. «Концепция судебной реформы» ставила целью сформировать независимый, состязательный, гуманный суд. Она предусматривала кардинальное изменение правового статуса судей, условий обеспечения их независимости, в том числе принятия мер по улучшению социальной защищенности служителей Фемиды. Планировалось изменить принцип финансирования судов, повысить уровень их материально-технического оснащения. В этом плане надо отметить большое сходство судебных реформ 1864 г. и рубежа XX—XXI вв., что является закономерным в связи со схожими задачами обеих модернизаций. С целью сделать правосудие более оперативным и доступным населению в «Концепции...» предполагалось существенно изменить судебную систему. Наиболее новаторским элементом можно назвать предложение не соединять судебные округа с территориями административных образований. Планировалось также ввести мировой суд, суд присяжных.

Суд должен был стать наиболее важным звеном в защите законности, прав и свобод людей. Авторы предполагали ввести судебный контроль за следствием, реально обеспечить состязательность процесса. Поэтому изменения в судебной сфере предполагали изменения в прокуратуре, адвокатуре, следственных органах. Если по целям и основным мероприятиям «Концепция...» может быть оценена как очень своевременная, то по поводу предлагаемой стратегии проведения реформы этого не скажешь. Наиболее существенным недостатком «Концепции...» следует признать отсутствие в ней конкретных мероприятий с точными сроками их осуществления. Это надо назвать главным отличием в планировании современной судебной реформы от планирования судебной реформы 1864 г., которая хоть тоже проводилась поэтапно, но все же была разработана вся сразу и изменения вводились комплексно. Эти отличия стали причиной затяжного характера судебной реформы рубежа XX—XXI веков. Особо следует выделить, что не было проработано финансовое обеспечение реформы. «Концепция...» представляла идеальную, по взглядам ее авторов, модель судебной системы и судебного процесса, однако она совсем не проецировалась на реальные условия жизни и не предусматривала, каким образом конкретные мероприятия должны привести к перерождению судебной системы из советской в демократическую. В результате судебная реформа оказалась в сильной зависимости от инициативы властей и превратилась в набор плохо скоординированных, растянувшихся на полтора десятилетия мероприятий. Это не только затрудняло работу судебной системы как таковой, но и осложнило проведение всей модернизации. В демократическом государстве суд является главным защитником прав и свобод граждан, наиболее авторитетным и справедливым арбитром в различных спорах. Без справедливого, состязательного, быстрого суда построение правого, демократического государства невозможно. Поэтому власть была вынуждена придать новый импульс судебной реформе в начале XXI века, однако до сих пор судебная реформа не является завершенной.

***

Судебная власть — один из важнейших инструментов государственной власти, поэтому лицо судебной власти является отображением этой власти. Каждое государство формирует облик судебной власти в зависимости от того, какие функции государства власть осуществляет в первую очередь, какими методами она действует. Демократический режим заинтересован в независимой, демократической судебной системе, в которой суд является основным средством защиты прав и свобод людей. В антидемократическом режиме государство, наоборот, не заинтересовано в независимом суде, оно формирует судебную власть таким образом, чтобы решения суда прямо диктовались судьям чиновниками разного ранга. Соответственно смена политического режима неизбежно вызывает изменения в судебной системе. Такими переломными моментами в нашей истории можно назвать две известные модернизации: модернизацию 60-х гг. XIX века (называемую в исторической науке Александровской) и модернизацию конца XX века (известную в исторической науке как горбачевско-ельцинская). Обе модернизации ставили цель демократизировать общественные и экономические отношения, обе сопровождались повышением статуса личности и уровня демократии, созданием рыночной экономики. Обе модернизации были масштабными по своему содержанию и затрагивали широкий круг вопросов. Условием их проведения стала реализация судебной реформы. Однозначно сказать, что судебные системы до начала обеих модернизаций были абсолютно похожи, нельзя: в XIX веке действовало негласное судопроизводство, даже официально не было объявлено об отделении суда от администрации, отсутствовала адвокатура, судебная система была поражена волокитой и взяточничеством. Советская судебная система официально была независима, правосудие вершилось гласно, формально обвиняемый имел право на защиту, формально соблюдалась состязательность, дела рассматривались гораздо быстрее, чем накануне Александровской модернизации. Однако было и сходство — судебные системы обоих периодов реально не были независимыми, они не являлись инструментом защиты прав и свобод людей, состязательность советского суда была относительна, полномочия защиты были сильно ограничены. Главное — обе судебные системы не соответствовали принципам демократического государства. Поэтому обе модернизации не могли пройти без проведения судебной реформы. Следует признать, что осуществление судебной реформы становится важным условием проведения каждой модернизации и что каждая судебная реформа реализовывалась в похожих условиях.

В связи с этим осознание необходимости преобразований в каждый период сопровождалось осознанием необходимости проведения судебной реформы. Чем глубже власть и общество сознавали необходимость реформ, тем глубже и детальнее высказывались соображения о судебной реформе. Поиски путей реформ судебного ведомства в обе эпохи имеют схожие черты и отличительные особенности. Похожим следует назвать то, что потребность в модернизации общества в целом, как и в реформе в судебной системе в частности, осознавалась передовой частью общества, но проводиться эти преобразования могли по инициативе власти. Можно утверждать, что без инициативы власти обе реформы были бы просто невозможны. В конце XX века эволюция отношения власти к судебной реформе ясно видна из документов правящей партии — от постановки задачи соблюдения прав и свобод человека на апрельском 1985 г. Пленуме ЦК КПСС до провозглашения курса на построение правового государства на XIX партийной конференции летом 1988 г. Именно это создало идейную базу судебной реформы. Схожими можно назвать цели обеих реформ: создать независимый, состязательный, оперативный, справедливый суд. Похожи и многие мероприятия этих реформ: обе реформы кардинально меняли статус судьи, наделяли его правом несменяемости, повышали его материальное благосостояние, в то же время вводя жесткие критерии для отбора судей. Обе реформы последовательно проводили принцип отделения суда от администрации, стараясь поставить заслон любому давлению на судей. Обе реформы вводили институты судебных приставов, суд присяжных и мировую юстицию.

Однако по выбору стратегии проведения реформ эти два преобразовательных процесса значительно отличаются. Судебная реформа 1864 г. была нацелена на быстрое и кардинальное преобразование. Главным принципом судебной реформы рубежа XX—XXI веков стала постепенность. Это было закреплено в «Концепции судебной реформы» 1991 г., что впоследствии серьезно скажется на темпах современной судебной реформы и соответствующим образом повлияет на степень воздействия судебной реформы на весь модернизационный процесс.

2. СУД В СИСТЕМЕ ОРГАНОВ ГОСУДАРСТВЕННОЙ ВЛАСТИ

2.1. Суд и законодательная власть

Признаком правового государства является выделение судебных органов в самостоятельную ветвь и независимость судебной власти от власти законодательной и исполнительной. Однако независимое положение судебных органов не предполагает их изолированное существование от органов других ветвей власти и органов местного самоуправления, которые в той или иной степени влияют на деятельность судебной власти. Представляет интерес проследить, какую роль в проведении судебной реформы сыграли другие ветви власти. Российская история дает возможность сравнить процесс взаимодействия властей в ходе двух схожих исторических периодов: Александровской модернизации — знаменитой Эпохи Великих реформ Александра II и современной модернизации, неотъемлемой частью которых были судебные реформы.

2.1.1. Участие верховных органов власти в процессе проведения судебных реформ. Принцип разделения властей в России стал реализовываться на практике достаточно поздно, в то время как в европейских странах он стал претворяться уже в законодательных актах XVIII века. Американская конституция, принятая в 1787 г., первая провела принцип разделения властей. Принцип разделения властей проводился и в документах Великой французской революции. Впервые заговорил о применении данного принципа к нашей стране профессор права Московского университета Семен Десницкий. В 1767 г. Екатерина II собрала знаменитую Уложенную комиссию, для деятельности которой ее депутаты представляли пожелания — наказы. Один из наказов был составлен Десницким. В нем фактически впервые прозвучало предложение разделить власть на три ветви: законодательную, судебную и наказательную. В документе явно отразился опыт жизни автора в Англии — в отношении судебной системы он внес целый ряд предложений «английского происхождения» — независимость судей, суд присяжных. Однако эти идеи были так смелы, что наказ Десницкого даже не зачитали в комиссии. Следующим, кто предложил ввести принцип разделения властей, был М.М. Сперанский. В своем знаменитом проекте реорганизации системы органов власти, составленном по указанию императора Александра I, он также исходил из идеи разделения власти на три ветви: законодательную, исполнительную и судебную. При этом также активно использовал зарубежные наработки организации судебной власти — выборность судей, их независимость, суд присяжных. Однако, несмотря на мнение Александра «признать проект полезным», он так и остался на бумаге. Идея разделения власти получила отражение и в проектах декабристов: «Конституции» Муравьева и «Русской правде» Пестеля.

Если рассматривать структуру высших и центральных органов власти в первой половине XIX в., то следует отметить отсутствие в их деятельности разделения законодательных и исполнительных функций. Россия оставалась абсолютной монархией — государством, в котором не было представительного органа власти. Законосовещательные функции выполнял Государственный совет. Активное участие в законотворческом процессе принимала Государственная канцелярия, в первую очередь — Второе отделение Его Величества Императорской канцелярии. В то же время сама канцелярия выполняла и исполнительные функции: Третье отделение фактически представляло политическую полицию, Четвертое, Пятое, Шестое отделения также занимались управленческой деятельностью. Четвертое занималось управлением Мариинскими учебными заведениями, Пятое — делами государственных крестьян, Шестое — управлением кавказских территорий. Непосредственно проекты разрабатывались различными департаментами, министерствами или специально созданными комитетами. Утверждались законопроекты Сенатом, который одновременно являлся высшим судебным органом. Окончательно законы принимались самим императором. Новой тенденцией в процессе законотворчества в начале Александровской модернизации является привлечение мнения общественности. Если в эпоху Николая I все проекты, в частности решение крестьянского вопроса, обсуждались в комитетах, носивших название «Секретные», то крестьянская реформа 1861 г. уже обсуждалась с участием общества. По личному указанию Александра II в губерниях создаются комитеты по обсуждению крестьянского вопроса. Естественно, к его обсуждению привлекались только помещики, а крестьяне, которые больше всего были заинтересованы в реформе, к работе в этих комитетах не допускались. Все разрабатываемые проекты поступали в Редакционные комиссии и в Главный комитет по крестьянскому вопросу.

Элементы публичности использовались и при разработке проекта судебной реформы. Как отмечал А.Ф. Кони, «судебная реформа рождалась на свет не сразу, как Минерва из головы Юпитера, а с болью и потугами»[178]. Интересно, что первые идеи реформирования судебного ведомства возникли не в Министерстве юстиции. 20 лет (с 1841 по 1861 г.) Министерство юстиции возглавляла такая одиозная фигура, как граф Панин. Он даже не допускал мысли о каких-либо изменениях. Поэтому первые предложения по изменению судебной системы появились во II Отделении Его Императорского Величества Канцелярии и в Морском министерстве. Осенью 1861 г. при Государственной канцелярии была создана специальная комиссия для разработки основных начал судебной реформы под председательством вначале Блудова, а затем Гагарина[179]. В апреле — сентябре 1862 г. комиссия разработала «Основные положения преобразования судебной части в России».

При работе над проектом комиссия обращала пристальное внимание на работу судов на Западе[180]. Наверное, подготовка ни одной реформы Александра II не сопровождалась таким активным изучением позитивного зарубежного опыта. Если учесть, что в эпоху Николая I даже выезд за границу был запрещен, то этот шаг следует назвать очень передовым. Комиссией был осуществлен перевод большого ряда законодательств зарубежных государств (использовались нормативные акты 19 стран). За границу были командированы специалисты для знакомства с работой иностранных судов. Эти люди присылали в Россию подробные отчеты о своих впечатлениях. Причем собранные сведения были не только «для служебного пользования». Некоторые переводы нормативных актов печатались в русских журналах, также публиковались отчеты посланных изучать зарубежные суды[181]. При их чтении чувствуется, какое огромное впечатление произвели иноземные судебные порядки на наших соотечественников. Их поражало все: красота и величественность зданий судов, торжественность процедуры, доброжелательное отношение судей ко всем находящимся в зале суда (включая подсудимого) и очень уважительное отношение народа к органам судебной власти.

---

178 Цит. по: Толмачев Е.П. Александр II и его время. М., 1998, Т. 1. С. 253.

179 Толмачев Е.П. Александр II и его время. М., 1998. Т. 1. С. 256.

180 Там же. С. 253.

181 Например: Устав уголовного судопроизводства Франции // Журнал министерства юстиции. 1860. № 12.; Зарудный М.И. Английские суды. Из путевых заметок // Русский вестник. 1860. Т. 28; Он же. Суды общего права и справедливости в Англии // Журнал министерства юстиции. 1862. Т. 14.; Он же. Французские суды // Русский вестник. 1862. Т. 42.

После того как проект «Основных положений...» был рассмотрен в Государственном совете, он был опубликован в «Собрании Узаконений». Это дало возможность участвовать общественности в обсуждении проекта. Со всех концов страны поступило 448 писем с различными предложениями и замечаниями[182]. Обсуждение реформы велось активно и в прессе. Именно привлечение зарубежного опыта, а также публичный характер обсуждения проекта обусловили тот факт, что судебная реформа была разработана как самая передовая из всех Александровских реформ.

Первый шаг к реальному разделению властей был сделан только в ходе реализации судебной реформы 1864 г., когда суд был отделен от администрации и судьи стали независимыми. Еще более серьезным шагом к разделению власти можно назвать учреждение Государственной Думы в ходе первой русской революции. Формирование данной тенденции было прервано революцией 1917 г. Советская власть отрицала принцип разделения властей. Все советские конституции (1918, 1924, 1936, 1977) определяли функции высших органов власти без четкого их разделения на законодательные и исполнительные. Только российская Конституция 1993 г. четко провела принцип разделения властей. Высшим законодательным органом было определено Федеральное Собрание, состоящее из верхней палаты — Совета Федерации и нижней палаты — Государственной Думы. Высшим органом исполнительной власти является Правительство Российской Федерации.

Роль законодательной власти в проведении судебной реформы проявляется в создании правовой базы: судебная система действует только на основе закона и любое реформаторское мероприятие может начаться только после принятия соответствующего закона. Правовой базой судебной реформы 1864 г. стали знаменитые Судебные Уставы, подписанные Александром II 20 ноября 1864 г., которые, как уже отмечалось, включали 4 нормативно-правовых акта: Учреждение судебных установлений, Устав уголовного судопроизводства, Устав гражданского судопроизводства, Устав о наказаниях, налагаемых мировыми судьями. Их разработка была осуществлена с 1861 по 1864 г. Этот срок может быть оценен как относительно небольшой, особенно если учитывать российские особенности. Главным достоинством законотворческого механизма по подготовке судебной реформы является то, что документы вводили законченную, логически взаимосвязанную систему мер по изменению судебного ведомства. Законодатель предусмотрел введение реформы как одновременного, цельного, продуманного и завершенного акта. Так же быстро были разработаны документы, ре-

182 Толмачев Е.П. Указ. соч. С. 256.

гулирующие процесс введения реформы в действие. В течение 1865 г. было принято «Положение о введении в действие Судебных Уставов 1864 г.», которое предполагало проведение реформы на территории страны постепенно, однако все положения Уставов вводились сразу без каких-либо ограничений.

Правовая база современной реформы рождалась более трудно, чем реформы 1864 г. Законодатель конца XX века формировал правовую базу не в виде одного или единого комплекса правовых актов, а в виде разрозненных нормативных актов, принимаемых на протяжении большого отрезка времени (более 15 лет). Если бы великий российский юрист А.Ф. Кони знал, как будет разрабатываться нормативная база судебной реформы рубежа XX—XXI веков, то вряд ли он стал бы сетовать на свое время. Можно выделить основные мероприятия современной судебной реформы, последовавшие после принятия «Концепции судебной реформы» 1991 г. Заметим, что «Концепция...» начала разрабатываться в одной стране — СССР, а реализовывалась уже в другой — Российской Федерации.

26 июня 1992 г. был принят новый Закон РФ «О статусе судей», который дал юридические и материальные гарантии независимости судей. Был установлен закрытый перечень оснований для прекращения полномочий судей. Особо надо отметить появившийся запрет для судей на членство в политической партии. Это действительно ставило судей в независимую позицию: именно партийная дисциплина делала в советское время судей послушным инструментом в руках власти (особенно если учесть, что партийная организация объединяла и судей, и прокуроров, и милиционеров).

27 апреля 1993 года появился Закон РФ «Об обжаловании в суде действий и решений, нарушающих права и свободы граждан». Этот закон повышал роль суда в защите прав и свобод и в принципе делал судебный порядок защиты прав и свобод одним из основных (при этом сохранялся и внесудебный порядок, в частности, обжалование неправомерных действий в прокуратуре).

Летом 1993 г. в российское законодательство были включены нормы, вводившие в действие суд присяжных. Правда, стоит отметить, что смелые планы относительно этого института, заложенные в «Концепции судебной реформы», в полной мере так и не были реализованы. Во-первых, суд присяжных вводился только на ограниченной территории (в 9 субъектах Российской Федерации). Канадский исследователь П. Соломон объяснил эту ограниченность нехваткой финансов[183]. Конечно,

183 Solomon P. Courts and transition in Russia: the challenge of Judicial reform. Boulder Oxford Westview press, 2000. P. 12.

суд присяжных требует немалых средств из казны, однако представляется, что дело не только в этом: слишком радикальным было новшество для постсоветской судебной системы. Во-вторых, была резко сужена подсудность суда присяжных: присяжные должны были участвовать в рассмотрении только уголовных дел, причем только если подсудимый обвинялся в тяжких и особо тяжких преступлениях, а не почти во всех других преступлениях, как это предполагалось ранее. Суд присяжных вводился по стране очень медленно.

Большое значение для развития судебной реформы и всей государственной и правовой системы имело принятие в декабре 1993 г. новой Конституции страны. Советская «брежневская» Конституция сильно устарела и уже не соответствовала реалиям жизни — модернизация кардинально изменила облик политического и экономического строя. После октябрьских событий 1993 г. рухнула сама система Советов, существовавших с 1917 г. Начинается создание новой системы государственных органов, построенной на принципах разделения властей и парламентской демократии. Регулируемая плановая экономика вытесняется рыночными отношениями. Все это уже не соответствовало нормам Конституции 1977 г.

Конституция РФ 1993 г. должна была отобразить результаты преобразований. Новый Основной закон четко закрепил принцип разделения властей: каждой ветви в Конституции посвящена отдельная глава. Был выделен приоритет прав и свобод человека и гражданина — глава, посвященная правам и свободам, была поставлена на первое место (в Конституции 1977 г. эта глава была в середине документа). Новая Конституция подчеркивала, что Россия — демократическое государство, в котором признается политический и религиозный плюрализм, что ни одна идеология или религия не может быть главенствующей, что членство в политических партиях добровольное. Закреплялись и такие важнейшие изменения в экономической жизни, как свобода предпринимательства, право граждан иметь в собственности средства производства, в том числе и землю. Естественно, новая Конституция отображала новое назначение судебных органов, которое стало формироваться в ходе модернизационных процессов. Целый ряд норм новой Конституции касается судебной власти, причем это не только нормы главы 7 «Судебная власть», но и нормы главы 2 «Права и свободы человека и гражданина», т.е. законодатель закрепил целый ряд прав и свобод, связанных с деятельностью судебной власти.

В частности, было закреплено право на судебную защиту прав и свобод (статья 46 Конституции). Новая Конституция значительно расширила полномочия суда по защите основных прав и свобод людей. Теперь личная свобода человека может быть ограничена только по судебному решению (статья 22). Также только с разрешения суда может быть нарушена тайна переписки, телефонных переговоров, почтовых, телеграфных и иных сообщений, неприкосновенность жилища (статьи 23, 25).

Действие любых государственных органов власти, органов местного самоуправления, должностных лиц, общественных объединений могут быть обжалованы в суде без каких либо ограничений. Такое право закреплялось в Конституции впервые за всю историю существования конституции в нашей стране. Более того, впервые закреплялось право обращаться в международные суды. Особо был оговорен вопрос о смертной казни — согласно статье 20 Конституции уголовное дело по обвинению в преступлении, за которое в качестве наказания может быть назначена смертная казнь, должно рассматриваться только судом присяжных. Таким образом, эта статья Конституции сделала суд присяжных обязательным элементом судебной системы.

Так же как и в Конституции 1977 г., закреплено право на юридическую помощь, однако в Конституции 1993 г. это право было расширено, в ней особо оговорено, что обвиняемый имеет право пользоваться услугами адвоката с момента задержания или предъявления обвинения.

Более четко был сформулирован принцип презумпции невиновности. Как уже говорились, старая Конституция трактовала понятие презумпции невиновности весьма усеченно: «Никто не может быть признан виновным в совершении преступления, а также подвергнут уголовному наказанию иначе как по приговору суда и в соответствии с законом». Конституция 1993 г. (статья 49) содержит, во-первых, более четкую формулировку этого положения: «Каждый обвиняемый в совершении преступления считается невиновным, пока его виновность не будет доказана в предусмотренном федеральным законом порядке и установлена вступившим в законную силу приговором суда», во-вторых, дополнена еще одним очень существенным положением: «Обвиняемый не обязан доказывать свою невиновность. Неустранимые сомнения в виновности лица толкуются в пользу обвиняемого».

Статья 51 впервые в истории советского законодательства вводила свидетельский иммунитет: «Никто не обязан свидетельствовать против себя самого, своего супруга и близких родственников, круг которых определяется федеральным законом». Подобной статьи не было ни в одной советской Конституции.

Статья 118 Конституции 1993 г., так же как и статья 151 Конституции 1977 г., закрепила, что правосудие осуществляется только судом. Однако ввела еще одно важное положение — запрет на создание чрезвычайных судов, чего не было в старой Конституции. Новым было закрепление в Конституции основных требований, предъявляемых к судьям: возраст не менее 25 лет, гражданство РФ, наличие высшего юридического образование и стажа работы по юридической профессии не менее 5 лет (статья 119). Положение независимости судей присутствовало и в старой Конституции (статья 155), в новой Конституции оно было дополнено положением о несменяемости судей и их неприкосновенности, что, безусловно, было очень важным шагом в становлении независимой судебной власти. Следует отметить еще одно важное положение новой Конституции, направленное на обеспечение независимости судов: статья 124 содержит норму, согласно которой финансирование судов производится только из федерального бюджета. В старой Конституции такой нормы не было. Статья 125 особо посвящена Конституционному Суду РФ и его полномочиям. Таким образом, новая Конституция заложила основу для глубоких преобразований в судебном ведомстве. Однако ожидаемые преобразования шли гораздо медленнее, чем следовало бы.

21 июля 1994 г. был принят новый вариант Закона РФ «О Конституционном суде РФ» (впервые закон о Конституционном суде был принят в РСФСР в 1991 г.). Данный закон подтвердил основное назначение Конституционного суда — в судебном порядке разрешать споры о соответствии всех норм законов и других нормативных актов Конституции и другим актам, обладающим более высокой юридической силой. 20 апреля 1995 г. был принят Закон РФ «О государственной защите судей, должностных лиц правоохранительных и контролирующих органов». Согласно этому закону могли применяться различные меры для охраны судей: личная охрана, личное оружие, перемена документов.

Середина 90-х годов XX века — время сильной инфляции, падения материального благосостояния бюджетной сферы. Поэтому во всей правоохранительной системе, а также в судебной, начинается стремительный отток профессионалов. Грамотные юристы предпочитали уходить в коммерческие и частные предприятия, где уровень зарплаты был несравненно выше. В этой связи весьма актуальным было принятие закона «О дополнительных гарантиях социальной защиты судей и работников аппарата судов РФ» (10 января 1996 г.), хотя он кардинально не изменил ситуации — середина 90-х годов было самым нищим временем для постсоветской юстиции. В декабре 1996 г. был принят Закон РФ «О судебной системе РФ», который сформировал действующую систему судов нашей страны. В 1999 г. в него был внесен ряд изменений. Следует отметить, что идея не привязывать территории судебных округов к территории административно-территориальных образований не нашла воплощения. Второй раз (после 1864 г.) эта мысль так и не воплотилась.

В 1997 г. вводится в действие новый институт — судебные приставы (Закон от 21 июля 1997 г.). Судебные приставы пришли на смену малоэффективному институту судебных исполнителей, на них возлагалось исполнение судебных решений, охрана судов, поддержание порядка в залах судебных заседаний. Правовую базу деятельности судебных приставов сформировал закон «Об исполнительном судопроизводстве» (принят 21 июля 1997 г.).

8 января 1998 г. был сделан еще один важный шаг в судебной реформе — создан Судебный Департамент при Верховном Суде РФ. На Судебный Департамент было возложено финансовое и материально-техническое обеспечение деятельности судов.

17 декабря 1998 г. была дана жизнь еще одному очень важному институту в судебной системе — принят Закон РФ «О мировых судьях РФ». Введение института мировых судей ставило цель сделать правосудие более доступным и оперативным. 29 декабря 1999 г. Законом РФ «Об общем числе мировых судей и количестве судебных участков в субъектах Российской Федерации» были определен очень важный организационный вопрос в деятельности мировой юстиции — утверждено количество мировых судей для разных субъектов федерации.

Во второй половине 90-х гг. XX века активно преобразуется и материальное право. Принимаются новые Гражданский кодекс (1995 г.), Уголовный кодекс (1996 г.) и Семейный кодекс (1995 г.). Это было закономерной реакцией на изменения, происходившие в политической и экономической жизни страны, на введение рыночных отношений, на гуманизацию общественных отношений. В частности, новый Уголовный кодекс на приоритетное место ставил интересы личности, а не государства. Теперь преступления против личности шли перед преступлениями против государства (в кодексе 1960 года было наоборот), вводятся новые санкции, не связанные с лишением свободы (обязательные работы, ограничение свободы).

Однако все эти меры нельзя признать достаточно интенсивными — преобразования шли очень медленно, что вызывало недовольство как общества, так и самих судей. Продолжали действовать старые процессуальные законы (УПК, ГПК). Все это свидетельствовало о том, что прежний энтузиазм власти по отношению к судебной реформе угас. Идеи, изложенные в «Концепции судебной реформы», уже давно перестали волновать умы власть предержащих.

Сложившаяся ситуация серьезно беспокоила как общество, так и представителей судебной власти. В публикациях второй половины 90-х гг. XX века содержатся весьма грустные замечания по поводу судебной реформы. Начальник Главного государственно-правового управления Президента РФ Р. Орехов отмечал: «К сожалению, в настоящий момент...

мы вынуждены констатировать: судебная реформа, и именно реформа общей юрисдикции, остановилась»[184]. Так же пессимистично выглядит заключение эксперта общественного центра «Судебно-правовая реформа» Р. Максудова: «практически прекратился начавшийся в 1991 г. процесс становления судебной власти»[185]. Один из отцов судебной реформы конца XX века депутат Государственной Думы Б. Золотухин назвал период деятельности Государственной Думы первого и второго созыва периодом контрреформ по отношению к судебной реформе, «временем озлобленного уничтожения завоеваний первых лет»[186].

Беспокоила ситуация и самих судей. В Постановлении II Всероссийского съезда судей от 30 июля 1993 г. констатировалось: «Работы по проведению судебной реформы носят нескоординированный характер. ...Опыт судебной реформы 1864 г. свидетельствует о том, что судебно-правовые преобразования могут стать действительно радикальными только при условии, что будут проводиться комплексно и системно под единым идейным и организационным руководством»[187]. Не менее тревожно выглядит заявление на IV Всероссийском съезде судей (1996 г.): «Не начав осуществляться в полном объеме, реформа стоит на месте, а реальные условия деятельности общих судов таковы, что встал вопрос о невозможности дальнейшего осуществления правосудия в стране»[188]. Съезд выразил серьезную озабоченность крайне медленным рассмотрением в законодательном органе стране важных нормативных актов, без которых судебная реформа не может продолжаться: «О судебной системе РФ», «О военных судах», «Об исполнительном производстве», «О судебных приставах», новых процессуальных кодексов[189].

Первый заместитель Председателя Верховного Суда РФ В. Радченко, подводя в популярном журнале «Человек и закон» итоги реформирования судебной системы, был вынужден отметить целый ряд пробелов: не реформирована прокуратура, не проведена реформа предварительного следствия, не приняты новые уголовно-процессуальный и гражданско-процессуальный кодексы, не приняты законы

---

184 Орехов Р. Судебная реформа требует радикального подхода // Российская юстиция. 1998. № 8. С. 2.

185 Максудов Р. Необходима обновленная концепция судебной реформы // Правозащитник. 1997. № 4. С. 32.

186 Золотухин Б. Встать, суд идет! // Открытая политика. 1997. № 4. С. 22.

187 Постановление II Всероссийского съезда судей // Сборник нормативных актов о суде и статусе судей РФ. М., 1997. С. 162.

188 Постановление IV Всероссийского съезда судей // Сборник нормативных актов о суде и статусе судей РФ. М., 1997. С. 172.

189 Лебедев В.М. Судебная власть в современной России. СПб., 2001. С. 65.

об адвокатуре, не созданы административные и третейские суды[190]. Таким образом, судебная реформа оказалась в зависимости от общего темпа модернизации — в этот период не только судебная реформа, но и все остальные преобразования тормозятся. Власть явно несколько охладела к своим же начинаниям. В то же время неполнота судебной реформы становились дополнительным тормозом, мешающим проведению всех остальных либеральных преобразований[191].

Новый импульс судебная реформа получила со сменой власти. После прихода к власти нового Президента страны В.В. Путина модернизация снова начала набирать обороты. Соответственно вопрос о судебной реформе стал опять актуальным. Поэтому со стороны власти стало замечаться больше интереса к нуждам судебного ведомства. На совещании руководителей республиканских, краевых, областных судов 24 января 2000 г. Президент В.В. Путин заявил, что суды должны стать ключевым звеном в обеспечении демократии[192]. 28 ноября 2000 г. была образована рабочая группа по вопросам совершенствования законодательства России по судебной системе. В очередном Послании Федеральному Собранию РФ за 2001 г. В.В. Путин подчеркнул значение задачи проведения судебной реформы. Уже сам факт упоминания судебной реформы в таком важном документе, каким является ежегодное Послание, означает, что власть вернула судебную реформу из небытия и готова принимать дальнейшие меры по ее реализации.

В 2000—2002 годах вносится целый ряд дополнений и изменений в уже принятые законы: «О судебной системе РФ», «О судебных приставах», «О судоустройстве», «О статусе судей», «О Конституционном суде». Создаются и некоторые новые весьма насущные законы. В частности, 14 марта 2000 года был принят Закон РФ «Об органах судейского сообщества». Этот закон создал органы судейской корпорации, что позволяет более эффективно проводить идею независимости судей. Согласно закону к органам судейского сообщества относятся: Всероссийский съезд судей, а в период между съездами — Совет судей РФ, Собрание судей Верховного Суда РФ и Высшего Арбитражного суда РФ, съезды (конференции) судей областей, краев, республик, советы судей, а также квалификационные коллегии судей. Эти органы судейского сообщества призваны на практике содействовать процессу становления независи-

190 Радченко В. Восемь лет судебной реформе // Человек и закон. 1999. № 12. С. 23—30.

191 Mc Faul Machael. Russia's unfinished revolution Politic change from Gorbachev to Putin. London, 2001. P. 327.

192 Гондаренко А.С., Зозуля И.В. Судебная система России: сравнительное исследование развития на рубежах XIX—XX и XX—XXI веков (на примере Кубани и Ставрополья). Ставрополь: Из-во СГУ, 2002. С. 157.

мости судей и совершенствованию законодательства, касающегося деятельности судов. Советы судей, съезды имеют право обращаться к государственным органам и должностным лицам, проводить экспертизы законов и обсуждать вопросы судебной практики.

31 мая 2002 был принят Закон РФ «Об адвокатской деятельности и адвокатуре в РФ», который был призван повысить уровень оказания юридической помощи в стране. 24 июля 2002 принят Закон РФ «О третейских судах в РФ».

В 2001—2002 годах наконец принимаются новые процессуальные законы: Арбитражный процессуальный кодекс РФ (24 июля 2002 г.), Гражданско-процессуальный кодекс РФ (14 ноября 2002 г.), Уголовно-процессуальный кодекс РФ (18 декабря 2001). Принятие их было очень своевременным — в определенной степени законодатель стремился сделать процесс гуманным, состязательным, справедливым. Некоторые новеллы носят принципиальный характер. В частности, по новому УПК вводился исключительно судебный порядок взятия под стражу, причем в суде обязательно должен присутствовать и обвиняемый, и его адвокат. Санкции на проведение обыска теперь тоже выдаются судьями, а не прокурорами. Уголовные дела возбуждаются только по постановлению прокурора, прокуратура обязана поддерживать обвинение по всем уголовным делам, направляемым в суд. Полностью исчезло такое решение суда по уголовному делу, как отправление материалов на доследование. Расширился круг дел, по которым допускалось их прекращение в связи с примирением сторон. Фактически вводился итальянский институт «сделка с правосудием» — рассмотрение дела в упрощенном порядке, если подсудимый полностью признал свою вину, в данном случае наказание не должно превышать 2/3 от предусмотренного в УК. Изменения были настолько глобальными, что первоначально потребовали значительных усилий работников судов и прокуратуры. Даже сократилось применение такой меры пресечения, как арест. Так, в Курской области до введения нового УПК прокуратура санкционировала по три десятка арестов в неделю, после его введения суд санкционировал только три ареста за неделю[193]. Порой возникали и анекдотичные случаи. В Рязанской области в селе Искра трое молодых людей совершили убийство. Прокуратура раскрыла преступление быстро. Однако под стражу взять виновных сразу не смогла — потребовалось три дня, чтобы собрать документы для суда. К счастью для следователей, молодые люди бежать никуда не собирались, спокойно ожидали ареста дома[194].

193 Козлова Н. Судьи теперь дежурят по ночам // Российская газета. 2002. 23 июня.

194 Ионов А. Каникулы для убийцы // Российская газета. 2002. 23 июля.

К сожалению, в новом кодексе оказалось немало пробелов, которые ставили правоприменителей в тупик. Неслучайно Уголовно-процессуальный кодекс заслужил в профессиональной среде даже название «сборник приколов». После его принятия последовал целый ряд поправок и изменений. Первые поправки были сделаны уже весной 2005 г. Сравнительно за небольшой срок (с 2001 по 2006) было принято более 20 законов, вносящих поправки в УПК. В декабре 2003 г. был принят закон, содержащий целый комплекс поправок в Уголовно-процессуальный кодекс. Однако сам факт принятия новых кодексов должен быть оценен положительно — без них судебная реформа просто пробуксовывала.

Летом 2004 было опубликовано еще два очень важных закона: «О присяжных заседателях федеральных судов общей юрисдикции в Российской Федерации» и «О государственной защите потерпевших, свидетелей и иных участников уголовного судопроизводства». Первый закон закрепил требования, предъявляемые к присяжным заседателям, порядок составления списков кандидатов в присяжные, материальное обеспечение присяжных, гарантии их неприкосновенности и независимости. В целом закон повторял многие положения, уже закрепленные в УПК, но его принятие повышало статус данного института в судебной системе. Второй закон был направлен на решение весьма актуальной проблемы — обеспечение безопасности граждан, которые волею случая стали участниками уголовного процесса в качестве потерпевшего или свидетеля. И хотя закон вызывает немало нареканий у работников правоохранительных органов, его все же можно назвать первым шагом в обеспечении безопасности участников уголовного процесса.

2.1.2. Роль местных представительных органов власти в проведении судебных реформ. Оценивая роль в проведении судебной реформы законодательных и исполнительных органов, особо стоит оценить позицию местных органов власти. Одной из парадигм современного изучения общественных отношений является выделение российской провинции как особого объекта изучения. До недавнего времени крайне редко говорилось о провинции как об особом социокультурном пространстве. Социалистическая крайне централизованная система управления давала мало возможности задумываться о региональных особенностях и в принципе проводить какие-либо различия между центром и периферией. В последнее время провинция стала предметом повышенного интереса ученых различных отраслей науки. В том числе является значимым выделение в развитии общества роли органов власти отдельно на федеральном и региональном уровнях.

Данный вопрос весьма актуален в управленческом аспекте, в частности в свете современного реформаторского процесса. Каковы взаимоотношения между провинцией и центром в реформаторском процессе? Чья роль — федеральных органов власти (центра) или региональных (провинции) — более значима в проведении современных реформ? Может ли провинция значительно повлиять на содержание и темп реформ, или в первую очередь имеет значение инициатива федеральных властей? Могут ли особенности провинциальной жизни (если они существуют) повлиять на реформаторский процесс?

Если анализировать темпы проведения судебной реформы 1864 г., то необходимо отметить сильную зависимость провинции от центра. Российская империя представляла собой унитарное государство. Соответственно, такого понятия, как местное законодательство, не могло существовать в принципе. Реформы инициировалась центром, и именно в центре определялись сроки и объем проводимых реформаторских мероприятий в различных населенных пунктах. В этом плане провинциальные жители проигрывали по сравнению с жителями столичного города. В частности, именно так вышло при проведении судебной реформы 1864 года. Министерство юстиции полностью регламентировало, когда и где открывать новые суды. Реально этот процесс оказался сильно растянут во времени. На его ход влияли многие факторы, но в первую очередь — колебания внутреннего курса, метание политической элиты общества, в том числе и самого императора, между либеральными и более консервативными настроениями. Как уже отмечалось, первоначально заместителем министра юстиции Н.И. Стояновским был создан план, по которому 44 российские губернии могли воспользоваться плодами этой реформы в течение пяти лет. Однако этим проектам так и не было суждено осуществиться. Еще в 1867 году намерение реализовать за 4 года введение по всей стране судебной реформы подтверждалось государством. В марте 1867 года на ходатайство Смоленского губернского земского собрания о скорейшем введении судебной реформы в этой губернии Замятнин отвечал, что в Смоленской губернии планируется ввести реформу в 1868 году[195]. Однако для политики Александра II было характерно начинать реформы с одними людьми, а затем передавать их реализацию в руки других людей, настроенных, как правило, не так либерально, как те, кто разрабатывал проект реформы. Эта же судьба постигла и судебную реформу. В 1867 году вначале Н.И. Стояновский, затем Д.Н. Замятнин были отправлены в отставку.

Через некоторое время российское министерство юстиции возглавил граф Пален. Как государственный чиновник высокого ранга

195 РГИА. Ф. 1405. Оп. 65. Д. 3356. Л. 3.

К.И. Пален не был лишен достоинств. Надо отдать должное его честности, ответственности, умению подбирать кадры, уважительному отношению к подчиненным. Он не был «кабинетным» министром. Постоянно посещая судебные места, Пален всегда объективно оценивал работу их персонала, поощряя и поддерживая талантливых сотрудников. Он внимательно прислушивался ко всей информации о персонале своего ведомства, стараясь сделать так, чтобы способные работники имели возможность продвигаться по службе. Услышав о каком-либо перспективном судебном деятеле, Пален мог лично приехать познакомиться с ним. Он ценил в своих подчиненных исключительно деловые качества, не поощряя назначения по протекции. Однако Пален не являлся поклонником либеральных идей Судебных Уставов. В судебном ведомстве он был чужой. Хотя он имел университетское юридическое образование, опыта работы в судах у него не было. Многие потребности судебной власти он просто не чувствовал и не понимал. К тому же его нельзя назвать юристом «до мозга костей». Ради выполнения политических задач, поставленных правящими кругами, он был готов поступиться некоторыми правовыми принципами. Пален служил царю, а не закону.

При новом министре план реализации судебной реформы по всей стране за 4 года был не только не воплощен, но даже не успел приобрести форму нормативного акта. Открытие новых судов шло медленно, при этом план создания новых судебных палат почти не осуществлялся. В 1869 году судебная реформа была введена в Нижегородской губернии, в ноябре 1870 года окружной суд был открыт в Смоленской губернии, т.е. на два года позже, чем обещалось. В 1871 году открытие окружного суда состоялось в Костромской губернии. Все эти суды вошли в состав округа Московской судебной палаты, в результате он стал включать 10 губерний общей площадью 409 737 кв. верст. При этом было забыто планируемое количество судов — в каждой губернии предполагалось открыть по два суда, а было открыто по одному.

В 1873 году, когда судебная реформа должна была наконец завершиться, стало обсуждаться создание Ярославской судебной палаты. Предполагалось открытие окружных судов в Архангельске и Вологде, а затем их объединение с Рыбинским, Кашинским, Костромским и Ярославским судами в один округ новой судебной палаты. Этому проекту не суждено было сбыться, в конечном итоге было решено в Архангельской губернии реформу пока не проводить, а в Вологодской провести только для части уездов, учредив Вологодский окружной суд. Причиной было названо то, что 5 судов не дадут достаточного материала для работы судебной палаты, и ее члены будут бездействовать, а также отсутствие подходящего помещения в Ярославле[196]. В результате в округ Московской судебной палаты стало входить сразу 14 окружных судов в 11 губерниях. В изучаемый период (до 1881 года) картина не менялась, но в 1913 году в Московской судебной палате было 15 окружных судов.

Таким образом, жители Российской империи оказались в неравноправном положении. Журнал «Дело» сокрушался, что если жители Санкт-Петербурга пользуются благами всех нововведений в первую очередь, то провинциальным жителям приходиться долго ждать, когда эти нововведения докатятся и до них[197]. Единственной возможностью воздействовать на процесс реализации реформ оставались ходатайства. Как правило, чаяния той или иной местности отражались в ходатайствах, подаваемых местными земскими органами. Однако большей частью они отклонялись, т.к. земства не имели права возбуждать политические вопросы.

Современная судебная реформа проводится уже при ином государственном устройстве страны. Россия, согласно Конституции, представляет собой федеративное государство, что предполагает большую возможность местной инициативы в том или ином реформаторском процессе. Кроме законодательного органа России — Федерального собрания, законотворческий процесс могут осуществлять и законодательные органы субъектов федерации. При этом должен соблюдаться принцип верховенства федеративного законодательства — законы субъектов не должны противоречить федеральным законам.

Проведение современной судебной реформы регулируется в первую очередь федеративным законодательством, что прямо вытекает из Конституции РФ (глава 7 Конституции РФ). Можно отметить, что вследствие изначальной установки проводить реформу постепенно, опробуя ее отдельные положения в виде эксперимента, жители различных субъектов федерации также оказались в неравноправном положении, имея различные возможности воспользоваться плодами реформаторского процесса. Так, возрождение суда присяжных в 1993 году началось с введения этой формы судопроизводства только в пяти регионах страны, затем было добавлено еще четыре региона. В последующие годы количество субъектов Российской Федерации, где произошло введение суда присяжных, стало расширяться. В 2003 году уже 69 субъектов имели суд присяжных. Полностью суд присяжных был введен на территории страны только 1 января 2007 г. В результате граждане России оказались в неравноправном положении — только

196 РГИА. Ф. 1405. Оп. 71. Д. 4160. Л. 9 об.

197 Дело. 1868. № 3. С. 103.

живущие в регионах, вовлеченных в этот этап реформы, имели реальную возможность добиться рассмотрения своего дела судом присяжных. В то же время статья 20 Конституции уже с момента ее принятия, т.е. с 1993 г., гарантировала каждому, попавшему на скамью подсудимых по так называемой «расстрельной» статье (когда в качестве наказания может быть назначена смертная казнь), право требовать, чтобы его дело рассматривали присяжные.

Можно отметить и различное отношение местных органов власти к суду присяжных. В 2001 году в Карелии местные органы власти хлопотали за введение у них в республике суда присяжных как элемента, способного оздоровить судебную систему. В частности, идею суда присяжных горячо поддержал Уполномоченный по правам человека в Республике Карелии Марат Тарасов. В интервью автору работы в 2001 г. он говорил, что российской судебной системе не хватает суда присяжных, их свежего взгляда. Обычный судья, по его мнению, забит потоком дел, у него нет возможности тщательно задуматься над каждым делом. А вот в Рязанской области местные органы, власти в лице председателя областной думы, в 1999 г. выразили противоположное отношение к суду присяжных — в администрацию президента было направлено письмо с просьбой «избавить Рязанскую область от суда присяжных, т.к. их оправдательные приговоры имеют отрицательный резонанс среди населения»[198]. При этом личное мнение председателя думы было представлено как мнение всех жителей области.

При проведении следующего этапа судебной реформы (введении мировых судей) регионы страны оказались в более равноправном положении. По федеральному закону «О мировых судьях» в регулирование механизма введения этой формы судопроизводства вовлечены субъекты федерации. Именно законы субъектов федерации создают судебные участки, определяют их общее число, регламентируют порядок избрания или назначения судей. Таким образом, начало данного этапа судебной реформы в конкретном субъекте федерации было поставлено в зависимость от инициативы региональных органов власти. Однако воспользовались этой возможностью региональные власти поразному. Одними из первых соответствующие законы подготовили и приняли представительные органы Ростовской, Брянской, Калининградской, и Саратовской областей. К концу 1999 года эту инициативу проявили 63 субъекта из 89. В других субъектах федерации процесс шел медленнее. Например, на 1 июля 2002 г. в 12 субъектах Российской Федерации — республиках Алтай, Карачаево-Черкесия, Карелия и Чеченской Республике, Мурманской, Сахалинской, Тверской и

198 Зыков В. Суд присяжных: напрасные ожидания // Российская газета. 1999. 19 сентября.

Тульской областях, Коми-Пермяцком, Ненецком, Усть-Ордынском Бурятском и Эвенкийском автономных округах институт мировых судей еще не действовал[199]. В Коми-Пермяцком округе Законодательное собрание неоднократно принимало решение не выходить с законодательной инициативой о числе мировых судей, ссылаясь на отсутствие необходимых средств. В Карелии Законодательное собрание постановило пока закон о мировых судьях не принимать, т.к. сочло их лишней структурой. К тому же в некоторых субъектах возникла проблема несоответствия законов субъектов федерации федеративному законодательству. Так, в Рязанской области в 2001 г. был принят закон «О мировых судьях Рязанской области», отдельные положения которого входили в противоречие с нормами федерального закона. В частности, это касалось норм закона, регулирующих количество судебных участков в области. Общее количество судебных участков мировых судей устанавливается федеральным законом «Об общем числе мировых судей и количестве судебных участков в субъектах РФ». Согласно статье 1 этого закона в Рязанской области должно быть учреждено 58 должностей мировых судей и соответственно столько же судебных участков. Однако Закон Рязанской области 2001 г. установил только 42 должности мировых судей, причем вводиться они должны были в течение пяти лет. Это нарушение федеративного законодательства вызвало вполне обоснованный протест прокурора Рязанской области Ю.М. Рыжкова. В представлении на имя председателя Рязанской областной думы В.Н. Федоткина он предложил пересмотреть закон и ликвидировать его противоречия с федеральным законодательством[200]. В данном случае имеет место факт, когда региональные власти выступают не за ускорение реформы, а тормозят ее. Рязанской областной думе пришлось подчиниться требованиям закона и внести поправки в закон Рязанской области, доведя количество участков до 58.

Таким образом, главная роль законодательной власти в проведении судебной реформы заключается в разработке нормативной базы реформы, т.е. в подготовке и принятии законов, на основе которых и будут проводиться реформаторские мероприятия. Именно от воли законодателя зависит темп и содержание любой реформы. Законодательные базы обеих судебных реформ формировались разными законотворческими механизмами. В период подготовки судебной реформы

199 Судебная статистика за первое полугодие 2002 г. // Российская юстиция. 2003. № 1. С.75.

200 Представление прокурора Рязанской области председателю Рязанской областной думы В.Н. Федоткину об устранении нарушений федерального законодательства, регулирующего вопросы системы мировой юстиции Российской Федерации // Буква закона. 2003. № 2. С. 22.

1864 г. в России не было парламента, отсутствовал принцип разделения властей. Современная судебная реформа готовилась государственным аппаратом, организованным по принципу разделения властей, при активном участии народа, т.к. депутаты Государственной Думы являются выразителями воли народа. Законодатели обоих периодов ставили задачу сформировать судебную власть в соответствии с потребностями времени. По содержанию реформаторских мероприятий обе реформы во многом похожи: законодатели и XIX века, и рубежа XX—XXI веков ставили задачу сделать суд состязательным, независимым, оперативным и справедливым. Обе реформы предусматривали введение института судебных приставов, суда присяжных и мировых судей. Однако чем кардинально разнятся обе реформы, так это стратегией ее проведения. Законодательные базы обеих реформ (схожие по содержанию) разрабатывались совершенно различными путями.

Все нормативные документы судебной реформы 1864 г. разрабатывались одновременно и в достаточно короткий срок. В XIX веке вначале разрабатывались нормативные документы, определявшие содержание реформы, а затем разрабатывалась программа введения этих нормативных документов в действие.

В XX веке вначале была создана общая программа проведения реформы, а только потом создавалась нормативная база, определявшая содержание реформы. На первый взгляд путь, по которому пошли в XX в., более продуманный и взвешенный, но именно этот вариант позволил судебной реформе стать игрушкой в руках власти. Соответствующие нормативные документы принимались в замедленном режиме, в результате судебная реформа конца XX века приняла затяжной характер, что в значительной степени осложнило проведение всего реформаторского процесса. Отличает обе реформы и роль местной законодательной инициативы. Относительно века XIX даже невозможно предположить участие местных законодателей, т.к. Россия была унитарным государством, и ни о каком местном законодательстве речи быть не могло. Провинция оказывалась в полной зависимости от центра. В XX веке местные органы власти получили возможность воздействовать на реформаторский процесс. Более того, они оказались обязанными участвовать в разработке нормативных актов, регулирующих введение мировой юстиции. Однако, как это ни парадоксально, местный законодатель не всегда содействовал более быстрому продвижению реформы. Таким образом, не смотря на то, что в царской России законодательный механизм был менее совершенен, чем в современной России, он более успешно справился с подготовкой нормативной базы судебной реформы, обеспечивая ее введение более быстрыми темпами. Современный законодатель оказался более медлительным, тормозя дело реформы.

2.2. Судебная система и органы исполнительной власти

Второй ветвью, которая всегда выделяется в теории разделения властей, является власть исполнительная. Наиболее важная роль исполнительных органов власти в проведении судебной реформы заключается в том, что исполнительная власть участвует в той или иной степени в обеспечении финансирования судебной власти. Нормальное функционирование судебной системы невозможно без своевременного и полного финансирования. Высокий авторитет судебной власти невозможен без высокой зарплаты судей, удобных и красивых помещений. Эффективное и справедливое правосудие требует, чтобы в судьи отбирались лучшие из лучших, а это возможно только при условии, если зарплаты у судей будут высокие. Также для эффективной деятельности судьи его необходимо обеспечить всеми современными техническими средствами. Именно то, как осуществляется финансирование государством судебной системы, показывает общее отношение государства к суду. Представляет интерес проследить, какую роль в проведении судебной реформы сыграла исполнительная власть и каково было финансовое обеспечение проведения обеих судебных реформ.

2.2.1. Решение вопроса материально-технического обеспечения судебной реформы в XIX в. Как уже отмечалось, в XIX веке в России не существовало четкого разделения органов власти на законодательные и исполнительные. Задача осуществления финансирования судебной власти возлагалась на Министерство юстиции.

Наиболее показательными в области материально-технического обеспечения можно считать две проблемы: заработная плата судей[201], состояние помещений для судов и обеспечение всем необходимым для отправления правосудия (мебелью, юридической литературой, канцелярскими принадлежностями, в современные дни еще компьютерами, оргтехникой, транспортом).

Вопрос о помещениях далеко не праздный, как может показаться на первый взгляд. Удобное, красивое и торжественное здание суда не просто создаст хорошие условия для отправления правосудия, а уже одним своим видом будет способствовать росту уважения к органам судебной власти. Какое отношение сформируется к суду у простого обывателя, волею судьбы ставшего истцом, свидетелем или ответчиком, если заседание суда будет проходить в маленькой душной комнате, а ожидать допроса он будет, «подпирая» стенку в грязном коридоре? Не случайно процедуре отправления правосудия стараются придать торжественный вид — торжественность должна подчеркнуть, что выносимое решение суда или приговор есть выражение воли го-

201 Вопрос о зарплате судей будет подробно рассмотрен в следующей главе.

сударства, а не личного мнения судьи. Торжественная процедура невозможна без соответствующего помещения. Любители французских или американских детективных фильмов, наверное, обращали внимание, в каких великолепных зданиях работают служители Фемиды Франции и США.

В России традиционно сложилось так, что Фемида редко была обеспечена нормальными помещениями. До судебной реформы 1864 г. они вообще были не нужны — негласное, письменное правосудие не нуждалось в специальных зданиях, достаточно было небольшой комнатки в здании присутственных мест. Судебная реформа 1864 г., вводившая гласное, устное правосудие, такую задачу поставила: гласный состязательный суд нуждался для работы в большом зале, куда бы поместились не только судьи и подсудимый, но и присяжные, а также публика. Кроме того, должны быть выделены специальные комнаты для свидетелей, подсудимых, совещательные комнаты присяжных и судей, а также кабинеты для судей, чинов прокурорского надзора, присяжных поверенных. Не случайно первое, что впечатляло наших соотечественников, командируемых за рубеж в дни подготовки судебной реформы 1864 г., были здания судов: не маленькие комнаты присутственных мест, как в России, а торжественные залы, в которых удобно всем, от судьи до случайного посетителя[202].

Некоторые судебные деятели хорошо понимали значение вопроса. Не случайно А.Ф. Кони в своем очерке об истории судебной реформы «Новые меха и новое вино» подробно описывал внешний вид и историю здания суда в Париже Palais de Justice (дословно — Дворца правосудия). Он понимал, что красота и величавость Palais de Justice — это не только внешняя форма: «Почтительное уважение, которым во Франции всегда и при всяком образе правления было окружено отправление правосудия, сказывается здесь воочию»[203].

Поэтому в идеале следовало строить здания, аналогичные западным дворцам правосудия. Они не только обеспечили бы удобные условия судопроизводства, но и стали бы символом независимой судебной власти, способствовали росту уважения к ней. Однако такое решение требовало не только колоссальных затрат, но и много времени, оно могло отодвинуть реализацию реформы на неопределенный срок. Поэтому было решено приспосабливать уже имеющиеся помещения. В конце 1865 года всем губернаторам тех губерний, в которых в 1866 году должны были открыться новые суды, были посланы указания о

202 Зарудный М.И. Английские суды. Из путевых заметок // Русский вестник. 1860. № 8. С. 497.

203 Кони А.Ф. Новые меха и новое вино. Собр. соч. в 8 т. М., 1967. Т. 4. С. 230.

необходимости подобрать требуемые помещения. Естественно, для незамедлительного введения реформы не было иного варианта, как приспосабливать имеющиеся помещения, а строительство специальных зданий, типа западных Дворцов правосудия, осуществить позже.

Однако с первых дней здания судов стали объектом для экономии средств. Упомянутое предписание губернаторам содержало указание обходиться малыми расходами. Найти подходящие здания было делом нелегким. Как правило, приспосабливались помещения присутственных мест, но в некоторых городах этот вариант категорически не подходил. В Рязани, например, здание присутственных мест было построено так, что его перестройка требовала очень больших средств. Поэтому здесь было решено арендовать под окружной суд помещение училища канцелярских служащих, принадлежащее земству. Арендовали помещение у земства и в Ярославле. В Кашине были вынуждены нанимать частный дом. В Москве под судебные учреждения было оборудовано здание бывшего Сената в Кремле[204]. Повезло окружному суду в Нижнем Новгороде : когда в 1868 г. реформа дошла до этого города, городское общество постановило безвозмездно уступить для суда часть Верхнебазарного городского общественного корпуса в центре города. Здание было приспособлено под нужды правосудия, даже была сделана специальная лестница для арестантов[205].

Однако некоторые помещения годились только в качестве временного варианта. В Рязани двухэтажное здание бывшего училища оказалось весьма тесным. Не нашлось удобного помещения и для лиц прокурорского надзора. Для прокурора и его товарищей были выделены три маленькие комнаты, до того тесные, что в них не умещались даже шкафы для дел, а вещественные доказательства сваливались прямо на полу[206]. Зал заседаний по гражданским делам имел такие маленькие окна, что в нем всегда было темно и душно. Более того, деньги за аренду перечислялись так неаккуратно, что это стало поводом для жалобы земцев губернатору. Деньги за 1866 г. были перечислены только в 1870 году[207]. Фемида сама оказалась в должниках. Не лучше было дело в Ярославле. Там здание суда не имело кабинетов для судей, а комнаты для свидетелей и присяжных были таковы, что в них нельзя было находиться из-за тесноты и духоты. От этого страдало дело правосудия: «Вызванные по уголовным делам свидетели, напуганные

---

204 Судебный вестник. 1866. № 44.

205 Демичев А.А. История российского суда присяжных (1864—1917 гг.). Нижний Новгород, 2002. С. 74.

206 ГАРО. Ф. 639. Оп. 1. Д. 1. Л. 87.

207 Там же. Л. 105.

рассказами других, уже испытавших все невыгоды дурного помещения, уклоняются от явки в суд, предпочитая подвергнуться штрафу за неявку или выхлопотать себе свидетельство о болезни»[208].

Товарищ прокурора Московского окружного суда Тимофеев Н.П. в своем труде «Суд присяжных в России» (М., 1882 г.) также приводит примеры результатов приспосабливания помещений: в одном провинциальном окружном суде комната присяжных была переоборудована из бывшей холодной кладовой. В ней прорубили окна, установили печь, но помещение осталось страшно сырым и холодным, причем настолько, что штукатурка отваливалась, а на окнах и в углах постоянно была вода и плесень. Особенно тяжело было работать судьям на выездных сессиях в уездных городах. Первоначально предполагалось, что здание каждого съезда мировых судей будет устроено таким образом, чтобы в нем могли проводиться выездные сессии с присяжными. Однако расходы по устройству помещений для съездов мировых судей были возложены на земства — особое письмо из министерства юстиции к губернаторам предлагало устраивать их так, чтобы в них могли работать выездные сессии. Однако только немногие земства реально смогли подготовить достойные условия для работы выездных сессий. Так, Арзамасское земство (Нижегородская губерния) в Земском доме специально приспособило часть помещений под работу выездных сессий, оборудовав даже зал заседания[209], но это был редкий случай. Земства, получив подобные рекомендации, начинали роптать — такое строительство им было не по карману. Протест проявлялся так активно, что министерство было вынуждено отказаться от своей идеи. 5 июня 1866 года Замятнин писал рязанскому губернатору, что земствам только рекомендовалось устраивать помещения определенным образом. В случае невозможности можно ограничиваться только устройством условий для мировых судей, а для окружного суда каждый раз подыскивать новое помещение.

В результате в реальной жизни правосудие часто оказывалось беспризорным. Приходилось проводить заседания суда в помещениях городских дум, земских управ, а иногда даже просто снимать на несколько дней частный дом. Условия в таких импровизированных залах суда были иногда просто ужасны — холод, сырость, угарный дух из-за неисправности печей были обычным делом. Н.П. Тимофеев приводит пример из своей личной практики: «По поводу сильного холода в зале заседания, председательствующий разрешил присяжным заседателям

208 РГИА. Ф. 1405. Оп. 66. Д. 3045. Л.39 об.

209 Демичев А.А. История российского суда присяжных (1864—1917 гг.). Нижний Новгород, 2002. С. 74.

надеть шубы, и затем состав суда, не исключая меня, тоже оделся в теплую одежду, а я надел на ноги, кроме того, теплые валенные сапоги, потому, что мой столик стоял у самого окна, которое было только вставлено, но не замазано, а, кроме того, в зимней раме одно стекло было разбито совсем, а другое от движения ветра на дворе при 20 градусах мороза сильно колебалось». Защитник, пишет автор, потребовал занести в протокол, что «суд отправляет дело правосудия в костюмированном виде». Председатель занес это замечание и приказал принести термометр, который показал 7 градусов тепла[210]. К сожалению, автор не указал точно места заседания, но можно предположить, что это была Московская губерния. Однажды присяжные не смогли заполнить вопросный лист: в чернильнице замерзли чернила, т.к. в комнате присяжных вместо стекол была бумага. Эти случаи далеко не единственные, у опытных адвокатов они затем становились поводами для подачи кассационной жалобы[211]. Однако даже такого помещения сессия суда могла лишиться. В любой момент мог прийти настоящий хозяин здания и попросить всех удалиться. В том же Арзамасе в Нижегородской губернии, где суду были созданы, казалось бы, идеальные условия, между судом и земством однажды произошел конфликт: помещение, отведенное под зал суда, понадобилось одновременно и суду, и земству[212]. И приходилось в таких случаях составу суда отправляться искать по городу другое место для работы. Картина получалась невеселой: «За судьями грустною вереницею плетутся один за другим присяжные с котомками на плечах, а за ними секретарь суда, писцы и курьеры несут дела и бумаги»[213]. Нетрудно представить эту процессию на пыльной или, наоборот, размытой главной улице уездного городка и то влияние, которое она оказывала на степень уважения (а точнее — неуважения) к суду у обывателя, которому ясно давали понять, что какой-то местный деятель сильнее независимой судебной власти.

Естественно, что строительство специальных зданий суда было важнейшей задачей. Однако, несмотря на актуальность проблемы, никто не спешил выделять для этого средства, даже там, где вопрос

---

210 Тимофеев Н.П. Суд присяжных в России. М., 1882.С. 127.

211 Кассационная жалоба — эта жалоба, в которой оспаривается не решение суда по его сути, а указывается, что суд нарушил процедуру рассмотрения дела и поэтому одна сторона не имела возможности полностью представить все свои аргументы. В случае удовлетворения кассационной жалобы следует новое судебное разбирательство. Холод в помещении суда мог помешать присяжным обстоятельно взвесить все факты, и поэтому такие кассационные жалобы вполне могли признаваться обоснованными.

212 Демичев А.А. История российского суда присяжных (1864—1917 гг.). Нижний Новгород, 2002. С. 75.

213 Тимофеев Н.П. Указ. соч. С. 120.

был решен явно временно, т.е. здание арендовалось на время. В Рязани договор аренды был заключен на 12 лет. Логично было ожидать, что за это время построят специальное здание суда, но, когда срок аренды стал истекать, вопрос о строительстве даже не возникал. Изучение переписки по этому вопросу показывает, что принцип экономии на зданиях суда свято соблюдался — искалось как можно более дешевое решение. Обсуждалось три варианта: 1 — арендовать это же помещение на новый срок, 2 — выкупить его у земства вместе с землей и флигелем, 3 — арендовать другое помещение. В качестве другого помещения рассматривалось здание Дворянского собрания, построенное в начале XIX века предположительно М. Казаковым. Оно было гораздо больше по объему, имело более солидный вид, но было довольно ветхим и требовало капитального ремонта. О его размерах можно судить по тому, что в современные дни в нем располагаются одновременно Дворец бракосочетания и Рязанская областная Дума. Фактически это было самое большое и красивое присутственное здание в Рязани в тот период. Если бы министерство юстиции пошло на его приобретение и ремонт, то в этом городе появился бы самый настоящий Дворец правосудия. Однако в конечном итоге было решено купить здание, которое арендовалось под суд у земства, и отремонтировать его. И только в начале XX века наконец был построен еще один двухэтажный красивый корпус.

История строительства этого здания ярко отображает спор между судебными деятелями, понимающими значение наличия для суда не только удобного помещения, но и торжественного, и финансистами, стремившимися ограничиться малыми расходами. Уже в 1895 г. на общем собрании членов Рязанского окружного суда было постановлено, что дальше работать в существующем помещении нельзя. Никакой ремонт не ликвидирует такие проблемы, как низкие потолки, теснота помещений, их плохая освещенность. К тому же на время ремонта придется арендовать другое здание, а подходящего в городе нет. Поэтому надо настойчиво ходатайствовать перед министерством, чтобы были выделены деньги на ремонт существующего здания и постройку нового. В июне 1897 г. Министерство юстиции известило рязанских судей, что на строительство нового здания и ремонт существующего выделено 15 тысяч рублей[214]. Однако часть этих средств была потрачена на проведение подготовительных работ. Под постройку нового корпуса было выделено место, занимаемое помещением архива, поэтому вначале необходимо было перенести все дела в другое место и разобрать деревянное здание. Это было поручено подрядчику купцу

214 ГАРО. Ф. 639. Оп. 32. Д. 1. Л. 2.

Степану Михайловичу Щиголеву, который успешно справился с поставленной задачей в августе 1897 г.

Однако после этого работы застопорились. Выделенных денег было явно мало, потенциальные подрядчики отказывались принимать на себя заказ по строительству здания суда «ввиду тяжелых кондиций и низких цен»[215]. Единственно, что можно было сделать, - это составить новую смету и подать ее на утверждение в Государственный Совет, но на это требовалось время, а вопрос надо было решать быстро. Положение судебных чиновников было еще хуже, чем до строительства, т.к. архив был переведен в основное здание суда и «теснота достигла крайней степени». Рязанские судьи надеялись на скорое расширение площадей, в проекте договора с еще не определенным подрядчиком указывался срок постройки нового корпуса — август 1900 г.[216] Несмотря на это, вопрос не решался, в конце концов кредит на строительство нового здания был закрыт и началась работа по составлению новой сметы, много времени ушло на уточнение местных цен на строительные материалы — лес, кирпич и пр. Камнем преткновения стал вопрос о толщине стен, в Рязани настаивали на том, что толщина стен должна быть два с половиной кирпича. В Петербурге технико-строительный комитет считал, что достаточно и двух кирпичей: «в Петербурге толщина наружных стен в 15 вершков признается достаточной»[217]. Велись споры и о внутреннем убранстве здания. Рязанская контрольная палата, ознакомившись с проектом, сочла излишними расходы на запроектированный камин, четыре зеркала, дубовые двери, цинковую балюстраду, лепные украшения, мрамор для отделки лестницы, а запланированная штукатурка, по мнению комитета, должна быть только в зданиях «особой важности»[218]. Показались лишними железные двери и ставни для комнаты, в которой должна помещаться касса: здание стоит на людной улице, в центре города, и вряд ли найдутся смельчаки обокрасть его. Все эти возражения вызвали несогласие у судей. «Здание окружного суда должно быть причислено к зданиям особой важности (выделено в документе. — А.П.). Оно посещается ежедневно множеством народа, в нем постоянно работает большое число служащих, поэтому здание и все предметы в нем должны отличаться особою прочностью», — доказывали они[219]. Железные двери также не могут считаться излишеством, расположе-

---

215 ГАРО. Ф. 639. Оп. 32. Д. 1.Л. 82.

216 ГАРО. Ф. 639. Оп. 32. Д. 1. Л. 138 об.

217 Вершок — 4,5 сантиметра, 15 вершков равняются 67,5 сантиметра.

218 ГАРО. Ф. 639. Оп. 34. Д. 1. Л. 2.

219 ГАРО. Ф. 639. Оп. 34. Д. 1 .Л. 3.

ние здания на центральной улице, может, и убережет его от кражи (в здании суда нередко оказываются ценности до миллиона рублей), но от пожара это точно не спасет.

Трудно сказать, насколько убедительными были признаны аргументы суда, не обо всех судьбах оспариваемых элементов проекта сейчас можно узнать достоверно, однако до сих пор в здании стоят дубовые двери и площадка лестницы отделана мрамором. А вот электрическим освещением пришлось пожертвовать и заменить его на керосиновое[220]. 17 марта 1903 года Государственный Совет постановил выделить на постройку нового здания Рязанского окружного суда 187 929 рублей 96 копеек[221]. Строительство было закончено в 1906 г. — если на 1906 г. с истопником заключался договор об обслуживании печного оборудования в «помещении Рязанского окружного суда», то на 1907 г. заключается договор об обслуживании печного оборудовании «в новом и старом помещениях Рязанского окружного суда»[222]. 4 декабря 1906 г. местная газета «Рязанский вестник» поместила информацию о появлении в Рязани нового помещения суда, которое было признано «удобным и светлым». После революции суд был выселен из этого помещения. Долгое время на этой площади размещался один из факультетов Рязанского сельскохозяйственного института. Несколько лет назад это здание было снова возвращено органам юстиции — в нем расположился Рязанский областной суд. В целом оно сохранило свой облик, только исчез барельеф над входом с изображением столпа закона.

В целом на протяжении второй половины XIX века окружные суды Московской судебной палаты продолжали существовать в неудобных условиях. В 1913 году министерство юстиции составило описание всех зданий окружных судов и судебных палат. Анализ этих сведений представляет удручающую картину: из 15 окружных судов Московской судебной палаты только 4 (!) имели помещения, признанные удовлетворительными[223]. Большинство судов, созданных в 1866 году, так и не получило достойных зданий. Главным недостатком была теснота, а некоторые суды работали прямо в антисанитарных условиях. Положение Ярославского суда за 47 лет так и не улучшилось, сырость и холод стали вечными спутниками ярославских служителей Фемиды[224].

---

220 Рязанский вестник. 1906. 4 декабря.

221 ГАРО. Ф. 639. Оп. 32. Д. 1. Л. 244

222 ГАРО. Ф. 639. Оп. 38. Д. 5 . Л. 35.

223 Архангельский, Велико-Устюжский, Калужский и Рязанский.

224 Описание помещений судебных палат и окружных судов. СПб., 1913.

2.2.2. Решение вопроса материально-технического обеспечения судебной реформы рубежа XX—XXI вв. В современной России высшим органом исполнительной власти является Правительство. Его роль в финансировании судебной системы заключается в разработке проекта бюджета, в котором закладываются соответствующие расходы, а также в исполнении этого бюджета. До образования в 1998 г. Судебного Департамента при Верховном Суде РФ на исполнительной власти лежало также содержание всех помещений судов и обеспечение их всем необходимым. К сожалению, XX век мало изменил ситуацию к лучшему — вопрос о материальном оснащении судов на рубеже XX—XXI вв. был очень острым. Советская власть тоже не считала нужным тратиться на помещения для судов. Тесное и неудобное здание суда — явление, бывшее почти повсеместным. Проблема судебных зданий, как и финансирование судебной системы в целом, — в числе наиболее часто поднимаемых вопросов в период обсуждения современной судебной реформы. В газетных публикациях конца 80-х гг. XX века не раз поднимался этот вопрос. Председатель Верховного Суда СССР Е. Смоленцев отмечал в 1990 г.: «Долгое время наш суд находился в приниженном положении… Более трети судов и сегодня размещены в помещениях, не отвечающих элементарным требованиям проведения судебных процессов. Многие из этих помещений находятся в аварийном состоянии»[225]. В Советском Союзе, как правило, специально для судов здания не строились, а приспосабливались имеющиеся. Например, в Рязани из пяти районных судов, только для одного в 1977 г. было построено специальное здание, и то судьям приходилось делить его с прокурорами и нотариусами. Остальные здания судов были приспособлены. В Ижевске суд находился в здании, где располагалось еще 12 организаций, и народная молва окрестила этот дом «1000 мелочей»[226]. Даже в столице, в Москве, здания судов располагались в приспособленных помещениях, а один суд работал в доме, где до революции был… бордель, и только три здания были построены специально для судов[227]. Естественно, что многие помещения для судов немногим отличались от самых худших «Дворцов Фемиды» XIX столетия. В обзорной справке о работе судов Молдавской ССР в 1989 г. отмечалось, что хорошей работе суда мешает проблема помещений для судов: «Необходимо помочь министерству юстиции республики

225 Смоленцев Е. Какой быть третьей власти? // Правда. 1990. 15 июня.

226 Гусев А. Правосудие не может быть дешевым // Отечественные записки. 2003. № 2. С. 349.

227 Гусев А. Судьи получат по заслугам (интервью с генеральным директором Судебного департамента при Верховном Суде А. Гусевым / Беседовал В. Куликов) // Российская газета. 2004. 27 января.

в выделении средств на строительство и ремонт зданий районных (городских) народных судов, большинство из которых расположены в не приспособленных для работ помещениях»[228]. Ситуация была достаточно типичная для всей страны. Так, в Ярославле один из районных судов находился в здании, построенном 160 лет назад, причем ни разу за эти годы не делался капитальный ремонт, а входная дверь запиралась на висячий замок. В Рязани под Рязанский районный суд выделен старый деревянный дом — удобства во дворе, от старости стал проваливаться пол. Работники суда, желая спасти посетителей от травм, ограждали опасное место скамеечками и стульями. Граждане по наивности сдвигали предметы мебели, стоящие в центре коридора, и попадали в яму. В одной из республик РФ даже Верховный суд размещался в здании бывшей бани. Затем он получил в аренду часть помещений в здании, где размещалось казино. Картина получалась весьма оригинальной: здание все подсвечено лампочками, огромная надпись: «Сегодня разыгрывается Джек-пот», а рядом скромно — «Верховный суд республики». В Томске областной суд размещался в помещении бывшей синагоги. При этом оно было настолько ветхим, что раскололось пополам, а щель достигла полутора метров[229]. А в Липецкой области в 1999 г. чуть было не дошло до несчастного случая: там обрушился потолок здания судебного заседания[230].

Плохое помещение суда — это закономерный атрибут недемократического государства, а также государства, в котором не развиты рыночные отношения. Там, где права и свободы людей являются главной ценностью, демократия развивается реально, а не провозглашается на бумаге, суды находятся в совсем ином положении. Суды в демократическом государстве — инструмент поддержки и углубления демократии, поэтому в таком государстве высокое положение судов подчеркивается всем, в том числе и величием судебных помещений. В недемократических государствах власть не заинтересована в высоком положении суда, поэтому не считает нужным подчеркивать величие судебной власти, выделять средства на представительные здания. В некоторых государствах положение Фемиды еще более плачевное. Так, в Албании судьи вообще работают в холлах общественных зданий из-за отсутствия специальных помещений[231]. С развитием демократии и

228 ГАРФ. Ф. Р-9492. Оп. 8. Д. 2749. Л. 21.

229 Гусев А. Открытое правосудие // Российская газета. 2006. 1 ноября.

230 Гусев А. Правосудие не может быть дешевым // Отечественные записки. 2003. № 2. С. 349.

231 Радченко В.И. Судебная реформа в Российской Федерации: некоторые теоретические и практические проблемы. М., 1999. С. 27.

рыночной экономики меняется роль суда в обществе, так как и демократия, и рынок не могут развиваться без независимой судебной власти. Соответственно меняется и отношение к финансированию судов. Как замечает Ричард Мессик, во многих странах формирование рыночных отношений сопровождалось изменением отношением к финансированию судебной системы[232].

Существовали и другие проблемы, например, отсутствие транспорта. Чтобы попасть на выездное заседание суда, судьи были вынуждены идти на поклон к местным властям, чтобы дали машину[233]. В уже цитируемой справке о работе судов Молдавской ССР отмечалось: «Необходимо не просто решить вопрос с помещениями, но и с обеспечением судов автотранспортом путем введения в их штаты автомашины и водителя (так в документе.— А.П.), а также обеспечения оргтехникой, видеотехникой»[234]. Председатель Касимовского районного суда Рязанской области Н.Г. Новиков вспоминает про эти времена: «Всю хозяйственную работу мы делали сами. Я с тех пор в выключателях, розетках, проводках хорошо разбираюсь (не было технического персонала.— А.П.)»[235]. Вывод печальный. «Называя вещи своими именами, надо признать: юстиция у нас сегодня — нищая, не в переносном, а в самом что ни на есть в буквальном смысле этого слова», — констатировал в 1989 г. обозреватель «Литературной газеты» А. Борин[236].

Как одна из ключевых, проблема финансирования была поставлена и в «Концепции судебной реформы». В ней отмечалось, что 39% судов размещены крайне неудовлетворительно, свыше 300 судов находятся в аварийных помещениях. Не хватает и средств на другие статьи расходов, суды крайне слабо оснащены современными техническими средствами — диктофонами, видеомагнитофонами, компьютерами. От этого страдает дело правосудия: затягиваются сроки рассмотрения дел, даже самый добросовестный секретарь может записать не более 50% значимой информации в протокол судебного заседания[237].

---

232 Messick R. Judicial reform and economic growth: what a decade of experience teaches // www.ice.ru/files/149970/messick.doc

233 Ромазин С. Суду все ясно? (Интервью с председателем судебной коллегии по уголовным делам Верховного суда С. Ромазиным / Беседовал А. Уванцев) // Правда. 1990. 14 сентября.

234 ГАРФ. Ф. Р-9492. Оп. 8. Д. 2749. Л. 21.

235 Новиков Н. Г. «В суд идти можно и нужно» (Интервью с председателем Касимовского районного суда Рязанской области Н.Г. Новиковым / Беседовала В. Катаргина) // Буква закона. Журнал судейского сообщества Рязанской области. 2006. № 1—2. С. 70.

236 Борин А. Нищая юстиция или сколько стоит правовое государство // Литературная газета. 1989. 23 августа.

237 Концепция судебной реформы в Российской Федерации. М., 1992. С. 15.

Вопрос финансирования стал ключевым при проведении судебной реформы рубежа XX—XXI веков. Однако планы по улучшению технического обеспечения на заре судебной реформы были достаточно скромные. Так, в 1990 г. планировались в течение ближайших 5 лет, к 1995 г., для системы арбитражных судов выделить пишущих машинок 500 штук, легковых автомобилей 200 штук, множительных аппаратов 199 штук, компьютеров еще меньше — всего 170 штук на всю страну[238]. Более того, первые шаги реформы не улучшили материального положения судов, а наоборот, резко его ухудшили. Экономический кризис 90-х гг. XX века больно ударил и по судебной системе. Начиная с 1995 г. суды стали испытывать самый настоящий финансовый кризис[239]. Только за первый квартал 1995 г. исполнительная власть задолжала судьям 149,9 млрд. рублей. Это стало причиной встречи 23 марта 1995 г. членов Совета по судебной реформе при Президенте РФ с Президентом России Б.Н. Ельциным. Президент вроде бы не остался равнодушным к этой проблеме. Уже 29 марта он обязал министра финансов В.Г. Панскова и Председателя Правительства РФ В.С. Черномырдина принять соответствующие меры. Однако указания Президента были проигнорированы. Более того, при планировании бюджета на следующий год финансирование судебной системы было даже урезано[240]. Особенно пиковой ситуация стала в 1998 г. В апреле 1998 г. Министерство финансов со ссылкой на решение Правительства, не согласовывая свои действия с Советом судей, сократило финансирование расходов на содержание федеральной судебной системы более чем на 26%. Верховный Суд был вынужден обращаться за защитой в Конституционный суд. Конституционный Суд признал незаконность решения Правительства. Однако Министерство финансов не спешило выполнять решение Конституционного суда. Тогда Президиуму Совета судей пришлось прибегнуть к кардинальным мерам: 2 сентября 1998 г. он обратился к Генеральному прокурору с предложением возбудить уголовное дело против министра финансов по статье 286 УК (превышение должностных полномочий) и 315 УК РФ (неисполнение решения суда). Только перспектива уголовной ответственности отрезвила Министра финансов, и деньги

---

238 ГАРФ. Ф. Р-9492. Оп. 8. Д. 2821. Л. 16.

239 Отчетный доклад председателя Совета судей РФ Ю.И. Сидоренко V Всероссийскому съезду судей // Официальный сайт Совета судей РФ http://www.ssrf.ru/ss_detale.php?id=297 02.10.2006.

240 Постановление Президиума Совета судей РФ от 28 сентября 1995 г. // http://jurga.ha.h12.ru/all.docs/g/p/m6t6v90a.html =31.08.2006

стали выплачиваться в том объеме, в котором были заложены в бюджете[241].

Однако в бюджет закладывались суммы намного меньшие, чем нужны были судебной власти, выделяемых денег едва хватало на и так весьма небольшую зарплату судьям, а все остальное оказалось недоступным. «Не хватает стульев и не на что купить лопату для уборки снега», — сетовал местной прессе в 1998 г. председатель Нижегородского областного суда В. Воробьев[242]. А председатель Савеловского суда г. Москвы Д.Г. Агамов говорил о задолженности суда перед коммунальными службами: «Деньги выдаются только на заработную плату… Порой задолженность суда составляет сотни миллионов рублей — за электроэнергию, вывоз мусора и т.д.»[243]. Ни о какой компьютеризации, внедрении новых технических средств даже мечтать не приходилось. Например, как констатировалось в специальном обзоре судебной практики соблюдения процессуальных сроков в Степановском районном суде Ставропольского края, нет ни одной единицы оргтехники, есть только одна пишущая машинка на весь суд (!), в Братском районном суде только один из шести судей работает на компьютере, и то приобретенном за свой счет. Одним компьютером располагал и Усольский городской суд в Иркутской области. Там, где техника все же имелась, нередко ее никак нельзя было назвать современной. Так, в Щекинском городском суде Тульской области стоял ксерокс 8-летней давности[244]. В сельской местности остро сказывалась нехватка средств на ремонт машин, горюче-смазочных материалов. Даже на такие мелочи, как конверты и канцелярские принадлежности, не хватало денег, что парализовало работу некоторых судов, т.к. нельзя было разослать повестки. Доходило до смешного: с граждан при обращении в суд вместе с исковым заявлением стали требовать приносить почтовые

---

241 Отчетный доклад о работе Совета судей РФ председателя Совета судей РФ Ю.И. Сидоренко на V Всероссийском съезде судей (27-29 ноября 2000 г.) // Официальный сайт Совета судей РФ http://www.ssrf.ru/ss_detale.php?id=297 02.10.2006.

242 Воробьев В. «Фемида с протянутой рукой» (Интервью с председателем Нижегородского областного суда В. Воробьевым / Беседовала М. Полетаева) // Нижегородский рабочий. 1998. 5 марта.

243 Агамов Д.Г. «Фемида с протянутой рукой» (Интервью с председателем Савеловского районного суда г. Москвы Д.Г. Агамовым / Беседовали А. Князев, М. Соловиченко) // Мир новостей. 1997. 19 мая.

244 Обзор судебной практики соблюдения процессуальных сроков рассмотрения уголовных дел и причин их нарушения (по данным судов за 1999 г. и первое полугодие 2000 г.) // Официальный сайт Верховного суда РФ http: www.supcourt.ru/bullttin/01/01-06/b118/htm 19.04.03/

конверты, писчую бумагу, авторучки[245]. Хроника телеграмм в министерство юстиции из судов напоминает сводки боевых действий:

«Адыгея. Из-за недостаточного финансирования работа судов с марта 1998 г. фактически парализована. Мы вынуждены прекратить работу. Верховный суд республики. 2.06.98 г.

Чувашия. Из-за отсутствия финансовых средств рассмотрение дел с 1 июля может быть приостановлено. Верховный суд республики. 4.06.98 г.

Брянск. Из-за невозможности погашения долгов и выплаты текущих платежей работа судов находится на грани остановки. По этим причинам областной суд вынужден временно приостановить прием граждан и прекратить отвечать на их письма, жалобы и заявления. Совет судей области. 11.06.98 г.

Волгоград. Нет средств на содержание зданий судов, оплату труда народных заседателей, командировочные расходы, оплату коммунальных услуг, приобретение бумаги. Совет судей области. 28.04.98 г.

Вологда. Суды области отключаются от электро- и теплоэнергии. Председатель областного суда. 10.06.98 г.»[246].

Обращения к Президенту Б.Н. Ельцину успеха не дали. Президент ограничился общим указанием Председателю Правительства С.В. Кириенко: «Разработайте специальный комплекс мер, исключающих нарушение Федерального конституционного закона "О судебной системе РФ". Доложите. Срок две недели»[247]. Сами судьи назвали это отпиской.

В этой ситуации суды волей-неволей были просто вынуждены обращаться за помощью к местным властям или к инвесторам, нарушая при этом статью 124 Конституции, которая гласит, что судебная система финансируется только из федерального бюджета. Председатель Нижегородского суда В. Воробьев был вынужден признаться местной прессе: «В решении наших проблем по мере сил помогает администрация города»[248].

Подобная ситуация стала весьма распространенной. По данным Счетной палаты, вклад местных бюджетов на судебные расходы составил от всего финансирования: на строительство новых зданий — 76,9%, на капитальный и текущий ремонт — 62,2%, на приобретение оргтехни-

245 Пахомов А. «Смысл нашей деятельности — работа на правосудие» (интервью с начальником Управления Судебного департаментами по Липецкой области А. Пахомовым / Беседовал А. Бочкарев) // Липецкая газета. 2003. 5 июля.

246 Российская Юстиция. 1998. № 8. С. 3.

247 Там же.

248 Воробьев В. «Фемида с протянутой рукой» (Интервью с председателем Нижегородского областного суда В. Воробьевым / Беседовала М. Полетаева) // Нижегородский рабочий. — 1998. — 5 марта.

ки — 35,9%[249]. В наибольшей степени пользовались помощью местных властей суды Санкт-Петербурга и Москвы. Отмечались случаи, когда помощь оказывали и частные инвесторы. Так, в 1996 г. Арбитражный суд Нижегородской области получил от АО «Нижегороднефтепродукт» беспроцентную ссуду[250]. О какой независимости в этой ситуации может идти речь! В какой ситуации окажутся судьи, если будут вынуждены рассматривать дело, где ответчиком будет выступать это самое АО!

Медленное улучшение ситуации началось с 2000 г., когда постепенно объем выделяемых средств стал расти. Модернизации обеих эпох нуждались в формировании сильной и независимой власти, поэтому вопрос финансирования и решения «жилищной проблемы» Фемиды становится неотъемлемым атрибутом обеих судебных реформ. Пусть не сразу, но власть начала осознавать, что нищее правосудие не может являться фактором многогранного обновленческого процесса. Если в 2000 г. выделяемые на судебную власть средства составляли 0,81% от всего федерального бюджета, то в 2001 г. выделяемая сумма уже составила 0,89%, а в 2002 г. — 0,97%[251]. В 2003 г. было решено увеличить финансирование на следующий год на 30%[252]. При посещении здания Верховного Суда РФ в 2006 г. Президент В.В. Путин отметил, что общее финансирование судебной системы с 1998 по 2006 г. увеличилось в 12 раз[253]. Стало улучшаться снабжение судей техническими средствами. Если в 2001 г. суды были компьютеризированы только на 17%, то в 2002 г. для судов было закуплено 17 тысяч компьютеров, и двое из трех судей уже были обеспечены персональными компьютерами[254]. Постепенно стала улучшаться ситуация со зданиями судов. Этому способствовал крах руководившей ранее партии — многие здания бывших парткомов стали передаваться судам. Однако не все городские власти поспешили отдать освободившиеся помещения именно судам, желающих на освобождающуюся площадь нашлось немало. В Орле областному суду пришлось проявлять резвость, чтобы улучшить свои условия.

249 Гусев А. Правосудие не может быть дешевым // Отечественные записки. 2003. № 2. С. 349.

250 Фомин Д. Финансирование судебной системы в России // Отечественные записки. 2003. № 2. С.362.

251 Фомин Д. Указ. соч. С. 356.

252 Сайт «Акционерные общества России» // http://www.lin.ru/db/emitent/7385949FC0E65E73C3256D9100490988/doc.html 31.08.2006

253 Сайт депутата Государственной Думы IV созыва, секретаря Политического совета Тамбовского регионального объединения партии «Единая Россия» И.А.Васильева http://www.ivan-vasiliev.ru/index.php&id=1388 31.08.2006

254 Гусев А. Правосудие не может быть дешевым // Отечественные записки. 2003. № 2. С. 353.

Как рассказывает председатель Орловского областного суда А.И. Карпов, здание суда хоть и находилось в центре города, но было старым и мало приспособленным для отправления правосудия. А недалеко, тоже в центре Орла, находилось здание парткурсов, которое было в два раза больше. Однако механизм передачи зданий был определен очень плохо, кроме того, далеко не все представители местной власти отдавали интересам Фемиды приоритет. Когда у областного суда в Орле появился конкурент — станция скорой помощи, судебные работники под руководством своего председателя Карпова, бывшего моряка, были вынуждены действовать решительно: в выходной день коллектив суда просто занял помещение парткурсов и выставил милицейскую охрану. Бывшие хозяева организовали в местной печати кампанию против «произвола» суда, даже обращались в Министерство юстиции с требованием наказать председателя суда за «самоуправство». Однако министерство поддержало судей, а председателю даже объявили благодарность[255].

Определенную роль в улучшении материально-технического обеспечения судов сыграло создание в 1998 г. Судебного Департамента при Верховном Суде РФ[256]. На Судебный Департамент было возложено организационное и материально-техническое обеспечение деятельности судов, строительство их зданий, их ремонт, организация материального и социального обеспечения судей, в том числе пребывающих в отставке, а также работников аппарата суда (статья 6 Закона РФ «О судебном департаменте при Верховном Суде РФ»). Во всех судах появился представитель департамента — администратор суда. На него было возложено обеспечение судей всем необходимым: юридической литературой, сборниками законов. Именно администратор суда организует ремонт здания и его охрану, отвечает за наличие транспорта (статья 19 Закона РФ «О судебном департаменте при Верховном Суде РФ»). Естественно, должность администратора суда более чем хлопотная: приходится ликвидировать все хозяйственные проблемы судов, накопившиеся за много лет.

Администратор Советского районного суда г. Рязани В.А. Славинский вспоминает: «Когда я в первый раз зашел в суд, впечатление было удручающим. Даже страшновато показалось, что могу не справиться. Человек я сам по себе энергичный, но такую разруху увидел… Здание на тот момент не ремонтировалось 51 год (здание дореволюционной

---

255 Карпов А.И. Жизнь на пределе человеческих возможностей (Интервью с председателем Орловского областного суда А.И. Карповым / Беседовал С.А. Цыпленков) // Информационный бюллетень Управления судебного департамента в Орловской области. 2004. № 1. С. 37.

256 СЗ РФ. 1998. № 2. Ст. 223.

постройки .— А.П.). Да компьютеризация везде уже прошла, а тут на весь суд три компьютера»[257]. В целом деятельность этого подразделения позволила изменить внешний облик помещений для Фемиды.

В ходе современной судебной реформы ситуация с помещениями судов стала хоть медленно, но меняться. Как отмечалось в 2004 г. на VI Всероссийском съезде судей, за 2003—2004 годы введено в эксплуатацию 568 зданий судов общей юрисдикции, проведен капитальный ремонт 452 зданий судов и выборочный — в 1140 зданиях[258]. В 2006 г. было построено новое здание Верховного Суда РФ общей площадью 51 тысяча квадратных метров, на которой расположились не только современные залы заседания, но и библиотека для судей[259]. Для Конституционного суда были переданы помещения зданий Сената и Синода в Санкт-Петербурге — уникальные памятники архитектуры XVIII в., в которых до этого находился Российский государственный исторический архив. Здание отремонтировали, оборудовали по европейским стандартам. Однако это решение продиктовано скорее политическими соображениями — желанием поднять статус северной столицы. Совсем не понятно, зачем надо было приносить в жертву интересы архива и историков, которые там занимались. Формально интересы архива оказались вроде бы не ущемлены: для него предоставлено другое здание. Более того, когда архив находился в помещениях Сената и Синода, состояния здания было очень плачевно. Работать в нем как архивистам, так и историкам было тяжело. Однако непонятно, почему это здание нельзя было привести в нормальное состояние, когда там был архив? Почему историки недостойны работать в историческом центре города и теперь вынуждены ездить почти на окраину? Почему только с передачей судебной власти стало возможным как следует отремонтировать ценный памятник архитектуры?

В России стали появляться здания судов, устроенные по европейским нормам. Так, в 2006 г. закончилась реконструкция здания Московского городского суда. Это здание одним из первых было перестроено по так называемому зональному принципу — помещение делится на рабочую и общественную зоны. Общественная зона предназначена для всех, на ней размещаются уголовные и гражданские канцелярии, имеется все для удобства посетителей, включая кафе и даже зимний сад.

---

257 Славинский В.А. «Армия для мужчины — это навсегда» (Интервью с администратором Советского районного суда г. Рязани / Беседовала Е. Дегтева) // Буква закона. Журнал судейского сообщества Рязанской области. 2004. № 1. С. 42.

258 Доклад Председателя Совета Судей РФ Ю.И. Сидоренко VI Всероссийскому съезду судей // Российская юстиция. 2005. № 1—2. С. 9.

259 Куликов В. Верховный Суд меняет крышу и переезжает в новое здание // Российская газета. 2006. 21 июня.

Рабочая зона предназначается только для судей и работников аппарата суда. Если раньше в Московском городском суде на 124 судьи было 20 залов судебного заседания, то теперь у каждого судьи — персональный зал[260]. Аналогично устроено здание и Федерального арбитражного суда Московского округа. Здание также делится на общественную и рабочую зоны. Рабочая зона является закрытой, войти в нее могут только сотрудники суда, здесь находятся кабинеты судей. Канцелярии и залы судебных заседаний находятся в общественной зоне, попасть в нее могут все желающие. Там же планируется создать и зимний сад[261].

Улучшается положение Фемиды и в провинции. В настоящий момент, например в Рязани, уже трудно представить, чтобы здание суда имело обшарпанный вид. В 2004 г. в этом городе к имеющемуся старинному зданию областного суда, которое по своим размерам уже не удовлетворяло потребности Рязанского областного суда, была сделана пристройка. Надо отдать должное строителям и судебному ведомству — был выбран проект, согласно которому пристройка не нарушала исторического облика здания, хотя этот вариант строительства и был дороже. Общая площадь пристройки составляет 2025 кв. м., на которых разместились 4 зала для заседания, 32 кабинета для судей и персонала. «Построены три суда — ни одна область столько не построила, и это не говоря об отремонтированных и реконструированных зданиях. Трудно сравнивать здания судов трех — четырехлетней давности и сегодняшние — думаю, и граждане со мной согласятся. Все суды обеспечены транспортом, компьютерами и оргтехникой, канцтоварами», — подводил в 2005 г. итоги председатель Рязанского областного суда А.П. Музюкин[262].

Самым настоящим Дворцом правосудия стало здание Челябинского арбитражного суда. До реформы Челябинский арбитражный суд занимал всего 4 этажа в семиэтажном здании. В коридорах стояли огромные очереди, более 60 судей ютились в маленьких кабинетах, заседания проходили прямо в кабинетах, в которых было так тесно, что стороны сидели чуть ли не за одним столом с судьей. Реформа изменила облик здания. Суд стал занимать все этажи, а кабинеты, коридоры и все другие помещения были отремонтированы. Кабинеты судей располагаются рядом с кабинетом его аппарата — помощника

260 Егорова О. Суд по евростандарту (Интервью с председателем Московского городского суда О. Егоровой / Беседовал В. Куликов) // Российская газета. 2007. 13 декабря.

261 Куликов В. Правосудие бизнес-класса. В Москве открылся лучший в Европе суд // Российская газета. 2007 . 1 февраля.

262 Интервью с председателем Рязанского областного суда А.П. Музюкиным. / Беседовала И. Матвеева) // Буква закона. Журнал судейского сообщества Рязанской области. 2005. № 1—2. С. 6.

и секретаря. На каждом этаже есть комнаты, где стороны могут ознакомиться с делом. Залы судебных заседаний могут вместить 30 — 40 человек. Переоборудован по последнему слову архив суда. Поиск нужного дела занимает считанные секунды. Поставлена задача постройки специального здания, отвечающего всем требованиям, и во Владимире. В проектируемом здании Ленинского районного суда этого города планируется не только 18 залов заседаний на 20 судей, но и гардероб, комната психологический разгрузки[263].

Однако ситуация все равно остается достаточно острой. Многие отремонтированные здания просто малы, в них не хватает помещений для судей и аппарата суда. Согласно нормам закона в каждом районном (городском) суде должны быть кроме кабинетов судей и залов судебного заседания:

1) кабинет для консультанта, помощника председателя суда;
2) комнаты для канцелярий по уголовным и гражданским делам;
3) комната для прокуроров;
4) комната для адвокатов;
5) помещение для арестованных и конвоя;
6) помещение для охраны суда;
7) библиотека;
8) помещение для множительной техники;
9) комната психологической разгрузки; помещение для архива;
10) комната для приема;
11) гардероб;
12) помещение для хранения вещественных доказательств;
13) бытовые помещения для инвентаря уборщиц;
14) помещение для водителей[264].

В реальной жизни такой набор помещений — утопия. Например, обследование зданий судов Ростовской области, проведенное в 2000 г. общественной организацией «Христиане против пыток и детского рабства», показало, что ни в одном суде нет помещения для адвокатов, а прокуроры оказались в чуть лучшем положении — в 10 судах из 14 для них выделены комнаты. Абсолютно отсутствовали библиотеки, компьютерные залы и гардеробы. Последнее крайне неудобно

263 Фирсов В.А. «Мы работаем на правосудие» (интервью с начальником Управления Судебного департамента по Владимирской области / Беседовала Т. Васильева) // Владимирские ведомости. 2003. 29 июля.

264 Судебная власть / Под ред. И.Л. Петрухина. М.: ООО «ТК Велби», 2003. С. 48.

для посетителей суда, особенно в зимнее время. Только в одном суде была комната психологической разгрузки, всего в судах насчитали два помещения для хранения вещественных доказательств, две комнаты для приема. В пяти судах не оказалось даже помещения для арестованных и конвоя. Неясно, где помещаются подсудимые, находящиеся под стражей, перед началом заседания, возможно, прямо в коридоре. Полностью удовлетворена потребность только в помещениях двух видов: канцеляриях уголовных и гражданских дел и архивах. Эти помещения имелись во всех судах[265].

В ходе проведения исследования автором работы изучалась ситуация с помещениями для судов в Рязанской области. Автором были использованы данные Управления судебного департамента при Верховном суде по Рязанской области, а также проведено анкетирование федеральных судей. Всего было опрошено 81 федеральный судья. Вопросы анкеты касались разных аспектов деятельности судебной системы: престижа работы судьи, их материального обеспечения, оценки качества предварительного следствия, юридической помощи. Также ряд вопросов был направлен на выявление оценки судьями условий их работы, обеспеченности компьютерной и прочей техникой, зданий судов.

Всего на август 2007 г. в Рязанской области находилось 40 зданий и помещений судов. Из них только шесть специально построены под суды (Касимовский — 1994 г. постройки, Скопинский — 1987 г. постройки, Московский районный суд г. Рязани — 1977 г. постройки, Новодеревенский — 1991 г. постройки, Сапожковский — 2006 г. постройки, Старожиловский — 2004 г. постройки). Нетрудно заметить, что строительство почти всех зданий было начато только тогда, когда судебная реформа вступила в действие. Также было приобретено 8 зданий, впоследствии отремонтированных и переоборудованных под нужды суда. Причем, некоторые здания даже не выглядят приспособленными — в результате ремонта получились вполне современные здания. Например, Клепиковский суд размещается в здании, где раньше был магазин, но помещение соответствует всем нормам, предъявляемым к судам. За период 2002-2007 гг. ремонт коснулся 34 зданий из 40. Во всех судах для посетителей предусмотрены информационные стенды, места для сидения, туалетные комнаты. Если оценивать уровень технического оснащения судов, то он пока еще далек от идеала, хотя и значительно улучшился по сравнению с предыдущими годами. Полностью, в соответствии с принятыми нормами, суды обеспечены множительной техникой, мантиями, расходными материалами для оргтехники, канцелярскими принадлежностями, транспортом.

265 Там же. С. 49.

Каждый суд оборудован средствами для обеспечения безопасности: стационарным металлоискателем (рамка), пожарной и тревожной сигнализациями, огнетушителями. Однако только 6 судов оборудованы системой видеонаблюдения. Хуже дело обстоит с компьютерами, обеспеченность ими составляет 82%, комплектами кабинетной мебели и мебелью для залов заседаний суды обеспечены на 78,5%, металлическими сейфами и шкафами — на 67%[266].

Анализ анкет позволяет выявить взгляд изнутри, т.е. как судьи сами оценивают состояние помещений судов и обеспеченность всем необходимым. Абсолютно все опрошенные отметили, что персональным компьютером они обеспечены (18% нехватки компьютеров приходится не на судей, а на аппарат суда). Так же 100-процентно судьи обеспечены телефонами. Хуже судьи оценили обеспечение множительной техникой. 13,5% опрошенных отметили отсутствие ксерокса. Расхождение с данными Управления Судебного департамента, скорее всего, объясняется желанием судей иметь персональный ксерокс, а не где-то в помещении суда. Констатировали отсутствие юридической литературы 2,5% опрошенных.. А вот сами помещения судов вызвали немало нареканий. В анкете судьям был поставлен вопрос: «Насколько удобные условия созданы для судей в здании суда, в котором Вам приходится работать?» Из всех опрошенных только 3,7% выбрали ответ «Очень удобные, предусмотрено все», 33,3% остановились на варианте «Удобные». Самым распространенным стал ответ — «Средние». Его выбрали 43,2% судей. 16% оценили свои условия работы как низкие, а 3,7% — как «очень низкие». Конечно, ситуация не самая критичная, все же больше половины, если не полностью, но остались относительно удовлетворены условиями работы. Не удовлетворены условиями работы в общей сложности чуть меньше 20%. Однако, если ставится задача поднять авторитет судебного ведомства на должную высоту, то и этих неполных 20% не должно быть. Потребность в своих Palais de Justice пока еще остра. В анкете судьям в открытом вопросе предлагалось изложить свои предложения по улучшению условий работы. 20% опрошенных оставили этот вопрос без внимания. Из тех, кто воспользовался возможностью высказаться, почти большинство (46%) отметили нехватку площадей: «выделить помещение для государственных обвинителей», «выделить помещение для адвокатов», «кабинет бы побольше», «улучшить условия работы помощников», «устроить помещение для архива», «секретари сидят в стесненных

266 Данные предоставлены Управлением Судебного департамента при Верховном суде по Рязанской области.

условиях», «увеличить площадь кабинетов секретарей суда», «в кабинетах сотрудников и канцелярии очень тесно». Даже отдельный кабинет — недостижимая мечта некоторых судей («каждому судье выделить отдельный кабинет»).

Также активно поднимается проблема нехватки залов судебного заседания. 33,3% судей (42% от всех ответивших на открытый вопрос об условиях работы) высказались о нехватке именно залов для заседания («на 6 судей один зал судебного заседания», «1 зал на 5 судей», «количество залов должно соответствовать количеству судей»). Это действительно крайне острый вопрос — например, в Московском районном суде г. Рязани работает 15 судей. У них в распоряжении всего 3 зала. В городском Касимовском суде Рязанской области на 6 судей всего два зала. «Нас ситуация с залами судебного заседания постоянно держит в тонусе» — говорит председатель этого суда Н.А. Фадеева[267]. Не лучше ситуация в том же Касимове и в районном суде. Председатель суда Н.Г. Новиков отмечает проблему залов как «самую большую головную боль». «Стоим в очереди друг за другом — дела ведь каждый день. Особенно непросто, когда слушаются конвойные дела (т.е. когда подсудимый под стражей.— А.П.) — "арестантских" залов у нас только два. При всем старании идеально состыковывать заседания нельзя. Один судья, к примеру, заседание перенес на следующий день — прения затянулись, а другой, рассчитывая, что его коллега все уже закончил, свое дело в этом зале планирует», — констатирует он[268]. В Ленинском районном суде г. Курска на 15 судей только один небольшой зал заседания[269]. Как следует из данных Управления Судебного департамента по Рязанской области, только в 6 судах г. Рязани и области не стоит эта проблема. Нехватка помещений вынуждает рассматривать дела прямо в кабинете. Как показал опрос судей Рязанской области, только 22,2% опрошенных судей не рассматривают дела в кабинете. Из тех, кто вынужден это делать, подавляющее большинство — 95% прибегает к этому из-за нехватки залов заседаний. Только 5% из тех, кто рассматривают дела в кабинетах, указали в качестве причин этого, что «в кабинете рассматривать дела удобнее».

Анкеты позволяют узнать, какие категории дел чаще рассматриваются в зале, а какие — в кабинетах. Судьям предлагалось указать, какой процент дел (0, 10, 20, 50, 70, 90) разных категорий (уголовных,

---

267 Катаргина В. Суд да дело: день за днем // Буква закона. 2006. № 1—2. С. 66.

268 Новиков Н.Г. «В суд идти можно и нужно» (Интервью с председателем Касимовского районного суда Н.Г. Новиковым / Беседовала В. Катаргина) // Буква закона. 2006. № 1—2. С. 69.

269 Колоколов Н.А. Судебная власть: некоторые проблемы реформирования. Курск, 2002. С. 28.

гражданских, административных) рассматриваются в кабинетах. Более всех «везет» уголовным делам. Именно по ним больше всего ответов, согласно которым эти дела рассматриваются только в зале заседания — 60% судей, рассматривающих уголовные дела, не практикуют заседать по этим делам в кабинете. Остальные 40%, в практике которых все еще встречается рассмотрение уголовных дел в кабинете, делают это скорее эпизодически, чем постоянно. Так, 18,5% судей рассматривают в кабинетах 10% дел, 20% дел рассматривают еще меньше судей — 7,7%, а половину дел рассматривают в кабинетах и того меньше анкетируемых — 6,3%. По 3% судей выбрали цифры 70 и 90%, только один указал 100%. Это и понятно, уголовное дело имеет свою специфику, на нем присутствует больше народу, а если подсудимый под стражей, то надо обеспечить и его охрану (порой и безопасность), и безопасность участников процесса. Поэтому дела с подсудимым, взятым под стражу, рассматривают в зале суда. При этом зал должен быть особо оборудован.

Процент гражданских дел, не рассматриваемых в кабинетах, оказался ниже — 30%. Чаще встречаются случаи, когда процент таких рассматриваемых в кабинетах дел весьма солиден. 11,6% судей, рассматривающих гражданские дела, выбрали 10%, 4,3% выбрали 20%, далее цифры растут: 10,2% судей рассматривают в кабинетах 50% дел, 15,9% рассматривают 70% дел, 17,4% рассматривают 90%. Гражданские дела рассматривают исключительно в кабинетах 10,2% судей. Еще острее ситуация с административными делами. Только 27,3% судей, рассматривающие эти дела, делают это исключительно в зале. 9% судей рассматривают 10% административных дел в кабинетах, 4,5% судей рассматривают так 20% дел, 13,6% судей — половину дел, 6% уже больше половины, т.е. 70%, 15,3% судей — 90%, т.е. почти все. 24,3% судей, т.е. значительно больше, чем по уголовным и гражданским делам, рассматривают административные дела исключительно в кабинетах.

Такая практика скверно сказывается на процессе отправления правосудия. Во-первых, нарушается принцип гласности — кабинет судьи, нередко весьма небольшой, не может вместить кого-либо кроме подсудимого, адвоката, прокурора и свидетеля. Для прессы и публики уже места не остается. Во-вторых, падает авторитет суда. В кабинете судьи не всегда есть символы государственной власти — герб, знамя. Торжественность процесса резко снижается. Само рассмотрение дела превращается из заседания в небольшое совещание. Как уже отмечалось, все это не мелочи. Торжественность процесса нужна, чтобы подчеркнуть, что приговор или решение суда — это не личное мнение человека в судейской мантии, а олицетворение воли государства, что содержание приговора или решения судьи обусловлено не его личными антипатиями или пристрастиями, настроением (как у Зощенко — судья попался нервный и всем «прописал ижицу»), а требованием закона. Следует отметить, что относительно XIX в. ни разу не довелось встретить в источниках упоминание о рассмотрении дел в кабинетах.

Ряд предложений касались бытовых условий работы судей («микроволновка и холодильник каждому судье и его помощнику», «горячая вода в умывальнике», «обустроить приемные, санитарные узлы, бытовые помещения», «наличие столовой», «плохие кресла в залах судебного заседания», «помещение для отдыха», «кондиционер», «наличие вентиляции в зале заседания»). Эти замечания составили 20% и свидетельствуют о том, что еще рано говорить о создании служителям Фемиды удобных условий. Требование микроволновой печи, удобных кресел, кондиционера или хотя бы нормальной вентиляции — все это не прихоть, а вполне законное желание работать в человеческих условиях. Судья находится в помещении суда полный рабочий день, суды, как и все государственные учреждения, работают с 9 до 18 часов, с перерывом на обед с 13 до 14 часов. Как правило, буфет или столовая в суде — большая редкость (из 6 зданий судов г. Рязани только в одном здании — областного суда — имеется буфет). Далеко не каждый может позволить себе в перерыв съездить домой, чтобы пообедать. Условия для людей должны быть созданы на рабочем месте. Относительно кондиционера или нормальной вентиляции следует заметить, что это нужно не только судье, но и всем участникам процесса — из-за духоты нормально не смогут работать в судебном заседании ни прокурор, ни адвокат. Для свидетелей, среди которых могут быть больные и пожилые люди, не переносящие духоты, участие в судебном разбирательстве может превратиться в серьезное испытание, особенно если учесть, что сам процесс нередко является источником сильных эмоциональных переживаний.

Опрос показал, что некоторые здания судов надо перестраивать или строить новые. Так, судьи Рязанского районного суда по-прежнему работают в старом здании, хотя и в отремонтированном — починили пол, сделали нормальный санузел. Однако условия пока далеки от идеальных. Судьям и сотрудникам аппарата суда остается пока только завидовать коллегам, которые получили достойные условия работы. Всего потребность в постройке нового здания отметили 25% ответивших на открытый вопрос. Двое судей при этом пожелали разделения помещения суда по зональному принципу, а один на вопрос, что надо менять в условиях работы судей, ответил лаконично, но емко: «Всё».

Всего по России в увеличении площади нуждаются 1424 суда, из них 74 суда областных центров. В рамках реализации Федеральной целевой программы «Развитие судебной системы России на 2007 —

2011 гг.» планируется на решение «жилищного» вопроса для Фемиды выделить 25 874,2 млн. рублей, ввести в эксплуатацию более 100 зданий судов, приобрести не менее 15 зданий для размещения районных и областных судов. Для улучшения условий работы арбитражных судов предусматривается введение в эксплуатацию 24 зданий и приобретение 5 зданий. Планируется постепенно все арендуемые здания перевести в федеральную собственность[270].

От состояния судебных зданий в определенной степени зависит и реализация такого важного принципа, как доступность судопроизводства. Суд — учреждение публичное, в него должен иметь возможность войти каждый, даже инвалид, но пока российские суды предназначены только для здоровых людей. Как правило, здание суда невысокое, но не одноэтажное — два-три этажа, соответственно лифты в них не предусмотрены, следовательно, инвалид-колясочник не имеет возможности подняться на 2-й этаж, более того, он даже не может попасть в здание суда — пандусы для инвалидов встречаются крайне редко. В г. Рязани ни одно из зданий судов не оборудовано под потребности инвалидов. Вполне современным является здание Московского районного суда г. Рязани. Как уже отмечалось, оно единственное в городе, кроме здания областного суда, построено специально для суда. Здание имеет три этажа, лифта нет, даже на первый этаж попасть в коляске невозможно — чтобы попасть в здание суда надо преодолеть более 20 ступеней. Суд Октябрьского района г. Рязани размещен на 2-м этаже старинного здания, построенного до революции. На второй этаж ведет крутая лестница. Поднять по ней коляску просто невозможно. В области только два суда, которые приспособлены под нужды инвалидов: Сапожковский и Старожиловский районные суды[271].

Не менее остро стоит проблема обеспечения судей квартирами. По закону судья в течение шести месяцев после назначения должен быть обеспечен квартирой или собственным домом, если его жилищная проблема не решена. Если в 2001 г. генеральный директор Судебного департамента говорил о 700 судьях[272], нуждающихся в квартирах, то в 2004 г. — уже о 800[273]. Председатель Верховного

---

270 Федеральная целевая программа «Развитие судебной системы России на 2007—2011 гг.» // Российская газета. 2006. 1 ноября.

271 Сведения предоставлены Управлением судебным Департаментом при Верховном суде по Рязанской области.

272 Гусев А. Правосудие надо улучшать. В России до сих пор есть бездомные судьи (Интервью с Генеральным директором Судебного Департамента при Верховном Суде РФ / Беседовал Г. Пунанов) // Известия. 2001. 7 июня.

273 Гусев А. «Судьи получат по заслугам» (интервью с Генеральным директором Судебного департамента при Верховном Суде А. Гусевым / Беседовал В. Куликов) // Российская газета. 2004. 27 января.

Суда РФ В.М. Лебедев считает, что решить эту проблему поможет льготная ипотека (60% за судью выплачивает государство, а 40% — сам судья) либо предоставление служебного жилья с правом приватизации по выслуге лет[274]. По Федеральной целевой программе «Развитие судебной системы России на 2007-2011 гг.» планируется выделить 2672 млн. рублей на обеспечение квартирами судей и работников аппарата судей.

Таким образом, одной из главных проблем реализации обеих судебных реформ стала проблема финансирования. Задачами обеих модернизаций должны были стать повышение авторитета суда и введение настоящего публичного правосудия. Все это требовало изменения подхода к финансированию судов. Накануне судебной реформы 1864 г. и современной судебной реформы финансовое положение Фемиды было незавидным. И власть императора Николая I, и советская власть на содержание судебного ведомства выделяли крайне скудные средства. Низкие зарплаты судей, убогое помещение судов, бесспорно, роднят служителей Фемиды обоих периодов. Соответственно частью обеих судебных реформ должно было стать изменение принципа финансирования. Идеологи обеих реформ ставили этот вопрос одним из ключевых. Однако в оба периода привычка экономить на судебном ведомстве сказывалась достаточно ярко. Это проявилось как на выборах темпов реформы, так и на содержании зданий судов. Особенно драматично складывалась ситуация при проведении современной судебной реформы, которая осуществлялась в условиях глубокого экономического кризиса. Поэтому первоначально положение Фемиды в постсоветской России не улучшилось, а даже резко ухудшилось, причем настолько серьезно, что поставило под угрозу возможность работы судебной власти. Только с 2000 года положение стало хоть медленно, но улучшаться. Это проявилось и в росте зарплат судей и работников аппарата судов, и в обеспечении судей современной компьютерной и прочей техникой, и в изменении внешнего облика судебных зданий. В России стали появляться здания судов, о которых судьи XIX века могли только мечтать. Однако вопрос еще не решен до конца. Также актуальным остается вопрос обеспечения судей жильем. В целом, можно говорить о главном — реформы обоих периодов изменили отношение власти к судам, о чем свидетельствует изменившаяся роль судов в обществе. Остается только выразить надежду, что эта тенденция будет углублена и решение задачи будет доведено до конца.

---

274 Закатнова А. Детектор правосудия. Качественное правосудие стоит недешево // Российская юстиция. 2006. 27 июня.

2.3. Суды и местные органы власти

Основным звеном судебной системы являются суды районные (городские) и мировые суды. Именно они рассматривают более 90% всех уголовных и гражданских дел в качестве судов первой инстанции. Поэтому очень важно проследить, как складываются отношения судов с различными органами власти на местах. Одним из наиболее актуальных аспектов взаимодействия местных органов власти и судов является вопрос независимости судов. Судебная реформа будет содействовать общим задачам модернизации только в том случае, если она обеспечит реализацию главного требования к судебной власти — ее независимости. Становление независимого суда, отделение его от администрации стало важной составляющей обеих реформ. Причем для достижения целей реформы особо важным является обеспечить независимое положение судебной власти не только на уровне руководителей судебной власти, но и рядовых судей. Если, например, Председатель Верховного суда уже в силу своего высокого должностного положения может оказать сопротивление чиновнику, пытающемуся воздействовать на суд, то судье районного суда труднее оградить себя от влияния местного руководителя. Поэтому процесс становления независимого правосудия наиболее ярко прослеживается на местном уровне. Это касается как современной истории, так и XIX века.

2.3.1 Взаимоотношения местной администрации и федеральных судей. В дореформенный период XIX века глава местной администрации — губернатор — являлся воплощением власти государства. Его официально называли «хозяином губернии». Власть губернатора была обширной. Губернское правление, возглавляемым губернатором, считалось основным административным учреждением губернии. Через четыре отделения канцелярии губернского правления губернатор руководил всеми делами губернии. Через первое отделение он обнародовал законы, следил за их исполнением. Через второе отделение он руководил полицией, через третье — местными судами, через четвертое — финансово-хозяйственными органами.

Реформы 60—70-х годов XIX века несколько сузили компетенцию губернаторской власти: губернатор потерял право вмешиваться в дела судебных органов, некоторые административно-хозяйственные функции перешли от губернского правления к земствам. Ряд учреждений, созданных в процессе проведения реформ (контрольные палаты, губернские акцизные правления), не подчинялись губернатору. Однако губернатор по-прежнему оставался «хозяином губернии». Он являлся председателем до полутора десятков различных совещательных учреждений: присутствий, комитетов. Эти учреждения решали широчайший круг вопросов. Существовали губернские присутствия по крестьянским делам, по земским и городским делам, по фабричным делам, по питейным делам, комитеты по рекрутским делам, по лесоохранительным, статистическим и пр.

Судебная реформа 1864 года отделила суд от администрации, однако власть губернатора еще была так сильна, что он мог реально повлиять на ход судебной реформы — от его отношения к новым судам зависело очень многое. При желании губернатор мог создать благоприятные условия для ее проведения и всячески ей содействовать; в то же время у него оставались возможности, не вмешиваясь напрямую в дела судебного ведомства, значительно осложнить его работу. В исторической науке вопрос о взаимодействии администрации и суда уже поднимался, однако он рассматривался в плане изучения попыток высших государственных органов власти расширить полномочия администрации за счет власти судебных органов[275]. Процесс взаимодействия суда и административных органов на местах при реализации судебной реформы изучен слабо. Содействие административных чинов судебной реформе могло выражаться во многом: от забот о помещении для суда до подачи подчиненным личного примера уважения нового суда. Возможностей помешать работе судебного ведомства также было много, например, в выездную сессию суда оставить его без помещения, игнорировать жалобы на действия чинов полиции и т.п. На практике судебные деятели сталкивались с различным отношением со стороны администрации.

В анкетах о ходе судебной реформы, которые собирало министерство юстиции с мест, некоторые прокуроры и председатели окружных судов приводили примеры очень доброжелательного отношения к суду. Председатель Ржевского окружного суда особо отмечал то содействие, которое оказывал работе новых судов в 1867 году тверской губернатор князь П.Р. Багратион[276]. В Ярославской губернии губернатор тоже сочувствовал делу судебной реформы. Когда полицмейстер г. Рыбинска отказался выполнять законные распоряжения прокурора Рыбинского окружного суда, после вмешательства губернатора ему пришлось подчиниться. В этом же Рыбинске некоторые представители администрации помогли поднять авторитет новых судов. Прокурор Рыбинского окружного суда писал, что многими лицами, особенно именитыми и с положением, вызов в суд для дачи показаний воспринимался как оскорбление: «К счастью для новых судов, встретились в представителях

275 См. Галай Ю.Г. Российская администрация и суд во второй пол. XIX в. (1866—1879). Дисс. ... канд. ист. наук. Минск, 1979.

276 РГИА. Ф. 1405. Оп. 66. Д. 3044. Л. 6 об.

администрации лица благомыслящие, первые подавшие пример к уважению новых судов, приклонивших своим авторитетом лиц, им подчиненных»[277]. Рязанский губернатор Н.С. Абаза тоже проявлял внимание к проблемам суда. До того как Абаза стал губернатором (до 1874 года), члены суда, отправляясь на сессию в уезд, были вынуждены возбуждать переписку с губернатором Н.А. Болдыревым, чтобы он сделал соответствующие распоряжения уездным исправникам о приискании для работы суда помещения. Затем они получали уведомления от губернатора о принятых мерах. Абаза сократил эту бумажную канитель: в 1874 году он подписал циркуляр, предписывающий всем уездным исправникам выполнять просьбы членов суда и оказывать им всякое содействие при приезде в уезд без каких-либо дополнительных указаний с его стороны. Время переписки сократилось[278].

Изучение деловой переписки судебных мест позволило установить факты, когда представители администрации показывали свое негативное отношение к новым судам. В Тверской губернии в 1873 году, когда на должности губернатора находился уже не князь П.Р. Багратион, а Е.А. Кожухов, прокурору Тверского окружного суда стало известно, что низшие чины полиции допустили халатное отношение к своим обязанностям. Им было поручено доставить 6 арестантов исправительного отделения на работу. Вместо этого рядовые полиции пошли в питейный и публичный дома, захватив с собой арестантов. Прокурор сообщил об этом губернатору, прося принять меры к тому, чтобы в дальнейшем арестанты не попадали в увеселительные заведения[279]. Ответ исполняющего должность губернатора Кожухова иллюстрирует его полное неуважение к суду и прокурору. Назидательным тоном он сообщал, что меры уже давно приняты и что полиция исправно выполняет свои обязанности. Фактически смысл письма сводился к словам: «Не лезьте не в свое дело». Данный ответ сильно оскорбил прокурора суда, о чем он докладывал в судебную палату.

В Рязанской губернии в 1867 году губернатор Болдырев в похожей ситуации занял аналогичную позицию. В Зарайске уездный исправник и его помощник отказались предъявить товарищу прокурора бумаги, подтверждающие правильность ареста рядового полиции. Узнав об этом, губернатор не только не стал указывать своим подчиненным на неправильное поведение, а, наоборот, издал циркуляр, подрывающий авторитет прокурорского надзора. В этом циркуляре выражалось опа-

277 ЦГИА г. Москвы. Ф. 131. Оп. 8. Д. 94. Л. 96 об.

278 ГАРО Ф. 5. Оп. 3. Д. 1326. Л. 48.

279 ЦГИА г. Москвы. Ф. 131. Оп. 29. Д. 91. Л. 3.

сение, что прокурорский надзор не способен действовать правильно и его действия могут в корне подорвать воинскую дисциплину[280].

Еще более значимым вопросом во взаимоотношениях суда и администрации является вопрос о независимости судей. Причем наиболее он актуален именно для провинции. Независимость судей является ключевым принципом обеих реформ. Однако в оба периода становление этого принципа происходило нелегко. В пореформенный период XIX века не все губернаторы были готовы согласиться с идеей независимости судебной власти. К тому же с первых дней проведения реформы по этой идее был нанесен удар. 31 октября 1866 года министр юстиции Д.Н. Замятнин подписал циркуляр, предписывающий всем чинам судебного ведомства являться к губернатору по вызову. Трудно объяснить мотивы, двигавшие министром, который в целом горячо отстаивал идею независимости судебной власти. Возможно, что даже для него авторитет института губернаторства был непоколебим. Возможно, что это была попытка компромисса: понимая нежелание губернаторов терять свою власть, министр не хотел приобретать столь всесильных врагов. Трудно также определить, насколько часто использовался этот циркуляр реально, так как факт вызова к губернатору судебного чиновника нигде не регистрировался. Однако нельзя не согласиться с существующей оценкой этого документа: уже его простое существование наносило серьезный урон идее независимости судебной власти[281].

Историками уже упоминался факт использования этого циркуляра нижегородским генерал-губернатором Н.П. Игнатьевым[282]. Мировой судья А.А. Савельев вспоминал, что его предшественник, судья А.Н. Шебуев, был вынужден постоянно объяснять Игнатьеву письменно и устно свои действия. «Таким образом, чуть ли не первый раз со времени введения мирового института администрация, в лице генерал-губернатора, стала считать себя начальством суда, давая суду те или другие указания, и контролировать его деятельность», — отмечал судья[283]. Ради справедливости надо добавить, что позиция администрации иногда определялась позицией судебных деятелей. Савельев рассказывает, что когда он в 1880 году стал ми-

280 ЦГИА г. Москвы. Ф. 131. Оп. 8. Д. 40. Л. 5.

281 История СССР с древнейших времен до наших дней в 12 т. Т. 5. М., 1968. С. 108; Россия в революционной ситуации на рубеже 1870—80 гг. М., 1983. С. 85; Галай Ю.Г. Указ. соч. С. 60.

282 Галай Ю.Г. Указ. соч. С. 70.

283 Савельев А.А. Эпизод из генерал-губернаторской деятельности графа Н.П. Игнатьева // Деятельность нижегородской ученой архивной комиссии. Нижний Новгород. 1909. Т. 8. С. 8.

ровым судьей и его вызвал генерал-губернатор для объяснения по жалобам, поданным на его решения, то он указал Игнатьеву, что эти жалобы должны подаваться в съезд мировых судей. После чего Игнатьев этого мирового судью не вызывал.

Неоднократно описывался еще один пример принципиального поведения со стороны судьи — это поведение председателя Петербургского окружного суда А.Ф. Кони во время процесса над Верой Засулич, покушавшейся на жизнь градоначальника Ф.Ф. Трепова. Дело рассматривалось как обычное уголовное, и власти было необходимо добиться примерного осуждения подсудимой. Перед слушанием министр юстиции К.И. Пален неоднократно беседовал с Кони, пытаясь добиться от него гарантий обвинительного приговора. Однако Кони отклонил все «советы» и в течение процесса вел себя очень беспристрастно. Остались воспоминания о вызове к губернатору и у М.Ф. Громницкого. В данном случае губернатор использовал циркуляр, чтобы добиться перевода в Москву из уезда своего знакомого, служившего судебным следователем. Однако действовал он довольно деликатно и после мягкого отказа свою просьбу снял.

Даже у либерально настроенных губернаторов возникал соблазн воспользоваться этим документом. Так было с уже упоминавшимся рязанским губернатором Н.С. Абазой. В 1876 году он вызвал к себе председателя окружного суда. Поводом для этого послужил конфликт между губернатором и членом окружного суда Р.Р. Минцловым, возникший во время освидетельствования умственного состояния 10 человек[284]. Р.Р. Минцлов, как член комиссии, отказался подписывать заключение, сославшись на то, что оно составляло мнение только одного Абазы, а мнение остальных членов комиссии не спрашивалось[285]. Поведение Минцлова разозлило губернатора — вызвав к себе председателя суда, он потребовал больше этого человека в комиссию не назначать. Это очень задело председателя суда, и он подал о случившемся особую бумагу в палату. Подчеркнем, что речь идет о действиях губернатора, не являвшегося крепостником и противником реформ. Наоборот, Абаза неоднократно поддерживал либеральных деятелей[286]. Кстати, Р.Р. Минцлов тоже отличался весьма либеральными взглядами. Частично поведение губернатора может быть объяснено тем, что в этой комиссии, решав-

284 В то время вопрос о психическом здоровье человека решался не врачами, а специальной комиссией, состоящей из губернатора, члена окружного суда, городского головы и почетного мирового судьи.

285 ЦГИА г. Москвы. Ф. 131, Оп. 32, Д. 91, Л. 1.

286 Горнов В.А. М.Е. Салтыков-Щедрин и Ф.С. Офросимов: к истории либерально-оппозиционного движения в Рязанской губернии // М.Е. Салтыков-Щедрин и Рязанский край. Материалы научн. конф. — Рязань, 1995. С.45.

шей в общем-то чисто медицинские вопросы, он был единственным медиком (Н.С. Абаза закончил медицинский факультет Московского университета). Однако сам этот эпизод ярко свидетельствует о том, насколько опасен был циркуляр 31 октября 1866 года.

Принцип независимости стал одним из столпов и современной судебной реформы. Формально этот принцип был провозглашен и в советской судебной системе. Однако реально советский судья не был независимым. Фактически высшими органами власти в стране были партийные органы, указание секретаря райкома или обкома даже не обсуждалось, а подлежало выполнению любым должностным лицом, государственным или общественным органом. Судьи не были исключением, особенно если учесть, что все судьи были членами партиями, причем состояли в первичных организациях, объединявших работников судей, прокуратуры, следователей. По партийной линии на судью могли воздействовать не только партийные работники, но и работники прокуратуры, лица, проводившие предварительное следствие, административные чиновники. Первый пример «партийного» руководства судьями подал еще В.И. Ленин в 1918 г., когда двое чиновников нового советского государственного аппарата были осуждены советским судом за получение взятки к 6 месяцам лишения свободы. Ленин (который, как известно, являлся юристом по образованию) был взбешен приговором и потребовал привлечь к партийной ответственности судей, выносящих столь мягкие приговоры.

Затем такие указания стали нормой для советского правосудия — чем дальше общество «продвигалось» к социализму, тем сильнее оказывалось такое давление. По данным института АН СССР, в 70-х гг. XX века лишь 10% из 1000 опрошенных судей подвергались незаконным влияниям, а в начале 80-х таким влияниям подвергались уже 25% судей. Нередко такое воздействие носило завуалированный характер (советы, рекомендации)[287]. Возник даже термин — «телефонное право». В 1990 г. министр юстиции СССР В.Ф. Яковлев в интервью газете «Правда» это фактически признал: «Судьями пусть негласно, но фактически руководил партаппарат»[288]. Перестройка поставила вопрос о партийности судей, что стало предметом активного обсуждения. Так, один из создателей «Концепции судебной реформы» доктор юридических наук И.Л. Петрухин выступал за запрет судьям состоять в любой партии: «Понятно, что партийная принадлежность судей может

287 Петрухин И.Л. Правосудие: время реформ. М.: Наука, 1991. С. 102.

288 Яковлев В.Ф. Закон и власть (интервью с министром юстиции СССР В.Ф. Яковлевым / Подготовил Г. Овчаренко) // Правда. 1990. 13 июня.

повлиять на характер принимаемых решений»[289]. А уже цитируемый министр юстиции СССР Яковлев высказался против запрета судьям состоять в партии, сославшись на США, где судьи могут быть членом любой партии. Конечно, в данный исторический период вопрос о партийности судей и вопрос об их независимости были неразрывно связаны. В СССР, а затем и в России начала 90-х гг. многопартийная система фактически отсутствовала, понятие «партийная дисциплина» настолько въелось в сознание людей, что автоматически сливалось с понятием «служебный долг». Поэтому было просто необходимо избавить судей от партийного влияния. Закон СССР «О статусе судей в СССР» не содержал соответствующей правовой нормы, о партийности судей там не было сказано ни слова. Только в 1992 г. в статье 3 Закона РФ «О статусе судей в РФ» «Требования, предъявляемые к судье» было оговорено, что судья не может быть народным депутатом и принадлежать к какой-либо партии.

Однако вольный ветер перестройки внес новые способы давления на судей. Вместо права «телефонного» появилось право «мегафонное» и «депутатское». «Мегафонным» правом сами судьи и журналисты окрестили попытки людей воздействовать на суд с помощью митингов и демонстраций. Например, в г. Новороссийске был осужден к лишению свободы водитель троллейбуса, который совершил наезд. Его сослуживцы организовали митинг и, угрожая забастовкой, заставили судей пересмотреть приговор. Уже к концу дня приговор был пересмотрен, водитель выпущен на свободу. В с. Урзуф Донецкой области была изнасилована и убита несовершеннолетняя. Когда начался процесс над обвиняемым в этом преступлении, жители села вышли на митинг, требуя смертного приговора подсудимому. А когда дело перенесли для рассмотрения в г. Донецк, чтобы избежать лишнего давления, то жители села объявили забастовку[290]. «Давление разъяренной толпы становится главной опасностью для нашего правосудия» — рассуждал И.Л. Петрухин[291]. Появление такого способа давления на суд можно считать неизбежным проявлением демократизации общества: в конце 80-х — начале 90-х гг. митинг был главным способом выражения народного мнения. Другие какие-либо демократические процедуры еще не сформировались, к тому же в этот период народное правосознание еще не доросло до понимания принципа независимости суда. Лозунг «Власть народу» и призывы к возрождению подлинной народной власти неизбежно рождали подобные способы воздействия на суд. С раз-

289 Петрухин И.Л. Правосудие: время реформ. М.: Наука, 1991. С. 115.

290 Петрухин И.Л. Указ. соч. С. 108.

291 Там же. С. 108.

витием демократических механизмов и укреплением судебной власти подобные эксцессы стали уходить в прошлое. Если пикеты перед судом и имеют место (например, по делам Ходорковского, Грабового, Иванниковой), то, как правило, они носят уже не такой агрессивный характер. В государствах с высоким уровнем правосознания общества авторитет суда так высок, что любое решение суда каким-либо должностным лицом или административным органам обсуждаться не будет. Как пишет судья Владимир Полудняков после поездки в Германию: «Авторитет суда в принципе в крови немца. Любая жалоба на решение суда, поступившая в магистрат, получает вежливый ответ: "Так решил суд"»[292]. Только изредка «мегафонные» формы воздействия могут проявлять себя, да и то в весьма мягкой форме. Так, в Австралии при рассмотрении дела по обвинению супружеской пары в похищении и убийстве несовершеннолетней девочки все три дня процесса на дверях суда появлялась петля. Ее каждый день снимали, но наутро она появлялась снова. В такой форме народ требовал от судей смертного приговора[293].

В годы перестройки активно стало проявлять себя и «депутатское право», т.е. попытки народных избранников вмешиваться в дела суда. Предпосылку этому создал сам Закон СССР «О статусе судей в СССР». Согласно закону судьи избирались не народом, а Советами народных депутатов. Более того, в статье 1 было закреплено, что судьи ответственны перед избравшими их органами и отчитываются перед ними. В результате некоторым судьям приходилось, так же как и их коллегам в XIX веке, давать объяснения и выслушивать претензии лиц, весьма далеких от судебной системы. Министр юстиции СССР В.Ф. Яковлев приводит следующие примеры. Председатель постоянной комиссии по социалистической законности Донецкого областного совета народных депутатов И. Беломесов вызвал к себе председателя Киевского районного суда г. Донецка по поводу двух нерассмотренных дел и потребовал объяснения по существу дела. Затем он предложил по одному из дел заново провести психиатрическую экспертизу, т.к. мнение эксперта «вызвало у него сомнение».

На следующий день уже председателю Калининского районного суда там же пришлось давать объяснения, почему дело решено в пользу истца, а не в пользу ответчика. В ответ судьи Донецкой области направили Президенту СССР письмо, в котором потребовали заменить

292 Полудняков В. Современная российская судебная реформа. На пути в мир правосудия. СПб.: Нева, 2002. С. 228.

293 МакГрегор А. Петля над судейским столом // Интер-полиция. Международный полицейский журнал. 1993. № 2. С. 164.

выборность судей пожизненным назначением, а также запретить депутатам вмешиваться в деятельность суда, иначе они уйдут в отставку. Случаи не единичные. В Москве 23 мая 1990 г. народный депутат Моссовета Титов настоятельно просил судью народного суда г. Москвы приостановить исполнение всех судебных решений[294]. При этом некоторые депутаты прямо говорили, что от исполнения их рекомендаций судьями зависит их избрание на должность. Более того, по отношению к ряду судей, особенно к тем, кто ранее рассматривал так называемые митинговые дела, эти рекомендации были проведены в жизнь. По сообщению Министерства юстиции Украинской ССР, именно по этой причине, несмотря на законность вынесенных решений, не были избраны на новый срок в Львовской и Ивано-Франковской областях 6 народных судей[295]. Судья Свердловского районного суда г. Москвы был вынужден даже обращаться с докладной к министру юстиции, т.к. стало невмоготу работать — депутаты постоянно устраивали допросы, почему то или иное дело решено так, а не иначе[296]. Некоторые депутаты главным критерием оценки деловых качеств судей сделали количество жалоб, подаваемых на решения и приговоры, вынесенные этими судьями, независимо от того, были ли они признаны вышестоящими инстанциями обоснованными[297].

Только принятие Закона РФ «О статусе судей в РФ» сдержало этот произвол — в статье 10 закона «Недопустимость вмешательства в деятельность судьи» содержится прямой запрет кому-либо требовать отчета от судьи: «Всякое вмешательство в деятельность судьи по осуществлению правосудия преследуется по закону. Судья не обязан давать каких-либо объяснений по существу рассмотренных или находящихся в производстве дел, а также предоставлять их кому бы то ни было для ознакомления, иначе как в случаях и порядке, предусмотренных процессуальным законом». Однако до сих пор находятся чиновники, смотрящие на судью как на прислугу. В 2002 г. в Брянске журналист «Российской газеты» стал свидетелем неприглядной картины: в помещение мирового судьи ворвался гражданин и, потрясая красной книжечкой, потребовал прекратить общение с прессой[298]. В Карачае-

294 Яковлев В.Ф. Закон и власть (интервью с министром юстиции СССР В.Ф. Яковлевым / Подготовил Г. Овчаренко) // Правда. 1990. 13 июня.

295 ГАРФ. Ф. Р-9492. Оп. 8. Д. 2836. Л. 27.

296 Алексеева Л. Судью — на ковер // Сельская жизнь. 1990. 27 июня.

297 ГАРФ. Ф. Р-9492. Оп. 8. Д. 2836. Л. 28.

298 Никоноров Н. Мировой судья. Не путать с чиновником. Уже на стадии становления мировые суды захлебываются в потоке бытовых жалоб // Российская газета. 2002. 10 апреля.

во-Черкесии влиятельный чиновник, будучи недовольным решением суда, позвонил судье и нецензурно обругал ее. Женщина подала в суд на чиновника за нанесение оскорбления[299].

Сами судьи по-разному оценивают возможность оставаться независимыми. Большинство федеральных судей Рязанской области, принявших участие в опросе, отмечают, что они сейчас не испытывают какого-либо давления: 38,5% респондентов выбрали ответ: «Современный судья независим, я не сталкивался с попытками давить на судей», а 23,5% предпочли более осторожный ответ: «Рычаги давления все же существуют, но я с ними не сталкивался и про подобные факты не знаю». 27,2% сами не сталкивались с попытками давления, однако слышали про других судей. Только 12,3% время от времени сами сталкивались с попытками давления. Ни один человек не назвал попытки давления как обыденное явление, встречающееся постоянно. Таким образом, пока еще попытки давить на правосудие не изжиты, однако это явление перестало быть крайне распространенным.

В большой степени становление независимости судей зависит от уровня развития правосознания в обществе. В российском обществе авторитет суда еще недостаточно высок. В этой ситуации судьи представляются такими же чиновниками, с какими люди сталкивались в многочисленных чиновничьих инстанциях. За многие годы советской власти люди привыкли больше уповать на несудебные способы защиты: жалоба высокопоставленному чиновнику (чем выше, тем лучше), жалоба в газету, депутату. Письмо, отправленное, например, в газету в советское время переправлялось, как правило, в партийные органы, а оттуда переправлялось в соответствующую инстанцию. Причем письмо находилось «на контроле» — данная инстанция, в том числе и суд, должны были доложить партийным органам о принятых мерах. Например, 9 декабря 1988 г. ЦК КПСС направил в Министерство юстиции целую подборку писем граждан, которые поступили в редакцию газеты «Литературная газета». Редакция передала эти письма в ЦК партии, а оттуда они поступили в министерство. Ряд писем фактически обжаловали решения судов. Самое главное — ЦК не просто передал письма по ведомству, а еще потребовал отчитаться о рассмотрении писем и сообщить о результатах[300]. Этот эпизод не является чем то исключительным. Это было обычной практикой. Особенно эффективно было жаловаться в партийные органы. На эти жалобы обращалось особое

299 Изотов И., Безменов А., Кларисс, Павловская, Пилишвили А., Титов С., Добрынина Е. Кого судья боится? На служителей закона нападают из мести и в «порядке общей очереди» // Российский судья. 2005. 2 ноября.

300 ГАРФ. Ф. Р-9492. Оп. 8. Д. 2374. Л. 2.

внимание. Так, в отчете отдела по работе с письмами граждан Министерства юстиции за 1988 г. подчеркивалось, что «заявления, предложения и жалобы граждан, адресованные XIX партийной конференции, рассматривались в первоочередном порядке, в предельно короткие сроки, с наиболее глубоким анализом их породившие»[301]. Поэтому по сей день некоторые граждане не понимают, что действия судьи надо обжаловать только в высшей судебной инстанции, а не искать на судью управу в высоких чиновничьих кабинетах. «Часто сторона, которая не согласна с решением, обращается прямиком к депутату. А тот, дабы порадеть электорату, начинает писать нам бумаги. На уровне местной власти среди чиновников часто проявляется интерес к делам, которые находятся в производстве. Никому в голову не приходит, что тем самым он посягает на независимость судебной власти», — отмечает председатель высшего Арбитражного суда В. Яковлев[302]. Он также приводит пример: в США, если президент вдруг поинтересуется судьбой дела на стадии разбирательства, сразу будет запущена процедура импичмента. У нас до этого еще далеко.

Анализируя процесс становления независимой власти в ходе обеих реформ, следует отметить, что формирование независимой судебной власти — это не просто процесс, который требует времени, но процесс двусторонний. Независимая судебная власть не может появиться разом, она складывается постепенно, годами, в ходе двухстороннего процесса, находящегося в прямой зависимости не только от поведения административных лиц, но и от позиции самих судей. Если сами судьи не будут отстаивать свои права, то независимая судебная власть не сложится. Естественно, судьи могут быть поставлены в такие условия, что даже самые робкие попытки отстоять свое мнение будут пресекаться (как это было не так давно в советский период).

Следует учитывать, что процесс формирования независимой судебной власти также зависит от уровня развития правосознания в обществе. Если в обществе развитие общественного правосознания находится на высоком уровне, большинство людей (в том числе и занимающих руководящие посты) осознают, что принцип разделения власти на три ветви не допускает какого-либо вмешательства в деятельность судебных органов, что принцип верховенства права ставит требования закона выше личных амбиций руководителей, то принцип независимости судей будет воплощаться в жизнь успешнее. Поэтому проблема становления независимости судей тесно взаимосвязана с

301 ГАРФ. Ф. Р-9492. Оп. 8. Д. 2523. Л. 3.

302 Яковлев В. Бедность для судьи — порок. (Интервью с председателем высшего Арбитражного суда В. Яковлевым / Беседовал В. Щупов) // Труд. 2002. 27 марта.

развитием обыденного правосознания. Одним из факторов проведения судебной реформы должно стать повышение правосознания людей, планомерная работа по правовому просвещению населения. Особенно это касается лиц, получающих профессиональное образование, связанное с управленческой деятельностью.

2.3.2. Взаимоотношения местной администрации и мировой юстиции. Особо актуальной проблема независимости суда во взаимоотношениях с местными органами власти оказалась в мировой юстиции. Для обеих модернизаций было характерно расширение прав и свобод людей, что предполагает расширение возможностей общества в управлении государством, в частности, расширение полномочий местных органов государственной власти и органов местного самоуправления. В обе исторические эпохи обновленческие процессы сопровождались повышением статуса органов местного самоуправления (если говорить о XIX в., то тогда они были впервые созданы). Однако рост доверия к органам местной власти неизбежно рождает соблазн для органов центральной власти переложить как можно больше расходов на местные бюджеты. Законодатели обеих эпох этого соблазна не избежали, переложив содержание мировой юстиции на местные органы самоуправления — земства (так было в XIX веке) или на местные бюджеты (изобретение XX века).

По Судебным Уставам 1864 года предполагалось весьма активное участие земств в проведении судебной реформы. Прежде всего, они должны были формировать корпус мировых судей — судьи избирались на должность уездными земскими собраниями или городскими думами. На эти органы самоуправления полностью возлагалось содержание мировой юстиции: они должны были выплачивать жалование судьям (от 1500 до 2200 рублей в год на усмотрение земства), канцелярским служащим и судебным приставам при мировых судах. Также они привлекались к частичному содержанию судебных следователей: они должны были предоставлять им квартиры или выделять им квартирные деньги, содержать подводы при уездных управлениях, которые предназначались следователям и чинам полиции для разъездов по службе, или выдавать им деньги на дорожные расходы. Привлечение органов самоуправления к финансированию судебного ведомства объяснялось желанием сократить расходы по проведению реформы. Фактически земствам отводилась роль завхозов при мировой юстиции.

Изучение земских материалов, а также переписки министерства юстиции и министерства внутренних дел позволяет установить, что земства отнеслись весьма сочувственно к делу судебной реформы. Это проявилось, прежде всего, в активном использовании права повышать содержание мировым судьям. Только за два года, 1870 и 1871, различными уездными земскими собраниями, находящимися на территории Московской судебной палаты, об этом было подано 23 ходатайства. Особенно активны были земские собрания Нижегородской, Костромской, Рязанской, Смоленской, Московской и Владимирской губерний[303].

Повышение окладов мировым судьям было не единственной формой содействия судебной реформе со стороны земств. Земства стали инициаторами установления правил, которые должны были улучшить работу судебного ведомства, сделать его более удобным и доступным для населения. В частности, многие земства приняли участие в попытках добиться расширения юрисдикции мировых судей и открытия дополнительных окружных судов.

Некоторые земства внесли еще один вклад в дело проведения судебной реформы: они пытались содействовать появлению в провинции квалифицированных адвокатов и нотариусов. В первое десятилетие существования новых судов ощущался недостаток хороших адвокатов и нотариусов. Некоторые земства брали на себя хлопоты ходатайствовать перед властями о назначении нотариусов от «казны». Таким образом, земства стали союзниками новых судов. Их деятельность вышла за рамки предписанного.

Однако история взаимоотношений судов и земств не совсем безоблачна. Не все земства содействовали судебной реформе. Например, мировые судьи Касимовского уезда Рязанской губернии жаловались на полное невнимание к их нуждам со стороны земства. Во Владимирской губернии потребовалось особое вмешательство губернатора, чтобы земства двух уездов стали полностью выплачивать пособия на дорожные расходы следователям[304]. Аналогичная проблема очень остро стояла в Орловской губернии[305]. Там следователи жаловались, что земствами всегда даются им лошади «изнуренные, слабосильные и при хорошей дороге не в состоянии бежать более 7 верст в час». Это даже служило причиной срыва проведения неотложных следственных мероприятий. В крайне неприятном положении оказывались мировые судьи, когда земство, назначив повышенное содержание, внезапно его понижало. Такой случай был в Мосальском уезде Калужской губернии: там земцы назначили жалование 1800 рублей, затем внезапно его понизили до 1500 рублей[306]. Аналогичный случай был в этой же губернии в Жиздринском уезде. В Министерстве юстиции возникали предложения законодательно запретить земствам снижать жалование до переиз-

303 РГИА, Ф. 1405. Оп. 68. Д. 2101. ЛЛ. 1 — 119. Оп. 69. Д. 6034. ЛЛ. 1 — 94.

304 РГИА, Ф. 1405. Оп. 68. Д. 1992. Л. 117 об.

305 ГАОО. Ф. 714. Оп. 1. Д. 7.

306 РГИА. Ф. 1405. Оп. 66. Д. 3686. Л. 4.

брания судей, которые, однако, не были реализованы. Эти негативные факты не перечеркивают общего вклада земств в дело судебной реформы. Их существование объясняется не желанием земств противостоять введению судебной реформы, а местными особенностями: кое-где земства могли состоять из не совсем либерально настроенных деятелей. Могли возникнуть и банальные финансовые трудности.

Однако наличие этих нежелательных эпизодов наглядно показывает, насколько опасно перекладывать содержание судов и правоохранительных органов на органы самоуправления или общественные организации. Право земств определять жалование могло превратиться в орудие давления на мировых судей, подорвать их независимость. Председатель Жиздринского съезда мировых судей прямо оценивал поведение местного земства как попытку показать судьям их зависимость от земства[307]. Только то, что земства в целом выступали проводниками либерального курса, предотвратило активное использование этого способа давления.

В современные дни порядок содержания мировой юстиции законодательно регулируется рядом законов, в том числе законами субъектов федерации. Согласно законодательству финансирование мировой юстиции разделено между федеральным и местными бюджетами: зарплата мировым судьям выплачивается из федерального бюджета, а содержание помещений мировых судов, аппарата мировых судей и техническое обеспечение возлагаются на местные бюджеты. В различных субъектах федерации в законах о мировых судьях этот вопрос урегулирован по-разному. Был проанализирован ряд законов субъектов Российской Федерации о мировых судьях[308]. Вопрос финансирования трактуется в данных законах по-разному. В законе Саратовской области вообще нет статьи, которая определяла бы порядок финансирования мировых судей. В законах Владимирской, Воронежской, Орловской, Ульяновской, Тамбовской областей, г. Москвы законодатели ограничились лаконичной фразой, что финансирование аппарата мировых судей осуществляется за счет областного бюджета. В законах Калужской, Нижегородской, Новгородской, Рязанской, Смоленской, Тульской, Ярославской областей, Республики Карелия уточнено, что финансирование мировой юстиции проходит отдельной строкой в бюджете области. При этом в законе Калужской области установлено, что уменьшение финансирования возможно только при ликвидации

---

307 РГИА. Ф. 1405. Оп. 68. Д. 2001. Л. 58.

308 Владимирской, Воронежской, Ленинградской, Калужской, Липецкой, Нижегородской, Новгородской, Орловской, Ростовской, Рязанской, Саратовской, Смоленской, Тамбовской, Тульской, Ульяновской и Ярославской областей, городов Москва и Санкт-Петербург, республик Тыва и Карелия.

судебного участка. В законе Нижегородской области закреплено, что при составлении проекта бюджета должны учитываться предложения управления Судебного департамента. В Новгородской области аналогичные полномочия предоставлены Совету судей. В Ростовской области к рассмотрению проекта бюджета привлекаются и Судебный департамент, и Совет судей. Более детально расписаны расходы в законах Ленинградской области и Республики Тыва. В частности, в Тыве законодатели обязали административные органы в течение шести месяцев после наделения мирового судьи полномочиями выделить ему при необходимости отдельную квартиру или дом. В законе Ленинградской области подробно расписано, чем должны обеспечить мировых судей административные органы: нормативно-правовыми актами, юридической и справочной литературой, имуществом и оборудованием, необходимым для осуществления мировыми судьями своей деятельности, средствами связи и охраной помещений. В законе Санкт-Петербурга указано, что администрация Санкт-Петербурга предоставляет судьям помещения, оснащенные связью, необходимой мебелью и пожарным инвентарем. Пожалуй, это единственные примеры детального регламентирования обеспечения мировых судей из всех исследованных нормативных актов.

Также по-разному в законе рассматривается вопрос об обеспечении мировых судей помещениями. В законах Воронежской, Ленинградской, Орловской, Рязанской, Саратовской областей, Республики Тыва вообще нет никаких упоминаний о помещениях для мировых судей, не сказано, кто должен решать этот вопрос. В законах Владимирской, Ростовской, Смоленской, Тульской, Ярославской областей, г. Москвы, Республики Карелия сказано, что мировым судьям предоставляется помещение, но не оговорено, каким требованиям эти помещения должны соответствовать или введена лаконичная, мало что значащая фраза: «должно соответствовать санитарно-техническим нормам и правилам, позволяющим обеспечить осуществление правосудия». В законах Калужской, Нижегородской, Новгородской, Тамбовской областей, г. Санкт-Петербурга требования, предъявляемые к выделяемым для мировых судей помещениям, конкретизированы. В частности, в законе Тамбовской области указывается, что помещение мирового судьи должно иметь зал судебного заседания, кабинет судьи, помещение для канцелярии, архива, участников процесса. Аналогичный перечень дан в законе Калужской области. В законах Нижегородской и Новгородской областей добавлено требование относительно помещения для конвойной службы. Во всех законах предоставление помещения возложено или на местные административные органы власти, или на органы самоуправления.

Ряд законов рассматривает полномочия местных органов власти по организации работы мировых судей (законы Воронежской, Нижегородской, Новгородской, Ульяновской, Липецкой областей, Республики Карелия, Республики Тыва). В Ульяновской области создание нормальных условий для работы мировых судьей возложено на специальный Отдел по обеспечению деятельности мировых судей Администрации Ульяновской области. Руководитель Отдела назначается по согласованию с Советом судей Ульяновской области. В Воронежской области органами, обеспечивающими деятельность мировых судей, являются: Воронежская областная Дума (утверждает расходы на материально-техническое обеспечение мировых судей) и Администрация Воронежской области (осуществляет финансирование аппарата мировых судей, вносит предложения в Думу об объемах этого финансирования, утверждает штатную численность и структуру аппарата мировых судей). В Нижегородской области организационное обеспечение деятельности мировых судей осуществляется Администрацией Нижегородской области или по соглашению с ней — управлением Судебного Департамента. Также ключевая роль отведена Администрации области и в Новгородской области. В законе Республики Карелия указано, что делами мировой юстиции занимается специально созданный государственный орган. Однако какой это орган не уточнено, сказано только, что этот орган создается главой республики. В Республике Тыва организационная работа возложена на Управление Судебного Департамента. Аналогичным способом решен вопрос и в законе Тульской области. В Липецкой области полномочия по организации работы мировых судей поделены между Управлением Судебного Департамента и Администраций области. В частности, на администрацию возлагается обеспечение мировых судей жильем и служебными помещениями. Также в подавляющем большинстве рассмотренных законов административные органы утверждают штат аппарата мировых судей.

Таким образом, современное законодательство четко поставило материальное обеспечение мировой юстиции в зависимость от местных административных органов власти или органов самоуправления, а также, частично, от местной законодательной власти, так как местные бюджеты утверждаются местными представительными органами. Причем следует отметить, что обязанности этих органов власти в подавляющем числе изученных актов прописаны довольно расплывчато. Практически не оговорена ответственность за невыполнение этих обязанностей.

В результате положение мировых судей во многом отставляет желать лучшего. Нехватка помещений или их убогое состояние, недостаток технического персонала, оборудования (компьютеров, телефонов, факсов, канцелярских принадлежностей) стали привычными спутниками мировой Фемиды сегодня. Например, в Ульяновской области в 2002 г. финансирование мировых судов было обепечено на 76%, а в 2003 году — всего на 48%. В 2002 г. 44 субъекта Российской Федерации не заложили в свои бюджеты средства на материально-техническое обеспечение судей[309]. В результате судьи вынуждены работать так, как работали их коллеги в далеком XIX веке, т.е. писать документы от руки. В кабинете мирового судьи Засвияжского района Ульяновска нет ничего, кроме пишущей машинки и телефона. «О компьютерах нам даже не мечтать. Был случай, когда я неделю писала все документы от руки», — комментирует судья[310]. Вся мебель суду досталась от прежних хозяев помещения — после переезда фирма оставила пару стульев и столов. Хочется спросить: а как бы работал данный судья, если бы фирма оказалась более рачительной и не бросила ставшую ненужной мебель? Наверное, судья и тяжущиеся сидели бы прямо на полу. Нет и зала заседания со всеми государственными символами.

Мировые судьи оказались изолированными от современных технических и информационных ресурсов. «Мировые судьи плохо обеспечены материально-техническими ресурсами. Это не позволяет использовать современные схемы ведения делопроизводства и информационные технологии, отсутствие в судах компьютерных автоматизированных рабочих мест лишает мировых судей возможностей оперативного доступа к базам данных по действующему законодательству и судебной практике, что вызывает нарушение сроков рассмотрения дел, волокиту и медлительность в осуществлении судопроизводства, а это, в свою очередь, отрицательно сказывается на конечном результате деятельности судов», — констатируется в областной целевой программе «Развитие института мировых судей в Тамбовской области на 2003 — 2006 гг.». Порой не то что о современных информационных ресурсах, даже об элементарных вещах говорить не приходится. Московский судья жалуется: «У нас даже связь с миром отсутствует — нет телефона»[311]. Вот уж поистине XIX век. Некоторые мировые судьи пытаются решать проблемы своими силами: в интервью местной газете председатель Ульяновского областного суда с восторгом рассказывала, как одна мировая судья сама купила себе компьютер в кабинет, а вто-

309 Гусев Л.В. Мировая юстиция: создание независимого и доступного правосудия // Бюллетень Верховного Суда РФ. 2001. № 7.

310 Савенков А. Легко ли быть мировым? // Народная газета. 2004. 7 мая.

311 http://main.izvestia.ru/capital/14-04-02/article17097 06.03.2006.

рой домой, чтобы иметь возможность работать по вечерам[312]. Конечно, энтузиазм и подвижничество этой женщины вызывает уважение, но должен ли судья сам себя обеспечивать нормальными условиями для работы? Думается, что депутаты Государственной Думы серьезно возмутились бы, если им предложили каждому самому принести из дома стул, чтобы во время заседания Думы им было на чем сидеть.

Очень сложно решается вопрос с обеспечением мировых судей помещениями. Как следует из обзора аппарата уполномоченного представителя Президента РФ в Центральном федеральном округе «О некоторых условиях работы мировых судей в Центральном федеральном округе (по состоянию на 1 января 2003)» — положение с помещениями крайне острое. На 1 января 2003 г. помещениями на 100% были обеспечены только судьи в пяти субъектах округа: Белгородской, Смоленской, Брянской, Курской, Орловской и Смоленской областях. В других областях ситуация далека от радужной. В Тульской области на данный момент были не обеспечены помещениями 69 из 79 судей, в Тверской — 67 из 73, в Ярославской — 60 из 63, в Ивановской — 37 из 57 судей, в Московской области — 35 из 292, в Костроме — 29 из 35 судей, во Владимирской — 20 из 72, в Липецкой — 17 из 55 судей, Калужской — 7 из 48 судей, в Воронежской — 4 из 110. Даже в столице страны только 205 судей из 384 обеспечены помещениями, остальные являлись «бездомными». Всего в Центральном федеральном округе, как следует из обзора, нехватку помещений ощущали 617 судей из 1662, что составляет 37%, т.е. больше одной трети[313]. Выделяемые помещения поражают дискомфортом. В Алексинском районе г. Тулы на 4 мировых судей отведено помещение в 30 кв. метров[314]. В Советском округе г. Липецка два мировых судьи занимают один кабинет — он же зал заседания. Когда один судья принимает решение, другой должен выйти — тайну совещательной комнаты никто не отменял[315]. Так же приходится поступать судьям одного из районов г. Рязани — там в одном кабинете работают сразу три судьи. В другом участке Советского района г. Рязани мировая юстиция расположена в подвале, правда, есть зал заседания, даже с клеткой для подсудимого, находящегося под

312 Лысякова Н. «Работа судьи сравнима с работой врача» (беседа с председателем Ульяновского областного суда Н. Лысяковой / Записал Ю. Федотов) // Ульяновская правда.2005. 4 марта.

313 Обзор аппарата уполномоченного представителя Президента РФ в Центральном федеральном округе «О некоторых условиях работы мировых судей в Центральном федеральном округе (по состоянию на 1 января 2003)» // Буква закона. 2003. № 2. С. 24.

314 Киреев Н. Правосудие на выселках: мировые судьи у тульских чиновников не в чести // Российская газета. 2003. 23 июля.

315 http://www.stv7.ru/newsarch.shtml?taer 06.03.2006.

стражей. Только воспользоваться этими «удобствами» затруднительно: из-за нехватки помещения для архива в клетку свалены… уголовные и гражданские дела. Если нужно рассмотреть уголовное дело с подсудимым, находящимся под стражей, то судьям приходится дела из клетки выгружать, а после процесса заносить обратно[316]. Если раньше судьям по совместительству приходилось быть электриками, то теперь — грузчиками. И это при том, что большинство мировых судей — женщины! Мировые судьи Московского района г. Рязани дела с подсудимыми «под стражей» в помещениях мировых судов не рассматривают: просят на время зал в районном суде.

Нельзя нормальными назвать условия работы мировых судей в г. Благовещенске. Судьям досталась часть здания бывшей школы № 5, в котором разместили дом детского творчества. Над кабинетом мирового судьи Калиниченко идут репетиции детского танцевального кружка. Дети поют и танцуют с утра до вечера. Слышимость, как это традиционно бывает в зданиях советской постройки, отличная. Во время судебного заседания стоит такой шум, что всем, включая судью, приходится кричать[317]. В еще более ненормальных условиях оказались мировые судьи во Владивостоке[318]. Для трех мировых судей участков № 25, 26, 27 была выделена одна квартира в старом жилом доме. В результате граждане ожидают вызова к судье даже не в коридоре, а на грязной, продуваемой всеми ветрами лестнице. Нужных истцов, ответчиков, свидетелей вызывают в кабинет. Попав в помещение, люди видят не менее убогие условия: четыре маленькие комнаты и коридор. Кабинеты маленькие, тесные, крайне обшарпанные, мебель древняя. Залов судебных заседаний нет. Посетители удивляются: «Что, прямо здесь будет дело рассматриваться?» Здание старое, давно не ремонтировалось. Текут потолки, проваливается пол. Ночью по помещению бегают крысы. Из-за продавленного пола уже был один несчастный случай. Власти предложили судьям другое помещение: в соседнем подъезде… Такая же крутая лестница, такой же древний пол. Какое уважение к судебной власти после этого будет у населения? Как сказала одна гражданка, «так могут обращаться только с быдлом». Однако ясно, что в первую очередь негативные эмоции будут направлены не на городскую власть, которая должна была обеспечить судей нормальными условиями, а на судей и на судебную систему в целом.

---

316 Фапат Л. «Решим дело миром!» Мировым судьям области требуется защита // Рязанская семерка. 2005. 19 сентября.

317 Семенов С.Н. Судьи и дети в одном флаконе // Амурская правда. 2003. 8 мая.

318 Материал взят из репортажа, показанного 30 марта 2007 г. в информационной передаче «Сегодня» по каналу НТВ.

Тяжело приходится посетителям — истцам, ответчикам, свидетелям — и в других городах. В Липецке граждане жалуются: «Коридоры узкие, одна скамейка на все помещение»[319]. Во время процесса его участникам нередко приходится стоять, сесть негде, плохо слышно, так как идет сразу несколько процессов, свидетели, истцы и ответчики стараются перекричать друг друга. Это не просто неудобство, в результате страдает сама идея мирового суда, а адвокаты назначают более высокие гонорары за работу в более сложных условиях. А ведь мировой суд вводился, чтобы сделать правосудие более доступным для населения, в том числе и в финансовом отношении[320]. В таких условиях граждане не раз подумают, прежде чем вновь обратиться к мировому судье. А ведь по действующему законодательству дело, подсудное мировому судье, может быть рассмотрено только им, и никем более. У людей нет выбора: обращаться к мировому судье или к федеральному.

Некоторые «технические мелочи» способны серьезно подорвать авторитет мирового суда. Судья 27-го участка г. Касимова Рязанской области Ю.В. Панюшкин делится впечатлением: «Первое время смешила реакция посетителей, которые заглядывали в кабинет и с недоверием спрашивали: “Я точно в суд попал? Вы судья?”. Человек приходит, а я пол мою — уборщиц не предусмотрено. Мне несложно, но понятно, что восприятие судьи с тряпкой в руках уже не то»[321].

Осложняет работу мировых судей и положение с аппаратом суда, т.е. со специалистами, обеспечивающими деятельность судей (помощниками судей, секретарем, сотрудниками канцелярий). Штат аппарата мирового судьи также определяется не федеральным, а местным законодательством, и зарплату они получают из местного бюджета. В большинстве изученных нормативных актов субъектов федерации сотрудники аппарата мирового судьи отнесены к государственным служащим. Однако, как правило, и зарплаты их недостаточно высокие, и сам штат очень маленький. Большинство законов субъектов Российской Федерации рассмотрели вопрос о штате аппарата суда очень поверхностно, ссылаясь на другие нормативные акты. Так, в законах Воронежской, Ленинградской и Калужской областей сказано, что штат аппарата мировых судей определяется законом данного субъекта. В законах Владимирской, Смоленской, Ярославской областей и Республики Тыва определено, что этот вопрос решает администрация области или республики. В Новгородской и Орловской областях — это преро-

319 http://www.stv7.ru/newsarch.shtml?taer 06.03.2006.

320 Киреев Н. Правосудие на выселках: мировые судьи у тульских чиновников не в чести // Российская газета. 2003. 23 июля.

321 Катаргина В. И работы, и проблем мировым судьям хватает // Буква закона. Журнал судейского сообщества Рязанской области. 2006. № 1—2. С. 75.

гатива самого губернатора. В Нижегородской, Ростовской, Тамбовской областях, в г. Москве к вопросу о штате аппарата мировых судей привлекается Управление Судебного департамента. Однако в Москве вопрос о зарплате решается законодательным органом субъекта. Только в немногих законах определен сам этот штат. В законе Санкт-Петербурга указаны секретарь суда и секретарь судебного заседания, в законах Тульской и Липецкой областей — помощник судьи и секретарь судебного заседания. В законе Рязанской области законодатели ограничились только введением должности ведущего специалиста. Найти желающих на эти должности бывает нелегко из-за невысокой заработной платы. С течением времени ситуация медленно меняется — в Рязанской области введена должность помощника мирового судьи, повысились зарплаты сотрудникам аппаратов судов.

Во многом положение мировых судей сегодня зависит от позиции главы местной администрации. Это вполне логично вытекает из большинства законов субъектов федерации. Например, в Ростовской области исполнительная власть очень сочувственно относится к проблемам мировых судей, там даже создали департамент по работе с мировыми судьями при администрации. Это существенно облегчило становление института мировых судей в данном регионе, однако, как заметил председатель Ростовского областного суда, такой порядок существует, пока губернатор сознает значимость указанного института судебной власти. Во Владивостоке местная администрация, видимо, не осознала важность становления института мировой юстиции, если позволяет крысам по ночам изучать дела.

В Рязанской области мировые судьи также испытывали огромный недостаток всего: начиная от компьютеров до простых шариковых ручек. Улучшение ситуации произошло после выбора нового губернатора, который распорядился выделить из областного бюджета деньги на обеспечение мировых судей. Мировой юстиции постоянно приходится обращаться к местным властям за помощью. Так, в областной целевой программе «Развитие института мировых судей в Тамбовской области на 2003—2006 гг.» констатируется: «неоднократные обращения в мэрию г. Тамбова положительных результатов не дали». В г. Касимове Рязанской области, когда мировые судьи неожиданно оказались без света, тоже пришлось обращаться в мэрию, правда, через Судебный департамент, который в принципе не обязан заниматься проблемами мировых судей[322].

Таким образом, процесс становления независимого правосудия является неотъемлемой частью обеих реформ. Только независимое

322 Катаргина В. И работы, и проблем мировым судьям хватает // Буква закона. Журнал судейского сообщества Рязанской области. 2006. № 1—2. С. 75.

правосудие может содействовать процессу модернизации, эффективно обеспечивать защиту прав и свобод людей, быстро разрешать споры, восстанавливать нарушение закона. В оба исторических периода идея независимости суда подкреплялась соответствующими правовыми нормами, но на практике их реализация встречала немало трудностей. Сказывались традиции сильной власти губернаторов в один период и секретарей обкомов и райкомов — в другой.. В постсоветский период данная традиция получила неожиданное продолжение в попытках оказать давление на судей со стороны народных депутатов, что является вполне объяснимым, т.к. сознание многих депутатов сформировалось в советское время и многие из них успели приобрести властный опыт в райкомовских коридорах и кабинетах.

Особенно острым вопрос о независимости судей в оба исторических периода оказался в отношении мировых судей. Законодатели обеих эпох с целью экономии возложили содержание мировой юстиции на местные органы власти. Правда, в постсоветское время это было сделано только частично — зарплата мировым судьям выплачивается из федерального бюджета, а за счет местного бюджета осуществляется содержание аппарата мировых судей и их обеспечение помещениями и всем необходимым. Ситуация получилась более чем двусмысленная — судебная власть должна быть беспристрастна, а для этого она должна быть независима во всех смыслах этого слова, в том числе и в финансовом. Думается, что проблема финансирования может существенно повлиять на независимость мировых судей. О чем будет думать мировой судья, если ему придется разбирать дело, в котором в том или ином качестве замешан местный мэр, губернатор или другой какой-либо крупный чиновник, а также его родственники? Это только на первый взгляд кажется, что раз зарплата мировому судье платится из федерального бюджета, то судья полностью независим. Без нормального помещения, компьютеров и прочих «мелочей» нормальное функционирование судов невозможно. Следовательно, может повториться ситуация XIX столетия, когда пусть изредка, но все же мировые судьи начинали испытывать робость перед властью земств. Необходимо подумать и о тех, ради кого все задумывалось, — простых гражданах, ведь они тоже нуждаются в нормальных условиях работы суда. Им нужны и нормальные условия в помещениях суда, и быстрое дешевое правосудие, что в XXI веке без нормального технического обеспечения невозможно. Поэтому идею переложить часть расходов по содержанию мировой юстиции на местные бюджеты нельзя признать удачной.

***

Рассматривая судебную систему в контексте теории разделения властей, можно отметить, что судебная власть не может действовать абсолютно изолированно от остальных ветвей власти. Опосредованно на ход судебной реформы оказывают воздействие законодательная и исполнительная власти. Законодательная власть призвана сформировать правовую базу реформы. Именно от деятельности законодателя зависят темп и содержание реформы. Здесь можно отметить, что, несмотря на наличие менее демократического и совершенного механизма законотворчества, законодатель XIX столетия действовал более последовательно и более оперативно, чем законодатель современного периода. Реформа 1864 г. была разработана сразу, как цельный, логически завершенный акт. Современная судебная реформа приняла затяжной характер — нормативные акты, определяющие ее содержание, принимались в течение 15 лет и носили нескоординированный характер. Во многом темп обеих судебных реформ оказался в зависимости от общего хода модернизации. Александровская модернизация шла гораздо более интенсивными темпами. Современная модернизация проводилась в более сложной экономической и политической ситуации, сопровождалась кардинальной сменой государственного строя и распадом государства. Поэтому, с одной стороны, современная судебная реформа является фактором, ускоряющим общий модернизационный процесс, а с другой стороны — сама становится его заложником.

В современный период возможность воздействовать на ход судебной реформы оказалась и у местных законодателей. Возможности региональных органов власти влиять на ход реформы намного выше, чем это было в годы реализации судебной реформы 1864 г. С одной стороны, большие возможности регионов позволяют выбирать более гибкую тактику проведения реформы, лучше учитывать региональные особенности, с другой — в большей степени играет роль субъективный фактор, т.е. личная позиция отдельного местного руководителя.

Изучение процесса взаимодействия административной власти с судебной и влияния административной власти на ход судебной реформы как в центре, так и на местах показывает, что процесс реализации судебной реформы в определенной степени зависит от позиции административных органов. Позиция административных органов может содействовать ходу судебной реформы, а может его тормозить. Особенно четко позиция административной власти проявляется в процессе становления независимости судов. Обе реформы ставили задачу сформировать независимое правосудие, обе реформы создали для этого законодательную базу. Однако в ходе проведения обеих реформ данный принцип воплощался тяжело, во многом попадая в зависемость от позиции административных органов. В то же время можно заметить, что становление независимой судебной власти является частью всего реформаторского процесса — выделение независимой судебной власти есть часть процесса разделения власти на три ветви и формирования демократических институтов и нового правосознания в обществе, в котором осознается принцип верховенства права и обязательность подчинения законам всех, в том числе и высших должностных лиц.

Административная власть создает условия для проведения реформаторских мероприятий и успешного функционирования судебных органов. Одним из таких условий прежде всего надо назвать своевременное и полное финансирование судебной системы. В ходе проведения обеих реформ финансирование судебной системы испытывало трудности — объектом экономии стали здания судов, а также мировая юстиция, содержание которой было переложено на местные органы власти. Однако ситуация при проведении судебной реформы 1864 г. не достигла такой остроты, как это произошло в конце XX века, когда недофинансирование практически парализовало работу судебного ведомства. Повторилась ситуация и при становлении мировой юстиции — желание переложить ее содержание на бюджеты органов самоуправления (XIX век) или бюджеты субъектов федерации (XX век) создало серьезные проблемы в становлении этого института. Конечно, идея удешевить правосудие на первый взгляд может быть привлекательной. Однако это только на первый взгляд. Исторический опыт свидетельствует, что в результате получается прямо по пословице: «Скупой платит дважды». Можно утверждать, что наше общество еще раз наступило на те же грабли, которые уже были положены на пути российской Фемиды более 150 лет назад. Исторический опыт проведения реформы 1864 г. и первые годы деятельности мировой юстиции в современной России свидетельствует о необходимости изменения законодательства и возложения всех расходов по содержанию мировой юстиции на федеральный бюджет. Дешевое правосудие очень дорого обходится государству и обществу. К сожалению, исторический опыт не был изучен и практически не был учтен, поэтому в XX веке повторили ошибку века XIX. Осознание истины, что хорошее правосудие дешевым не бывает, в оба исторических периода происходило и происходит очень медленно.

3. СУД В ВИХРЕ ПРЕОБРАЗОВАНИЙ

3.1. Формирование правового статуса судей и кадровая политика: история и современность

Центральной фигурой в судопроизводстве, безусловно, является судья. Именно деятельность судьи олицетворяет деятельность судебной системы в целом. Поэтому необходимо сформировать правовой статус судьи, позволяющий ему соответствовать столь важной в обществе функции. Нельзя говорить об эффективности судебной реформы, если в ее ходе не сформируется такой правовой статус судей, который сделает их независимыми и обеспечит высокий престиж профессии судьи, а также сформирует такой механизм подбора кадров на судейские должности, который сведет к минимуму назначение людей малообразованных, случайных и профессионально непригодных. Настоящее правосудие не терпит судей-статистов, к своим служащим Фемида предъявляет строгие требования. Мало хорошо знать законы (хотя это обязательно), необходимо иметь особый склад ума, уметь логично мыслить, быстро принимать решения и обладать определенными человеческими качествами: уметь не поддаваться чужому влиянию, отстаивать свое мнение, а также быть человеколюбивым и способным к состраданию.

В то же время судья должен быть законодательно огражден от какого-либо влияния, защищен во всех отношениях и, наконец, материально обеспечен. Формирование соответствующего статуса судей следует считать залогом эффективности модернизации, целью которой является развитие демократии и гражданского общества. Только независимый судья будет по-настоящему защищать права и свободы людей и беспристрастно разрешать споры между учреждениями, политическими партиями, человеком и властью. Поэтому вопрос о правовом статусе судей является одним из центральных для обеих судебных реформ, и представляется важным проследить, насколько обе реформы содействовали повышению правового статуса судей, а также оценить влияние судебной реформы 1864 г. на процесс изменения правого статуса судей на рубеже XX и XXI веков.

3.1.1. Требования, предъявляемые к кандидатам в судьи. Очевидно, что основным источником, позволяющим осветить данный вопрос, является законодательство страны. В пореформенный период XIX века с введением в действие судебной реформы 1864 г. правовой статус судей регулировался Учреждением судебных установлений. В современные дни основу для формирования правого статуса судей заложило принятие в 1989 г. Закона СССР «О статусе судей в СССР»[323]. После распада СССР в России в 1992 году был принят Закон РФ «О статусе судей в РФ». На протяжении более чем десяти лет в него внесен целый ряд существенных поправок, которые изменили некоторые основополагающие положения закона. Наиболее важные положения о правовом статусе судей закреплены в главе 7 Конституции РФ. Кроме Конституции и Закона РФ «О статусе судей в РФ» можно назвать еще ряд нормативных документов, формирующих правовой статус судей: в частности, Закон РФ «О государственной защите судей, должностных лиц правоохранительных и контролирующих органов» от 20 апреля 1995 г.[324], Закон РФ «Об органах судейского сообщества в РФ» от 14 марта 2002 г.[325], Закон РФ «О Конституционном суде РФ» от 21 июля 1994 г.[326], Закон РФ «Об арбитражных судах РФ» от 28 апреля 1995 г.[327], Закон РФ «О военных судах РФ» от 23 июня 1999 г.[328], Закон РФ «О дополнительных гарантиях социальной защиты судей и работников аппарата судов РФ»[329], Закон РФ «О мировых судьях в РФ» и законы о мировых судьях субъектов Российской Федерации.

Если говорить о требованиях, предъявляемых к кандидатам в судьи, то законы XIX века и законы конца XX — начала XXI веков исходят из одних принципов: судьей может стать гражданин (подданный) России, достигший определенного возраста, имеющий соответствующее образование, опыт работы по специальности и непорочную репутацию. Ценз подданства сформулирован в законах обоих периодов практи-

323 Ведомости съезда народных депутатов СССР и Верховного Совета СССР. 1989. № 9. Ст. 223.

324 СЗ РФ. 1995. № 17. Ст. 1455; 1998. № 30. Ст. 3613; № 10. Ст. 1067.

325 Российская газета . 2002. 19 марта.

326 СЗ РФ. 1994. № 13. Ст. 1447.

327 СЗ РФ. 1995. № 18. Ст. 1589.

328 СЗ РФ. 1999. № 26. Ст. 3170.

329 СЗ РФ. 1996. № 22. Ст. 22, 2594; 1997. № 29. Ст. 3502. № 46. Ст. 4537.

чески одинаково: «В должности по судебному ведомству могут быть определяемы только русские подданные» (Ст. 200 Учреждения судебных установлений — УСУ) и «Судьей может быть только гражданин Российской Федерации» (ст. 119 Конституции РФ, ст. 4 Закона РФ «О статусе судей в РФ»). (При этом можно заметить, что в XIX веке ценз подданства был обязателен не для всех родов государственной службы. На ряд должностей государственной службы могли приниматься иностранцы, они принимали присягу на верность службе, но не на верность царю.) Также единодушным оказались законодатели обоих веков в отношении возраста для судей: для занятия судейской должности минимальным признан возраст 25 лет. В современном законе возрастной ценз уточнен: для занятия должности судьи верховного суда республики, краевого, областного суда необходимо достичь 30-летнего возраста, для занятия должности судьи Верховного Суда, высшего Арбитражного Суда — 35 лет (ст. 4 Закона РФ «О статусе судей в РФ»). В 2001 году в этот закон была внесена поправка относительно судей Конституционного суда — им был установлен возрастной ценз 40 лет.

Законы Российской империи не устанавливали ограничений полномочий для судей по причине достижения предельного возраста. Была только статья 229 Учреждения судебных установлений, по которой допускалась принудительная отставка судьи в случае длительной болезни. Первоначально советский закон, а затем и российский продолжили эту традицию, не установив для судей ограничений полномочий по возрасту. В первых редакциях Закона РФ «О статусе судей в РФ» статья 11 гласила: «Полномочия судьи в Российской Федерации не ограничены определенным сроком». В 2001 г. появился «потолок» для судей по возрасту — 65 лет, в 2005 г. он был повышен до 70 лет. Подобное ограничение в дореволюционном законодательстве устанавливалось только для присяжных заседателей. В современный период некоторыми авторами оно было оценено как покушение на независимость судьи. В частности, такую оценку дал канадский исследователь П. Соломон[330]. Хотя можно отметить, что в современном российском законодательстве такая практика не единична: в частности, предельный возраст установлен в системе высших учебных заведений для должности ректора — 65 лет. Можно отметить, что, как показал опрос рязанских судей, наиболее распространенный возраст судей колеблется от 36 до 45 лет. В этом возрасте пребывают на момент проведения опроса 56,8% рязанских служителей Фемиды. В возрасте от 25 до 35 находятся 24,7% опрошенных судей, 14,8% уже перешагнули 45- лет-

330 Соломон П. Угроза судебной контрреформы в России // Сравнительное Конституционное обозрение. 2005. № 5. С. 51.

ний рубеж, но не достигли 55 лет, и очень незначительная часть судей (3,7%) старше 55. Таким образом, наибольшее количество судей — это люди среднего возраста, что характеризуется положительно, т.к. к этому времени уже накоплен жизненный и профессиональный опыт, а здоровье и энергия еще не растрачены.

Законодательства обоих периодов исходят из того, что вершить правосудие должны люди образованные. Однако несколько отличаются трактовки образовательного ценза. Требования законодательства XIX века несомненно мягче современного. По Судебным Уставам 1864 г. предписывалось на должности мировых судей избирать лиц, имеющих высшее или среднее специальное (не обязательно юридическое) образование (ст. 19 Устава судебных учреждений — УСУ). Для судей общих судов (окружных и судебных палат) требования были выше: «имеющих аттестаты университетов об окончании курса юридических наук или о выдерживании экзамена в сих науках или же доказавших на службе свои познания по судебной части» (ст. 2002 УСУ). Данная оговорка о «доказавших на службе познания по судебной части» открывала дорогу лицам, не имеющим юридического образования. Это было порождено боязнью не найти соответствующее количество лиц с высшим юридическим образованием. Однако в целом эти положения закона все равно следует оценивать как крупный шаг вперед, т.к. до реформы к судьям вообще не предъявлялись требования иметь соответствующее образование. Именно реформа 1864 г. заложила принцип профессионализма в работе судей. Реформа резко повысила образовательный уровень судейского корпуса: если до нее только 60% судей имели высшее образование, то после реформы — 89,2%. Однако не все получили образование именно на юридических факультетах. Среди учебных заведений, в которых воспитывались будущие служители Фемиды округа Московской судебной палаты, встречаются и такие учебные заведения, как Медико-хирургическая академия — 0,9%, Духовная академия — 0,9%, духовная семинария — 1,8%, военное училище — 1,8%, кадетский корпус — 1,8%, гимназия — 4,5%[331].

Образовательный уровень мировых судей был значительно ниже. Анализ сведений по Московской, Владимирской, Рязанской, Калужской и Нижегородской губерниям показывает, что только 40% мировых судей имели высшее образование и только 25% получили его в университете. Очень часто на эту должность выбирались те, кто обучался в средних военных учебных заведениях, т.е. отставные военные. Они составляли 29,8% всех мировых судей. 12,5% мировых судей

331 См. Попова А.Д. «Правда и милость да царствуют в судах» (из истории реализации судебной реформы 1864 г.). Рязань, 2005. С. 298.

обучались только в гимназиях. Не редкостью было встретить мирового судью, получившего домашнее воспитание, или того, кто оставил гимназию или духовную семинарию, не окончив курса[332].

В современные дни к образовательному цензу законодатель относится очень строго. Статья 119 Конституции РФ четко оговаривает, что судьей может быть только гражданин, имеющий высшее юридическое образование. Более того, современный законодатель значительно ужесточил образовательный ценз: кандидат на судейскую мантию должен не просто представить диплом о высшем юридическом образовании государственного образца, а выдержать квалификационный экзамен (ст. 5 Закона РФ «О статусе судей в РФ). Данная норма представляется весьма обоснованной, особенно в контексте современного состояния высшего образования. Сейчас редкий вуз не готовит юристов на бюджетной или внебюджетной основе, падение уровня подготовки специалистов актуально по всем специальностям, в том числе и по юриспруденции. Как показывает практика, далеко не каждый обладатель диплома о высшем юридическом образовании в состоянии выдержать квалификационный экзамен. Например, в Нижегородской области в 2004 году выдержали такой экзамен только 43% экзаменующихся, а в 2005-м — только 42,5%[333]. Причем это не является специфической чертой Нижегородской области. По стране число провалившихся еще больше — 70%, и это при том, что от экзаменующихся даже не требуется знать кодексы и законы наизусть — ими можно пользоваться на экзамене. «Главное, чтобы человек знал, где что искать. Так ведь найти не могут», - говорит председатель одного из региональных судов[334]. При этом надо получить не просто положительную оценку (т.е. хотя бы «удовлетворительно»), а не ниже «четверки». Председатель Квалификационной коллегии судей Рязанской области В.А. Калинина отмечает: «Некоторые кандидаты, имеющие удовлетворительные оценки по результатам квалификационных экзаменов, полагают, что оценка "удовлетворительно" достаточна для рекомендации, что не успел выучить к экзамену, можно выучить в ходе работы… Напротив, Квалификационная коллегия считает, что претенденты, имеющие оценки "удовлетворительно", не могут быть рекомендованы на замещение вакантных должностей судей…»[335]

---

332 Там же. С. 301.

333 Сайт Регионального информационного агентства «Кремль» http://www.riakreml.ru/society/?39753 11.06.2006

334 Куликов В. Открытый суд над бюрократами // Российская газета. 2007. 5 декабря.

335 Калинина В.А. Доклад председателя Квалификационной коллегии судей Рязанской области // Буква закона. Журнал судейского сообщества Рязанской области. 2005. № 1—2. С.52.

Весьма показательным может считаться эпизод с обжалованием решения квалификационной коллегии г. Москвы. В 2003 г. в Высшую квалификационную коллегию обратился гражданин Н., которому было отказано Квалификационной коллегией г. Москвы в рекомендации его на должность мирового судьи по той причине, что при сдаче квалификационного экзамена его знания по гражданскому и гражданско-процессуальному праву были оценены на «удовлетворительно». Однако Высшая квалификационная коллегия оставила решение Квалификационной коллегии г. Москвы без изменений, аргументируя это тем, что именно гражданскими делами мировому судье чаще всего приходится заниматься[336]. Более того, встречаются мнения, что традиционной формы проведения экзамена (по заранее готовым вопросам) явно недостаточно. Член-корреспондент РАН М.И. Клеандров считает, что такой экзамен назвать основательной проверкой знаний нельзя. «Проверка знаний действующего материального и процессуального законодательства, знаний теории (включая историю предмета) и судебной, а также иной правоприменительной практики должна проводиться на уровне "рядового", текущего семестрового экзамена в вузах (как сейчас), и даже не на уровне государственного экзамена в вузе, а на уровне экзамена, обычно именуемого кандидатским минимумом…» — утверждает он[337]. С этим можно согласиться, в любом случае экзамен должен представлять серьезную проверку знаний, а не быть формальным испытанием. Вызывает, например, удивление перечень вопросов для сдачи квалификационного экзамена, помещенный на сайте Камчатского областного суда. Этот перечень содержит всего 60 (!) вопросов из всех отраслей права. Так, из гражданского права дано всего 10 вопросов. По уголовному и уголовно-процессуальному праву по столько же, а по семейному праву составители ограничились 5 вопросами. Больше это напоминает список вопросов для студентов не юридических специальностей по курсу «Правоведение»[338]. Современная модернизация серьезно усложнила общественные отношения, что соответственно усложнило и законодательство. Это предъявляет очень высокие требования к судьям в плане знания законодательства. Даже незначительное на первый взгляд гражданское дело требует обращения к целому ряду нормативных актов.

---

336 Обзор результатов деятельности высшей квалификационной коллегии судей Российской Федерации и квалификационных коллегий судей общих, арбитражных и военных судов за 2003 г. // Официальный сайт Верховного суда. http//www.vsrf.ru/oss_detale.php?id=474=17/08/2006

337 Клеандров М.И. О совершенствовании механизма отбора кандидатов в судьи и наделении их судейскими полномочиями // Государство и право. 2005. № 5. С. 89.

338 Официальный сайт Камчатского областного суда http://www.kamchatka. — С. 89. Официальный сайт Камчатского областного суда http://www.kamchatka ru/~oblsud/

Достаточно требовательно законодатели двух реформ отнеслись к цензу опытности. По Судебным Уставам он был необходим для занятия должности председателя, товарища председателя, члена суда, судебного следователя и любой должности по прокурорскому надзору. Ценз опытности требовался для вступления в корпорацию присяжных поверенных. Закон предусматривал такой порядок, по которому занятие высших должностей было невозможно без определенного срока службы на низших. Для приобретения первоначального опыта создавался институт кандидатов на судебные должности. Он предназначался для молодых людей, имевших высшее юридическое образование, но не обладавших опытом работы. Кандидаты прикреплялись к судебным местам для ознакомления с их работой, что выражалось в обязательном посещении судебных заседаний, а также в выполнении различных поручений прокуроров и судей. Кандидаты считались находившимися на государственной службе, но жалование они не получали. Первоначальный опыт мог быть накоплен и в должности секретаря или его помощника.

В советское время отношение к цензу опытности значительно смягчилось. Даже в областных судах можно было встретить судей, не имеющих опыта работы в судебной системе. Так, в справке о работе судов Казахской ССР за 1986 г. отмечалось, что из 95 судей областных судов республики, избранных за последние 5 лет, только 1/3 имели опыт судейской работы. Остальные до избрания в суд второй инстанции трудились сотрудниками отделов юстиции, юрисконсультами, секретарями. Встречались даже случаи избрания молодых специалистов, т.е. вчерашних выпускников вузов[339]. Современная судебная реформа ужесточила требования к цензу опытности. Для кандидатов на должность судьи Конституционного суда стаж по юридической профессии установлен 15 лет, для судьи Верховного суда или Высшего Арбитражного суда — 10 лет, Верховного суда республики, суда автономной области, краевого, областного суда — 7 лет, для всех остальных судов — 5 лет (ст. 4 Закона РФ «О статусе судей в РФ»). Первые редакции Закона РФ «О статусе судей в РФ» ограничивались простой формулировкой «стаж работы по юридической специальности не менее...», а само понятие «стаж по юридический специальности» не раскрывался. Только в подзаконных актах был перечень соответствующих должностей. С 2001 года статья 4 Закона РФ «О статусе судей в РФ» содержит подробную расшифровку — работу на каких должностях можно считать работой по юридической специальности. Можно отметить, что современный законодатель понятие профессионального стажа трактует бо-

339 ГАРФ. Ф. Р-9492. Оп. 8. Д. 2405. Л. 10.

лее свободно, чем это было в XIX столетии. Сейчас в стаж по юридической профессии включена служба на государственных должностях в федеральных органах власти и органах муниципального самоуправления, работа в юридических службах, научно-исследовательских учреждениях и в качестве преподавателя юридических дисциплин в учреждениях среднего и высшего профессионального образования. По Судебным Уставам 1864 г. признавался исключительно стаж службы по судебному ведомству, что, возможно, следует признать разумным. Даже очень хороший преподаватель юридических дисциплин или чиновник управленческого аппарата не может получить представление об особенностях работы судебной системы. В частности, претендовать на судейское кресло после пяти лет работы может и администратор суда, спору нет — эта должность очень важная, так как именно от администратора суда зависит, в каких условиях будет работать суд, но к отправлению правосудия он никакого отношения не имеет.

Как показывает изучение личных дел судебных деятелей второй половины XIX века, типичный карьерный рост судьи был следующим: вначале должность кандидата на судебные должности, затем работа в канцелярии, следующей распространенной ступенькой была должность судебного следователя, затем помощника прокурора или нотариуса, и только потом можно было рассчитывать на судейскую мантию. Причем каждая новая ступень в карьерной лестнице давалась не так просто. Каждому новому назначению предшествовала обильная переписка, в которой достоверно выяснялись деловые и нравственные качества кандидата. Также характерной чертой службы судебных деятелей того времени было то, что редко кто из них делал всю карьеру на одном месте — в одном и том же суде. Очень типичны были перемещения в другие города — в течение своей карьеры каждый чиновник судебного ведомства менял три — пять мест жительства. В современные дни наиболее оптимальной ступенькой к судебной должности может стать должность помощника судьи. Как показывает опрос судей Рязанской области, проведенный автором, до назначения на судейскую должность чуть более одной пятой из них (20,9%) работали помощниками судей. Чуть больше (22,2%) судей работали раньше в прокуратуре, на третьем месте — должность следователя. В этом качестве работало 13% судей. 7,4% были юрисконсультами, 6,2% трудились в исполнительных органах власти, 4,9% — адвокатами, столько же судебными приставами. Возможно, стоит законодательно ввести норму, по которой кандидат в судьи должен отработать хотя бы один год в этой должности.

Если сравнивать требования, предъявляемые к кандидатам в судьи, то следует отметить исчезновение полового ценза. В XIX веке путь к государственной службе для женщин был закрыт. Ветер перемен эпохи Великих реформ несколько пошатнул эту привычную позицию, за женщиной была признана одна сфера общественной деятельности — педагогика. В других сферах, в том числе и правоохранительной, царствовали мужчины. Причем сила традиций была так сильна, что в Судебных Уставах 1864 г. даже не упоминается, к какому полу должны принадлежать кандидаты на должности судей, прокуроров, следователей, присяжных поверенных, присяжных заседателей. Закон ограничивался простым словом «лица», предъявляя к этим лицам требования ценза образованности и опытности, но естественно, что в силу традиции лица должны быть только мужского пола, да и условиям, которые ставились, у женщин не было возможности соответствовать[340]. Получить высшее юридическое образование они не могли, приобрести опыт службы в государственных учреждениях тоже не могли, т.к. на эту службу брали только мужчин. Попытка хоть немного поколебать эту устойчивую традицию могла стать причиной сильного скандала.

Так, в 1867 г. три мировых судьи города Москвы осмелились взять на скромные должности делопроизводителей трех девушек: сестер Чумаковских и Иванову. Сам факт службы женщин в присутственном месте сильно насторожил бдительных чиновников III отделения. Бдительный страж, подавая объемный рапорт по этому поводу, обвинил девушек и судей во всех грехах сразу — от нигилизма до распутного поведения. Для подтверждения последнего чиновник нашел «железный» аргумент, написав об одной из девушек следующим образом: «Постоянно проводит время наедине с Асафовым (письмоводитель. — А.П.) в его комнате под благовидным предлогом занятий по занимаемой должности»[341]. Проведенная по личному указанию министра юстиции Д.Н. Замятнина проверка показала беспочвенность всех обвинений, но от мест девушкам были вынуждены отказать (как говорится, «на всякий случай»). Только в начале XX века начались разговоры о допущении женщин в адвокатуру. Однако проект о допущении женщин в адвокатуру был воспринят высшими чиновниками министерства юстиции в штыки. В защиту женщин выступил А.Ф. Кони, в своей статье «О допущении женщин в адвокатуру» он доказывал, что нельзя проводить в адвокатуре разделение по половому признаку. Хотя ради справедливости следует заметить, что великий юрист тоже очень четко ограничивал сферу деятельности женщин — гражданское судопроизводство[342]. Первое появление женщины в суде в качестве ад-

340 Устав судебных учреждений // Российское законодательство X—XX вв. М., 1984. Т. 8. С. 35, 41, 53, 71.

341 ГАРФ. Ф. 109. Оп. 42. Д. 52. Л. 2 об.

342 Кони А.Ф. О допущении женщин в адвокатуру. Собр. соч. М., 1967. Т. 4. С. 438.

воката закончилось скандалом. Некая Флейшиц взяла на себя защиту по уголовному делу в Петербургском окружном суде. Прокурор Ненароков отказался участвовать в процессе[343].

В советский период работа судьи стала больше женской, чем мужской. В определенной степени это было следствием недостаточно высокого уровня зарплат в судебном ведомстве. При всей борьбе за равноправие полов в первой в мире стране Советов все же более оплачиваемая работа доставалась мужчинам. Сама власть неоднозначно относилась к росту количества женщин среди судей. С одной стороны, это было выгодной иллюстрацией победившего равноправия мужчин и женщин. В то же время увеличение количества женщин-судей порой порождало неоднозначные оценки. Так, в обзорной справке о работе судов в Могилевской области увеличение процентного соотношения женщин с 41,5 до 51,8% отмечалось как снижение требовательности в подборе кадров[344]. Когда в 1990 г. состоялся первый опыт выбора судей по нормам закона СССР «О статусе судей», Министерство юстиции, анализируя результаты, отмечало как отдельный успех, что «несмотря на то что в составе судей из года в год увеличивается удельный вес женщин, в ходе выборов в целом удалось приостановить процесс дальнейшей феминизации судейского корпуса»[345]. В современные дни судейская работа также остается больше женской, чем мужской. Например, в Ульяновской области женщины составляют 67,5% районных судей, в областном суде эта цифра чуть ниже — 57,4%[346]. Среди судей Рязанской области, принявших участие в опросе, женщины составили 65,4%. Для многих женщин-судей даже не стоит вопрос: судья — это мужская или женская профессия? Как отмечает судья Рязанского областного суда А.И. Баранова, «женщины лучше разбираются во всех житейских неурядицах. Гражданские дела лучше рассматривать женщинам. К тому же в женщине от природы острее чувство справедливости»[347]. Многие женщины-судьи, соглашаясь, что работа судьи влечет большие эмоциональные и физические нагрузки, подчеркивают, что именно женщины в большей степени наделены рядом таких качеств, без которых правосудию никак не обойтись: «Судья должен быть терпелив, что больше свойственно женщине…» (Е.В. Сапунова,

343 Звягинцев А.Г., Орлов Ю.Г. Приговоренные временем. Российские и советские прокуроры. XX век. 1937—1957 гг. М., 2001. С. 118.

344 ГАРФ. Р-9492. Оп. 8. Д. 2405. Л. 86.

345 ГАРФ. Р-9492. Оп. 8. Д. 2836. Л. 26.

346 http://scourt.vens.ru/vestnik/vestnik17/4_4/ 16.10.04

347 Баранова А.И. Нам часто некогда (беседа с судьей Рязанского областного суда А.И. Барановой / записала И. Матвеева) // Буква закона. 2004. № 1. С. 50.

председатель Советского районного суда)[348], «…работа судьи требует усидчивости, терпимости, внимательного отношения к людям, что в большей степени свойственно именно женщинам» (Г.Д. Шершнева, судья Рязанского областного суда)[349], «Я считаю, что это самая что ни на есть женская работа. Она очень кропотливая, требует большого терпения и усидчивости» (Л.М. Кондакова, председатель судебной коллегии по уголовным делам Рязанского областного суда)[350].

Однако есть еще противники допущения в судебную сферу женщин, как среди судей-мужчин, так и среди политиков. Так, судья Владимир Полудняков отмечает: «При всем уважении к женщинам, отмечая их безусловную добросовестность, самоотдачу в нелегком судейском деле, нельзя не учитывать, что не всем им по силам эмоциональные, психологические и физические перегрузки, которыми перенасыщено судопроизводство»[351]. Известный политик В.В. Жириновский предложил вообще запретить женщинам доступ в судейский корпус: «Большинство преступлений совершают мужчины, и женщины не в состоянии их понять»[352].

Современный период обогатился новым требованием для кандидатов в судьи: в 2001 г. в Закон РФ «О статусе судей в РФ» была введена новая статья «Медицинское освидетельствование претендента на должность судьи». Кандидаты в судьи должны проходить медицинское освидетельствование и представлять справку, что не страдают заболеванием, препятствующим выполнению обязанностей судьи. Перечень данных заболеваний утверждается федеральным законом. Естественно, изучается личность кандидата, его прежняя жизнь. В частности, обязательно проверяется, не было ли конфликтов с законом у самого кандидата или у его родственников. Поэтому далеко не каждому гражданину, успешно сдавшему экзамен и не имеющему серьезных проблем со здоровьем, удается стать судьей. В 2001 г. квалификационные коллегии судов рассмотрели 6141 заявление граждан о рекомендации

---

348 Сапунова Е.В. Нельзя везде быть судьей (беседа с председателем Советского районного суда / Записала И. Матвеева) // Буква закона. 2004. № 1. С. 58

349 Шершнева Г.Д. «Вокруг меня всегда хорошие л2юди» (беседа с судьей Рязанского областного суда Г.Д. Шершневой / Записала И. Матвеева) // Буква закона. 2004. № 1. С. 56.

350 Кондакова Л.М. «Главное в человеке — доброта» (беседа с председателем судебной коллегии по уголовным делам Рязанского областного суда Л.М. Кондаковой / Записала И. Матвеева) // Буква закона. 2004. № 1. С. 54.

351 Полудняков В.И. Современная российская судебная реформа: на пути в мир правосудия. СПб.: «Нева», 2002. С. 150.

352 Электронная система Гарант-интернет http://www.garweb.ru/project/vas/new/smi/01/06/20010630/478076.htm.

на должности судей. Было дано 5477 положительных заключений, а 664 гражданам было отказано[353]. В 2002 г. коллегии рассмотрели 6736 рекомендаций кандидатов в судьи, по 6060 рекомендациям вынесены положительные заключения, по 661 рекомендации вынесены отрицательные заключения, 15 человек отозвали свои заявления[354]. В 2003 г. отказано 746 кандидатам из 6725[355]. В 2004 г. отказано 496 кандидатам из 7662[356]. Причиной отказа обычно служат следующие причины: указание кандидатом неверных сведений, наличие судимости у родственника кандидата или совершение им самим негативного поступка. В прессе встречаются предложения ввести дополнительные требования к кандидатам в судьи. В частности, можно согласиться с предложениями ввести обязательное психологическое тестирование для кандидатов на должности судей[357]. Подобное тестирование обязательно при поступлении на работу в МВД. Однако и для судей оно должно быть обязательным. Судебным Департаментом при Верховном Суде РФ был проведен эксперимент. В 11 субъектах России кандидаты на должности судей были подвергнуты психологическому тестированию. Оказалось, что из всех обследованных требованиям судейской профессии соответствовали только 18%, 39,9% обследованных соответствовали в основном, соответствовали частично 30,9% кандидатов, 10,8% не соответствовали совсем[358]. Подтверждают необходимость психологи-

---

353 Обзор результатов деятельности Высшей квалификационной коллегии судей Российской Федерации и квалификационных коллегий судей общих, арбитражных и военных судов за 2001 г. // Официальный сайт Верховного суда. http//www.vsrf.ru/oss_detale.php?id=471=17/08/2006

354 Обзор результатов деятельности высшей квалификационной коллегии судей Российской Федерации и квалификационных коллегий судей общих, арбитражных и военных судов за 2002 г. // Официальный сайт Верховного суда. http//www.vsrf.ru/oss_detale.php?id=472=17/08/2006

355 Обзор результатов деятельности высшей квалификационной коллегии судей Российской Федерации и квалификационных коллегий судей общих, арбитражных и военных судов за 2003 г. // Официальный сайт Верховного суда. http//www.vsrf.ru/oss_detale.php?id=474=17/08/2006

356 Обзор результатов деятельности высшей квалификационной коллегии судей Российской Федерации и квалификационных коллегий судей общих, арбитражных и военных судов за 2004 г. // Официальный сайт Верховного суда. http//www.vsrf.ru/oss_detale.php?id=474=17/08/2006

357 См. Клеандров М.И. О совершенствовании механизма отбора кандидатов в судьи и наделении их судейскими полномочиями // Государство и право. 2005. № 5; Матеров Н. Как улучшить подбор кандидатов на должности судей // Российская юстиция. 2004. № 4; Пейсиков В. Правовые основы отбора и подготовки судей в России // Российская юстиция. 2004. № 5.

358 Матеров Н. Как улучшить подбор кандидатов на должности судей // Российская юстиция. 2004. № 4. С. 6.

ческого тестирования и опросы судей. 27% из опрошенных оценили психологическую нагрузку на судей как «среднюю», 51% — как «предельную», а 12% — как «запредельную»[359]. Очевидно, что при имеющихся психологических нагрузках работать судьей сможет далеко не каждый, и психологическое тестирование призвано выбрать наиболее устойчивых к таким нагрузкам. Сейчас такое психологическое тестирование проводится только в ряде регионов в качестве эксперимента, например, в Ульяновской[360] и Липецкой областях[361].

Первоначально российский законодатель никак не ограничивал срок полномочий судьи. Статья 11 Закона РФ «О статусе судей в РФ» в редакции 1992 г. гласила: «Полномочия судьи в Российской Федерации не ограничены сроком». В 1993 г. редакция этой статьи изменилась: срок полномочий мировых судей был установлен в 5 лет, а для судей районных судов было определено, что первоначально они избираются на 5 лет, затем — пожизненно. В 1995 г. первоначальный срок для судей районных судов сократился до трех лет.

3.1.2. Правовые гарантии независимости судей. Имеется сходство законов двух периодов и в мерах, принятых для обеспечения независимости судей. Обе реформы закрепили принцип несменяемости судей. Статья 243 Учреждения судебных установлений определила, что «председатели, товарищи председателей и члены судебных мест не могут быть уволены без прошения». Эта же статья не разрешала переводить судью в другую местность без его согласия. Статья 121 Конституции РФ гласит: «Судьи несменяемы. Полномочия судьи могут быть прекращены или приостановлены не иначе как в порядке и по основаниям, установленным федеральным законом». Статья 12 Закона РФ «О статусе судей в РФ» также закрепила положение, что судью без его согласия нельзя перевести в другой суд и на другую должность.

Также законодатели обоих периодов исходят из того, что независимость судей невозможна без их достойного материального обеспечения. До реформы 1864 года те, кто работал в судебном ведомстве, влачили жалкое существование. По данным известного советского историка П.А. Зайончковского, в 1808 г. заседатели палат уголовного и гражданского суда получали 360 рублей в год (!), уездный судья — 375 рублей. Канцелярские служащие еще меньше — 20—40 рублей. Как

359 Абдулин Р.С. Судебная система России: традиции и современность (историко-правовой аспект). Курган, 2005. С. 74.

360 Ямщиков В. «Российским судьей может стать гражданин РФ, но не каждый…» (беседа с членом квалификационной коллегии судей Ульяновской области В. Ямщиковым / Записала С. Ерошина) // Ульяновская правда. — 2006. — 12 мая.

361 Искорнев В. Качество правосудия — не все выстрелы в цель // Липецкая газета. 2004. 12 февраля.

результат этого, вспоминает современник, придя в уездный суд в г. Можайске Московской губернии, он обратил внимание на отсутствие чуть ли не половины служащих. Выяснилось, что служащие ходят на работу по очереди, т.к. не имеют одежды и вынуждены друг другу одалживать сапоги, сюртуки, у кого что было.

С целью улучшить образовательный и нравственный уровень судебных деятелей реформа 1864 г. предусматривала резкое повышение жалования судебным деятелям. Согласно Судебным Уставам судебный пристав при окружном суде получал 600 рублей в год, судебный следователь — 1500 рублей, член окружного суда — 2200 рублей, прокурор окружного суда — 3500 рублей. Кроме того, могли быть добавочные выплаты.

Много или мало 2200 рублей в год? Конечно, эти две тысячи не могут равняться с современными. Вот цены 1873 года: пуд ржаной муки (16 килограммов) стоил 63 копейки, пшеничной — 1 рубль 95 копеек, мера гречневой крупы (мера — это примерно 26 литров, т.е. 2,5 ведра, или полмешка) стоила 1 рубль 4 копейки, мера картофеля — всего 40 копеек, пуд свежей говядины — 3 рубля 20 копеек, десяток яиц — 8 копеек. Год обучения в гимназии стоил 60 рублей. Таким образом, 2200 рублей — это действительно высокий уровень оплаты труда. Для сравнения можно привести, что, например, жалование начальницы епархиального училища (по-современному — директора школы) составляло 180 рублей в год, а делопроизводитель получал в год всего 24 рубля в год. Жалование сельского учителя было 120 рублей в год.

Как уже отмечалось, в советское время зарплата судей была невысокая. Не случайно, когда заговорили о перестройке и значении в ней правоохранительных органов, на имя президента СССР М.С. Горбачева из Министерства СССР поступило заявление с просьбой рассмотреть вопрос о повышении материального содержания судей[362]. Однако это не спасло положение. В период перестройки, когда стали создаваться частные фирмы и зарплаты в них были гораздо выше зарплат государственных служащих, возникла угроза остаться совсем без судейских кадров. На II Всероссийском съезде судей в начале 90-х годов отмечалось: «В каждом регионе лежали десятки, а по России сотни заявлений об увольнении. А желающих стать судьей практически не было»[363]. Сейчас отношение к зарплате судей медленно, но постепенно

362 ГАРФ. Ф. Р-9492. Оп. 8. Д. 2821. Л. 3.

363 Отчет Совета судей РФ о работе, проделанной после 1-го Всероссийского съезда судей // Официальный сайт Совета судей РФ: http://www.ssrf.ru/ss_detale.php?id=294 02.10.2006

начинает меняться. Зарплаты судей всех звеньев поставлены в зависимость от зарплаты Председателя Верховного суда. Например, зарплата судьи районного суда составляет 67% от зарплаты Председателя Верховного суда, зарплата судьи областного суда — 77%, председателя — 85%[364]. Кроме должностного оклада судьям выплачиваются надбавки за выслугу лет, за квалификационный класс. Судьям, имеющим степень кандидата наук, выплачивается надбавка в 5% от должностного оклада, а имеющим степень доктора наук — 10%. За последние пять лет было несколько повышений зарплаты служащим Фемиды. В 2004 г. зарплата мирового судьи составляла в среднем 14 тысяч рублей, судьи районного суда — 16 тысяч, судьи областного суда — 18 тысяч[365]. С 2004 г. по август 2006 г. зарплату судьям повышали три раза: вначале на 20%, затем на 80% и еще раз в 1,32 раза[366]. В результате в 2006 г. средняя зарплата судей достигла 59 тысяч рублей[367]. Хотя и это не предел. Советник Президента по правовым вопросам В. Яковлев выдвигает свой критерий определения достойного уровня зарплаты судей: по его мнению, зарплата судьи должна быть равна зарплате высококвалифицированного адвоката, на 2006 г. — это примерно 150 тысяч рублей[368]. Хотя последствия времени, когда платили низкую зарплату, еще ощущаются в судебной системе. В ней мало осталось судей, имеющих большой стаж работы. Среди опрашиваемых судей Рязанской области почти половина (49,3%) работают в этой должности менее пяти лет. Судьи, чей стаж колеблется от 5 до 10 лет, составили 19,8%, еще меньше тех, кто работает судьей от 10 до 15 лет (17,3%), уж тем более тех, кто работает больше 15 лет (13,6%). Таким образом, экономические трудности 90-х гг. обусловили уход опытных судей, в настоящее время происходит формирование нового поколения судей.

Сами судьи в большинстве считают свою зарплату большой, но недостаточно соответствующей статусу судей. Именно такой ответ выбрали на вопрос «Насколько реформа обеспечила материальное

---

364 Приложение к Федеральному закону «О дополнительных гарантиях социальной защиты работников аппарата судов РФ» от 10 января 1996 г. // Судебная система Российской Федерации: Сборник нормативных актов / Под ред. В.М. Лебедева. М.: ИНФРА-М., 2001. С. 138.

365 Закатнова А., Куликов В. Судьям добавили пять лет. Вчера об этом стало известно на VI Всероссийском съезде судей // Российская газета. 2004. 1 декабря.

366 Яковлев В. «Чем выше статус, тем лучше судьи» (Интервью с советником Президента В. Яковлевым / Беседовал Б. Ямшанов) // Российская газета. 2006. 3 августа.

367 Куликов В. Верховный Суд меняет крышу и переезжает в новое здание // Российская газета. 2006. 21 июня.

368 Яковлев В. «Чем выше статус, тем лучше судьи» (Интервью с советником Президента В. Яковлевым / Беседовал Б. Ямшанов) // Российская газета. 2006. 3 августа.

содержание судей» 50,6% опрошенных федеральных судей Рязанской области. 26% согласились с мнением, что зарплата судьи достойная. Только 1,2% судей оценили свою зарплату как низкую. 21% выбрали ответ, по которому зарплата судей недостаточная. Таким образом, большинство судей не считают свою зарплату низкой, а следовательно, современная судебная реформа все же сделала работу судей высокооплачиваемой, что должно остановить текучесть кадров в судебной системе и обеспечить возможность отбирать на эту работу только наиболее достойных.

Таким образом, престиж работы судьи постепенно повышается, хотя, может, еще не дорос до уровня 1864 г. Об этом говорят и сами судьи. При проведении анкетирования федеральных судей Рязанской области был поставлен вопрос: «Повысила ли современная судебная реформа престиж профессии судьи?» Больше всего респонденты склонялись к мнению, что реформа повысила престиж их работы, но незначительно (46,9%), 38,3% сочли, что реформа повысила престиж их профессии очень значительно. Только 11,1% ответили, что реформа никак не изменила престиж профессии судьи, а 3,7% отметили даже понижение престижа. Однако ни один из респондентов не выбрал ответ «резко упал». Таким образом, большинство опрошенных все же склонились к мнению о росте престижа своей профессии. К тому же надо учитывать, что анкеты заполняли люди, половина из которых знают судейскую службу только в последние 5 лет, когда уже начался рост зарплаты у судей. Среди тех, кто выбрал ответ «повысился, но незначительно», 60% работают судьей менее 5 лет. Среди тех, кто выбрал вариант ответа «повысился, и очень значительно», новичков в отправлении правосудия всего 41,9% .

В современные дни существенной гарантией независимости судей стала их неприкосновенность, чего не было в XIX веке. Статья 122 Конституции РФ определяет: «Судьи неприкосновенны». Этот же принцип был закреплен и в статье 16 Закона РФ «О статусе судей в РФ»: «Личность судьи неприкосновенна. Неприкосновенность судьи распространяется также на его жилище и служебное помещение, используемые им транспорт и средства связи, его корреспонденцию, принадлежащие ему имущество и документы». Однако трактовка этого принципа и соответственно статьи 16 менялась с течением времени. В 1992 г. статья 16 содержала формулировку: «Судья не может быть привлечен к административной и дисциплинарной ответственности». Уголовное дело могло быть возбуждено только Генеральным прокурором РФ при наличии согласия соответствующей квалификационной коллегии судей. Заключение судьи под стражу также было невозможно без санкции Генерального прокурора и квалификационной коллегии судей. Производство досмотра, обыска в жилом или служебном помещении судьи, в его транспорте, а также досмотр его корреспонденции допускался только в связи с производством в отношении него уголовного дела.

В конце 90-х гг. стали появляться мнения, что неприкосновенность судьи продекларирована слишком широко, судьи оказались независимы даже от закона, и что реально существующий порядок не позволяет привлечь к ответственности судью, нарушившего закон. Соответственно стали рождаться предложения пересмотреть статью 16 Закона РФ «О статусе судей в РФ», упростить порядок привлечения судей к уголовной ответственности, разрешить осуществлять в отношении них оперативно-розыскные мероприятия на общих основаниях, ввести для судей административную и уголовную ответственность, ограничить срок пребывания в должности пятнадцатью годами. Это вызвало горячее сопротивление как самих судей, так и ряда юристов и правозащитников. В прессе даже возник термин — «контрреформа»[369]. Так, член Совета судей России Ю. Сидоренко, анализируя внесенный в Государственную Думу законопроект, однозначно оценил его как умаление независимости судей, как шаг назад в деле судебной реформы. В частности, он назвал абсурдным вводить норму, согласно которой судья должен лишаться мантии, если в течение трех лет он совершит два дисциплинарных проступка, например, опоздает на работу. Это при том, что срок давности дисциплинарного взыскания для обычных граждан по Трудовому кодексу — один год. Также у автора вызвало удивление предложение приостанавливать полномочия судьи, если в отношении члена его семьи (!) будет возбуждено уголовное дело. Подобные меры не повысят ответственность судей, считает Ю. Сидоренко, а только создадут условия давления на него. Солидарен с этой публикацией и другой автор — В. Борисов, который также считает, что введение административной и дисциплинарной ответственности ущемит принцип независимости судей, при этом была проведена параллель с контрреформами конца XIX века. Параллель с прошлым проводит и канадский исследователь современной российской судебной системы П. Соломон[370].

В 2001 г. в Закон РФ «О статусе судей в РФ», в том числе и в статью 16, все же были внесены изменения. Наиболее одиозные предложения

369 Борисов В. Кто-то соскучился по телефонному праву? // Российская газета. 2001. 31 августа; Сидоренко Ю. Судейская контрреформа. Кому-то выгодно ущемление независимости и неприкосновенности судей? // Независимая газета. 2001. 16 мая; Егоров С., Смулянский Е. Юстиция остается зависимой. Судебная реформа: промежуточные итоги // Независимая газета. 2002. 31 июня.

370 Соломон П. Угроза судебной контрреформы в России // Сравнительное Конституционное обозрение. 2005. № 5. С. 51.

не прошли. Однако из статьи исчезла фраза, что судьи не могут быть привлечены к административной и дисциплинарной ответственности. Соответственно она вводилась теперь и для судей. Дисциплинарная ответственность стала предусматриваться статьей 12 прим. 1 «Дисциплинарная ответственность судей». Статья предусматривает два вида дисциплинарных взысканий для судей: предупреждение и досрочное прекращение полномочий. Наложить данные наказания могут только квалификационные коллегии. Данная норма не распространяется на судей Конституционного суда. Хотя появление данной статьи не обязательно следует расценивать как введение дисциплинарной ответственности: фактически она существовала, т.к. в редакции закона 1992 г. было предусмотрено, что судья может быть лишен своих полномочий за нарушение закона или судейской этики.

Закон стал регламентировать порядок привлечения судей к административной ответственности. Судья районного суда может быть привлечен к административной ответственности судебной коллегией вышестоящего суда по представлению Генерального прокурора. А судьи вышестоящих судов, в том числе Конституционного суда РФ, Высшего Арбитражного суда РФ, Верховного суда РФ — коллегией в составе трех судей Верховного Суда РФ по представлению Генерального прокурора.

Порядок привлечения судей к уголовной ответственности существенно не изменился, а скорее уточнился — по-прежнему возбудить уголовное дело в отношении судьи, привлечь его в качестве обвиняемого можно только с согласия Генерального прокурора и с согласия квалификационной коллегии. Сохранилось положение о неприкосновенности жилища судьи, служебного помещения, транспорта, корреспонденции.

Таким образом, говорить, что закон существенно ограничил неприкосновенность судей, создал рычаги давления на них, возможно, преждевременно. Введение дополнительной дисциплинарной санкции — предупреждение (досрочное прекращение полномочий фактически существовало еще раньше) позволяет более взвешенно оценивать проступки судей. В частности, председатель Федерального арбитражного суда Московского округа Л. Майкова появление этой новеллы оценила положительно. «Не за каждый проступок нужно лишать судью мантии», — считает она[371]. Председатель Высшей квалификационной коллегии судей РФ В. Кузнецов предложил пойти еще

371 Майкова Л. Не за каждый проступок нужно лишать судью мантии… (Интервью с председателем Федерального арбитражного суда Московского округа Л. Майковой / Беседовал Г. Пунанов) // Известия. 2002. 14 марта.

дальше: предоставить право квалификационным коллегиям понижать судьям квалификационный класс[372]. Административная ответственность для судей теперь возможна, но только по представлению Генерального прокурора. В то же время сам факт совершения судьей некоторых административных проступков, например хулиганства, уже автоматически должен привести к постановке вопроса о лишении мантии за нарушение судейской этики.

3.1.3. Процедура отбора и назначения судей. На схожих принципах строилась в прошлом и строится сейчас система подбора кандидатов на судебные должности. В XIX веке согласно статье 212 Учреждения судебных установлений председатели, их товарищи, члены судебных палат и окружных судов, в том числе и судебные следователи, назначались императором по представлению министра юстиции. В случае открытия вакансии собиралось общее собрание суда, на котором кандидатура на должность выбиралась из лиц, удовлетворяющих всем требованиям. Затем министр представлял избранную кандидатуру императору, при этом он имел право представлять и других лиц. При выборах учитывалось все: образование, стаж, нравственные и деловые качества. Для выявления последних проводилась обильная переписка — запросы с прежних мест работы и даже сбор информации в обществе. Вся переписка занимала два-три месяца и шла исключительно под грифом «конфиденциально». Нельзя сказать, что эти запросы были простой формальностью — отзывы составлялись не шаблонно и иногда содержали весьма яркие характеристики судебных деятелей. Можно встретить отказы дать отзыв по причине «слишком недавнего служения»[373]. Мировые судьи избирались на земских собраниях.

На рубеже XX—XXI веков первоначально, когда судебная реформа только начиналась, сохранялся принцип выборности судей, заложенный в советские годы. В СССР судьи и народные заседатели избирались сроком на 5 и 2,5 года соответственно. Первый в истории нашей страны Закон СССР «О статусе судей» 1989 г. сохранил принцип выборности, повысив срок полномочий судей до 10 лет, а народных заседателей до 5 лет. Принцип выборности судей наследовало и российское законодательство. Главное отличие заключалось в том, что судьи избирались пожизненно. Согласно статье 6 Закона РФ «О статусе судей в РФ» судьи районных (городских) судов избирались Советами народных депутатов областей, краев, автономных областей по представлению председателей вышестоящих судов. Судьи областных,

372 Кузнецов В. Шаг к подлинному правосудию // Парламентская газета. 2004. 11 августа.

373 ЦГИА г. Москвы. Ф. 131. Оп. 24. Д. 271а. Л.77.

краевых судов, а также Верховного Суда РФ избирались Верховным Советом РФ. 21 июня 1995 г. закон был изменен — выборы судей заменили назначением. Порядок формирования судейского корпуса стал напоминать процедуру XIX века. Согласно статье 128 Конституции РФ и статье 6 Закона РФ «О статусе судей в РФ» судьи Конституционного Суда, Верховного Суда, Высшего Арбитражного Суда назначаются Советом Федерации. Судьи других федеральных судов назначаются Президентом РФ по представлению Председателя Верховного суда и Председателя высшего Арбитражного суда. Отбор кандидатов на должность судьи согласно тому же закону происходит на конкурсной основе. Подать заявление об участии в конкурсе может каждый гражданин, соответствующий установленным цензам. После сдачи квалификационного экзамена, проверки достоверности всех представленных сведений квалификационная коллегия судей принимает решение: рекомендовать данного кандидата в судьи или нет.

Следует отметить, что проблема подбора квалифицированных кадров, достойных высокого звания судьи, была достаточно острой для XIX века. Неслучайно тогда законодатель разрешил занимать судейские места лицам, не имеющим высшего юридического образования. На тот момент лиц с высшим юридическим образованием было не так много. Всего в системе министерства юстиции в 1864 г. работало 617 человек с высшим юридическим образованием[374]. Одних только судебных следователей надо было назначить 192 человека, а чинов магистратуры в окружные суды и палаты — 194[375]. Кроме того, нельзя было учитывать в качестве требуемого стажа опыт работы в старых судебных учреждениях, так как стили работы новых и старых судов резко отличались. Нужно было подобрать людей честных, беспристрастных, готовых судить объективно и справедливо.

Проблема актуальна и по сей день. Несмотря на высокие зарплаты, вакансии на должность судей есть постоянно. На встрече с Президентом РФ В.В. Путиным председатель Свердловского областного суда Иван Овчарук констатировал: «Мы испытываем величайшие сложности с укомплектованием судов кадрами». В 2004 г. в Рязанской области из 192 штатных единиц были фактически замещены только 134[376], т.е. недокомплект составил чуть более 30%. Ситуация в Рязанской области весьма типична: всего по России на 1 сентября 2004 года в арбит-

---

374 Соображения комиссии, высочайше утвержденной для окончания работ по преобразованию судебной части, о порядке введения в действие Судебных Уставов 20 ноября 1864 г. — Б.м. и г., Приложение 7. С. 16.

375 Блинов И. Судебная реформа 20 ноября 1864 г. СПб., 1914. С. 230.

376 Матвеева И. Все решают кадры // Буква закона. 2004. № 2. С. 39.

ражных судах работало 2920 судей — 83% от штатной численности, 17% должностей являлись вакантными, в судах общей юрисдикции вакантными являлись 20,5% должностей[377]. Особенно остро проблема стоит для корпуса мировых судей. Подготовка проекта закона о мировых судьях сопровождалась дискуссией о возможности найти достаточное количество профессионалов на должности мировых судей. Наибольшую тревогу вызывает сельская провинция — если в областных центрах этой проблемы может и не быть, то в селах она может возникнуть со всей остротой. Вполне возможно, будет нелегко найти желающих, которые, имея высшее юридическое образование, согласятся отправиться работать и жить на селе. Особую остроту вызывает уровень подготовки специалистов — сейчас редкий вуз или техникум не «печет» юристов. Однако уровень их подготовки часто оставляет желать лучшего. Крупные города, где с советских времен существовали юридические институты или факультеты в университетах, опять окажутся в выигрышном положении.

Вполне может повториться ситуация XIX века. В первые годы после подписания Судебных Уставов желающих служить мировыми судьями было достаточно. Через несколько лет интерес к реформе уменьшился, и уменьшился энтузиазм образованных людей в отношении службы на ниве правосудия, в частности, мировыми судьями. Уездным земским собраниям было иногда очень трудно найти желающих баллотироваться на эту должность. Люди, получившие образование, стремились работать и жить в столичных или других крупных городах — должность мирового судьи в провинции не была для них слишком привлекательна. В результате выборы, призванные отбирать наиболее способных, могли превратиться в абсурд. Прокурор Рыбинского окружного суда докладывал, что местное уездное земское собрание забаллотировало двоих лиц на должность мирового судьи, но затем на новом заседании было вынуждено избрать их на эту должность, так как других кандидатов не было[378]. Почти полностью эта ситуация более чем через 100 лет повторилась в одном из районов Нижегородской области. Там один район остался без мирового судьи — желающих было немного, но и они не смогли выдержать квалификационный экзамен (все-таки современное законодательство не позволяет плохим кандидатам стать судьями)[379]. Необходимо законодательно

377 Клеандров М.И. О совершенствовании механизма отбора кандидатов в судьи и наделении их судейскими полномочиями // Государство и право. 2005. № 5. С. 86.

378 ЦГИА г. Москвы. Ф. 131. Оп. 26. Д. 86. Л. 22 об.

379 Коллеганова М. Пойдем на мировую. Как дела у мировых судей в Нижнем? // Закон, Финансы, Налоги. 2003. 9 декабря.

проработать меры, стимулирующие юристов к выбору сферой своей деятельности сельскую провинцию.

Вступление в должность судьи сопровождалось и сопровождается принятием присяги: так было в XIX веке, так есть и в современные дни. Тексты присяги, конечно, отличаются, но по своим главным принципам совпадают: основная суть заключается в обещании судить беспристрастно, невзирая на лица, служить только закону. Присяга судьи в XIX столетии звучала так: «Обещаюсь и клянусь всемогущим Богом перед Святым Его Евангелием и животворящим крестом Господним хранить верность Его императорскому Величеству Государю Императору, самодержцу Всероссийскому, исполнять свято законы империи, творить суд по чистой совести, без всякого в чью-либо пользу лицеприятия и поступать во всем соответственно званию, мною принимаемому, памятуя, что я во всем этом должен буду дать ответ перед законом и перед Богом на Страшном Суде Его. В удостоверение чего целую крест Спасителя моего». Современная присяга намного короче, но близка по сути: «Торжественно клянусь честно и добросовестно исполнять свои обязанности, осуществлять правосудие, подчиняясь только закону, быть беспристрастным и справедливым, как велят мне долг судьи и моя совесть». Современные судьи также руководствуются «Кодексом чести судьи», принятым в 2004 г. (до этого времени существовал «Кодекс судейской этики»).

3.1.4. Проблема чистоты судейских рядов. Насколько свято судьи следует принятой клятве и кодексу чести? Нельзя обойти проблему чистоты судейских рядов. Бесспорно, что судьи несут особую миссию в обществе. Они не просто должны прекрасно знать законодательство, но и быть безупречны во всем. Многие человеческие слабости для судей недопустимы. Однако несмотря на тщательный отбор случаи недобросовестного исполнения судьями своих обязанностей, злоупотреблений ими и даже нарушений закона имеют место.

В XIX веке одной из причин, порождавших ошибки судей, было слабое знание закона. Особенно это было характерно для мировых судей. Одной из распространенных ошибок было неверное определение подсудности. Часто мировые судьи принимали к производству дела, которые не имели права рассматривать (например, дела о кражах со взломом) или, наоборот, отказывались рассматривать дела, которые были подсудны им, отправляя заявителя в окружной суд или к судебному следователю. Особенно это было распространено в первые годы работы новых судов. Установить это удалось путем изучения статистических отчетов, которые фиксировали среди прочего и эти данные. При рассмотрении сведений за разные годы можно заметить, что количество таких пререканий постепенно снижается. По сравнению с 1867 годом их количество в 1875 году уменьшилось в несколько раз. Небольшое увеличение таких случаев наблюдается в 1881 году, но в целом их было гораздо меньше по 14 судам, чем в 1867 году по 10 — 767 против 1078.

Нередко недостаток образования порождал неверное решение дела. Например, мировой судья Ярославской губернии за разведение огня в неположенном месте, повлекшее пожар, приговорил человека к наказанию, квалифицируя его деяние как умышленный поджог, а не как преступление по неосторожности. Естественно, не имея юридического образования, трудно научиться различать две формы вины — преступный умысел и преступную неосторожность. Некоторые решения судей имеют курьезный оттенок. В той же Ярославской губернии другой мировой судья приговорил разом к трехдневному аресту ответчика и... истца[380]. Другой провинциальный судья, приговорив к аресту человека, посадил в острог вместе с ним и его жену. «Вероятно, для того, чтобы не избаловалась в отсутствие мужа», — острил по этому поводу журнал «Дело»[381]. Совсем анекдотичный случай имел место в Нижегородской губернии. Мировой судья Светозарский судил в своей камере кошку за то, что та выпила у него сливки, и приговорил животное к смертной казни через повешение[382]. Очевидно, что этот «правовед» не имел ни малейшего представления о таком понятии, как «субъект правоотношений». Эти факты подтверждают, что идея доверить правосудие людям без юридического образования была ошибочной. Успешная деятельность судьи-самоучки была делом случая, для появления которого необходимо сочетание многих факторов.

Недостаток образования, ошибки в рассмотрении дела по существу — не единственные недостатки работы мировых судей XIX века. Можно встретить и другие, в частности, некоторым мировым судьям было лень выполнять свои обязанности. Все мировые судьи 60-х годов — воспитанники крепостнической России. Далеко не все они были крепостниками, но все они выросли при крепостном праве. Вершить правосудие в качестве мирового судьи было для некоторых из них почти то же, что судить крестьян в своем имении. Совсем не обязательно результатом этого была жестокость и произвол. Просто некоторые судьи не осознавали, что, изъявив желание баллотироваться на эту должность, они решают поступить на государственную службу. Также многие помнили характер «службы» в старых судах. В дореформенный период судьи и заседатели были мало обременены своими обязанностями. Часто для человека его судейское звание было только

---

380 ЦГИА г. Москвы. Ф. 131. Оп. 8. Д. 48. Л. 3 об.

381 Дело. 1868. № 3. С. 106.

382 Козлина Е.И. За полвека. 1862 — 1912.М., 1913. С. 287.

способом украсить свой социальный статус, который не сопрягался с выполнением каких-либо существенных обязанностей. Избравшись на пост мирового судьи, многие ждали такого же положения и с удивлением узнавали, что на этой должности надо работать. Провинциальный адвокат В. Коротков в своих воспоминаниях передает впечатления одного помещика, побывавшего в должности мирового судьи: «Не успел вступить в должность, не успел осмотреться как следует — как посыпались со всех сторон жалобы! Не оберешься! … Решать не успеваешь: два дела в сутки решишь, согласитесь, это достаточно, а на их месте пять новых прошений лезет! Обрадовались, что у них судья есть, и полезли!.. Ведь жили же люди и не кляузничали! Открыл я свою камеру — открылась возможность кляузничать»[383].

Совершенно очевидно, что данный человек очень приблизительно представлял характер службы мирового судьи. В его представлении мировой судья — это помещик, разбирающий жалобы крестьян друг на друга и делающий это скорее ради забавы, чем для пользы дела, когда захочет и сколько захочет. К сожалению, такой взгляд не был единичным. Время от времени встречались судьи, которые относились к выполнению своих обязанностей очень вольно. Журнал министерства юстиции в 1866 году писал, что двое судей Московской губернии, объявляя в газете график своей работы, назначали только по одному дню в неделю для разбора дел и приема прошений, хотя по закону это нужно было делать ежедневно[384]. Для жителей их участков возможность обращения к правосудию сокращалась. В еще более тяжелом положении оказались жители города Судиславля Костромской губернии. Как докладывал прокурор, местный мировой судья, постоянно проживая в своей усадьбе (расположенной в 60 верстах от города), наведывался в свою камеру раз в два-три месяца[385].

Некоторые судьи считали ненужным для себя посещать заседания съезда мировых судей, несмотря на то, что это было обязательным. Иногда такое халатное отношение поражало всех судей уезда разом. В 1876 году в той же Костромской губернии в Макарьевском уезде 8 месяцев не проводились заседания съездов. Они постоянно срывались, т.к. каждый раз отсутствовал кворум. Однако при желании можно было встретить всех судей, собравшихся в неофициальной обстановке — 17 сентября весь состав съезда видели на семейном празднике в доме одного из судей[386].

383 Коротков В. Новые порядки. Из записок провинциального адвоката // Отечественные записки. 1875. № 7/8. С. 447.

384 Журнал министерства юстиции. 1866. № 7. С. 38.

385 ЦГИА г. Москвы. Ф. 131. Оп. 34. Д. 1199. Л. 1 об.

386 ЦГИА г. Москвы. Ф. 131. Оп. 32. Д. 187. Л. 1 об.

В другом случае, который имел место в 1876 году в городе Пронске Рязанской губернии, мировые судьи отнеслись к своей обязанности работать на съезде, как к досадной помехе, мешающей посетить ярмарку[387]. Под надуманным предлогом они закрыли съезд. Еще оригинальней действовали судьи Алексинского уезда Тульской губернии. Там мировые судьи имели обыкновение, собравшись на съезд, запираться от людей и, не решив ни одного дела, разъезжаться. Таких судей-халтурщиков журнал «Отечественные записки» метко окрестил «лежачая магистратура», т.е. ничего не делающая[388]. Появление такой «лежачей» магистратуры имело крайне неприятные последствия для жителей подведомственной им территории. Фактически они были лишены суда по делам, подсудным мировой юстиции, и для них судебная реформа сводилась к нулю.

Особенно характерно было безответственное отношение к своим обязанностям у почетных мировых судей. Институт почетных мировых судей создавался с целью получить армию бесплатных помощников в деле отправления правосудия — почетные судьи пользовались такими же правами, что и участковые, только они не получали жалование, у них не было своего участка, зато они, как правило, имели свой род занятий. Предполагалось, что они обеспечат быстрое и доступное правосудие для населения — если у кого-либо из обывателей отсутствовало желание или возможность ехать к своему участковому судье, то он мог обратиться к ближайшему почетному, который, оторвавшись на часок от своих обычных занятий, рассудил бы тяжущихся. Поэтому изначально количество участковых судей предполагалось не очень большим. Ожидалось также, что почетные судьи будут замещать участковых в случае болезни или отъезда или помогать им при большом потоке дел. На практике оказалось иначе. Обычно при выборах звание «почетный мировой судья» получали все представители местного «высшего света»: местные высшие чиновники, представители местной знати, общественные деятели. Практически все они были озабочены своими делами, многие даже не жили в том месте, где были избраны. Очень верно замечал по этому поводу председатель Пронского съезда мировых судей Рязанской губернии: «Земскими собраниями не уяснено еще большое значение почетных мировых судей, и выбор их падает обыкновенно на лицо, или не живущее в уезде, или занятых другими обязанностями, и притом на лицо, правда пользующееся в уезде известным положением, известною достаточностью, но которые на эту обязанность смотрят очень легко и видят в своем избрании желание земства сделать им известного рода почет»[389].

387 ЦГИА г. Москвы. Ф. 131. Оп. 32. Д. 110. Л. 4.

388 Отечественные записки. 1870. № 8.

389 РГИА Ф. 1495. Оп. 68. Д. 1999. Л. 45.

В результате в большинстве случаев роль таких «слуг» Фемиды была чисто номинальной. Московский купец Н.А. Найденов 10 лет «числился» почетным мировым судьей. В мемуарах он так описывает свою «работу» в этой должности: «Деятельность моя по этой должности была ничтожна; я бывал иногда в распорядительных заседаниях мирового съезда, а в судебных заседаниях участвовал лишь в определенный день недели в летнее время, когда мировые судьи находились в отпуске»[390]. Причем эта деятельность может быть названа еще активной, другие почетные судьи еще более индифферентно относились к возложенному на них званию.

Показательно, что первоначально в бланках статистических отчетов существовала графа, предусматривающая учет дел у почетных судей. Затем она исчезла, т.к. была постоянно пуста. Не оправдались надежды на то, что почетные судьи будут заменять участковых, когда те находятся в отъезде или болеют. Как правило, «беспризорный» участок становился дополнительной нагрузкой для судьи соседнего участка[391].

Таким образом, институт почетных мировых судей не оправдал себя. Для многих, носящих это звание, оно было пустым звуком, не налагавшим на их душу и совесть каких-либо обязательств. Главной причиной этого являлся просчет государства — было крайне ошибочно надеяться, что люди, обремененные своими делами, просто так, на голом энтузиазме, возьмут на себя хлопотные обязательства по отправлению правосудия. Фиаско идеи с бесплатными помощниками новым судам лишний раз продемонстрировало недопустимость экономии в деле правосудия.

Другим недостатком в правосознании ряда судей было восприятие мирового суда с патриархальной точки зрения. Не все судьи сознавали, что они призваны вершить правосудие, т.е. решать спорные вопросы на основании существующих правовых норм. Для иного мирового судьи процесс решения дела представлялся по образу и подобию разбора домашней ссоры между детьми. Нередко в подобных случаях действовал принцип, провозглашенный пушкинской Василисой Егоровной: «…и обоих накажи». Действительно, мировому судье нередко было проще встать на позицию «оба виноваты» и наказать обоих, чтобы было неповадно жаловаться, чем копаться в норматив-

390 Найденов Н.А. Воспоминания о виденном, слышанном и испытанном. М., 1905. Т. 2 С. 50.

391 Типичным примером является решение съезда мировых судей Спасского уезда Рязанской губернии от 10-го сентября 1877 года, по которому на время отъезда судьи дела 2-го участка передавались судье 1-го участка. ГАРО. Ф. 1114. Оп. 1. Д. 25. Л. 138.

ных актах, подыскивая соответствующие правовые нормы. Этот патриархальный дух порою царствовал и на съезде судей. Собравшись на съезд, судьи видели друг в друге прежде всего не коллег по службе, а соседей по имениям. Прокурор Кашинского окружного суда замечал, что в Клязминском уезде судьи на съезде, прежде чем обсудить дело по существу, решают вопрос, а не обидится ли их сосед, если его решение будет отменено[392].

Недостаточно ответственное отношение к своим обязанностям со стороны мировых судей и патриархальность взглядов — это только косвенное влияние дореформенных традиций. Гораздо более серьезную угрозу идеям Судебных Уставов несло прямое проявление крепостнической психологии. Журнал «Отечественные записки» писал об одном судье, который смотрит на тяжущихся как на своих крепостных. Когда один человек, в пользу которого было вынесено решение, неосторожным словом разозлил этого слугу Фемиды, то он тут же вынес противоположное решение[393]. В Саратове один почетный мировой судья потребовал от прокурора каких-то объяснений. Когда тот отказался их дать, судья стал грозить кулаком и заявил: «Так я заставлю тебя дать объяснения!» - и вызвал прокурора… на дуэль. К счастью, обошлось без поединка. «И очень хорошо, что дело обошлось без дуэли, — язвили «Отечественные записки». — Если бы не умеющие метко стрелять прокуроры постоянно принимали вызовы, то можно сказать, что в первое пятилетие существования новых судебных учреждений их бы всех уничтожили, как лесную дичь в наших внутренних губерниях, и в живых бы остались одни только защитники»[394].

Не все мировые судьи могли отказаться от сословного мышления и решать дела независимо от званий, происхождения или толщины кошелька тяжущихся. Хорошо, если это выражалось в мелочах. Например, при разборе дела помещик-ответчик сидел, а крестьяне-истцы стояли. Хуже, если это влияло на решение дела по сути. В отзывах прокуроров о работе мировой юстиции можно встретить указания, что тот или иной судья судит необъективно, отдавая предпочтение дворянам или просто богатым.

Однако можно констатировать, что такое проявление психологии крепостнической эпохи не смогло полностью деформировать принципы мировой юстиции. Большинство мировых судей действовали всетаки в духе Судебных Уставов. В 1870 году прокуроры Московского, Тверского, Ржевского, Тульского и Рязанского судов отмечали, что в

392 ЦГИА г. Москвы. Ф. 131. Оп. 26. Д. 86. Л. 31 об.

393 Отечественные записки. 1870. № 2. С. 370.

394 Там же. С. 372.

целом деятельность мировых судей соответствует своему назначению. Прокурор Нижегородского суда, который нашел много недостатков в работе местной мировой юстиции, в конечном итоге делает все же оптимистичный вывод, говоря о том, что деятельность судебно-мировых учреждений оказывает намного больше пользы интересам правосудия и общества, чем дореформенные уездные суды и магистраты: «Нет нареканий на те злоупотребления, которые прежде единогласно приписывали уездным судам и магистратам. Скорость решений в мировых судах, безразличность, доступность их власти для лиц всех сословий, явное ограждение слабого от сильного, и, наконец, гласность судопроизводства... действуют благотворно на массы народа, повысили в нем уважение к суду, доверие к защите правовых требований, развивая в нем уровень понятий об общественных интересах»[395].

В современные дни факты, когда судьи оказываются не на высоте, тоже имеют место. Единственным органом, который может решить вопрос об ответственности судей, является квалификационная коллегия судей. Ежегодно количество обращений в Высшую квалификационную коллегию судей (ВКК) России растет. В 1996 г. в ВКК РФ поступило 1839 заявлений от граждан, в 1997 г. — 2740, 1998 г. — 3655, 1999 г. — 4770, 2000 г. — 5463, 2001 г. — 5850, 2002 г. — 6993, 2003 г. — 7870, 2004 г. — 9483[396]. Таким образом, количество обращений граждан за 9 лет выросло более чем в пять раз. Думается, что данный рост нельзя оценивать однозначно как свидетельство роста коррозии и профессиональной деформации в судейских рядах. Подавляющее количество жалоб признается необоснованными, а рост их количества может быть объяснен следующими факторами. 1. Рост в целом количества обращений граждан в суды. Одна сторона из суда, как правило, уходит огорченной, т.к. дело решено не в ее пользу. Недовольство граждан решением суда (даже справедливым по сути) может вызвать претензии в адрес судьи. 2. Рост правовой просвещенности граждан. В конце 90-х годов далеко не каждый гражданин знал о существовании квалификационных коллегий. Постепенно, в том числе и благодаря сотрудничеству членов квалификационных коллегий и прессы, информация о деятельности данного органа распространилась в обществе.

Однако не все обращения граждан оказываются ложной тревогой. По некоторым сигналам приходится принимать неблагоприят-

---

395 ЦГИА. г. Москвы. Ф. 131. Оп. 26. Д. 86. Л. 87.

396 Обзор результатов деятельности высшей квалификационной коллегии судей Российской Федерации и квалификационных коллегий судей общих, арбитражных и военных судов за 2004 г. // Официальный сайт Верховного суда. http//www.vsrf.ru/oss_detale.php?id=474=17/08/2006

ные для судей решения. Как уже говорилось, по современному законодательству существует два вида дисциплинарных наказаний для судей — предупреждение и досрочное прекращение полномочий. В 2001 г. за проступки, дискредитирующие судейское звание, были досрочно прекращены полномочия 40 судей, а 81 судья был предупрежден[397]. В 2002 г. были предупреждены 118 судей, а у 36 судей были прекращены полномочия досрочно[398]. В 2003 г. количество наказанных судей выросло существенно: 240 предупреждены, 70 уволены[399]. В 2004 г. предупреждены было 177 судей, а прекращены полномочия у 50 служителей Фемиды[400]. За что на судей налагались данные наказания? Причиной становились различные проступки как напрямую связанные со служебной деятельностью, так и имеющие к ней косвенное отношение, за которые обычных людей не наказывают, например, недостойное поведение в быту.

Из всех причин, повлекших дисциплинарные взыскания, на первом место стоят нарушения норм процессуального закона, в том числе и волокита. Так же как и в XIX веке, некоторые судьи затрудняются с определением подсудности и принимают к производству дела, рассматривать которые они не имеют права. Так, мировой судья Советского района г. Красноярска Ч. рассмотрела спор двух предприятий о праве собственности и пользовании нежилыми помещениями, что подсудно только арбитражному суду[401].

Есть случаи появления в современные дни «лежачей магистратуры», т.е. судей, которым лень исполнять в срок свои обязанности,

397 Обзор результатов деятельности высшей квалификационной коллегии судей Российской Федерации и квалификационных коллегий судей общих, арбитражных и военных судов за 2001 г. // Официальный сайт Верховного суда. http//www.vsrf.ru/oss_detale.php?id=471=17/08/2006

398 Обзор результатов деятельности высшей квалификационной коллегии судей Российской Федерации и квалификационных коллегий судей общих, арбитражных и военных судов за 2002 г. // Официальный сайт Верховного суда. http//www.vsrf.ru/oss_detale.php?id=472=17/08/2006

399 Обзор результатов деятельности высшей квалификационной коллегии судей Российской Федерации и квалификационных коллегий судей общих, арбитражных и военных судов за 2003 г. // Официальный сайт Верховного суда. http//www.vsrf.ru/oss_detale.php?id=473=17/08/2006

400 Обзор результатов деятельности высшей квалификационной коллегии судей Российской Федерации и квалификационных коллегий судей общих, арбитражных и военных судов за 2004 г. // Официальный сайт Верховного суда. http//www.vsrf.ru/oss_detale.php?id=474=17/08/2006

401 Обзор результатов деятельности высшей квалификационной коллегии судей Российской Федерации и квалификационных коллегий судей общих, арбитражных и военных судов за 2003 г. // Официальный сайт Верховного суда. http//www.vsrf.ru/oss_detale.php?id=473=17/08/2006

допуская при этом волокиту. Например, мировой судья Вологодской области К. не сдал вовремя в канцелярию 72 гражданских и 184 административных дела в связи с тем, что не были подготовлены судебные решения, что повлекло промедление в исполнении судебного решения. А 13 дел были им потеряны. Судья Мценского районного суда Орловской области М. годами не рассматривала уголовные и гражданские дела, своевременно не принимала к производству заявления граждан[402]. Имеет место эпизод, когда действия судьи были обжалованы из-за того, что во время заседания он… играл в пасьянс на компьютере[403]. В 2002 году подобные нарушения составили 66,6% от всех нарушений, допущенных судьями[404].

На втором месте стоят нарушения трудовой дисциплины, в том числе прогулы и злоупотребление спиртным (в 2002 г. такие проступки составили 13,3%).

Третье место занимают нарушения этических норм, например, грубость к участникам процесса или работникам суда. И в XXI веке встречаются судьи, которые смотрят на участников процесса как на своих крепостных. Председатель Арбитражного суда Вологодской области Н. Матеров приводит случай, свидетелем которого он был сам:

«Ну, елки зеленые! — раздраженно бросает судья в заседании представителю стороны, — да ты только что об этом спрашивал! Следи за своей речью и экономь наше время. У меня сегодня еще три дела, да к тому же пообедать нужно»[405].

Случай не единственный. Судья Оренбургского областного суда был предупрежден за высказывание по телефону оскорбительных слов в адрес абонентов, причем в присутствии работников суда; а судья одного районного суда Краснодарского края — за проявление грубости в отношении участников процесса[406]. Автор этих строк лично наблюдал в одном судебном заседании, как судья фактически «рычал» на пред-

402 Там же.

403 Никитинский Л. Электронный суд. Техническая революция как шанс прозрачности правосудия // Российская газета. — 2006. — 2 августа.

404 Обзор результатов деятельности высшей квалификационной коллегии судей Российской Федерации и квалификационных коллегий судей общих, арбитражных и военных судов за 2002 г. // Официальный сайт Верховного суда. http//www.vsrf.ru/oss_detale.php?id=472=17/08/2006

405 Матеров Н. Как улучшить подбор кандидатов на должность судьей // Российская юстиция. — 2004. — № 4. — С. 5.

406 Обзор практики применения законодательства о привлечении к ответственности судей и руководителей судов судебной системы Российской Федерации за 2003 г. // Официальный сайт Верховного Суда РФ. http//www.vsrf.ru/oss_detale.php?id=473=17.08.2006

ставителя прокуратуры — молоденькую девушку, которая допустила оговорку, сказав «я хочу вызвать свидетеля», вместо — «я прошу суд вызвать свидетеля».

Бывают факты, когда судьи сами преступают закон и привлекаются к уголовной ответственности. Анализ отчетов Высшей квалификационной коллегии показал, что в 2001—2004 гг. ВКК РФ дала согласие на возбуждение уголовного дела в отношении 22 судей, в отношении 11 судей за этот срок было дано согласие на привлечение к уголовной ответственности. За что судьи сами попали на скамью подсудимых? На первом месте стоят должностные преступления: статья 305 УК РФ — «Вынесение заведомо неправосудного приговора, решения или иного судебного акта», статья 292 УК РФ — «Получение взятки», статья 290 УК РФ — «Должностной подлог». Встречаются случаи, когда судьи совершают преступления, не связанные с исполнением служебных обязанностей. Например, нарушение правил дорожного движения с тяжкими последствиями (ст. 264 УК РФ — «Нарушение правил дорожного движения и эксплуатации транспортных средств»). Возможно, что для некоторых судей негативную роль сыграла их неприкосновенность — особый порядок привлечения к административной ответственности вселил уверенность, что им можно безнаказанно нарушать правила дорожного движения. В 2003 г. трое судей были привлечены к уголовной ответственности по статье 210 УК РФ — «Организация преступного сообщества», в 2004 году один судья был привлечен к ответственности по статье 112 УК РФ — «Умышленное причинение ущерба средней тяжести здоровью».

Конечно, наличие судей, привлекаемых к дисциплинарной ответственности и совершающих преступления, не украшает судейский корпус любой страны, в том числе и нашей. Однако, оценивая количество судей, привлеченных к той или иной ответственности, не следует делать вывод о сильной коррозии судейских рядов. Ежегодное количество судей, привлекаемых к ответственности, составляет мизерный процент от всего количества судей в нашей стране. Появление судей-правонарушителей — явление, которого, к сожалению, полностью не может избежать ни одна судебная система мира. Как бы тщательно ни проводился отбор людей на судейские должности, полностью исключить ошибки невозможно. Важно наличие эффективного механизма очищения системы от случайных людей. Сам факт привлечения судей к ответственности свидетельствует о наличии такого механизма.

3.1.5. Проблема безопасности судей. Весьма актуальным является вопрос безопасности судей. Судьи выполняют тяжелую миссию: они назначают наказание за совершенные преступления. Очевидно, что далеко не каждый нарушитель закона воспримет как должное назначенное наказание. Поэтому, пока существует правоохранительная система, пресекающая нарушения закона, всегда будет существовать опасность для ее сотрудников поплатиться жизнью или здоровьем за свою принципиальность. Неслучайно в Англии еще в средние века родилась традиция: судья отправлял свои служебные обязанности в парике. Делалось это не только для придания официального статуса личности судьи, но и для его безопасности — парик менял внешность человека, затрудняя последующую расправу с ним. В России в XIX веке покушения на судей встречались нечасто. Удалось обнаружить только один подобный эпизод. 8 декабря 1880 года в доме Грязовского мирового судьи (Вологодская губерния) Горталова прогремел врыв. Как показало исследование, кто-то подложил в печку 30 золотников[407] охотничьего пороха (т.е. 127 граммов). Если бы в печке не были открыты труба и устье, то ее всю бы разнесло. Сам мировой судья от взрыва не пострадал, его в тот момент не было в комнате. Однако пострадали дети прислуги, которые были оставлены следить за печкой, они получили ожоги. Подозрение пало на одного матроса, которого мировой судья приговорил к аресту на 4 дня. Однако улик против него было мало, и дело прекратили[408].

В постсоветской России обеспечение безопасности судей (как, впрочем, и остальных участников процесса — свидетелей, потерпевших) оказалось весьма серьезной проблемой. В начале 90-х годов XX века в стране произошла настоящая криминальная революция, резко возросло количество уголовных преступлений, серьезную проблему представляли организованные преступные группировки. Многие города стали ареной для криминальных войн. В этих условиях судьям пришлось серьезно задуматься о своей безопасности. В 1994 г. Пленум Верховного суда РФ вынес постановление, в котором содержалась законодательная инициатива внести изменения в Закон РФ «О статусе судей РФ», согласно которым судьям должно быть предоставлено право хранения и ношения служебного оружия для самообороны. В Пояснительной записке к законопроекту отмечался ряд случаев нападений на судей, многочисленные факты угроз в их адрес и в то же время бездействие органов внутренних дел[409]. Глас судей был услышан — 21 июня 1995 г. в статью 9 «Гарантии независимости судей» Закона РФ «О статусе судей в РФ» был внесен пункт, разрешающий судьям хранить и носить оружие.

---

407 Золотник — старинная мера веса, равная 4, 226 грамма.

408 ЦГИА г. Москвы. Ф. 131. Оп. 17. Д. 25. ЛЛ. 17 — 20.

409 Постановление Пленума Верховного Суда РФ № 1 // Официальный сайт Верховного суда РФ. http://www/supcourt.ru/print_page.php?id=924=16.08.2006

В этом же году был принят Закон РФ «О государственной защите судей, должностных лиц правоохранительных и контролирующих органов»[410]. Согласно этому закону устанавливался комплекс мер по защите ряда должностных лиц, в том числе и судей, на случай, если возникла угроза их безопасности. Поводом для применения мер безопасности может служить простое заявление судьи (ст. 13 Закона РФ «О государственной защите судей, должностных лиц правоохранительных и контролирующих органов»). В качестве таких мер закон предусматривает следующие мероприятия: 1) личная охрана, охрана жилища и имущества; 2) выдача оружия; 3) временное помещение в безопасное место; 4) обеспечение конфиденциальности сведений о защищаемых лицах; 5) перевод на другую работу, изменение места работы или учебы; 6) переселение на другое место жительства. Обязанность по обеспечению указанных мер безопасности в отношении судей возложена на органы внутренних дел. При этом закон распространяет защиту не только на самого судью, но и на его близких родственников (статья 13 указанного закона).

Однако это не сняло проблему. Нападение на судей, угрозы в их адрес происходят достаточно часто. В 2001 г. в Сараевском районе Рязанской области судьи столкнулись с угрозами в свой адрес. Один человек был осужден областным судом за угрозу применения насилия в отношении судьи[411]. Краснодарский краевой суд в 2005 г. рассматривал аналогичное дело. Во время вынесения приговора в суде г. Тихорецка подсудимый, совершивший грабеж и убийство, стал кричать: «Завалю и судью, и прокурора! Отсижу и завалю!». К угрозе отнеслись серьезно и предъявили подсудимому новое обвинение[412]. Бывает, что словами дело не ограничивается. За 2003 год зарегистрировано более 100 случаев нападений на судей по Сибирскому округу[413]. За 2001—2003 гг. по России было убито 7 судей и 4 члена их семей[414]. Как констатирует Председатель Ульяновского суда Петр Серков: «За последние годы в десятки раз возросло число случаев нападений на судей, поджогов

410 СЗ РФ. 1995. № 17. Ст. 1455; 1998. № 30. Ст. 3613; № 10. Ст. 1067.

411 Музюкин А.П. Свои права нужно уметь защищать (Интервью с председателем рязанского областного суда А.П. Музюкиным / Беседовала Л. Бараношник) // Аргументы и факты. Рязань. 2001. № 39.

412 Изотов И., Безменов Λ., Кларисс, Павловская, Пилишвили Λ., Титов С., Добрынина Е. Кого судья боится? На служителей закона нападают из мести и в «порядке общей очереди» // Российский судья. 2005. 2 ноября.

413 Официальный сайт Высшего Арбитражного суда РФ. http://www.garweb.ru/project/vas/news/smi/04/11/20041123/10280899.htm=16.08.2006.

414 Коровинских С. Правосудие нуждается в поддержке // Ставропольская правда. 2004. 22 декабря.

зданий судов, краж из них»[415]. Даже в помещении суда судья не может чувствовать себя в полной безопасности. Формально за безопасность и порядок в здании суда отвечает служба судебных приставов. Однако их рабочий день заканчивается ровно в 18.00. После этого они уходят по домам. А судебное заседание может продолжаться до позднего вечера. Тогда поддерживать порядок в здании суда некому. Бывает, что чрезвычайные происшествия происходят прямо в зале суда. В 2005 г. в Приморском федеральном суде Петербурга во время вынесения обвинительного приговора четверым хулиганам прогремел взрыв — один из подсудимых, не находящийся под стражей, пронес в здание суда гранату и взорвал ее. Судья и еще 10 человек получили ранения[416].

В октябре 2001 г. в Республике Коми был проведен опрос судей и следователей прокуратуры. Было опрошено 76 судей и 25 следователей. 82,5% опрошенных судей отметили, что закон о защите реально не действует[417]. Большая часть судей (64,2%) опасается за свою безопасность, 33,9% (т.е. каждый третий) сталкивались с попытками воздействовать на них[418]. Интересно, что сами служители Фемиды не очень-то доверяют мерам безопасности, которые должны обеспечить их коллегии из МВД. Столкнувшись с угрозами в свой адрес или адрес близких, далеко не каждый следователь или судья обратится за помощью. Только треть судей, столкнувшись с подобными угрозами, написали заявление в милицию. 4,8% обратились устно, 47,6% вообще никуда не обращались.

Вопрос о безопасности ставился и во время анкетирования федеральных судей Рязанской области. Ни один из респондентов не выбрал ответ: «работа судьи безопасна». Однако напрямую с угрозами сталкивались далеко не все, только 12,3% опрошенных судей имеют такой печальный опыт, а 22,2% обладают информацией об угрозах в адрес других судей. Большинство судей допускают, что их профессия может стать источником риска: 37% выбрали ответ «доля риска есть, но я никогда не слышал, чтобы кому-то из судей угрожали», а 28,4% — «пока мне ни разу не угрожали, но я допускаю, что фактор риска высок». Таким образом, проблема безопасности судей все еще существует и требует внимания со стороны государства. Очень важ-

415 Цит. по: Стеркин Ф. Охранная грамота // Время новостей. 2001. 17 апреля.

416 Телехов М. Подсудимый, обвиненный в хулиганстве, взорвал гранату в зале суда сразу после вынесения обвинительного приговора // Российская газета. 2005. 15 июня.

417 Епихин А.Ю. Состояние безопасности следователей, судей и других субъектов уголовного процесса в Республике Коми: теория и практика // Вестник Нижегородского университета им. Н.И. Лобачевского. 2003. Сер. Право. Вып. 2. С. 235.

418 Там же. С. 238.

но, как показывают анкеты, чтобы судьи не просто отмечали, что они лично не сталкивались с угрозами, а чтобы они были уверены в наличии эффективных мер, если такая угроза возникнет. Естественно, необходимо более тщательно продумать систему защиты судей и других сотрудников правоохранительных органов, а также свидетелей и потерпевших по делу. Одной из важнейших проблем является финансовая сторона вопроса — денег, как всегда, не хватает.

Таким образом, повышение правового статуса судей стало одной из наиболее важных составляющих как судебной реформы 1864 г., так и судебной реформы рубежа XX—XXI веков. Законодатели обеих реформ исходили из того, что независимое, беспристрастное правосудие невозможно без определенного правового статуса судей. Обе реформы вводили схожие требования к кандидатам в судьи: ценз подданства (гражданства), возрастной ценз (25 лет), наличие специального образования и стажа работы. В современные дни более жестко сформулирован образовательный ценз — только юридическое образование, в XIX веке допускалось другое. Зато современный законодатель более лояльно сформулировал ценз опытности, разрешив включать в стаж по специальности работу не только в правоохранительной системе. XX век полностью стер половой ценз, существовавший в XIX веке.

Есть общие черты в механизме наделения судей полномочиями. В оба периода судьи назначаются высшим лицом в государстве (в XIX веке императором, сейчас — президентом) по представлению самой судебной системы после тщательного отбора. Законодатели обеих реформ наделили судей статусом несменяемости. Важным залогом независимости судей является их материальное благополучие. В XIX веке это осуществили более успешно, чем в современные дни, назначив всем чинам судебного ведомства достаточно высокие жалования. В современные дни воплощение этого условия проведения судебной реформы идет медленнее, хотя постепенно должность судьи становится высокооплачиваемой. XX век обогатился введением принципа неприкосновенности судей. В целом можно заключить, что одно из важнейших условий успешного хода судебной реформы — создание высокого статуса судьи — в оба исторических периода было реализовано. В оба исторических периода были определены меры, направленные на отбор лучших кандидатур и в то же время обеспечивающие независимое положение судей.

3.2 Эффективность судопроизводства

Непременным критерием оценки деятельности судебной системы является ее оперативность. Судебный процесс (как уголовный, так и гражданский) должен осуществляться по возможности быстро. Деятельность любого правоохранительного органа только тогда имеет смысл, когда восстановление нарушенных правовых норм происходит незамедлительно. Задачи обеих модернизаций требуют оперативности в рассмотрении исков. Это способствует развитию экономики, так как обеспечивает правовую защиту собственников и предпринимателей. В быстром рассмотрении уголовного дела заинтересованы не только потерпевшие, но и правонарушитель. Потерпевшая сторона получает возможность быстро получить моральную и материальную компенсацию. Человек, обвиняемый в преступлении, тоже не должен годами ждать решения своей судьбы.

3.2.1. Проблема эффективности судопроизводства в ходе реализации судебной реформы 1864 г. Одной из задач судебной реформы 1864 года как раз и было сделать процесс отправления правосудия более быстрым. Дореформенная судебная система отличалась крайней медлительностью. Даже самое пустяковое дело могло ходить по инстанциям годами, обрастая ворохом бумаг или, как говорили в народе — «волочиться». Также обычным делом было многолетнее нахождение человека под следствием. В мемуарах прокурора Московского окружного суда М.Ф. Громницкого содержится поразительный пример того, как медленно работала система правосудия до реформы. В дореформенный период Громницкий служил стряпчим по уголовным делам в Воронеже. Там, в тюремном замке, в течение 15 (!) лет содержался человек, обвиняемый в растрате и находящийся под следствием. По окончании расследования человек был признан виновным и отправлен в Сибирь. «Преступая острожный порог, он был молод, здоров и полон энергии; через 15 лет отправляли в Сибирь дряхлого, больного старика», — писал Громницкий[419]. При этом надо помнить, что в дореволюционной России предварительное заключение не входило в общий срок наказания.

Судебная реформа должна была покончить с «волочением», сделать правосудие более быстрым, а следовательно, более удобным и гуманным, содействовать экономическому росту страны. Поэтому оценка результатов ее проведения невозможна без изучения того, насколько успешно была решена задача ускорения судопроизводства. Проблема оперативности судопроизводства является актуальной и сегодня, поэтому ее изучение в исторической перспективе должно быть полезным, особенно если учесть, что обе модернизации были направлены на формирование рыночной экономики и повышение степени защищенности прав и свобод людей. В этом плане судебная реформа

419 Громницкий М.Ф. Из прошлого // Русская мысль. 1899. № 2. С. 57.

имеет цель обеспечить не просто справедливое правосудие, но еще и правосудие оперативное.

При формировании пореформенной судебной системы в XIX в. ставилась задача создать такую систему, которая успевала бы быстро рассматривать поступающие дела. «Временные штаты» составлялись комиссией в 1865 году с учетом статистических данных. Были проанализированы сведения о количестве дел, возникающих в старых судебных местах тех губерний, где собирались вводить Судебные Уставы. При этом была сделана поправка на то, что количество судебных дел может вырасти вследствие большего доверия народа к новым судам. В результате ожидалось, что в провинции в окружных судах будет возникать от 85 до 250 гражданских дел в год и от 300 до 450 уголовных. В столичных губерниях прогнозировалось несколько больше дел: около 1 000 уголовных и около 600 гражданских[420].

Однако уже в первые годы работы новых судов стала очевидна ошибочность этих расчетов. Предсказание, что если новые суды заслужат уважение у населения, то следует ждать роста количества дел, сбылось сверх ожиданий. В 1868 году председатели многих окружных судов, давая отзыв о ходе судебной реформы, отмечали, что поток дел, поступающих в суд, стремительно растет. Изучение ведомостей о движении дел в окружных судах показывает, что реальное увеличение количества дел оказалось гораздо больше, чем это прогнозировалось в 1865 году. Особенно неожиданно увеличился поток гражданских дел. Уже в 1869 году в окружные суды поступило дел числом, во много раз превышающим ожидаемое. Например, во Владимирский и Калужский окружные суды их поступило в 13 раз больше, а в Рязанский — в 18 раз больше[421]. В последующие годы этот поток стремительно растет — в 1872 году Владимирский окружной суд принял к производству 1862 гражданских дела, что было в 22 раза больше прогнозируемой цифры. На следующий год этот же суд принял уже 2079 дел (больше в 24 раза). В целом за период только с 1869 по 1873 год количество поступающих гражданских дел во Владимирский окружной суд выросло в два раза.

Поток уголовных дел удалось предугадать более точно, но все же и этих дел поступало в окружные суды больше, чем ожидалось. С течением времени их количество также увеличивалось, хотя не так стремительно, как гражданских. В 1870 году число уголовных дел, принятых к производству окружными судами, было больше ожидаемого в

420 Соображения комиссии, высочайше учрежденной для окончания работ по преобразованию судебной части, о порядке введения в действие Судебных Уставов 20 ноября 1864 года. Б.м., г. Приложение. С. 7—17.

421 ЦГИА г. Москвы. Ф. 131. Оп. 22. Д. 7.

1,2—1,6 раза, в 1881 году — в 1,5—2 раза. С 1869 года по 1881 год по каждому окружному суду количество уголовных дел, поступавших за год, выросло в 2—3,5 раза. Соответственно возросло количество дел у прокурорского надзора и у судебных следователей.

Такой стремительный рост количества дел, поступавших в суды, говорит о том, что новые суды действительно сумели завоевать уважение населения. Они рассматривали дела гораздо быстрее дореформенных: обычно на все производство гражданского дела (от подачи искового заявления до получения исполнительного листа) уходило две-три недели у мирового судьи и три-четыре месяца в окружном суде. Например, один журналист, описывая работу московского мирового судьи, зафиксировал, что, принимая прошения 14 февраля, судья назначал слушание на 22 или 23 февраля. То есть, подав исковое заявление, истец имел возможность менее через две недели услышать решение своего дела[422]. По сравнению с дореформенными судами от тяжущихся требовалось предъявлять гораздо меньше документов. Намного реальнее стало добиться справедливого решения, не прибегая к взяткам, даже если иск подавался против лица, стоящего выше по социальной лестнице. Все это вызывало доверие к новым судам, и во многих случаях, когда до реформы иски просто не возбуждались, люди стали обращаться в суд для решения спора правовым порядком. Повышение доверия к новым судам подтверждает наблюдение прокурора Московского окружного суда М.Ф. Громницкого: представители торгового класса стремились подчинить свои дела не коммерческому суду, который еще некоторое время должен был работать, а новому окружному суду.

Это было очень важно для роста торговли и предпринимательства. Судебная реформа обеспечила защиту интересов предпринимателей, способствуя экономическому росту страны. В пореформенные годы для России это имело особую актуальность — 60—80-е гг. девятнадцатого столетия были годами интенсивного развития новых, более передовых экономических отношений, роста промышленности и торговли. В это время начал складываться класс российских предпринимателей. С 1861 по 1881 гг. объем фабрично-заводской продукции вырос в 2,5 раза. Интенсивно росла и торговля. Например, на знаменитой Нижегородской ярмарке с 1861 по 1870 год было продано товаров в 1,5 раза больше, чем с 1851 по 1860 год. Причем росла не только внутренняя, но и внешняя торговля. Ввоз товара из-за рубежа с 1865 по 1875 год увеличился в 2,8 раза, вывоз — в 1,7 раза. Одним из фак-

422 Нос А.Е. Мировой суд в Москве. Очерки разбирательства у мировых судей. М., 1869. Т. 2. С. 15.

торов, содействующих этому, была судебная реформа. Судебный деятель В.К. Случевский подчеркивал это в своих мемуарах: «Судебные Уставы, построенные на началах, выработанных западноевропейской жизнью, были вполне понятны для иностранцев и вселяли в них доверие к нашим судебным порядкам, создавая импульс к расширению торговых международных отношений»[423]. В пореформенный период активно развивалась банковская система, стремительно увеличивалось количество ссудных и прочих банковских операций. В 1861 году в России был всего 1 акционерный банк, в 1874 году их было 39. За 15 лет, с 1864 года по 1879 год, размер выданных ссуд увеличился в 27 раз[424]. Любой вид предпринимательской деятельности (торговля, банковское дело, производство товаров) интенсивно развивается только тогда, когда в стране обеспечена эффективная защита интересов собственников, налажен эффективный механизм разрешения в правовом порядке экономических конфликтов и споров. Судебная реформа смогла обеспечить появление такого механизма и этим содействовала экономическому развитию страны.

Рост числа уголовных дел в судебной статистике объяснялся не только естественным увеличением преступности — он был вызван доверием к новой судебной системе. До 1864 года расследование и судопроизводство по уголовным делам велись таким образом, что о совершенных преступлениях обыватели предпочитали просто не заявлять: в лучшем случае потерпевший будет годами добиваться справедливости, в худшем — сам пойдет по Владимирке[425]. Полиция, получив сообщение о нарушении закона, могла обвинить в нем первого попавшегося человека. Поэтому, узнав о преступлении, обыватель мог приложить все силы, чтобы скрыть его следы, хотя не имел к нему ни малейшего отношения. Описан случай, когда вся деревня поочередно переносила труп человека от дома к дому (от своего к соседскому), пока он не оказался на нейтральной территории перед церковью, находящейся далеко от места гибели человека[426]. Лица привилегированных сословий в любой ситуации чувствовали себя просто безнаказанными.

Новый порядок расследования и судопроизводства по уголовным делам позволял обывателю надеяться, что виновные действи-

423 Случевский В.К. Из первых лет жизни Судебных Уставов // Журнал министерства юстиции. 1914. № 9. С. 299

424 Толмачев Е.П. Указ. соч. С. 296.

425 По Владимирскому тракту отправляли этапы сосланных в Сибирь, поэтому выражение «пойти по Владимирке» стало нарицательным.

426 Добров Л. Откровенное слово о важнейших событиях нашей внутренней жизни за последнее 25-летие (1855—1880). СПб., 1880. С. 63.

тельно будут наказаны. Председатель Московского окружного суда так объяснял рост уголовных дел у судебных следователей и в окружном суде: «В настоящее время, с улучшением порядка судопроизводства и следствий, с учреждением прокурорского надзора гораздо меньше дел, которые в прежние времена предавались суду и воле Божьей, преступления не остаются под спудом, а выходят на свет, невзирая ни на свойства деяний, ни на сословия лиц обвиняемых»[427].

Однако судебному аппарату было тяжело справляться с таким потоком дел. Чтобы предотвратить медлительность в производстве дел и избежать недостатков старой судебной системы, Судебные Уставы предписывали довольно жесткие сроки осуществления процессуальных действий. В результате на плечи судебных чиновников всех рангов (судей, следователей, лиц прокурорского надзора) падали весьма серьезные нагрузки. В докладе министерства юстиции по поводу положения дел во Владимирском и Нижегородском окружных судах, составленном в 1874 году, говорилось: «Члены суда обременены до чрезвычайности значительным количеством дел, в течение каждых трех будничных дней каждый член суда обязан рассмотреть и доложить по крайней мере 6 дел и написать столько же постановлений»[428]. «Доложить дело» означало его предварительно прочитать и проанализировать, а оно могло состоять из сотен листов.

В этой ситуации болезнь только одного члена суда или временное отсутствие его по какой-либо причине создавало серьезные проблемы. В 1874 году прокурор Калужского окружного суда, объясняя причины отмены выездной сессии в г. Медыни, докладывал в судебную палату, что это произошло из-за болезни двух членов окружного суда. Если в уезд уехали бы еще два члена, то работа в самом суде сильно затормозилась бы. В суде понимали, что от задержки сессии пострадают люди, ожидающие решения своей судьбы в местной тюрьме, поэтому попытались решить проблему командированием в уезд судьи из гражданского отделения. Это вызвало протест цивилистов, они испугались, что отсутствие одного из них даже в течение всего семи дней создаст у них завал дел[429].

Особенно тяжело приходилось судьям во время работы на сессиях в уездных городах. Кроме бытовых неудобств, связанных с жизнью в командировке, служителям Фемиды приходилось страдать от очень интенсивного графика работы. В первые годы деятельности новых судов

---

427 РГИА. Ф.1405. Оп. 66. Д. 3045. Л. 182.

428 РГИА. Ф. 1405. Оп. 69. Д. 6071. Л. 46.

429 ЦГИА г. Москвы. Ф. 131. Оп. 30. Д. 134. Л. 1-2.

выездные сессии обычно назначались на две-три недели. Затем они стали сокращаться до 5—14 дней. Основной причиной этого было желание судей поскорее вернуться в свой город: с одной стороны, не прельщала жизнь в гостинице, с другой — перспектива накопления дел в окружном суде. В результате на один день заседания назначалось по 3-4 дела. На каждое дело нужно немало времени, к тому же всегда случаются непредвиденные задержки: свидетели могли давать показания больше времени, чем ожидалось, адвокат или присяжные искали возможности дополнительно допросить свидетеля и пр. Явление, когда судебные заседания на сессии затягивались до ночи, стало распространенным: иногда суд продолжал работать и ночью, тогда заседание закрывалось в 3 или даже 8 часов утра[430]. Сделать перерыв и дослушать дело на следующий день было затруднительно: на другой день назначены новые дела и вызваны другие люди. Естественно, что работать так интенсивно было очень тяжело. Вполне обоснованно поступали те адвокаты, которые после ночного слушания подавали кассационные жалобы.

Много работы было и у чинов прокуратуры. Прокурор Московского окружного суда М.Ф. Громницкий вспоминал: «Я не мог жаловаться на недостаток работы, особенно в первые месяцы вступления в новую должность»[431]. Далее автор перечисляет, чем он был занят: еженедельные распорядительные заседания отделений суда, общие собрания суда, ежедневный пересмотр работ товарищей прокурора, арестантских и прочих прошений, прием посетителей, громадная переписка. Работы было так много, что часть ее Громницкому приходилось брать на дом. К этому субъективному впечатлению можно добавить и объективные данные: в 1869 году прокурору Тульского окружного суда И.М. Остроглазову приходилось рассматривать ежемесячно около 40 дел, а его товарищам — по 20—30 дел[432]. При этом прокурорский надзор имел и много других обязанностей: посещение тюрем, заседаний мировых съездов, обвинение в суде, надзор за судебными следователями. В 1869 году в отзывах о ходе реформы почти каждый прокурор окружного суда констатировал, что у него не хватает времени как следует руководить предварительным следствием. Эта ситуация была типичной. Одно только посещение съездов мировых судей занимало массу времени: в целом им приходилось полностью посвящать 10 дней в месяц[433]. В 1869 году прокурор Московской судебной палаты Н.Г. Мотовилов, проводя ревизию окружных судов, в

430 Тимофеев Н.П. Суд присяжных в России. — М., 1882. — С. 303.

431 Громницкий М.Ф. Указ. соч. // Русская мысль. — 1899. — № 9. — С. 222.

432 ОПИ ГИМ. Ф. 138. Оп. 1. Д. 2. Л. 11.

433 ЦГИА. г. Москвы. Ф. 131. Оп. 8. Д. 94. Л. 9 об.

своих рапортах министру юстиции отмечал, сколько в среднем приходится дел на одного товарища прокурора в месяц. В Рыбинском окружном суде эта цифра составила 19,5 дела, в Калужском — 20 дел, в Нижегородском — 19 дел, в Тверском — 25,5 дела.

Перегружен был прокурорский надзор не только в окружных судах, но и в судебной палате. В 1872 году прокурор палаты докладывал, что он и его 4 товарища «не имеют физической возможности выполнить все служебные обязанности настолько своевременно, обдуманно и отчетливо, как было бы необходимо по самой важности этих обязанностей»[434]. Такое положение вынуждало вызывать в Москву людей из окружных судов. В 1870 году товарищ прокурора Тульского окружного суда Зорин был вызван в палату «для ускорения делопроизводства». В этом же году направлялся временно в палату товарищ прокурора Владимирского окружного суда. Естественно, это не было решением проблемы и больше напоминало латание тришкиного кафтана.

Нагрузка на судебных следователей распределялась крайне неравномерно — одни из них имели немного дел, другие были крайне загружены. Это зависело от различных условий: размеров участка, сочетания криминогенных факторов, расторопности полиции и т.п. Прокурор Ярославского окружного суда приводил следующие цифры: если у городского следователя одновременно в производстве находилось 25 дел, то у его коллеги в уезде могло быть сразу на руках 100 (!) дел[435]. В целом положение судебных следователей было нелегким — даже 25 дел одновременно вести нелегко, а чаще встречалось и большее количество. Нередко за год некоторым следователям приходилось принимать к производству до 200 дел. Особенно тяжело приходилось следователям Московской губернии: по статистической ведомости за 1875 год некоторые из них вступили в этот год, имея на руках от 30 до 65 дел, следователь 2-го городского участка имел 65 дел, а следователь 2-го участка Московского уезда — 72 дела. Естественно, что с первых дней нового года стали поступать новые дела, и за этот год некоторые городские следователи приняли 250—300 дел[436]. Следователи по особо важным делам находились в несколько ином положении — обычно у них количество дел исчислялось единицами, но среди них могли находиться такие сложные и трудоемкие дела, что в современные дни для их расследования создали бы следственную бригаду.

Труднее оценить загруженность мировых судей — количество дел к ним поступало крайне неравномерно и зависело от ряда обсто-

434 РГИА. Ф. 1405. Оп. 71. Д. 4160. Л. 27 об.

435 ЦГИА г. Москвы. Ф. 131. Оп. 17. Д. 1084. Л. 81 об.

436 ЦГИА г. Москвы. Ф. 131. Оп. 22. Д. 274. ЛЛ. 23 об. — 24.

ятельств: размеров участка, сословного состава живущих в нем (крестьяне во многих случаях были неподсудны мировому судье). Во многом поток дел зависел от самого судьи или его предшественника — к судье, который пользовался плохой репутацией, решал дела несправедливо или ленился их рассматривать, обращались реже; то же самое происходило, если судья жил в таком месте, что до него было трудно добираться. Иногда новый мировой судья оказывался по горло заваленным работой, так как его предшественник был ленив и накопил массу дел. В такой ситуации, к примеру, оказался мировой судья Спасского уезда Рязанской губернии А.Н. Левашов. Он писал в своих воспоминаниях, что наследие его предшественника заставило его целыми днями сидеть в камере и разбирать дела.

Естественно, нельзя говорить, что в пореформенных судах дела «волочились» столько же, сколько и в дореформенных — они решались гораздо быстрее. Надо отдать должное судебным деятелям пореформенных судов — они работали с огромным энтузиазмом. В докладе Министерства юстиции говорилось: «Только благодаря означенной чрезмерной деятельности членов судов число нерешенных гражданских дел оказывается до настоящего времени сравнительно незначительным»[437]. О настроении судебных деятелей пишет и М.Ф. Громницкий: «На всякую новую работу мы смотрели не как на работу, а как на новый источник удовольствия. Таково уж было наше тогдашнее настроение»[438].

Следует отметить, что с приобретением опыта судебными чиновниками скорость производства дел постепенно росла. Число дел, поступавших в суды и к следователям, ежегодно увеличивалось, соответственно больше становилось нерешенных дел; однако их процентное соотношение не росло, а уменьшалось. Это удалось установить путем изучения так называемых перечневых ведомостей — статистических отчетов о движении дел, ежегодно составлявшихся судебными местами. В 1867 году количество уголовных дел поступило в суды даже в 1,5—2 раза меньше, чем прогнозировалось в 1865 году. Однако от 20 до 45% дел остались на следующий год. В 1870 году поток уголовных дел вырос, их поступило в окружные суды в 1,2—1,4 раза больше прогнозируемого. Количество нерешенных дел осталось прежним — 20—45%. В 1875 году число уголовных дел еще выросло: их было в 1,3—1,8 раза больше, чем ожидалось в 1865 году. В некоторых судах процентное соотношение числа поступивших и нерешенных дел значительно выросло (60—70%), в других — осталось прежним, а в некоторых —

437 РГИА. Ф. 1405. Оп. 69. Д. 71. Л. 46 об.

438 Громницкий М.Ф. Указ. соч. // Русская мысль. 1899. № 9. С. 250.

отмечена тенденция к снижению этого показателя: в Ярославском — с 45% до 7,8%, в Рыбинском — с 35 до 17,5%, в Тульском — с 57 до 20%. Эти цифры свидетельствуют о том, что, несмотря на большую нагрузку, выпадавшую на суды, судебные деятели наращивали свой профессионализм, и постепенно ускорялся темп решения уголовных дел. Даже при увеличении общего количества поступающих дел в некоторых судах прекратился процесс их накопления. Впоследствии рост профессионализма позволил усилить эту тенденцию. В 1881 году поток уголовных дел превысил ожидаемый уже в 1,5—2 раза, а процент нерешенных дел значительно понизился и составил 22—26%.

Аналогичная картина наблюдалась и у судебных следователей, к которым с каждым годом поступало все больше и больше дел, однако постепенно темп работы судебных следователей увеличивался: в 1867 году было не рассмотрено от 18 до 43% дел, уже в 1870 году этот показатель был снижен почти по всем судам и колебался от 7,5% до 36%, а в 1881 году, несмотря на то, что дел поступило гораздо больше, в чем предыдущие годы, нерешенными остались 2—16% дел. О росте профессионализма свидетельствует и постепенное сокращение сроков производства уголовных дел у судебных следователей. Если в 1870 году в статистических отчетах отмечается, что количество дел, производившихся более года, составляет иногда несколько десятков, то в 1875 году их количество заметно сокращается и редко превышает десяток. В 1881 году они исчисляются единицами[439]. Отметим, что под термином «разрешение» уголовного дела у следователя могло иметься в виду не раскрытие преступления, а простое прекращение дела. Председатель Ржевского окружного суда отмечал, что только 20% следствий заканчивается раскрытием преступления[440].

Однако даже при таком старании судебные деятели были не в состоянии справляться с тем потоком дел, который возникал. С каждым годом цифра в ежегодных отчетах о движении дел в графе «количество неразрешенных дел» неумолимо возрастала. Проблема увеличения штата судебных мест стояла очень остро. Слишком сильная загруженность судей и следователей становилась причиной допущения ошибок. В 1873 году в Калужском окружном суде на выездной сессии судьи неправильно поставили вопросы присяжным. Затем они объяснили свою ошибку крайним переутомлением — за три недели сессии

---

439 Процентное соотношение поступивших и разрешенных дел рассчитано автором на основе перечневых ведомостей за 1867, 1870, 1875, 1881 годы. ЦГИА г. Москвы. Ф. 131. Оп. 22. ДД. 3, 9, 34, 45.

440 РГИА. Ф. 1405. Оп. 68. Д. 1988. Л. 34. Следует заметить, что в дореформенный период раскрываемость составляла всего 12%.

они рассмотрели 32 уголовных дела с присяжными и 14 дел без присяжных, по которым в общей сложности обвинялись 71 человек.

Судебные следователи неоднократно получали замечания за несвоевременное начало следственных действий, из-за чего раскрыть преступление становилось сложно. В ответ, как правило, следовало объяснение о большом количестве дел, находящихся в производстве. Причем некоторые следователи не только не успевали раскрывать преступления, но даже вести делопроизводство. В таких ситуациях некоторые из них прибегали к экстравагантным способам решения проблемы. Известный политический деятель князь С.Д. Урусов, который провел детство в Ярославле, в своих воспоминаниях приводит интересный факт. Среди профессиональных городских нищих Ярославля были и те, кто закончил Демидовский лицей, дававший юридическое образование. Одного из них судебный следователь запер у себя на две недели, «и тот, получая пищу и умеренные, но часто повторяемые порции водки, привел запущенное делопроизводство следователя в порядок»[441]. Конечно, такие случаи происходили не только по причине большого количества дел. Многие следователи не имели соответствующего образования и с трудом ориентировались в своих обязанностях. Более привычным и распространенным способом ускорить делопроизводство было привлечение человека со стороны для переписки бумаг: в дневнике неизвестного сельского учителя упоминается, что его отец подрабатывал перепискою у судебного следователя и часто брал работу на дом (о тайне следствия в данном случае говорить не приходится)[442]. При этом никаких компенсаций за этот расход по службе следователю не полагалось.

В конечном итоге от перегруженности судебной системы страдали больше всего простые обыватели, чьи интересы были связаны с судом. В первую очередь это касается подследственных по уголовным делам. Если истец или ответчик по гражданскому делу может подождать несколько лишних месяцев, то для подследственного, даже если он не взят под стражу, каждый месяц продления превращается в пытку. По закону он еще не преступник, возможно, будет оправдан судом, но «состоящий под следствием» — это уже неравноправный член общества: на него все смотрят с подозрением, его даже не возьмут на службу. А что говорить о положении человека, который взят под стражу! При этом предварительное заключение по-прежнему не засчитывалось в общий срок отбытия наказания (только в 1910 году закон был

441 Урусов С.Д. «И вот, вдали показался красавец Ярославль…» // Ярославская старина. 1997. № 4. С. 56.

442 ГАРО. Ф. 689. Оп. 1. Д. 655. Л. 17.

изменен). Хотя пореформенные суды не «волочили» уголовные дела так долго, как дореформенные, в прессе самими судебными деятелями поднималась проблема ускорения уголовного судопроизводства. Из-за большого количества уголовных дел, поступавших в суды, каждое дело должно было выстоять очередь на слушание. По свидетельству председателя Московского окружного суда эта очередь подходила, как правило, через год после поступления дела в суд[443]. А впереди было отбытие основного наказания! Длительное ожидание суда само по себе превращалось в наказание. Болью и отчаянием наполнено прошение одного подследственного, производство дела которого затянулось на 4 года: «Если Ваша совесть возмущена моими прошлыми действиями, так карайте меня, но не мучайте меня долгим ожиданием Вашего суда. Смею уверить Вас, что это хуже всякой пытки и что это, думается, выше сил моих»[444].

Увеличение штатов судов стало важной задачей. Уже в 1866 году Московский окружной суд ходатайствовал о расширении штата. Тогда эта просьба была быстро удовлетворена. В начале 70-х годов XIX века в этом суде снова назрела та же необходимость. Также она назрела в других судах: Нижегородском, Владимирском, Рязанском. Общие собрания каждого суда вынесли постановление просить Министерство юстиции открыть в их суде дополнительные вакансии.

Однако реально расширения штатов удалось добиться только в 1876 году. В Московском, Нижегородском и Владимирском судах было добавлено по одной должности товарища председателя суда, в первых двух также добавили по три должности члена суда, а в третьем только две. В Московском окружном суде также были введены еще 7 должностей следователей и 5 — товарищей прокуроров. Штат Рязанского суда был расширен только одной должностью следователя. Таким образом, расширение штата произошло не в том масштабе, в каком ожидалось: во Владимирском суде назначили на одного члена суда меньше, в Рязанском суде добавили только вакансию судебного следователя. Хотя уже это сыграло большую роль. В совокупности с ростом умения судебных деятелей, с их самоотверженной отдачей делу правосудия это помогло предотвратить накопление дел в таком количестве, которое невозможно будет разобрать годами. Угроза сделать правосудие таким же медлительным, как до реформы, была предотвращена.

Таким образом, деятельность пореформенной судебной системы сильно отличалась от дореформенной. В результате проведения судебной реформы удалось значительно ускорить процесс отправления

---

443 РГИА. Ф. 1405. Оп. 66. Д. 3045. Л. 181 об.

444 ЦГИА г. Москвы. Ф. 131. Оп. 14. Д. 398. Л. 182.

правосудия. Производство по гражданским делам уже не велось годами, как прежде, обычно оно ограничивалось несколькими месяцами в общих судах и двумя-тремя неделями в мировых судах. Значительно ускорилось производство уголовных дел. Пореформенное правосудие стало значительно удобнее и заслужило доверие со стороны населения. Об этом свидетельствует огромный рост количества дел, особенно гражданских. Все это подтверждает, что, во-первых, судебная реформа действительно крайне назрела, во-вторых, она была успешной.

3.2.2. Рост загруженности судей в ходе модернизации рубежа XX -XXI вв. В ходе судебной реформы рубежа XX—XXI веков проблема скорости отправления правосудия также оказалось актуальной. В советское время оперативность правосудия была одним из важнейших показателей. В отчетах и справках о работе судов особо отмечалось, какой процент дел рассматривался более месяца. В Молдавской ССР в 1989 г. число таких дел составило 8,4%[445]. Еще хуже дело обстояло в Казахстане. Каждое 10 дело рассматривалось судами г. Алма-Ата с нарушением срока, а в Алма-Атинском областном суде — каждое четвертое[446]. Однако, как показала история, это было еще не самым страшным. 90-е годы XX века отмечаются ростом количества дел, поступающих в суды. Анализ статистических данных, публикуемых судебной властью в журнале «Российская юстиция» (с 1994 г. такие отчеты публикуются ежегодно), показывает стремительный рост уголовных, гражданских и административных дел в российских судах. Так, в районные и городские суды, которые рассматривают в качестве суда первой инстанции более 95% всех дел, в 1993 г. приняли к производству 782 тысячи уголовных дел, в 1994 г. — 976 тысяч, в 1995-м — 1133 тысячи, в 1996 г. — 1209 тысяч. В 1997 г. отмечается небольшой спад загруженности: в районные и городские суды поступило только 1047 тысяч уголовных дел, но уже в 1998 г. тенденция к росту количества дел снова четко проявила себя: поступило 1068 тысяч уголовных дел, а в 1999 г. их было уже 1265 тысяч[447]. Еще более стремительным был рост гражданских дел в судах общей юрисдикции: в 1993 году в районные и городские суды поступило 1838 тысяч дел, в 1994-м — 2006 тысяч, в 1996 г. — 3042 тысячи, в 1997 -м — 3913 тысяч, в 1998 -м — 4790 тысяч,

445 ГАРФ Ф. Р-9492. Оп. 8. 2749. Л. 36.

446 ГАРФ Ф. Р-9492. Оп. 8. 2405. Л. 18.

447 Данные приводятся по официальным статистическим отчетам, публикуемым ежегодно в журнале «Российская юстиция»: Российская юстиция, 1995. № 6; 1996. № 5; 1997. № 7; 1998. № 6,7; 1999. № 5, 8, 9; 2000. № 5, 7, 8; 2001. № 4, 11; 2002. № 4, 8; 2003. № 4; 2004. № 4; 2005. № 6; 2006. № 8.

в 1999 г. — 5100,4 тысячи [448]. Быстро растет количество дел и в арбитражных судах: в 1994 г. их поступило 208 тысяч, в 1995 г. — 237 тысяч, в 1996 г. — 394 тысячи, в 1997 г. — 420,6 тысячи, в 1998 г. — 493,6 тысячи, в 1999 г. — 581,7 тысячи[449]. Таким образом, за небольшой период, с 1993 по 1999 годы, т.е. за 6 лет, количество поступающих уголовных дел в суды общей юрисдикции выросло в 1,6 раза, а гражданских — в 2,8 раза. В 2,8 раза выросло количество дел и в арбитражных судах.

Причины роста количества дел разнообразные. Так же как и в XIX в., на рост дел в совокупности влияли сложные перипетии модернизационного процесса. На рост количества уголовных дел повлияло, прежде всего, ухудшение криминогенной ситуации, стабильный рост из года в год количества совершаемых преступлений, отмечаемый за все 90-е годы. В 1990 г. было зарегистрировано 1839,5 тысячи преступлений, в 1991 г. — 2173,1 тысячи, в 1992 г. — 2760,7 тысячи, в 1993 г. — 2799,6 тысячи, в 1994 г. — 2632,7 тысячи, в 1995 г. — 2755,7 тысячи, в 1996 — 2625,1 тысячи, в 1997 г. — 2397,3 тысячи, в 1998 г. — 2581,9 тысячи, в 1999 г. — 3001,7 тысячи преступлений[450]. Рост преступности стал неизбежным спутником такой стороны модернизации, как становление рыночных отношений. Рынок вызвал ухудшение положения народных масс, многие остались без работы или их уровень зарплаты не обеспечивал нормального прожиточного уровня, на многих предприятиях зарплату совсем не платили. К тому же формирование демократии, отказ от норм авторитарного государства имеет и оборотную сторону — ослабление контроля над обществом влечет рост преступности. С ростом преступности как следствием становления рыночных отношений и демократизации общественных отношений столкнулись все страны бывшего социалистического лагеря. В 1995 г. в Чешской Республике 40% опрошенных опасались выходить на улицу с наступлением темноты, в Польше — 35%[451]. Причем статистика с тревогой отмечала не просто рост преступности, но и изменение ее структуры: «Преступность не только возрастает, но и становится более жестокой, организованной, много преступлений совершается с применением оружия»[452]. В России особо острой стала проблема возник-

448 Там же.

449 Там же.

450 Российский ежегодный статистический ежегодник. 1999: Статистический сборник / Росстат. М., 1999. С. 176; Российский ежегодный статистический ежегодник. 2004: Статистический сборник. / Росстат. М., 2004. С. 297.

451 Caparini M., Marenin O. Crime, Insecurity and Police Reform in Post-Socialist CEE // The Jornal of Power Institutions in Post-Soviet Societies. An electronic journal of sciences. Issue 2. 2005. http://www.pipss.org/document330.html 10.02.2008.

452 ГАРФ. Ф. Р-9492. Оп. 8. Д. 2735. Л. 105.

новения и деятельности ОПГ — организованных преступных группировок. В 90-е годы XX в. во многих городах между ними прошла волна самых настоящих войн за сферы влияния, например, рязанцы еще долго будут помнить войну между слоновской и айрапетовской группировками[453]. Рэкет, вымогательство со стороны криминального мира стали неотъемлемыми атрибутами становления предпринимательства в постсоветской России. Американский исследователь Марк Галеотти указывает, что вымогательством было охвачено 80% предпринимателей[454]. К тому же демократизация и открытие «железного занавеса» имели и обратную сторону: они вызвали рост преступлений, которые до этого были мало распространены у нас в стране, в частности, связанные с незаконным оборотом наркотиков. Таким образом, за 10 лет количество зарегистрированных преступлений выросло в 1,6 раза. Небольшой спад зарегистрированных преступлений, отмеченный в 1997 г., и последовавший спад поступивших в суды уголовных дел объясняется введением в действие с 1 января 1997 г. нового Уголовного кодекса, который декриминализировал ряд составов[455].

На рост гражданских дел (который, так же как и до революции, шел более интенсивно) повлиял ряд факторов, связанных с изменением политического и экономического строя. Во-первых, изменилось отношение к правам человека. Теперь права человека считаются высшей ценностью, и соответственно вводятся более совершенные механизмы их защиты, в частности, большое значение придается судебному порядку защиты и восстановления нарушенных прав и свобод. Это повлекло изменение законодательства на рубеже 80 — 90-х гг. и расширение подсудности. В советский период многие споры в принципе не подлежали судебному разрешению. Например, споры о восстановлении на работе только у небольшой категории работников могли рассматриваться в судебном порядке. Во-вторых, существенным фактором стало формирование рыночных отношений. Развитие предпринимательства неизбежно влечет рост гражданско-правовых конфликтов. Как отмечает американец Ричард Мессик, с этой проблемой столкнулись все страны бывшего социалистического лагеря. Поэтому во всех них формирование рынка сопровождалось измене-

453 Группировки получили название по кличкам своих главарей: «слоновскую» ОПГ возглавлял человек по кличке «Слон», глава айрапетовкой ОПГ имел кличку «Айрапет». Обе группировки насчитывали до 1000 человек и охватили вымогательством весь город.

454 Galeotti Mark Crime, corruption and the law // Russia after the cold war / Ed. Bowken. M. — London, 1999. P. 135.

455 Более детальный анализ причин роста количества преступлений не входит в задачу работы, т.к. является предметом криминологической науки.

ниями в судебной системе[456]. В-третьих, становление рыночных отношений сопровождалось не только постепенным наполнением рынка товарами, но и развалом предприятий, созданием финансовых пирамид, массовой невыплатой зарплат, что породило целый вал гражданско-правовых конфликтов. В частности, статистические данные о работе судов за 1994 и 1995 гг. фиксируют, что в «суды хлынули иски вкладчиков рухнувших финансовых пирамид»[457]. В данных за 1997 г. отмечается большой рост количества исков по оплате труда, «поступление которых… приняло обвальный характер: в 1995 г. — 122 тысячи, в 1996 г. — 647 тысяч, в 1997 г. — 1237 тысяч»[458]. Таким образом, только о взыскании невыплаченной заработной платы количество дел выросло более чем в 10 раз! Если в 1993 г. дела по трудовым спорам составляли всего 6% процентов, то в 1997 г. — 34%. Причем подавляющая часть этих исков была порождена невыплатой зарплат, в 1997—1998 гг. они составляли до 90% всех споров, вытекающих из трудовых отношений. В-четвертых, сыграло роль хоть и медленное, но все-таки изменение обыденного правового сознания населения, а также рост доверия к суду. Появляются новые категории дел, которых раньше не было, например, дела о защите чести и достоинства, иски к государственным органам. Только в 1990 г. количество исков о защите чести и достоинства выросло в 1,5 раза[459].

Естественно, рост дел в судах отразился на нагрузке судей: так же как и их коллегам в XIX в., им приходилось работать с утроенной силой, особенно если учесть, что в начале 90-х гг. для судов была типичной проблема укомплектованности штатного состава судей. В 1994 г. штаты районных судов были укомплектованы только на 82,7%, областных — на 80%[460]. В результате для 90-х годов характерен рост количества дел на одного судью в месяц. В 1994 году на одного судью в районном или городском суде приходилось в среднем в месяц 7,4 уголовного дела, 15,2 гражданского дела, 17 административных материалов. В последующие годы эти цифры растут: по уголовным делам один судья в 1995 г. рассматривал в среднем 8,5 дела в месяц, в 1996 г. — 9,0 дела, а в 1997 г. — 7,8 дела, в 1998 г. — 8,3 дела, в 1999 г. —

456 Messick R. Judicial reform and economic growth: what a decade of experience teaches // www.ice.ru/files/149970/messick.doc

457 Андрюшечкина И. Статистика — 96 // Российская юстиция. 1997. № 7. С. 53.

458 Гагарский А. Работа судов Российской Федерации в 1997 г. // Российская юстиция. 1998. № 7. С. 55.

459 ГАРФ. Ф. Р-9492. Оп. 8. Д. 2735. Л. 111.

460 Гагарский А. О работе судов Российской Федерации в 1994 г. // Российская юстиция. 1995. № 6. С. 49.

9,4 дела. Причем судьям приходится сталкиваться не только с ростом уголовных дел в количественном отношении, но и с появлением сложных, многоэпизодных дел, в которых значилось большое число свидетелей, потерпевших и подсудимых. Такими становятся дела об организованных преступных группировках. Рассмотрение каждого дела требовало много времени. В 1998 г. благодаря упорству работников прокуратуры и милиции на скамью подсудимых было отправлено 22 члена слоновской преступной группировки, причем речь шла не о рядовых бойцах. В Рязани даже не нашлось зала судебного заседания, чтобы вместить всех подсудимых, пришлось под эти цели оборудовать спортивный зал Учебного центра МВД. Дело рассматривалось два года, только обвинительное заключение составляло несколько томов. Так же объемным был и приговор, его судья был даже вынужден вопреки всем традициям читать сидя. В 2004 г. приговор был вынесен 16 лидерам айрапетовской группировки. Дело насчитывало 99 (!) томов, в судебном заседании предстояло выслушать 119 потерпевших и более 1000 свидетелей. Дело слушалось три года: с 2001 по 2004 г. Еще дольше рассматривалось дело дороховской[461] группировки — с 2002 по 2006 г. В этом деле было 19 человек подсудимых, а материалы составляли тоже 99 томов. Рассмотрение такого дела в каком-либо суде автоматически усиливало нагрузку на всех судей сразу, т.к. пока один судья или трое судей (данные дела могут рассматриваться по просьбе обвиняемых коллегией из трех судей) слушали многоэпизодное дело, все остальные их потенциальные дела переходили к коллегам.

Гражданских дел в месяц на одного судью приходилось еще больше: в 1995 г. — 22 дела в месяц, в 1996-м — 22,7 дела, в 1997-м — 29,3 дела, в 1998 -м — 35,5 дела, в 1999 г. — 38 дел. При этом надо отметить, что, так же как и в XIX веке, нагрузка на судей распределялась неравномерно. Так, по данным Судебного департамента по Рязанской области, в 1999 г. на одного судью Сапожковского районного суда приходилось в месяц 4,7 уголовного дела, 6,5 гражданского дела и 7,2 административного материала. В то же время на одного судью в г. Скопине Рязанской области в месяц приходилось в этом же году 4,4 уголовного дела, 37,5 гражданского дела и 9,3 административного материала. Однако и это не предел: на судей районных судов областного центра падала просто запредельная нагрузка — в Советском районном суде г. Рязани в месяц на судью приходилось 4,6 уголовного дела, 4,9 административного материала и 70,8 гражданского дела, а в Октябрьском районном суде было рассмотрено на одного судью 90,3 гражданского

461 По кличке главаря — Дорох.

дела[462]. Как образно выразился председатель одного районного суда, «судье некогда голову поднять». Ему вторит судья арбитражного суда Владимирской области: «Мы, можно сказать, работаем день и ночь»[463]. Некоторым судьям приходилось работать, может быть, даже более интенсивно, чем их коллегам в XIX в. Председатель Касимовского районного суда (Рязанская область) Николай Георгиевич Новиков отмечает про этот период: «В 1998—2001гг. мы втроем рассматривали до 1300 уголовных дел и гражданских дел, по два в день. На этот же период пришелся пик "золотых дел"[464]. Нагрузка у нас, да и как во всех судах, была просто невыносимая... Я приезжал на работу к 8 утра, уезжал в полвосьмого и еще минимум два раза в неделю вставал в половине четвертого ночи и работал… Конечно, полуночничал я так не по своей воле, это вызывалось необходимостью: мы втроем рассматривали в год 360 уголовных дел, по 120 на человека»[465].

В результате в 90-е годы растет количество дел, рассматриваемых с нарушением процессуальных сроков. В 1990 г. с нарушением процессуальных сроков было рассмотрено 13% дел[466]. В 1994 г. — уже 16,5% уголовного дела и 13% гражданских дел, в 1995 г. — 20% уголовных и 15% гражданских дел, в 1996 г. — 25,4% уголовного дела и 15,7% гражданского дела. Причем следует оговорить, что понимается под термином «нарушение процессуального срока». Если речь идет об уголовном процессе, то процессуальный закон не устанавливает, за какой срок дело должно быть рассмотрено судом, закон только устанавливает срок начала рассмотрения дела в суде, т.е. в какой срок должно быть назначено первое заседание по делу. Согласно статье 239 УПК РСФСР дело должно начать рассматриваться не позднее 14 суток с момента вынесения судьей постановления о назначении судебного заседания. Современный УПК, который вступил в действие 1 июля 2002 г., также определяет двухнедельный срок, только делается исключение для уго-

---

462 Данные предоставлены автору Судебным департаментом по Рязанской области.

463 Кузьмина Т. «Судья праведный — что ограда каменная» (интервью с членом арбитражного суда Владимирской области Т. Кузьминой / Беседовала О. Романова) // Владимирские ведомости. 2003. 11 апреля.

464 В г. Касимове Рязанской области находится завод по обработке цветных металлов. В конце 90-х гг. XX века на заводе вскрылась целая система хищения золота, дело получило всероссийскую известность, хищения были пресечены, виновные привлечены к ответственности, это потребовало от правоохранительных органов и от судов немало усилий.

465 Новиков Н.Г. В суд идти можно и нужно (Интервью с председателем Касимовского районного суда Н.Г. Новиковым / Беседовала В. Катаргина) // Буква закона. 2006. № 1— 2. С. 69.

466 ГАРФ. Ф. Р-9492. Оп. 8. Д. 2735. Л. 106.

ловного дела, рассматриваемого с участием присяжных заседателей: это дело должно быть назначено к рассмотрению не позже 30 суток (ст. 233 УПК РФ). Если первое слушание было назначено своевременно, а впоследствии дело рассматривалось в течение нескольких лет, то с точки зрения закона никаких нарушений нет.

Относительно гражданских дел закон устанавливает общие сроки нахождения дела в производстве. Согласно статье 154 ГПК гражданские дела должны быть рассмотрены не позже двух месяцев после поступления дела в суд, аналогичный срок установлен и арбитражным процессуальным кодексом 1995 г. Для мировых судей современный ГПК устанавливает еще более жесткие требования: всего один месяц. Также за месяц федеральные суды должны уложиться при рассмотрении дел об алиментах и восстановлении на работе. На первый взгляд определение такого предельного срока защищает всех участников процесса от волокиты, даже возникает вопрос о целесообразности введения предельных сроков для других дел, например, уголовных. Однако существование подобных предельных сроков оказывают неоднозначное воздействие на судебный процесс. Американский исследователь Кэтрин Хендли, изучавшая деятельность российских процессуальных судов, отмечает: «С одной стороны, он служил стимулом для судей. Никто не хотел выглядеть отстающим. Несоблюдение сроков не только порочило репутацию судьи среди коллег, но и могло повлиять на его шансы в продвижении по службе. Но чего стоила судьям такая гонка? ... На всем протяжении 1990-х в неформальных разговорах судьи часто неодобрительно высказывались о конвейерном характере правосудия, которое они вершили»[467]. Поэтому введение предельных сроков для уголовных дел вряд ли приемлемо, в уголовном процессе особенно недопустимо устанавливать «конвейер». Исходя из этого, Арбитражный процессуальный кодекс 2002 г. отменил требование укладываться с рассмотрением дела в два месяца, установив двухмесячный срок только для проведения предварительных процедур (предварительное заседание, собеседование со сторонами).

Медлительность судопроизводства, которая стала ярко проявляться в 90-х годах, нарушала права граждан, доставляла им немало не только неудобств, а порой и просто физических страданий. В своих ежегодных докладах Уполномоченный по правам человека в РФ О.О. Миронов приводил ряд примеров судебной волокиты, которые повлекли обращение к Уполномоченному. Так, в докладе за 1998 г. им

467 Хэнди К. Рассмотрение экономических споров в России: влияние Арбитражного процессуального кодекса 2002 г. // Сравнительное конституционное обозрение. 2005. № 4. С. 153.

приводится случай, когда индивидуальный трудовой спор гражданки Ш. о восстановлении на работе не разрешался Надымским городским судом два года, при этом первое судебное заседание по данному делу было назначено через 12 (!) месяцев после подачи искового заявления. В докладе за 2000 год приведен еще один аналогичный факт: более трех лет, с 1996 г., Чукотским районным судом не рассматривалось дело по иску гражданина Б. о восстановлении на работе. Спор был разрешен только после вмешательства Уполномоченного. В Республике Коми филиалом Воркутинского городского суда два года не рассматривалось дело одного шахтера по иску к своему работодателю о возмещении вреда здоровью. На неоднократные обращения в различные инстанции о рассмотрении дела истец получал один ответ: дело не рассматривается из-за большой загруженности суда[468]. Даже самые обоснованные иски, вызванные нарушением наиболее существенных прав людей, стало крайне тяжело защитить. В 2001 г. при опросе граждан, проводимом Фондом «Общественное мнение», одна респондент констатировала: «Когда я работала на своей работе, когда нам два года не платили, то мы всем коллективом в итоге подали в суд, еще через два года мы эти деньги получили, отсудили. Мы сначала без компенсации подали, потом надо было подать с компенсацией, но на это у меня, например, духу не хватило»[469].

В еще более тяжелом положении оказываются люди, ожидающие рассмотрения уголовных дел. От медлительности судебной системы страдают и потерпевший (он не может получить законное моральное и материальное удовлетворение), и подсудимый, особенно если он находится под стражей. В докладе Уполномоченного О.О. Миронова за 2000 г. констатировалось, что большинство обитателей следственных изоляторов России содержатся там в ожидании суда: только 30% обитателей СИЗО числятся за органами следствия и дознания, а 57% (кое-где и 74%) — за судами[470]. Эти же цифры называли сами руководители судебной власти, в частности, в «Обзоре судебной практики соблюдения процессуальных сроков рассмотрения уголовных дел и причин их нарушений (по данным судов за 1999 г. и первое полугодие 2000 г.)», опубликованном в шестом номере «Бюллетеня Верховного суда» за 2001 г. Безусловно, это огромные цифры: человек, в отношении которого следствие закончено, не должен ждать решения своей судьбы

468 Доклад о Деятельности Уполномоченного по правам человека в РФ в 2000 г. // Российская газета. 2001. 10 августа.

469 Официальный сайт Фонда «Общественное мнение» http://bd.fom.ru/report/cat/policy/services/right/human_rights/law_labor/d011730 15.02.2007

470 Доклад о деятельности Уполномоченного по правам человека в Российской Федерации за 2000 г. // Российская газета. 2001. 10 августа.

месяцами, а ждать порой приходится до семи месяцев, а то и более. Так, в Магаданском городском суде в течение трех лет находилось дело в отношении гражданина М., два года числился за судом Ханты-Мансийского автономного округа гражданин Т. Только после обращения к Уполномоченному по правам человека было начато рассмотрение дел в отношении этих лиц[471]. Причем нередко в таком положении оказывались люди, обвиненные в малозначительных преступлениях. В результате получается, что человек отбывает весь свой срок уже до суда, в условиях гораздо более скверных, чем в колонии. Уже цитировавшиеся слова обвиняемого XIX в. фактически повторяются в обращении к Уполномоченному по правам человека: «Я болен туберкулезом, в СИЗО отбыл 2 года 4 месяца. Никто меня не приговаривал к отбыванию наказания в камерной системе. ... Существуют какие-то сроки содержания под стражей, а я, не считая следствия, нахожусь за судом третий год»[472]. Можно только добавить, что автор жалобы обвинялся в преступлении, предусмотренном статьей 144 Уголовного кодекса РСФСР 1960 г. (кража), санкция которой практически равна сроку, который этот человек уже провел в следственном изоляторе. И судя по докладу Уполномоченного, такие факты были не единичны.

Ускорение судопроизводства, борьба с волокитой становится одной из наиболее актуальных проблем современной судебной реформы. Естественно, расширение штатов судов оказывается не менее актуальной задачей, чем это было в XIX в. С середины 90-х годов количество судей в районных и городских судах растет, но очень медленно. Если в 1994 г. в судах этой категории было 12 526 судей, то в 1998 г. — 12 745 судей. Конечно, это не соответствовало росту количества поступающих дел. Количество судей в районных и городских судах выросло за эти 4 года в 1,01 раза, в то время как нагрузка только по гражданским делам выросла в два раза. В 2000 г. председатель Верховного Суда В.М. Лебедев констатировал огромное несоответствие штата судейского корпуса реальному объему работы: в стране работает всего 16742 судей (имеются в виду судьи всех судов, а не только районных и городских), а реально нужно 36—38 тысяч[473]. В последующем рост штатного количества судей идет более

471 Доклад о Деятельности Уполномоченного по правам человека в РФ в 1999 г. // Официальный сайт Уполномоченного по правам человека в РФ http://ombudsman.gov.ru/docum/year_99.htm

472 Доклад о Деятельности Уполномоченного по правам человека в РФ в 1998г. // Официальный сайт Уполномоченного по правам человека в РФ http://ombudsman.gov.ru/docum/year_98.htm

473 Лебедев В.М. Судейская мантия не каждому по плечу (Интервью с председателем Верховного Суда РФ В.М. Лебедевым / Беседовал Б. Ямшанов) // Российская газета.

интенсивно, особенно после принятия нового Уголовно-процессуального кодекса, по которому не прокуратура, а суды стали давать санкцию на взятие подозреваемого под стражу. Чтобы обеспечить выполнение требования закона и чтобы у судей находилось время на рассмотрение не только дел, но и ходатайств органов следствия и дознания, было выделено еще 3 тысячи штатных единиц судей. Если в 1999 г. только в Рязанской области в районных и городских судах работало 105 судей, то в 2006 г. их стало 170, т.е. в 1,6 раза больше[474]. Это не только региональная, но и общегосударственная тенденция: на VI Всероссийском съезде судей в 2004 г. отмечалось, что штатная численность судей составляет уже 23 172 человека, т.е. в 1,4 раза больше по сравнению с 2000 годом[475].

Однако требовалось увеличивать не только штат судей, но и штат специалистов, обеспечивающих деятельность судей (секретарей, сотрудников канцелярий). Работа судьи — это не только слушание дела в зале суда. Судье приходится проводить большую подготовительную работу (прием населения, проверку документов, представляемых сторонами, вызов свидетелей), все это, как отмечает бывший судья доктор юридических наук Анатолий Власов, занимает до 60% времени[476]. Поэтому начиная с 2002 г. вводится институт помощника судьи — сотрудника, который осуществляет подготовительную работу. Так, согласно статье 58 Арбитражного кодекса такой сотрудник «оказывает помощь судье в подготовке и организации судебного процесса». Также согласно этой статье помощник судьи может вести протокол судебного заседания, но он не вправе выполнять функции по осуществлению правосудия, совершать действия, влекущие за собой возникновение, изменение либо прекращение прав или обязанностей лиц, участвующих в процессе. В 2004 г. штат работников суда составлял 52 892 единицы[477]. Определенную роль в решении кадрового кризиса сыграло регулярное повышение зарплаты судьям. Это постепенно делает работу судьи престижной, снижает текучесть кадров.

3.2.3. Введение института мировых судей в начале XXI в. как средство ускорения судопроизводства. Более действенной мерой в

2003. 23 ноября.

474 Данные Судебного департамента по Рязанской области.

475 Отчет VI Всероссийскому съезду судей Генерального директора Судебного департамента при Верховном Суде РФ А.В. Гусева // Российская юстиция. 2005. № 1—2. С. 25.

476 Власов А. Судья-завхоз // Российская юстиция. 2003. 3 апреля.

477 Отчет VI Всероссийскому съезду судей Генерального директора Судебного департамента при Верховном Суде РФ А.В. Гусева // Российская юстиция. 2005. № 1—2. С. 25.

борьбе с волокитой в судах на рубеже XX—XXI веков является введение мировой юстиции. О мировых судьях было заявлено еще в «Концепции судебной реформы» в 1991 г. Однако реализация этого положения реформы сильно затянулось. В 1994 г. об этом с тревогой говорилось на III Внеочередном Всероссийском съезде судей[478]. Только 17 декабря 1998 г. Государственная Дума приняла федеральный закон № 188 «О мировых судьях в Российской Федерации». Согласно части первой статьи 3 закона мировые судьи единолично рассматривают в первой инстанции следующие категории дел:

1) уголовные дела о преступлениях, за совершение которых максимальное наказание не превышает трех лет лишения свободы, подсудные ему в соответствии с частью первой статьи 31 Уголовно-процессуального кодекса Российской Федерации;
2) дела о выдаче судебного приказа;
3) дела о расторжении брака, если между супругами отсутствует спор о детях;
4) дела о разделе между супругами совместно нажитого имущества независимо от цены иска;
5) иные возникающие из семейно-правовых отношений дела, за исключением дел об оспаривании отцовства (материнства), об установлении отцовства, о лишении родительских прав, об усыновлении (удочерении) ребенка;
6) дела по имущественным спорам при цене иска, не превышающей пятисот минимальных размеров оплаты труда, установленных федеральным законом на день подачи заявления;
7) дела, возникающие из трудовых отношений, за исключением дел о восстановлении на работе и дел о разрешении коллективных трудовых споров;
8) дела об определении порядка пользования имуществом;
9) дела об административных правонарушениях, отнесенные к компетенции мирового судьи Кодексом Российской Федерации об административных правонарушениях.

478 Официальный сайт Совета судей РФ // http:www/ssrf.ru/ss detale.php?id+295 02.10.2006

Предполагалось, что к компетенции мировых судей отойдут 60% гражданских дел[479], 7—9% уголовных дел[480] и почти все дела об административных правонарушениях, что существенно должно облегчить работу федеральных судей. Однако процесс становления мировой юстиции проходил долго и тяжело. Уже отмечалось, что введение мировой юстиции в конкретном регионе зависело от воли законодателей в этом регионе. Первым регионом, в котором был принят закон субъекта Российской Федерации о мировых судьях, стала Брянская область (ноябрь 1999 г.). 21 августа 2000 г. мировые судьи Брянской области реально начали действовать[481]. Следующими регионами стали Ростовская, Пензенская, Курская, Саратовская, Нижегородская области. На 1 января 2002 г. мировые судьи приступили к своим обязанностям только в 68 субъектах Российской Федерации из 89[482]. В 21 субъектах мировая юстиция еще не была введена. К 1 января 2004 г. мировые судьи были уже во всех субъектах Российской Федерации, кроме Чеченской Республики и Ненецкого автономного округа. Причем даже в тех субъектах, где соответствующие законы были приняты и первые мировые судьи приступили к работе, долгое время оставалась острой проблема укомплектования кадрового состава мировой юстиции. Так, на 1 января 2003 г. на 100% мировые судьи были назначены только в 8 из 18 субъектов Центрального федерального округа. В Ярославской области 50 из 63 должностей оставались вакантными, в Тверской 49 из 73, в Тульской 41 из 79, в Рязанской 43 из 58. Хуже всего дело обстояло в столице: в Москве из 384 должностей были заняты только 105, т.е. меньше трети[483]. В Рязанской области ситуация начала выправляться только в 2006 г., а к 1 января 2007 г. действовало 57 мировых судей.

Уже с первых дней работы мировые судьи оправдали надежды в том плане, что они существенно разгрузили федеральных судей. За 2002 г. в Центральном федеральном округе мировые судьи рассмотрели 16,7% всех уголовных дел, 36,5% всех гражданских дел, 37,9% дел об административных правонарушениях[484]. Это вызвало снижение нагрузки на федеральных судей и ускорение судопроизводства у них. С 2001 г. наблю-

479 Лебедев В.М. Судейская мантия не каждому по плечу (Интервью с председателем Верховного Суда РФ В.М. Лебедевым / Беседовал Б. Ямшанов) // Российская газета. 2003. 23 ноября.

480 Максимов В.В. Мировая юстиция: проблемы и перспективы // Журнал российского права. 2001. № 9. С. 11.

481 Радченко В.И. Мировая юстиция: впереди Брянск, позади Москва // Российская газета. 2000. 2 сентября.

482 Судебная статистика за 2001 г. // Российская юстиция. 2002. № 8. С. 69.

483 О некоторых условиях и результатах работы мировых судей в Центральном федеральном округе (по состоянию на 1 января 2003 г.) // Буква закона. 2003. № 2. С. 23.

484 Там же. С. 24.

дается снижение количества дел, поступающих в районные и городские суды. Если в 2001 г. в районные и городские суды поступило 1169 тысяч уголовных и 3574 тысячи гражданских дел, то в 2004 г. поступило 718,5 тысячи уголовных и 2030 тысяч гражданских дел. Соответственно уменьшается количество дел, рассматриваемых с нарушением сроков. В 2004 г. только 3,9% уголовных и 10% гражданских дел были рассмотрены с нарушением сроков. Стабильно уменьшается и количество дел, рассмотрение которых затягивается на долгий срок. Так, в 1999 г. в судах находилось 72 тысячи гражданских дел, которые рассматривались больше года, в 2003 г. их уже стало 56 тысяч, в 2004 г. — 40,5 тысячи, в 2005 — 34,2 тысячи. Безусловно, налицо прогресс.

Однако теперь мировые судьи оказываются перегруженными: уже с первых дней работы нового института число дел стало расти. Так же как и в XIX в. на мировых судей обрушивается огромный поток работы. В 2001 г. к мировым судьям поступило 1316 тысяч гражданских дел, в 2002 г. — 2356 тысяч, в 2003 г. — 3031 тысяча, в 2005 г. — 4842 тысячи. Количество уголовных дел также растет хотя и не так быстро: в 2001 г. поступило 162,6 тысячи уголовных дел, в 2002 г. — 244,9 тысячи, в 2003 г. — 298,4 тысячи, в 2004 г. — 335 тысяч, в 2005 г. — уже 437,2 тысячи[485]. Таким образом, за пять лет рост произошел в 3,6 раза по гражданским и в 2,6 раза по уголовным делам. В некоторых регионах рост количества дел осуществлялся еще более стремительными темпами. В 2003 г. мировые судьи Рязанской области рассмотрели 393 уголовных и 4930 гражданских дел, в 2006 — 2436 уголовных и 22037 гражданских дел. Как видим, поток гражданских дел только за четыре года по одной области вырос в 4,5 раза, а уголовных — в 6 раз (!).

Следует отметить также стабильную тенденцию к изменению процентного соотношения дел, рассматриваемых федеральными и мировыми судами. С каждым годом процентное соотношение дел, рассматриваемых мировыми судьями, от всех дел, поступающих в суды первой инстанции, стремительно растет. В 2001 г. мировые суды Российской Федерации приняли 12,2% всех уголовных и 25,7% гражданских дел, в 2003 г. — соответственно 30% и 58,5%, в 2004 г. — 32% и 65%, в 2005 г. — уже 37,3% и 72%. Таким образом, цифры значительно опережают прогнозы законодателей. Вместо 5% уголовных дел (позже, когда реформа стала уже вводиться, Председатель Верховного Суда РФ В.М. Лебедев называл цифру 20%) — более 35%, и вместо 60% гражданских дел — более 70% дел. Явно видна тенденция увеличения этого процентного соотношения. Впоследствии эти цифры, возможно, увеличатся. Объясняется перераспределение потока дел двумя причи-

485 Судебная статистика // Российская юстиция. 2006. № 8. С. 76, № 9. С. 75.

нами. К первой относится незначительное расширение подсудности мировых судей: в статью 31 УПК РФ в 2003 г. два раза, а в 2005 г. один раз были внесены изменения, которые передали некоторые составы в ведение мировых судей. Однако более весомой следует признать вторую причину: с открытием новых участков к мировому судье переходят дела, которые раньше рассматривали в районном суде.

Как следствие происходит рост нагрузки и на самих судей. В Тамбове в 2003 г. нагрузка на одного мирового судью составила в среднем 167 дел в месяц[486]. В 2003 г. каждый мировой судья Рязанской области рассматривал в месяц 2,3 уголовных, 29,3 гражданских дел и 35,7 дел об административных правонарушениях, т.е. в среднем 65 дел. В 2004 г. в связи с увеличением количества мировых судей с 16 до 38 среднее количество дел на одного судью уменьшилось до 44,5. Однако уже в следующем 2005 г., несмотря на более существенное увеличение числа мировых судей (до 51), среднее количество дел выросло до 56,4. В 2006 г. судей стало уже 57, но средняя нагрузка выросла до 69,9 дела в месяц. Это еще не предел. В Архангельской области один мировой судья ежемесячно рассматривал 219,9 дела, в Магаданской области — 217,9, в Орловской области — 142,4, в Читинской области — 186,1 дела[487]. В Воронеже в 2005 г. реальная нагрузка на одного судью Центрального округа превысила норму в 13,2 раза[488]. И это несмотря на то, что с каждым годом количество мировых судей увеличивается.

Актуальной проблемой является неравномерность распределения нагрузки. В 2004 г. в Рязанской области на судебном участке № 12 средняя ежемесячная нагрузка составила 1,4 дела, на участке № 20 — 34,4 дела, зато на участке № 50 — 133,9 дела, а на участке № 31 — 161,9 дела[489]. В 2006 г. в Рязанской области на участке № 26 мировой судья в месяц рассматривал 34,8 дела, на участке № 1 — 48,3 дела, на участке № 54 — 96,2 дела, на участке № 50 — 176,8 дела, на участке № 31 — уже 202 дела. Эта проблема типична для всех регионов. Так, начальник управления Судебного Департамента по Курской области А. Даньшин отмечает, что одни суды разбирают семь дел в неделю, а другие — по 70 дел[490]. В Воронеже в 2004 г. к судье 1-го судебного участка Острогожского района поступило 2 688 дел, а к судье 3-го участка того же райо-

486 Шутилин Ю. Чтобы судьи работали нормально (интервью с начальником Судебного департамента по Тамбовской области Ю. Шутилиным / Беседовал А. Васильев) // Тамбовская жизнь. 2004. 20 февраля.

487 Свежая новость // Буква закона. 2005. № 4. С. 50.

488 Ваулин Б. С законом шутить нельзя? // Коммуна. 2007. 22 февраля.

489 Данные Судебного департамента по Рязанской области.

490 Даньшин А. Кто защитит мирового судью? // Парламентская газета. 2004. 25 февраля.

на — всего 740 дел. Аналогичная картина сложилась в Левобережном районе: судье 6-го участка пришлось за год рассмотреть 1699 дел, а его коллеге со 2-го участка — всего 492 дела[491].

Реальная нагрузка на мировых судей зависит от особенностей его участка. Закон РФ «О мировых судьях в РФ» вводит только один принцип, по которому определяется территория участка мирового судьи, — это количество населения. На одном участке мирового судьи должно проживать от 15 до 30 тысяч человек (пункт 4 статьи 4 Закона РФ «О мировых судьях в РФ»). При этом не учитываются другие факторы: наличие предприятий, органов власти. Так как иски подаются по месту нахождения ответчика, то если в каком-либо районе появится предприятие, не выдающее работникам зарплату, то мировой судья этого участка будет завален исками к этому предприятию. Меньше возникает дел в так называемых спальных районах, т.е. районах, где в основном только жилые дома и нет крупных предприятий. В таких районах нагрузка на мировых судей гораздо ниже. Особенность территории создает и специфику рассматриваемых дел: в сельской местности чаще возникают земельные споры или споры о собственности на жилое строение. Наличие крупной автотрассы дает большой процент дел об управлении транспортом в нетрезвом виде, наличие рынка обеспечит приток дел о нарушении правил торговли и пр.

Проблема соблюдения срока производства дел у мировых судей тоже существует, хотя, может быть, пока не проявляется так остро, как у федеральных судей в 90-е гг. К тому же закон устанавливает более жесткие сроки рассмотрения дел у мировых судей. У федеральных судей дело должно быть рассмотрено за два месяца, у мировых — за один[492]. В 2002 г. 5,5% гражданских дел у мировых судей были рассмотрены с нарушением процессуального срока, в 2003 г. — 6%, впоследствии эта цифра снизилась до 5,3%. В целом, как отмечают официальные отчеты о работе судов, около 75% дел у мировых судей рассматриваются до истечения трехмесячного срока[493]. Однако, чтобы обеспечить такие показатели, мировым судьям, так же как и их коллегам в федеральных судах и коллегам из XIX столетия, приходится интенсивно работать. «Нагрузки у мировых судей запредельные… и не случайно большинство мировых судей работают без выходных, засиживаясь на

491 Алексеева Н. Всем миром — к мировому // Коммуна. 2005. 17 февраля.

492 Галкина Т.П. Мировые значит в миру (Интервью с мировым судьей судебного участка № 19 Советского района г. Рязани Т.П. Галкиной / Беседовала И. Матвеева) // Буква закона. 2003. № 2. С.26.

493 Обзор деятельности федеральных судов общей юрисдикции и мировых судей в 2005 г. // Российская юстиция. 2006. № 8. С. 68.

участках до позднего вечера», — констатирует начальник управления Судебного департамента по Курской области А. Даньшин[494]. Даже прервать работу по болезни мировой судья может себе позволить очень осмотрительно — в его отсутствие дела никто рассматривать не будет. Затрудняет работу, влияя на скорость судопроизводства, и отношение власти к мировым судьям. Если федеральный судья может рассчитывать на помощь помощника и секретаря, то мировой судья волею местного законодателя может быть лишен такой помощи. Первоначально региональные законы не считали нужным обеспечивать судью специалистами. В Рязанской области штат специалистов у мирового судьи первоначально состоял только из ведущего специалиста, потом появились должности помощников судей. Эту должность ввели и в ряде субъектов Российской Федерации, например, в Москве, Кировской и Челябинской областях[495]. К тому же сотрудникам аппарата судей устанавливается небольшая заработная плата, что приводит к сильной текучести кадров. Так, в Нижегородской области секретарь суда в 2003 г. получал зарплату всего 900 рублей[496]. Не менее важную роль играет и техническое обеспечение, о чем уже говорились. Естественно, скорость судопроизводства будет ниже, если ведущий специалист будет писать документы от руки, а не набирать их на компьютере.

Таким образом, введение мировой юстиции действительно значительно разгрузило федеральных судей. Как показал опрос федеральных судей Рязанской области, работы у них все равно хватает, но в целом ее объем не намного превышает реальные возможности ее выполнить. На вопрос «насколько загружен судья» более половины опрошенных (51,8%) выбрали ответ «Количество работы соответствуют реальным возможностям ее выполнить». 43,2% отметили, что работу выполнить можно, но для этого надо очень интенсивно работать. Только 1,2% судей выбрали ответ, согласно которому «работы так много, что делать ее мы не успеваем». А 3,7% согласились с мыслью, что работа судьи сейчас не очень интенсивна. Однако, как и в XIX в., судьям еще приходится трудиться сверхурочно. При проведении опроса судьям предлагалось ответить на вопрос, приходится ли им работать сверхурочно, т.е. оставаться после окончания рабочего дня или работать в выходные. Время от времени с такой потребностью сталкиваются 46,9% судей, еще 28,4% выбрали ответ «достаточно часто». Только 4,9% судей никогда не сталкивались с такой необходимос-

494 Даньшин А. Кто защитит мирового судью? // Парламентская газета. 2004. 25 февраля.

495 Федосенко В. Мировой помощник // Российская газета. 2007. 24 июля.

496 Коллеганова М. Пойдем на мировую… Как дела у мировых в Нижнем? // ЗФН. 2003. 9 декабря.

тью, а 13,5% сталкивались крайне редко. Однако и судей, для которых сверхурочная работа — явление постоянное, не так уж много: всего 6,2%. Интересно, что даже те судьи, которые отмечали, что время от времени им приходится работать сверхурочно, все равно склонялись к ответу, что работы у судьи столько, что ее реально можно выполнить. Возможно, к фактам переработки в судебной системе так привыкли, что относятся к ним как к рядовому явлению.

Перегрузка мировых судей и, как следствие, медлительность в рассмотрении дел могут сильно подорвать авторитет мировой юстиции в обществе, а значит, и судебной системы в целом. Сам факт, что мировые судьи рассматривают более простые уголовные и гражданские дела, не снижает их значимости для населения. Для каждого, кому пришлось обратиться к мировому судье, его проблема крайне болезненна и первостепенна и связана с нарушением каких-либо прав и свобод. Ростовскими исследователями деятельности современных мировых судей с 1 сентября 2002 г. по 1 июля 2003 г. проводился опрос посетителей мировых судей Первомайского района г. Ростова-на-Дону. Им предлагалось оценить по пятибалльной шкале, насколько острой является для них проблема, которая привела их к Фемиде. Было опрошено 220 человек. Из них подавляющее большинство (208 человек), т.е. 94,5% всех опрошенных, оценили остроту своей проблемы по высшему баллу (5 баллов)[497]. Даже самое заурядное, обыденное с точки зрения закона и судебной практики дело может быть очень важным для гражданина и в то же время потребовать от судьи немало сил и времени, чтобы вынести решение не просто по закону, а чтобы стороны поняли его и осознали. «Я должен не просто дать ответ на наболевший для человека вопрос, а ответ полный, с разрешением всех "отчего" и "почему". Отпустить от себя человека, так и не понявшего, где с точки зрения закона он промашку допустил, я не могу», — отмечает мировой судья Московского района г. Рязани Л.М. Бабкин[498].

Задача построения правового демократического государства делает недопустимым деление исков, заявлений, обращений граждан на значительные и незначительные. Каждый гражданин имеет право не только на обращение в суд, но и на быстрое рассмотрение его дела, независимо от сложности дела и степени его заурядности. Пока судьям удается рассматривать подавляющее большинство дел за 3 месяца. Од-

497 Цыганаш В.Н., Степанов О.В. Мировые судьи в современной России: опыт юридико-социологического анализа. Ростов-на-Дону: издательство Ростовского университета, 2004. С. 1112.

498 Бабкин Л.М. Мировой судья ближе к народу (интервью с мировым судьей Московского района г. Рязани Л.М. Бабкиным / Беседовала Е. Дегтева) // Буква закона. 2004. № 3—4. С. 65.

нако угроза накопления дел у них очевидна, т.к. явно видна тенденция к росту количества дел у мировых судей. Необходимо законодательно пересмотреть нагрузку на мировых судей, в частности, изменить норму распределения участков, учитывать особенность территории (наличие учреждений, предприятий, органов власти). Первый шаг был сделан 11 марта 2006 г., когда статья 4 федерального закона «О мировых судьях в РФ» была изменена. Согласно поправке на участке одного мирового судьи должно проживать не от 15 до 30 тысяч человек, а от 15 до 23 тысяч. Соответственно были внесены изменения в нормы закона, регулирующие количество мировых судей в отдельных субъектах федерации. Например, в Удмуртской республике стало мировых судей 81 вместо 73, в Республике Саха — 59 вместо 51, в Республике Бурятия — 54 вместо 46, в Республике Дагестан — 131 вместо 93, в Республики Чувашия — 68 вместо 60, в Алтайском крае —143 вместо 119, в Ивановской области — 62 вместо 55, в Тверской области — 83 вместо 73, в Кировской области — 80 вместо 72[499]. Можно надеяться, что это вызовет снижение нагрузки на мировых судей и сделает правосудие более оперативным.

3.2.4. Прочие меры для ускорения судопроизводства в ходе модернизации рубежа XX—XXI вв. Перегруженность судей является не единственной причиной, по которой тормозится рассмотрение дел. Есть еще целая группа причин, по которым рассмотрение того или иного дела может сильно затянуться. По уголовным делам таким фактором являются трудности, возникающие при доставке в суд подсудимых, находящихся под стражей. Уже в конце 80-х гг. XX в. плохая работа конвойной службы отмечалась как одна из значимых причин низкой оперативности правосудия[500]. Затем положение дел стало еще хуже. Экономический кризис 90-х годов больно ударил по всем структурам правоохранительной службы, в том числе и по конвойной службе. В ряде городов элементарно не было средств на приобретение бензина, чтобы доставить подсудимого из следственного изолятора в суд. Еще сложнее возникала ситуация, если подсудимого надо было доставить из другого города, например, преступление совершено в районе, расследовалось там, а подсудно областному суду. Несвоевременная доставка подсудимых стала достаточно распространенной причиной откладывания рассмотрения дел в конце 90-х годов XX в. В 1999 г. по этой причине в Тверской области было отложено рассмотрение более

499 Федеральный закон «О внесении изменения в статью 1 Федерального закона "Об общем числе мировых судей и количестве судебных участков в субъектах Российской Федерации"» // Российская газета. 2007. 25 июля.

500 ГАРФ. Ф. Р-9492. Оп. 8. Д. 2749. Л. 37.

40% дел, аналогичная ситуация сложилась и в других областях: Воронежской, Липецкой, Иркутской, Свердловской. В Краснодарском крае по одному и тому же делу заседания откладывались по 10—12 раз[501].

В результате ожидание суда могло быть очень долгим. Так, более четырех лет находился в следственном изоляторе обвиняемый У., в отношении которого Тигильский районный суд Корякского автономного округа неоднократно направлял требования о конвоировании для судебного разбирательства. Только через четыре года он был доставлен в суд и осужден[502]. Особенно остро эта проблема проявлялась при рассмотрении дел в судах второй инстанции. В данном случае подсудимый может быть уже в колонии. Для пересмотра дела его надо этапировать в город, где находится суд второй инстанции. Еще больше потребуется времени, если дело пересматривается в Верховном Суде РФ. С одной стороны, сказывается обширная территория страны, в результате чего доставка гражданина по этапу откуда-нибудь из Владивостока или Хабаровска занимает много времени, а с другой — УПК обязывает обеспечить осужденному возможность присутствовать при пересмотре дела.

В этом плане стоит отметить использование достижений технического прогресса. 19 апреля 2000 г. в Верховном Суде РФ состоялось первое заседание суда с использованием режима видеоконференции, когда гражданин без личной доставки его в Москву участвовал в процессе посредством видеотехники, находясь в Челябинске[503]. Постепенно соответствующая техника появилась во многих областных судах. Теперь нет необходимости доставлять подсудимых в Москву для участия в работе Верховного Суда РФ, достаточно доставить только в зал областного или краевого суда. Например, в Краснодарском краевом суде с 2003 по середину 2006 г. так было обеспечено рассмотрение более 500 дел[504]. К тому же в областных судах используют видеоконференции и для рассмотрения кассаций по приговорам районных судов. В данном случае подсудимый может находиться в следственном изоляторе. 13 декабря 2005 г. первое такое заседание состоялось в Ивановском област-

501 Обзор судебной практики соблюдения процессуальных сроков рассмотрения уголовных дел и причин их нарушения (по данным судов за 1999 г. и первое полугодие 2000 г.) // Официальный сайт Верховного суда РФ http://www.supcourt.ru/bullettin/01/01-06/b118.htm 19.04.2003

502 Обзор судебной практики соблюдения процессуальных сроков рассмотрения уголовных дел и причин их нарушения (по данным судов за 1999 г. и первое полугодие 2000 г.) // Официальный сайт Верховного суда РФ http://www.supcourt.ru/bullettin/01/01-06/b118.htm 19.04.2003

503 Абдулин Р.С. Судебная система: традиции и современность (историко-правовой аспект). Курган, 2005. С. 81.

504 Закатнова А. Судейское новоселье // Российская газета. 2006. 23 июня.

ном суде[505]. Подсудимый участвовал в кассационном заседании дистанционно, не покидая следственного изолятора. Он видел и слышал судей, участников процесса в видеомониторе, сам подсудимый тоже был виден на экране в зале суда. Заявления и ходатайства он мог представлять по факсу. Подобная техника была апробирована осенью 2006 г. в Рязанском областном суде на учебном судебном заседании. К концу 2006 г. были оборудованы уже 140 залов судов и 160 помещений следственных изоляторов[506]. Эти технические приемы произвели большое впечатление на гостей из Великобритании, посещавших Верховный Суд РФ в июне 2006 г. Англичанам осталось только позавидовать[507].

Одной из наиболее распространенных причин, тормозящих рассмотрение как уголовных, так и гражданских дел, является систематическая неявка свидетелей в судебное заседание. Это только в телевизионных шоу типа «Федеральный судья» секретарь судебного заседания докладывает: «Все свидетели явились». В реальной жизни это утопия.

В сознании многих обывателей, как живших в XIX в., так и живущих сегодня, живо представление, что иметь дело с судом — дело недостойное честного человека. Весьма характерна сценка, наблюдавшаяся одним журналистом в камере мирового судьи в Петербурге во второй половине XIX в. К мировому судье подходит хорошо одетый пожилой мужчина и кладет ему на стол повестку, говоря, что ее получил его сын и что он к судье не придет. Судья поясняет, что молодой человек вызывается по гражданскому делу, на что старик начинает кипятиться: «По делу или без дела зовете вы его, — он все равно не придет, это я, его отец, говорю вам русским, кажется, языком». На вопрос о причине такого заявления пояснил: «Оттого, что благовоспитанному молодому человеку, только что вступающему в жизнь, ходить по судам не подобает, да-с, не подобает. Мало прилично»[508]. Особенно это касалось привилегированных слоев, многие представители которых сам факт допроса в суде считали для себя оскорбительным. В отзыве о ходе судебной реформы прокурор Рыбинского окружного суда писал по этому поводу: «По уголовным делам вызовы различных представителей административных ведомств, присяга и допрос их на суде считались ими вначале равносильными оскорблению служебного достоинства»[509].

---

505 Официальный сайт Ивановского областного суда http://www.oblsud.ovanovo.ru/news/13120501.htm

506 Гусев А. Открытое правосудие // Российская газета. 2006. 1 ноября.

507 Куликов В. Верховный Суд меняет крышу и переезжает в новое здание // Российская газета. 2006. 21 июня.

508 Никитин В.Н. Обломки старого корабля (сцены у мировых судей 60-х). СПб., 1891. С. 9.

509 ЦГИА г. Москвы. Ф. 131. Оп. 8. Д. 94, Л. 96 об.

К сожалению, в конце XX века мало что изменилось в общественном сознании. Как следует из «Обзора судебной практики соблюдения процессуальных сроков рассмотрения уголовных дел и причин их нарушения (по данным судов за 1999 г. и первое полугодие 2000 г.)», именно неявка свидетелей становится причиной откладывания судебного слушания по 40 — 50% уголовных дел, а в некоторых судах — по 70—80% дел[510]. Аналогично выглядит картина и по гражданским делам.

У суда есть два способа повлиять на гражданина, не желающего выполнять свой гражданский долг, — штраф за неявку в суд и привод, т.е. принудительная доставка гражданина в суд. В XIX веке суды достаточно активно использовали свое право налагать штрафы. Судебные отчеты фиксировали число лиц, оштрафованных судом за неявку. Сравнение данных за разные годы позволяет установить, что число таких людей на каждые 100 дел неуклонно уменьшалось: в 1867 г. их было 8,3, в 1870 г. — 7, в 1875 г. — 5,8, в 1881г. — 4. Современное законодательство так же предусматривает возможность наложения штрафов на несознательных свидетелей. В уголовном процессе сумма штрафа может налагаться до 25 минимальных размеров оплаты труда (статья 117 УПК), в гражданском — до 10 минимальных размеров оплаты труда (статья 168 ГПК).

Более эффективной мерой, которая использовалась в XIX в., стало возложение обязанности компенсировать расходы по ведению дела. В первую очередь речь шла о выплате положенных свидетелям компенсаций за транспортные расходы. Иногда это было значительной суммой. Так, по одному не состоявшемуся заседанию в Нижегородском окружном суде, на которое приехало 5 свидетелей, эта сумма составила 201 рубль 26 копеек. Возместить ее должны были два других свидетеля, из-за неявки которых судебное заседание было сорвано. Современный гражданско-процессуальный кодекс (ст. 99) предполагает возможность взыскать со стороны, которая систематически противодействует рассмотрению дела, компенсацию за фактическую потерю времени. Подобная норма существует только в гражданско-процессуальном кодексе, а в уголовно-процессуальном ее нет.

Однако существуют и объективные причины, которые мешают гражданам вовремя явиться в суд. В частности, в XIX в. сказывалось отсутствие достаточно отлаженного механизма выплаты компенсации расходов, произведенных при поездке в суд или к следователю. По закону свидетелю была положена оплата проезда низшим классом и су-

---

510 Обзор судебной практики соблюдения процессуальных сроков рассмотрения уголовных дел и причин их нарушения (по данным судов за 1999 г. и первое полугодие 2000 г.) // Официальный сайт Верховного суда РФ http://www.supcourt.ru/bullettin/01/01-06/b118.htm

точные (25 копеек). Однако эти деньги должны были выплачиваться только после вступления приговора в законную силу. Если учесть, что от момента допроса свидетеля следователем до вынесения приговора проходило немало времени (если он вообще выносился), то весьма понятно нежелание связываться с органами суда и следствия. Некоторые судебные деятели предлагали возмещать расходы свидетелям сразу же по явке к следователю[511]. Эта мера была принята в 1874 году, на каждый окружной суд для этих целей выделялось 75 рублей в год. Этого было явно недостаточно, в 1875 году она была увеличена до 150 рублей, а в 1879 году — до 300 рублей. В современные дни проблема компенсации также является острой, граждане нередко становятся свидетелями или потерпевшими вдали от дома, в отпуске или в командировке. По закону им тоже положена компенсация — оплата дороги и суточные, если поездка требует нескольких дней. Кроме того, на работе гражданину должны оплатить время, потраченное на хождение в суд, как рабочее. Однако свидетель вначале должен купить билет за свой счет и только потом рассчитывать на компенсацию, а у многих такой возможности нет. Играют роль и особенности рыночных отношений: далеко не каждый работодатель понимает свою обязанность отпустить работника и еще оплатить пропущенное время.

Привод, т.е. принудительная доставка свидетелей, потерпевших, — изобретение XX в. Применяется эта мера только в том случае, если гражданин не раз уклонялся от явки в суд. Осуществлять процедуру должна служба судебных приставов. Однако далеко не всегда эта служба срабатывает эффективно. Порой судье приходится довольствоваться чтением рапорта судебного пристава о том, что искомого гражданина не удалось обнаружить дома, а его соседи о месте пребывания данного человека ничего сказать не смогли. Если свидетель живет в другом городе, то даже привод не помогает, т.к. свидетель все равно должен приобрести билет за свой счет. Поэтому в 2006 г. судебные приставы г. Москвы из 443 постановлений о приводе смогли выполнить только одну треть[512]. В системе службы судебных приставов создаются специальные подразделения, которые занимаются только приводами. Иногда им приходится проявлять фантазию, как доставить нужного свидетеля в другой город. Так, чтобы доставить одного важного свидетеля в Курск, пришлось договариваться с милицией, чтобы отвести гражданина на служебной машине[513]. Проблема пока настолько актуальна, что при проведении анкетирования судей

511 ЦГИА г. Москвы. Ф. 131. Оп. 68. Д. 1992. Л. 83 об.

512 Кулаков В. Служба доставки свидетелей // Российская газета. 2006. 13 июля.

513 Там же.

Рязанской области на открытый вопрос: «Что надо сделать еще для продолжения судебной реформы?» — один судья написал следующее: «Придумать меры для обеспечения явки свидетелей по уголовным делам, штраф и привод пока малоэффективны».

Тормозит рассмотрение дел и плохое качество предварительного следствия. В справках и отчетах о работе судов конца 80-х гг. XX в. неоднократно отмечалось плохое качество предварительного следствия[514]. Ситуация мало изменилась и в ходе реформ. Как показал опрос судей, качество предварительного следствия оставляет желать лучшего. Из всех судей, которые смогли ответить на вопрос о качестве предварительного следствия (не все опрашиваемые рассматривают уголовные дела), ни один не выбрал ответы «очень хорошее» или «хорошее». Только 36,6% судей оценили качество предварительного следствия как «среднее», больше половины, т.е. 52,1% — как «плохое», а 11,3% — как «очень плохое». Данные более чем тревожные.

К сожалению, экономический кризис больно сказался и на кадровом составе органов, осуществляющих предварительное следствие, прежде всего милиции. Зарплаты в некогда престижной сфере упали кардинально, а нагрузка на сотрудников милиции выросла многократно. Все это привело к сильной текучести кадров среди следователей. Прослужив несколько лет и пережив призывной возраст, молодые следователи спешат снять погоны и уйти в адвокатуру или коммерческие структуры. К тому же падение престижа милицейской службы не позволяет отбирать наиболее подготовленных кандидатов, нередко следователями работают люди, не имеющие соответствующего образования и вынужденные учиться заочно. Причем сам факт получения заочного образования, ввиду общих проблем высшего образования, не гарантирует качественной подготовки[515].

В результате судьи с тревогой отмечают не просто плохое качество предварительного следствия, а тенденцию к его еще большему снижению. Судьям задавался вопрос о том, как изменилось качество предварительного следствия за годы судебной реформы. Только незначительное число судей — 1,4% выбрали ответ «резко улучшилось», 5,6% — «стало незначительно лучше». 36,6% склонились к тому, что оно совсем не изменилось, 39,4% констатировали ухудшение предварительного следствия, а 17% выбрали ответ «резко ухудшилось». Неудивительно, что в суд поступают дела с серьезными недоработками,

514 ГАРФ. Р-9492. Оп. 8. Д. 2749. Л. 34.

515 Автору один раз пришлось присутствовать на государственном экзамене в одном государственном вузе по курсу теории государства и права. Один из экзаменующихся, работающий следователем, не смог даже ответить на вопрос о том, что такое состав преступления.

которые приходится ликвидировать в ходе судебного следствия. В частности, распространенным является непроведение во время предварительного следствия психиатрической экспертизы. В ходе судебного следствия по ходатайству адвоката ее приходится назначать, при этом вынесение приговора откладывается.

Таким образом, актуальной проблемой обеих судебных реформ становится скорость судопроизводства, борьба с волокитой, т.е. с медленным рассмотрением дел. Это важный элемент проведения реформ, т.к. основной их целью являлось и является обеспечить эффективную защиту прав и свобод граждан и гарантировать судебный порядок разрешения споров для успешного развития рыночных отношений. Соответственно, медлительность судопроизводства может стать причиной неэффективности всей модернизации в целом. Если восстановления своих прав гражданам и организациям придется ждать годами, то это в принципе уничтожит все остальные достижения реформы. В оба исторических периода модернизация породила резкое возрастание количества поступающих дел, как уголовных, так и гражданских. В оба исторических периода судьям приходилось сталкиваться с большим объемом работы, соответственно частью реформ стало принятие мер по ускорению судопроизводства. Одной из таких мер стало увеличение штатной численности судей. По этому пути пошли и в XIX веке, и на рубеже XX—XXI веков. В XX веке также использовали и такой способ, как введение новых должностей вспомогательного персонала, в частности, должности помощника судьи. В XX веке особую роль сыграло введение мировой юстиции. Институт мировых судей создавался и в ходе судебной реформы 1864 г. Однако если в XIX веке мировые судьи были введены сразу же с первых дней реализации реформы, то в конце XX века мировые судьи вводились постепенно, под давлением возникшей проблемы перегрузки федеральных судей. В результате введение мировых судей позволило перераспределить нагрузку, ослабив поток дел на федеральных судей, однако это создало угрозу торможения дел у мировых судей. Также в оба исторических периода на скорость судопроизводства оказывало влияние состояние общественного сознания. Судьям и XIX и XXI веков приходится сталкиваться с позицией граждан, согласно которой с судом иметь дело порядочному человеку не следует. Причем в современные дни эта проблема сказалась на ходе судебных процессов даже более сильно, чем в XIX веке. Только если в XIX веке суды боролись с такой «философией» путем наложения штрафов, то в XX веке чаще используется другой способ — привод. Также в XX веке возникли дополнительные проблемы, с которыми раньше судебной системе не приходилось сталкиваться. В частности, это проблемы, связанные с доставкой подсудимых. Правда, и XX век создал способ ускорения судопроизводства, о котором судьи прошлого даже не могли мечтать, — судебные заседания в режиме видеоконференций. В оба периода судебной системе все же удалось справиться с потоком поступающих дел и добиться ускорения судопроизводства.

***

Судебная реформа является важным инструментом развития демократии и становления гражданского общества. Обе реформы — 1864 г. и современная — проводились в сложные переломные моменты. Обе реформы могут быть названы частью модернизации, целью которой было становление рыночных отношений и повышение правового статуса личности. Соответственно, обе реформы должны были обеспечить быстрое и справедливое рассмотрение споров, восстановление нарушенных прав и свобод. Исходя из этого оценка эффективности судебной реформы, ее роли в осуществлении модернизации неотрывно связана с оценкой правового статуса судей и скорости судопроизводства. Наличие механизма подбора наиболее подготовленных кандидатов на судейские должности, обеспечение высокого статуса судей, гарантия их независимости и безопасности находятся в прямой связи с эффективностью защиты прав и свобод людей в суде. Только образованный, независимый судья сможет беспристрастно и справедливо рассмотреть дело и вынести законный, единственно правильный приговор или решение. Скорость судопроизводства тоже является важным условием эффективности судебной реформы. Обращение в органы правосудия имеет смысл только тогда, когда рассмотрение дела не затягивается на годы.

Следует отметить, что обе судебные реформы оказывалась в тесной взаимосвязи с особенностями исторических периодов, в которые они проводились. С одной стороны, реформа судебной системы являлась фактором успешного проведения всей модернизации, в частности, становление рыночных отношений невозможно без быстрого и справедливого правосудия. С другой стороны, сложности переходного периода серьезно влияли на ход самой реформы и, в частности, обусловили трудности становления правового статуса судей и ускорения судопроизводства. Так, развитие рыночных отношений неизбежно вызывало рост дел в судах, причем как гражданских, так и уголовных. В XX веке эта взаимосвязь проявилась даже острее, чем в XIX в. Экономический кризис конца XX в. породил целый ряд проблем. Зарплаты в судебной системе стали резко не соответствовать стоимости жизни, что создало проблему текучести кадров. Преступность стремительно росла, что явилось одной из причин перегрузки судебной системы. Разорение предприятий, создание финансовых пирамид, систематические задержки зарплаты также увеличивали количество поступающих дел. Все это в совокупности ставило проведение реформы в тяжелые условия, но в то же время делало ее необходимость еще более острой.

Изучение процесса проведения обеих реформ показало, что все эти сложные условия были преодолены. Обе реформы смогли сформировать независимый статус судей. В оба периода законодатель установил схожие требования к кандидатам на судебные должности: достижение определенного возраста, наличие соответствующего образования, стажа работы по специальности и безупречной репутации. Обе реформы смогли существенно повысить престиж судейской службы, правда, в современные дни этот процесс проходил намного тяжелее. Также в ходе реформы рубежа XX—XXI вв. более последовательно реализована идея независимости судебной власти и неприкосновенности судей. Зато современная реформа более остро поставила проблему безопасности судей.

Обе реформы смогли хоть с трудом, но преодолеть проблему медлительности судопроизводства. Таким образом, в ходе обеих реформ были сформированы условия для того, чтобы преобразования в судебном ведомстве стали предпосылкой успешного хода всей модернизации. Обе реформы способствовали экономическому развитию, так как обеспечивали более эффективную правовую защиту предпринимательской деятельности. В целом обе судебные реформы содействовали созданию нового государства, построенного на демократических принципах, — государства, в котором гарантированы права и свободы личности, человек защищен от произвола эффективным судебным механизмом восстановления нарушенных правовых норм. Проведение судебной реформы 1864 г. постепенно вело к упадку самодержавной власти и продвижению России к правовому государству и гражданскому обществу. Аналогичное воздействие на развитие общества оказывает и современная судебная реформа: ее проведение содействует формированию демократии и рыночной экономики.

4. СУДЕБНАЯ РЕФОРМА КАК ФАКТОР ФОРМИРОВАНИЯ ГРАЖДАНСКОГО ОБЩЕСТВА

4.1 Доступность судопроизводства и юридической помощи

Одним из ведущих критериев оценки эффективности судебной реформы является доступность судопроизводства. Проведение судебной реформы будет содействовать таким важнейшим целям модернизации, как развитие демократии и складывание гражданского общества, только в том случае, если у всех субъектов правоотношений будет реальная возможность обратиться за защитой в судебные органы. Именно судебный способ защиты прав и свобод считается наиболее объективным и справедливым. В этом плане судебная реформа является важным средством формирования гражданского общества. Нет смысла говорить об успешной реализации судебной реформы и установлении реального равенства перед законом, если суд не будет доступен обывателю. В этом случае даже такие передовые принципы судопроизводства, как гласность и состязательность, не будут иметь значения и останутся всего лишь милой забавой, предназначенной для успокоения либеральных или демократических умов. Состязательный и гласный суд может быть так же далек от обывателей, словно находится в Лондоне. С доступностью судопроизводства тесно соприкасается проблема доступности юридической помощи. Состязательность судопроизводства предполагает, что суд не собирает, а только исследует представленные доказательства. Соответственно исход дела зависит не только от того, насколько прав гражданин с точки зрения закона, но и от возможности воспользоваться профессиональной юридической помощью. Это делает доступность юридической помощи важным фактором проведения обеих судебных реформ, а также модернизации в целом. Поэтому представляется важным для оценки значения судебной реформы как фактора модернизации проследить, насколько исследуемые реформы содействовали становлению доступности судопроизводства и юридической помощи.

Понятие «доступность судопроизводства и юридической помощи» означает, что каждый независимо от места жительства, достатка, служебного положения имеет реальную возможность обратиться в суд. Доступность судопроизводства и юридической помощи может трактоваться в трех аспектах: правовом, территориальном и финансовом. Первый аспект подразумевает, что существующее законодательство дает возможность каждому обратиться в суд с иском. Второй аспект означает, что судебные учреждения, адвокаты, юридические консультации должны располагаться недалеко от места жительства, а поездки в суд или к адвокату должны быть реально возможны. Третий аспект подразумевает, что расходы по ведению дела не должны быть велики. Ведение гражданского дела и защита в уголовном процессе всегда предполагают определенные денежные траты. Если совокупность различных расходов по ведению дела (например, оплата пошлин, услуг адвокатов) будет не многим отличаться от цены иска, то обращаться в суд за справедливостью станет просто бессмысленно, и в ход пойдут несудебные способы решения спора, в том числе и кулачное право. Все эти аспекты взаимосвязаны, а доступность в территориальном отношении существенно влияет на доступность в финансовом отношении.

4.1.1. Правовой аспект доступности правосудия. В оба исторических периода законодатель стремился создать такие законы, которые бы делали судебную систему доступной для всех. Принципом судебной реформы 1864 г. стала всесословность: все судебные учреждения рассматривали дела невзирая на сословную принадлежность истцов, ответчиков, потерпевших, подсудимых. Коллегия присяжных также формировалась на всесословных началах. Однако в этом плане судебная реформа 1864 г. была не до конца последовательна — она сохранила созданные в ходе крестьянской реформы 1861 г. волостные суды. Волостные суды представляли собой сословные суды, которым были подсудны споры между крестьянами ценою иска, не превышающей 100 рублей, и дела о незначительных правонарушениях, совершенных против лиц того же сословия. Волостные суды были организованы в духе старых патриархальных традиций, к судьям не предъявлялось никаких требований в плане образования, главным источником права был не закон, а местный обычай. Поэтому в работе волостных судов было много таких атрибутов старого правосудия, как произвол и взяточничество. Любое решение можно было получить за жидкую, конвертируемую во все времена валюту. «Свод замечаний о применении на практике Судебных Уставов» констатировал: «Жалобы и ропот крестьян на решения волостных судов — явление повсеместное и самое обыкновенное»[516]. Американский исследователь Питер Кзеп

516 Свод замечаний о применении на практике Судебных Уставов (1869 — 1870). Б. м., г. С. 3.

выделил еще одну черту волостных судей: служить на этой должности находилось мало желающих, поэтому нередко в судьи избирались люди не просто необразованные, но еще и крайне непорядочные[517]. Крестьяне свои волостные суды не любили, называли «лапотными»[518] и старались принять все возможные меры, чтобы передать свое дело для рассмотрения в мировой суд. Одним из таких способов было передача долгового обязательства лицу другого сословия.

В современный период законодатель более последовательно предусмотрел доступность правосудия в правовом аспекте. Уже в первые годы реформы были расширены полномочия судов по защите интересов граждан. Как уже отмечалось, в советский период многие граждане по закону просто не имели права обжаловать незаконное решение в суде. Так, партийный работник мог обратиться «за правдой» только в вышестоящие партийные учреждения, другие руководители среднего звена, например директор школы, завуч, начальник цеха, склада, могли обжаловать вопрос об увольнении не в судебном, а только в административном порядке, обратившись к более высокому начальству. Нельзя было в судебном порядке обжаловать решения многих административных лиц, например, решение комиссии по делам несовершеннолетних о помещении подростка в специальную школу. Невозможно было обжаловать в суде решения по вопросам предоставления жилья, принудительного помещения в психиатрическую больницу. Из ведения судов были изъяты хозяйственные споры между юридическими лицами, кроме колхозов[519].

В ходе реформы компетенция судов была значительно расширена. Сейчас фактически любой спор может быть рассмотрен в суде. Целый ряд статей Конституции России направлены на закрепление доступности правосудия для всех. Статья 46 Конституции РФ провозглашает: «Каждому гарантируется судебная защита его прав и свобод». В статье 47 говорится: «Никто не может быть лишен права на рассмотрение его дела в том суде и тем судьей, к подсудности которых оно отнесено законом». Отдельно в главном законе страны оговорены возможности подсудимых и потерпевших добиваться справедливости через суд: «Каждый осужденный за преступление имеет право на пересмотр приговора вышестоящим судом в порядке, установленном федеральным законом, а также право просить о помиловании или смягчении нака-

517 Czap P. Peasant class courts and Peasant customary justice in Russia. 1861—1912 // Journal of social history. 1967. Winter. P. 154.

518 Фет А.А. Воспоминания. М., 1992. Т. 2. С. 127.

519 Радченко В.И. Судебная реформа в Российской Федерации: некоторые теоретические и практические проблемы. М.: Юридический дом «Юстицинформ», 1999. С. 12.

зания» (статья 50), «Государство обеспечивает потерпевшим доступ к правосудию и компенсацию причиненного ущерба» (статья 52).

Эти же положения закреплены в законодательстве о судоустройстве. В частности, статья 6 закона «О судоустройстве РСФСР», который до сих пор пока является действующим, определяет: «Граждане РСФСР имеют право на судебную защиту от посягательств на честь и достоинство, жизнь и здоровье, на личную свободу и имущество. Граждане других союзных республик пользуются на территории РСФСР правом на судебную защиту наравне с гражданами РСФСР». Таким образом, современное законодательство предоставляет всем равные возможности обратиться в суд ,и можно считать современное правосудие достаточно доступным с правовой точки зрения[520].

4.1.2. Территориальный аспект доступности правосудия. Сложнее обстояло и обстоит дело с другими аспектами доступности правосудия — территориальным и финансовым. Если правовой аспект легко регулируется законодателем, то остальные два испытывают на себе влияние множества факторов и могут существенно воздействовать на вопрос доступности правосудия. Прежде всего, территориальный аспект доступности зависит от развития инфраструктуры страны. В оба периода структура судебной системы исходила и исходит из административно-территориального деления. Хотя в период обсуждения программы реализации судебной реформы 1864 г. звучало мнение о том, что судебные округа не должны совпадать с территориальным делением. В частности, такой подход предлагался сенатором Николаем Петровичем Семеновым. Он считал, что округ одного окружного суда должен включать 6—14 близлежащих уездов разных губерний[521]. Однако эта идея не была реализована.

В царской России судебные учреждения располагались следующим образом. Низшей судебной инстанцией по незначительным уголовным и гражданским делам (с ценой иска до 500 рублей, если предметом спора становилось движимое имущество) были мировые судьи. Обычно мировых судей было три — пять на уезд, причем уезд делился на участки и каждый мировой судья был обязан проживать и работать в своем участке. По идее, обывателям для рассмотрения своего дела даже не надо было ехать в уездный город. Правда, некоторые мировые судьи выбирали местом работы свои усадьбы, которые могли распо-

520 Данное исследование не ставит задачу подробно рассматривать правовой аспект доступности правосудия, т.к. это является предметом правового исследования. Более обстоятельно данная проблема проанализирована в исследовании В.М. Жуйкова: см. Жуйков В.М. Судебная реформа: проблема доступа к правосудию. М.: Статут, 2006.

521 Замечания сенаторов и обер-прокурора на соображения комиссии высочайше утвержденной для окончания работ по преобразованию судебной части. Б. м. и г. С. 63.

лагаться далеко в глубинке. Второй инстанцией для мировой юстиции был съезд мировых судей уезда. Обычно он работал в уездном городе. Высшей судебной инстанцией для дел, подсудных мировым судьям, был Сенат, располагающийся в столице. Более серьезные уголовные и гражданские дела рассматривались в общих судах. Низшей инстанцией общих судебных мест были окружные суды. Как правило, в каждой губернии был один окружной суд, и находился он обычно в губернском городе. Только в некоторых губерниях, жителям которых посчастливилось попасть под первый этап реализации судебной реформы, было по два или даже по три окружных суда. Такими губерниями были Тверская, Ярославская и Новгородская. Второй инстанцией для этого рода дел была судебная палата. Обычно округ одной судебной палаты составлял несколько губерний. К 1917 г. округ Московской судебной палаты включал 14 губерний. Соответственно, если у человека возникали потребность или желание пересмотра дела, то дорога в суд второй инстанции могла занять немало сил и времени. Высшей инстанцией в этой ветви органов судебной власти также был Сенат.

Таким образом, жители губернских городов, жители уездных городов и сельские жители оказывались в разных условиях. Для жителя столицы были доступны все инстанции. Для жителя губернского города рядом были суды первой инстанции и суд второй инстанции, если дело было подсудно мировому судье. В суд второй инстанции по делам, подсудным общим судам, и в суд высшей инстанции надо было ехать. Для жителя уездного города первая и вторая судебная инстанции по делам, подсудным мировым судьям, были рядом. А судебные инстанции по делам, подсудным общим судам, начиная с первой инстанции, уже были за пределом места жительства, куда надо было ехать. Для сельского жителя совершить путешествие надо было, даже если возникло дело у мирового судьи. Дело в окружном суде предполагало уже дальнюю поездку в губернский город. А с чем было связано для жителя сельской глубинки обращение в судебную палату? Среди обывателей Российской империи стали формироваться различные способы добиться, чтобы их дело, подсудное окружному суду, стало подсудно мировому. Одним из таких приемов было разбить свой иск на несколько, чтобы цена каждого иска не превышала установленных законом 500 рублей. Однако далеко не с каждым делом так можно было поступить, в частности, ничего нельзя было придумать, если спор возникал о недвижимости. Эти дела рассматривались только окружными судами.

В связи с этим закономерным являлось желание жителей ряда уездных городов иметь у себя окружной суд. Первое ходатайство на эту тему поступило еще до открытия новых судов в феврале 1866 года.

Оно пришло из рязанского города Скопина и содержало просьбу учредить в городе Скопине суд 4-го разряда. Ходатайство исходило от Скопинского городского общества и обосновывалось тем, что Скопин является своеобразным центром для нескольких уездов. Каждый уездный город (Данков, Раненбург, Ряжск, Сапожок, Пронск) расположен в 30—70 верстах от Скопина, в то время как от Рязани до этих городов расстояние в два-три раза больше[522]. Ходатайство было отклонено как несвоевременное. Однако в Скопине не оставили попыток добиться открытия суда, и в министерство в 1867 и 1869 годах поступили новые прошения. В них подчеркивалось, что экономическое развитие Скопинского и близлежащих уездов требует быстрого оформления сделок и разрешения споров правовым порядком, а отдаленность этих уездов от окружного суда не дает такой возможности и сильно тормозит развитие экономики. Однако предложение открыть второй суд в Рязанской губернии не нашло поддержки в Рязанском окружном суде. Возможно, его члены опасались, что открытие суда в уезде произойдет путем перевода нескольких членов суда в уезд, а не назначением новых лиц[523]. Это дало основания министерству отклонить все ходатайства.

В начале 70-х годов XIX века министерству юстиции вновь пришлось всерьез заняться вопросом открытия новых судов. Поводом послужило ходатайство Елатомского уездного земского собрания (Тамбовская губерния), в котором предлагалось открыть в городе Елатьма окружной суд и причислить к нему следующие уезды: Муромский (Владимирская губерния), Ардатовский (Нижегородская губерния), Елатомский, Темниковский, Щацкий (Тамбовская губерния), Касимовский (Рязанская губерния)[524]. Так как предлагалось соединить в один округ одного суда уезды различных губерний, то в земские собрания этих уездов были посланы запросы. Ответы земств выявили, что абсолютно каждый уезд очень сильно страдает от недостаточной доступности правосудия и в нем просто необходимо открытие дополнительного суда. Постановления всех земств весьма похожи по содержанию — в каждом говорится, что город развивается, растет его промышленность, торговля, а следовательно, и количество сделок, требующих оформления у старшего нотариуса; растет и количество гражданских дел, но ездить в город очень неудобно, так как далеко и дороги плохие. Очень красноречиво описана ситуация касимовским уездным земством, который выступал от лица ряда уездов Тамбовской, Владимирской и Рязанской губерний: «В настоящее время отда-

522 РГИА. Ф. 1405. Оп. 64. Д. 781. Л. 1.

523 РГИА. Ф. 1405. Оп. 64. Д. 781. Л. 36.

524 РГИА. Ф. 1405. Оп. 68. Д. 8143. Л. 157.

ленность наших уездов от своих окружных судов делает то, что очень многие дела совершенно не возникают или с уступкой весьма существенных интересов прекращаются миром, дабы отдаленностью судов, наймом поверенного и тому подобных расходов не нанести себе еще большего ущерба. Правительство же, видя малое число дел, может полагать, что потребность в открытии нового суда для нашей местности незначительна, тогда как на самом деле оно в высшей степени настоятельно»[525]. Авторы подчеркивают отдаленность уездов и дорожные трудности: для того чтобы приехать в Рязань из Касимова, в то время нужно было 3 (!) раза пересечь Оку.

Однако мысль открыть новый суд именно в Елатьме мало кому понравилась. Ее одобрило только земское собрание Темниковского уезда, так как он близок к Елатомскому уезду. Для всех остальных уездов новый суд все равно бы оказался расположен далеко. Поэтому все земские собрания, настаивая на необходимости открыть новый суд, утверждали, что местом его учреждения должен стать их город или, в крайнем случае, соседний. Муром и Касимов настойчиво предлагали свои кандидатуры, Ардатовское уездное земское собрание предлагало учредить новый суд в Арзамасе. Заочная дискуссия по этому вопросу проходила остро и эмоционально, временами оппоненты прибегали к не совсем вежливым аргументам. В докладе Касимовского земского собрания говорилось: «Что собой представляет Елатьма? Бедный город с населением только в 7 тысяч, постоянно упадающий, вымирающий, не имеющий никаких начал и основ на дальнейшее развитие, один из тех искусственных административных центров, в таком количестве созданных в конце прошлого столетия… И вот в таком незначительном пункте возникает ходатайство об открытии окружного суда! Как иначе можно назвать это: как несправедливым домогательством бедного города над другою, более богатою и промышленной местностью?»[526]

Другие земские собрания пусть менее эмоционально, но также настойчиво стремились доказать преимущество своего города. Главным аргументом была потребность развивающейся экономики города в доступном правосудии. Серьезным возражением против Елатьмы было и то, что город находился в Тамбовской губернии, а она причислялась к округу Саратовской судебной палаты. Если бы в Елатьме возник суд и он был бы причислен к Саратовской палате, то апелляционная инстанция для общих судов оказалась бы слишком далеко

525 РГИА. Ф. 1405. Оп. 70, Д. 4251. Л. 17.

526 РГИА. Ф. 1405. Оп. 66 Д. 3663. Л. 6 . Следует заметить, что в определенной степени это пророчество сбылось: если в настоящее время Касимов остался крупным административным центром, районного значения, то Елатьма даже потеряла статус города и является рабочим поселком в Касимовском районе Рязанской области.

расположенной для указанных уездов. Поэтому каждое земское собрание выразило желание, если ходатайство об открытии суда именно в их городе не будет уважено, оставить их в округе того суда, где они находились[527]. В конечном итоге после 5-летней переписки (с 1870 по 1875 год) вопрос был решен отрицательно.

Актуальность этого вопроса для провинции показывает и тот панический страх, который возникал у обывателей, когда возникала угроза (мнимая или реальная) закрытия где-нибудь в уезде суда 4-го разряда. Такие случаи имели место. В 1868 году в министерстве юстиции возникло предложение закрыть суды 4-го разряда. Предложение проникло на страницы газет и сильно напугало жителей некоторых уездов. Ржевское уездное земское собрание (Тверская губерния) послало серию ходатайств о переводе Ржевского окружного суда в 3-й разряд. Земство горячо доказывало недопустимость закрытия этого суда: «Закрытие суда в городе Ржеве отзовется весьма тяжело на всех жителях означенных всех мест, которые должны будут искать защиты и суда по делам своим в отдаленном городе, с большими для себя потерями и убытками…»[528] Земство не ограничилось одними эмоциями, оно доказывало свою позицию убедительно, с цифрами в руках. Не меньший испуг вызвало распространение подобных слухов в Кашинском уезде. Там слухи имели два варианта: закрытие суда и перевод его в город Бежецк. В ходатайствах, посылаемых из Кашина, доказывалось, что суд ни в коем случае нельзя ни закрывать, ни переводить. Зато в Бежецке слух о переводе суда восприняли с радостью. Его жители послали свое ходатайство, в котором обосновывали преимущество нахождения суда у них в городе[529]. В итоге оба суда не были ни закрыты, ни переведены, ходя основания для беспокойства были не так уж беспочвенны: в округе Санкт-Петербургской судебной палаты один окружной суд 4-го разряда все-таки был закрыт.

Эти эпизоды ярко подтверждают, что задача расширения доступа к правосудию стояла очень остро. Также они свидетельствуют о том, что новые суды действительно соответствовали запросам обывателей. Суды смогли завоевать доверие людей и сделать правосудие более удобным. Предоставив народу удобный и справедливый способ решения конфликтов, они стали новым элементом обыденной жизни. Это изменило правовую культуру — разрешение конфликтов правовым порядком стало вытеснять привычное право сильного. То, что

527 РГИА. Ф. 1405. Оп. 68. Д. 8143. Л. 162.

528 РГИА. Ф. 1405. Оп. 66. Д. 7926. Л. 15 об.

529 РГИА. Ф. 1405. Оп. 67. Д. 7678. Л. 7.

перенос суда в другое место стал восприниматься как серьезное неудобство, подтверждает произошедшее изменение в сознании людей. Суды стали для них привычным атрибутом цивилизации и заняли одно место в ряду новшеств, принесенных эпохой реформ (железные дороги, доступные больницы и школы). Более ярко обозначилась роль земств в жизни российского общества — они не просто содействовали прогрессивным процессам, в том числе и проведению судебной реформы, а стали тем органом, который отражал и доносил до власти чаяния народа (т.к. были всесословным органом), а в некоторых случаях — и добивался принятия соответствующих решений. Суды 4-го разряда не были закрыты, и это является заслугой земств. Земства стали зародышами представительной демократии.

В советский период судебная система также строилась в соответствии с административно-территориальным делением страны. В «Концепции судебной реформы» содержалось предложение отойти от этой привычной схемы определения юрисдикции судов[530]. Однако оно так и не было реализовано. В современные дни низшей судебной инстанцией является мировой суд. Его решения могут быть обжалованы в районном суде. Однако мировой суд является низшей инстанцией не для всех дел. Для дел, не подсудных мировым судьям и областным судам, а также более высоким судебным инстанциям, первая инстанция — районные суды. Таким образом, подавляющее большинство уголовных и гражданских дел рассматриваются мировыми судьями и районными судами. Одним из главных аргументов введения мировых судей было убеждение, что мировая юстиция разгрузит федеральных судей и сделает суд более доступным для населения. Вопрос относительно нагрузки на судей был проанализирован ранее в главе 3. В этом плане идея мировой юстиции оправдала себя. А вот относительно доступности все оказалось не так просто. Ориентировались на дореволюционный опыт. Как отмечает судья В.И. Полудняков: «Человеку удобно иметь своего судью недалеко от места жительства, общаться с одним человеком, а не добираться с окраины района в районный суд, иметь дело с разными судьями и секретарями и подолгу ждать решения»[531]. Этот аргумент введения мировых судей использовал и председатель Ростовского областного суда В. Ткаченко: «Мировая юстиция должна... облегчить людям доступ к правосудию...»[532] Это явное проецирование на современность дореволюционного опыта работы мировых судей. До рево-

530 Концепция судебной реформы. М., 1992. С. 50.

531 Полудняков В.И. Эссе председателя городского суда Санкт-Петербурга. СПб., 2003. С. 84.

532 Пиджаков А.Ю., Шевчук В.Б. Реформирование судебной системы в России: история и современность (историко-правовые аспекты). СПб., 2003. С. 119.

люции на один уезд приходилось несколько мировых судей, и действительно порой ехать к своему судье было ближе, чем в уездный город. В настоящее время, исходя из норм определения территории участков мировых судей, обычно на каждый район города — областного центра приходятся несколько мировых судей и один районный суд. На район области также приходится один районный суд и один мировой судья. Естественно, что этот единственный мировой судья и районный суд находятся в районном центре. Соответственно доступность обоих этих судов для населения практически равная.

Таким образом, надежда, что мировые судьи приблизят право судие для населения, реализуется менее полно, чем до революции. Естественно, жители областного центра и районных центров находятся в более благоприятной ситуации. Им обратиться в суд легче. Достаточно пройти или проехать несколько улиц. Сельскому жителю для обращения в мировой суд все равно приходится ехать в райцентр, так же как и для обращения в районный суд. Для них доступность суда напрямую зависит от близости районного центра и качества дорог. К сожалению, для многих отдаленных сельских пунктов по сравнению с XIX веком мало что изменилось: дороги плохие, транспорт ходит редко. Из многих сельских пунктов автобус (наиболее распространенный транспорт в провинции) ходит в районный центр один раз в сутки или даже два-три раза в неделю, а то и совсем не ходит. Так, из деревни Поляки Путятинского района Рязанской области автобус в райцентр ходит только по понедельникам и пятницам. К тому же жителю деревни надо не просто доехать в райцентр, но и вернуться обратно домой в этот же день, а для этого нужно успеть на последний автобус, идущий из райцентра в свой населенный пункт. Из Путятина в Поляки автобус уходит в 13 часов. Конечно, если нужно просто подать заявление в суд или поговорить с адвокатом, то, приехав с первым автобусом из Поляк (он приходит около 8 часов утра), можно успеть на обратный автобус. А вот если речь идет о судебном заседании, то здесь уложиться трудно. Районным судам в области приходится это учитывать. Так, радиус Касимовского района Рязанской области 60 километров и более. И хоть Касимовский районный суд работает, как все государственные учреждения, с 9 до 18 часов, заседания приходится назначать не раньше 10 и не позже 16 часов, чтобы люди могли успеть приехать и вернуться домой. Как отмечает председатель суда Н.Г. Новиков: «Человек рано-рано утром, с молоковозом каким-нибудь добирается, если водителя упросит. … Иногда свидетели обращаются: “А у меня автобус в Елатьму в 15 часов, как мне быть? Может, вы меня пораньше допросите?” Бывало, заседателей, потерпевшего на своем транспорте отвозили»[533]. Бывает и еще хуже, когда вообще никакой связи с райцентром нет. На самой окраине Ермишинского района Рязанской области есть деревня с очень многозначительным названием — Тупик. Это действительно тупик: автобусы туда не ходят совсем. Только раз в неделю привозят почту и хлеб.

Более того, введение мировой юстиции сократило доступность правосудия для сельских жителей некоторых районов по делам, подсудным районным судам. Действительно, мировые судьи взяли на себя рассмотрение большей части уголовных и гражданских дел. В результате в некоторых районах нагрузка на федеральных судей не просто упала, а стала просто ничтожной, что повлекло сокращение количества районных судов. Законом от 18 июня 2005 г. «Об упразднении некоторых районных судов Ивановской области» были упразднены три районных суда: Верхнеландеховский, Луховский и Ильинский. Их подсудность была передана в соседние районные суды. Через два года аналогичная ситуация повторилась в Рязанской области. Законом РФ от 29 марта 2007 г. «Об упразднении некоторых районных судов Рязанской области» упразднены 4 районных суда: Ермишинский, Пителинский, Путятинский и Чучковский. Известие об этом вызвало недоумение у жителей районов. В редакцию рязанской вкладки газеты «Аргументы и факты» пришло встревоженное письмо: «Прошел слух, что скоро наш суд закроют. И все дела будет решать участковый или, в крайнем случае, наша районная милиция. У меня целесообразность такой системы вызывает большое сомнение»[534]. Конечно, судебные функции на милицию никто не собирался возлагать. Однако дела, подсудные этим судам, передаются в юрисдикцию судов соседних районов. Так, жителям Ермишинского района придется ездить судиться в Кадомский районный суд, жителям Пителинского района — в Сасовский районный суд, жителям Путятинского района — в Шацкий районный суд, жителям Чучковского района — в Шиловский районный суд[535]. Летом 2007 г. подобный закон сократил количество районных судов в Ростовской области, по которому было упразднено 11 районных и три городских суда[536]. Причем юрисдикция Шолоховского районного суда будет распространяться не на два, а на три района — Боковской, Верхнедонской и Шолоховский.

---

533 Новиков Н.Г. В суд идти можно и нужно (Беседа с председателем Касимовского районного суда Н.Г. Новиковым / Беседовала В. Катаргина) // Буква закона. 2006. № 1—2. С. 69.

534 Аргументы и факты. 2007. 28 марта — 3 апреля.

535 Закон РФ «Об упразднении некоторых районных судов Рязанской области» // Российская газета. 2007. 5 апреля.

536 Закон РФ «Об упразднении и создании некоторых районных судов Ростовской области» // Российская газета. 2007. 25 июля.

Особенно это затруднило доступность судопроизводства для жителей отдаленных от райцентров населенных пунктов, в частности, тех пунктов, которые расположены не в участках района, пограничных с тем, куда была передана юрисдикция, а в отдаленных от него. Вначале им надо будет добраться до своего районного центра, затем ехать в соседний райцентр. Учитывая, что автобусы ходят редко, такая поездка может быть очень проблематичной. Жителям уже упоминавшейся деревни Поляки добраться в районный суд уже будет намного сложнее, так как совершить поездку за один день практически невозможно. Вначале надо доехать до райцентра — Путятино. Как уже говорилось, житель этой деревни имеет возможность оказаться в Путятине в понедельник или пятницу около 8 часов утра. Автобус в Шацк уходит в 11 утра. Дорога до Шацка занимает 2 часа, т.е. в Шацке данный гражданин может быть в 13 часов (как раз в это время в суде начинается обед, а в родном Путятине отходит последний автобус в деревню). Из Шацка в Путятино автобус уходит в 15 часов, т.е. на решение всех вопросов в Шацке с учетом перерыва на обед в суде у гражданина остается только 1 час. Хорошо, если житель Поляк будет более-менее грамотным и приедет в Шацк с уже готовым исковым заявлением и оплаченной государственной пошлиной или потратит время ожидания автобуса в Путятино на визит к адвокату и в сберкассу. А если его правовые знания только и ограничиваются представлением, что ему нужно обратиться в суд, и он только в суде поймет, что надо еще идти к адвокату, составлять исковое заявление или оплачивать государственную пошлину? Тогда он точно не успеет ничего решить и его поездка будет бесполезной или ему придется оставаться ночевать в Шацке и тратиться на гостиницу.

Еще более сложной будет ситуация, когда надо не просто подать исковое заявление (это можно сделать по почте), а участвовать в судебном заседании. Вряд ли судья согласится выбрать для заседания такой узкий временной промежуток: 2 часа дня в понедельник или пятницу. В еще более трудной ситуации оказываются жители Ермишинского района. Им надо ездить судиться в Кадом. Однако между Кадомом и Ермишью нет автобусного сообщения! Только раз в сутки рано утром из Кадома едет маршрутка со студентами местного техникума. Вполне возможно, что обывателям XXI в. придется, как и в XIX в., придумывать различные способы, чтобы сделать их дело подсудным мировому судье, например, разбивать один иск на несколько, чтобы понизить его стоимость. Однако есть дела, по которым трудно будет что-либо придумать, в частности, дела о восстановлении на работе. Возможно, чтобы не делать для граждан малодоступным правосудие по делам, подсудным федеральным районным судам, следует опять обратиться к опыту XIX в.: проводить выездные сессии в тех райцентрах, где нет своего районного суда. В то же время надо помнить, что частью модернизации должно стать комплексное решение социальных проблем и улучшение инфраструктуры страны. От этого зависит эффективность всех мероприятий модернизации, в том числе и судебной реформы.

4.1.3. Финансовый аспект доступности правосудия. С доступностью территориальной тесно переплетается доступность финансовая. Ведение дела даже самым законным образом невозможно без трат — необходимо оплачивать определенные пошлины и сборы. Законодатели обоих исторических периодов, разрабатывая законодательные базы судебных реформ, исходили из того, что судопроизводство должно быть доступно в финансовом отношении.

Судебные уставы 1864 г. при производстве гражданских дел предполагали судебные издержки четырех видов: гербовые пошлины, судебные пошлины, канцелярские пошлины и сборы по производству дела. Гербовые пошлины состояли в том, что для прошений и всех остальных бумаг, подаваемых в окружные суды, предписывалось использовать только гербовую бумагу по 40 копеек за лист. Судебная пошлина зависела от цены иска — предписывалось брать 50 копеек с каждых 100 рублей. При выдаче исполнительных листов, копий решений, справок взималась канцелярская пошлина — 20 копеек с листа плюс 10 копеек за печать на документ[537]. Судопроизводство у мировых судей было освобождено от гербовых и судебных пошлин, существовали только канцелярские пошлины.

Наиболее весомы были сборы по производству дела: тяжущиеся должны были оплачивать дорогу и суточные свидетелям, экспертам и судебному приставу, чтобы он доставил участникам процесса повестки в суд и привел решение суда в действие. Оплата за вызов свидетеля или эксперта возлагалась на ту сторону, по просьбе которой вызывалось данное лицо. Теоретически возместить судебные издержки должна была проигравшая сторона, но, во-первых, истцу надо было найти деньги на судебные издержки до ведения дела, а их могло и не быть, во-вторых, ответчик мог быть так беден, что у него не набиралось средств, чтобы выполнить решение суда. Тогда расплачиваться с судебным приставом приходилось самому истцу.

Общая сумма расходов по ведению дела во многом зависела от того, какому суду было подсудно дело. Дела о движимом имуществе стоимостью до 500 рублей рассматривались мировыми судами. В каждом уезде было по три — пять мировых судей, а если спор возникал о недвижимом имуществе, даже незначительной стоимостью, например,

537 Данные о пошлинах взяты из статей 839—890 Устава гражданского судопроизводства.

о небольшом клочке земли в 40—60 рублей, то обращаться следовало только в окружной суд, а он был, как правило, один на всю губернию. При этом расходы самого истца или ответчика на дорогу и проживание в городе, где работал окружной суд, не признавались судебными издержками и, следовательно, не компенсировались. А именно дорожные расходы делали обращение в суд дорогим.

Иногда споры возникали по поводу таких малоценных земель или строений, что стоимость всего одной поездки в окружной суд превышала цену самого иска, а ведь ни одно гражданское дело не могло быть решено за один визит. Можно приблизительно подсчитать, во сколько обходились такие поездки. В 1868 г. прогонные в Рязанской губернии составляли 2,5 коп. за одну версту и одну лошадь[538]. Если на двух лошадях приходилось добираться в Рязань из Сапожка, отстоящего от губернского города на 153,75 версты, то дорога в один конец обходилась в 7 руб. 65 коп., а вся поездка соответственно — в 15 руб. 30 копеек. Для разрешения гражданского дела требовалось не менее четырех таких поездок (для подачи заявления, получения письменного объяснения ответчика, слушания дела, получения исполнительного листа). Таким образом, только одни дорожные расходы составляли 61 руб. 20 коп., и это при том, что объект спора мог стоить 50—100 руб. Председатель Мологского съезда мировых судей (Ярославская губерния) приводил пример, как на ведение дела в окружном суде истец истратил 30 руб., в то время как сумма иска составляла 40 руб.[539]

Разница в расходах по ведению дела для жителя Рязани и жителя какого-либо уездного города, например Михайлова, могла быть очень существенной именно из-за дорожных расходов. Нетрудно подсчитать, какую сумму составят судебные издержки для жителя города Михайлова Рязанской губернии, если у него возникнет необходимость подать иск о недвижимости ценою в 200 рублей, при условии, что ему надо пригласить двух свидетелей[540]. Прежде всего ему надо оплатить гербовую пошлину, т.е. купить бумагу для искового заявления, исполнительного листа, копии решения суда. Если на каждый документ нужно по 2 листа бумаги по 40 копеек, то гербовая пошлина составит 2 р. 40 к. Затем надо оплатить судебную пошлину, которая составит 1 рубль (50 копеек с каждой сотни цены иска). После этого истцу надо тратить деньги на сборы по производству дела. Прежде всего, надо компенсировать расходы судебного пристава: оплатить ему дорогу и

538 Памятная книжка Рязанской губернии на 1868 год. Рязань, 1868. С. 154.

539 РГИА. Ф. 1405. Оп. 68. Д. 2003. Л. 3 об.

540 Расчет произведен автором на основе указанных статей Устава гражданского судопроизводства.

суточные за доставление повесток. Прогонные было положено оплачивать так, чтобы он мог нанять 3 лошади. Город Михайлов расположен в 60 верстах от губернского города. Следовательно, если цена за 1 версту/лошадь составляет 2,5 копейки, то за 60 верст надо заплатить 4 р. 50 коп, а в два конца — 9 рублей. К этому надо прибавить суточные — 45 копеек. Если пристав успеет доставить повестки за один день, то за доставление повесток ему надо заплатить 9 р. 45 коп. Пристава надо послать в Михайлов дважды — доставить повестки и привести решение суда в исполнение. Это еще 9 рублей 45 копеек. Всего на судебного пристава надо 18 рублей 90 копеек. В сборы по производству дела входит компенсация свидетелям (также суточные и дорожные расходы). Суточные на двух свидетелей (по 25 копеек) составят 50 копеек. Оплата дорожных расходов определялась из расчета 10 копеек за 1 версту (ст. 862 Устава гражданского судопроизводства). Одному свидетелю за дорогу в два конца надо заплатить 12 рублей (из расчета 60 верст по 10 копеек в оба конца), двоим свидетелям — 24 рубля. Всего вызов двух свидетелей будет стоить 24 рубля 50 копеек. Общая сумма сборов по производству дела составит 43 рубля 40 копеек. После вынесения решения суда надо получить копию решения и исполнительный лист, при этом надо оплатить канцелярские пошлины. Если эти два документа займут по два листа, то этот сбор составит 1 рубль. Таким образом, общий итог судебных издержек составит 47 рублей 80 копеек[541]. Нетрудно заметить, что самую весомую долю в них занимают затраты, связанные с оплатой транспортных расходов. Если бы этот иск подавал житель Рязани и его свидетели тоже были рязанцы, то все судебные издержки не превысили бы 4 рублей.

В целом, сами судебные пошлины были установлены весьма доступные, дорогим обращение к правосудию делали отдаленность судов от сельского населения и отсутствие эффективного механизма по компенсации этих расходов. Поэтому малоимущий человек, например крестьянин, отказывался от подачи иска на незначительную сумму, так как судебные издержки превышали цену иска. Однако по его крайней бедности этот отказ влек для него серьезные финансовые потери[542].

---

541 Можно заметить, что сама по себе эта сумма по меркам XIX века представлялась весьма существенной: зарплата учителя народной школы, не имеющего высшего образования, составляла 150-300 рублей в год. По подсчетам известного историка П.А. Зайончковского, весь месячный бюджет мелкого чиновника в 60-е годы укладывался в 15 рублей, в частности съем жилья стоил 1 рубль 35 копеек в месяц. См. Зайончковский П.А. Правительственный аппарат самодержавной России в XIX в. М., 1978. С. 84.

542 Журнал Рязанского губернского земского собрания XIV очередного созыва. Рязань. 1878. С. 391.

В современный период вопрос о доступности правосудия с финансовой точки зрения тоже нельзя назвать простым. Согласно статье 88 Гражданско-процессуального кодекса РФ судебные расходы состоят из государственной пошлины и издержек, связанных с рассмотрением дела. Дешевизна судопроизводства — это одна из ключевых идей обеих судебных реформ. Поэтому в ходе современной судебной реформы судебные пошлины были понижены. Размер государственной пошлины определен статьей 333.19 Налогового кодекса. Для имущественных споров закон устанавливает прогрессивный размер пошлины: чем выше цена иска, тем выше должна быть уплачена пошлина. При цене иска до 10 тысяч рублей полагается уплатить 4% от цены иска, но не меньше 200 рублей, при цене иска от 10 тысяч до 50 тысяч — 400 рублей плюс 3 процента от суммы иска, превышающей 10 000 рублей, при цене иска от 50 тысяч до 100 тысяч рублей — 1 600 рублей плюс 2 процента от суммы, превышающей 50 тысяч рублей, от 100 тысяч до 500 тысяч рублей — 2 600 рублей плюс 1 процент от суммы иска, при цене иска свыше 500 тысяч — 6 600 рублей плюс 0,5 процента суммы иска, но не более 20 000 рублей.

Согласно Налоговому кодексу ряд лиц освобождаются от уплаты пошлин, в частности, от нее освобождаются лица, подающие иски в связи с нарушением прав потребителей, о взыскании алиментов, о взыскании заработной платы, о возмещении материального ущерба, причиненного преступлением и др. Таким образом, первое впечатление, которое создается при изучении нормативных актов, что судебная защита имущественных интересов — дело в финансовом отношении весьма доступное и не требует больших средств, а больший размер судебной пошлины при более высокой цене иска следует признать справедливым. Казалось бы, все просто, даже при незначительном имущественном ущербе (например, отказе в торговой точке вернуть деньги за некачественный товар) можно идти в суд и требовать возмещения ущерба и восстановления своих прав, не боясь разориться, тем более что в данном случае даже не придется уплачивать пошлину.

Однако на практике все не так просто. Кроме государственной пошлины возникают различные издержки, связанные с рассмотрением дела. К ним закон относит:

- суммы, подлежащие выплате свидетелям, экспертам, специалистам и переводчикам;
- расходы на проезд и проживание сторон и третьих лиц, понесенные ими в связи с явкой в суд;
- расходы на оплату услуг представителей;
- расходы на производство осмотра на месте;

- компенсация за фактическую потерю времени;
- почтовые расходы, связанные с рассмотрением дела;
- другие признанные судом необходимые расходы (ст. 94 ГПК РФ).

Особое место в расходах по ведению дела занимают траты на оказание юридической помощи.

4.1.4. Доступность юридической помощи. Обе судебные реформы вводили состязательное судопроизводство. Состязательный суд — наиболее справедливый, однако он требует определенной правовой грамотности от сторон. Суд не должен собирать доказательства, более того, он не имеет права этого делать. Судья должен только рассмотреть представленные доказательства и на их основании вынести решение. Исход дела зависит не только от того, насколько соответствует закону позиция истца или ответчика, но и как представлены доказательства. Состязательный уголовный процесс невозможен без грамотной защиты. Таким образом, важным аспектом проведения реформы является формирование доступности юридической помощи. В оба исторических периода доступность помощи юриста являлась актуальной проблемой.

В дореформенный период XIX века такой профессии, как адвокат, не было вообще. Защитника подсудимым не полагалось. Юридическую помощь оказывали так называемые ходатаи: люди, часто не имевшие не то что юридического, но и даже общего образования, но зато имевшие знакомства в судах и умевшие повлиять на ход дела. Проведение реформы сопровождалось формированием российской адвокатуры. Присяжный поверенный был обязан иметь юридическое образование и быть членом корпорационного объединения. Такие объединения образовывались при судебных палатах. Приемом в члены корпорации ведал Совет присяжных поверенных, он же следил за соблюдением профессиональной этики. К сожалению, процесс формирования российской адвокатуры шел недостаточно быстро, одновременно осложняя внедрение принципа состязательности и сужая доступность юридической помощи. Не могло одновременно появиться во всех населенных пунктах достаточное количество присяжных поверенных — большинство из них предпочитало жить и работать в больших городах.

На протяжении первого десятилетия реализации реформы в округе Московской судебной палаты, кроме Москвы, только два города — Рязань и Нижний Новгород — имели по 10 присяжных поверенных, остальные губернские города имели их по 3—7 человек, а в уездных городах представители этой профессии встречались весьма редко. В последующее десятилетие присяжные поверенные появляются и в глухой провинции, но все равно там их количество остается небольшим. Основным местом деятельности по-прежнему являются большие города, в первую очередь Москва. В 1881 году из 302 адвокатов, состоящих при Московской судебной палате, 237 практиковали в Москве. Присяжный поверенный сам выбирал место своей деятельности и не мог быть послан в другой город. Уже в 1869 году Московский совет присяжных поверенных решил, что адвокаты не могут быть командированы в другую местность[543]. Состоятельные люди, особенно живущие недалеко от Москвы, могли пригласить адвоката из столицы, в том числе таких знаменитых, как Н.Ф. Плевако или А.И. Урусова. Большинству подсудимых и тяжущихся это было недоступно[544].

Одной из причин, по которой юридическая помощь была недостаточно доступной, являлся низкий образовательный уровень в России. В стране не могло сразу появиться большое количество подготовленных адвокатов, так как людей с юридическим образованием было немного. В провинции, как уже говорилось, это чувствовалось сильнее из-за отсутствия там соответствующих учебных заведений. Москва — университетский город — была в несравненно более выгодном положении. Однако была еще одна причина, обусловившая нехватку адвокатов именно в провинции. В провинциальных городах, по сравнению с Москвой, был меньше оборот капитала. В Москве слой купцов и предпринимателей был шире, чаще совершались сделки на крупную сумму. Размер гонорара нотариуса или адвоката определялся процентом с суммы сделки или цены иска. Поэтому адвокатам и нотариусам было более выгодно работать там, где экономическая жизнь шла более интенсивно. Во многих провинциальных городках торговля и промышленность только начинали набирать оборот. Жившие в каком-нибудь уездном городе купцы и предприниматели только делали первые шаги в своем бизнесе и реже совершали сделки на крупные суммы, чем их столичные коллеги, да и было их гораздо меньше, чем в Москве. В результате в провинции потенциальной клиентуры для адвокатов и нотариусов, способных платить крупные гонорары, было мало.

Поэтому в таком городе, как Ярославль, несмотря на наличие Демидовского лицея, количество присяжных поверенных было меньше, чем в Нижнем Новгороде, который не имел юридического учебного заведения. В 1881 году в Нижнем Новгороде было 11 присяжных поверенных, а в Ярославле их было только 5. Нижний Новгород, являясь крупным торговым центром и местом проведения знаменитой ярмарки, давал большие возможности заработать адвокатам и нотариусам.

543 25-летие Московских присяжных поверенных. М., 1891. С. 49.

544 По закону неимущим было положено представлять защитника «по назначению», однако это было невозможно, если назначать было некого.

Отсутствие адвокатов в провинции особенно вредило уголовному процессу. Судебный деятель В.К. Случевский указывал на ненормальное, но очень распространенное явление, которое особенно ярко наблюдалось в выездных сессиях: «только в виде исключения производившиеся в уездных сессиях уголовные дела рассматривались при участии защитников». Иногда защита поручалась канцелярским служащим суда или кандидатам на судебные должности. Часто это было равносильно полному отсутствию защиты, что наносило серьезный удар по принципу состязательности правосудия. Иногда подсудимые оказывались в неравном положении, особенно когда одновременно судились состоятельный человек, имевший возможность пригласить опытного адвоката из Москвы, и бедный, у которого такой возможности не было. Во время процесса опытный адвокат мог добиться оправдания своего клиента, а несостоятельный подсудимый, вина которого была не больше, а может, и меньше, осуждался, так как его защитник не смог подобрать убедительные доводы для присяжных.

Найти желающего помочь в ведении гражданского дела было гораздо проще, однако наличие человека, готового взять на себя ведение гражданского дела, еще не означает наличия реальной помощи. В отзывах судебных деятелей представлена яркая картина, как оказывалась правовая помощь по гражданским делам в провинции. За неимением грамотных присяжных поверенных на этом поприще трудилась весьма пестрая толпа ходатаев. Большинство их состояло из различных бывших канцелярских служащих, типа писарей и отставных военных. Встречались даже крестьяне, едва умевшие читать и писать. Многие из этих ходатаев были такие же безграмотные в правовом отношении, как и их доверители. Естественно, что главное для них было не содействие делу правосудия, а личная корысть, то есть вытягивание денег у клиента любым способом. Не стесненные профессиональной этикой, порой сами плохо знавшие законы, они старались втянуть человека в судебное разбирательство, иногда по ничтожному поводу, и как можно дольше тянуть дело по различным судебным инстанциям, чтобы иметь возможность требовать себе гонорар. Некоторые из них специально дежурили в кабаках и трактирах, дожидаясь, когда какой-нибудь посетитель посетует на то, что его обидели: не заплатили долг или причинили еще какой-нибудь вред. Далеко не всегда эти сетования были обоснованными, но возникала фигура ходатая, убеждавшего потенциального клиента начать дело, и человек втягивался в судебное разбирательство. Здесь же в кабаке под очередную порцию спиртного писалось исковое заявление. На суде ходатай старался выпроводить своего доверителя из зала суда и затем не выиграть, а даже проиграть дело, чтобы иметь возможность подать апелляцию и требовать себе новое вознаграждение.

Председатель Рязанского съезда мировых судей констатировал: «Большая часть дел ведется поверенными, из числа которых многие не только не разъясняют дело, а более запутывают, и случалось, что когда обе стороны налицо, то, устранив поверенных, дела кончались миром»[545]. С ним единодушен председатель Ржевского окружного суда. Он писал в министерство юстиции, что при его суде присяжных поверенных нет, а юридическую помощь обывателям оказывают частные поверенные (так председатель называл всех ходатаев). Только два-три из них действительно помогают людям: «Остальные частные поверенные обнаружили, с одной стороны, полное отсутствие правильных нравственных оснований, высказавшихся в ябеднических исках, крючкотворных ответах и защитах, и с другой стороны — полное непонимание иногда основных начал права и судопроизводства, как гражданского, так и уголовного, непонимание, порождающее множество не идущих к делу вопросов и лишних объяснений, могущих запутать самое простое и самое несложное дело»[546]. Беспринципность таких «правозаступников» не знала границ. В той же Рязанской губернии, в Раненбурге, произошел анекдотичный случай. На съезде мировых судей представителю одной из сторон сделали замечание, что на разбирательстве у мирового судьи этого же дела он представлял другую сторону. Тот промолвил, что забыл об этом, и удалился[547]. Неслучайно во многих отзывах содержится предложение допускать к защите и представительству только тех, кому разрешит суд. Это было решено в 1874 году, когда институт частных поверенных был оформлен законодательно: суды стали выдавать разрешения вести в этом суде дела лицам, которые, по их мнению, действительно могли помочь людям, хотя и не имели юридического образования и не являлись присяжными поверенными.

Определенную роль в том, чтобы сделать качественную юридическую помощь более доступной, сыграли земства. В 1871 г. Моршанское земское собрание вынесло постановление о приглашении адвоката для судебной защиты лиц, принадлежащих земству. Однако это весьма полезное начинание было опротестовано губернатором, как не имеющее отношения к кругу вопросов, которые должны были решать земства. В 1887 г. Рязанское уездное земство организовало бесплатную юридическую консультацию для крестьян, аналогичные постановления принимались и другими земствами: Юхновским, Лохвицком, Клинским уездными земскими собраниями, Тамбовским, Казанским,

545 РГИА. Ф. 1405. Оп. 68. Д.1999. Л. 14 об.

546 РГИА. Ф. 1405. Оп. 66. Д. 3045. Л. 12.

547 Там же. Л. 5 об.

Черниговским, Вятским губернскими земскими собраниями[548]. Однако все они сталкивались с протестами губернаторов, нередко переписка доходила до Сената, но заканчивалась ничем. Тогда земства пытались содействовать решению этого вопроса по- другому: платили пособия Бюро присяжных поверенных, чтобы оно бесплатно давало советы бедному населению (Новомосковское уездное земство), предоставляло бесплатное помещение под юридическую консультацию и платило за отопление (Ялтинское уездное земство, Петербургское уездное земство). Однако всего этого было мало. Новгородское уездное земское собрание констатировало в 1911 г.: «Население деревни, общинный уклад, который перестраивается… не в состоянии разобраться не только в новых, но и в прежних правовых институтах, и только земства путем организации бесплатных юридических консультаций… могут вывести крестьянство из мрака «аблакатских» притонов, которые широкою сетью окружают нуждающееся в юридических советах деревенское население»[549].

В современные дни, рассматривая вопрос доступности юридической помощи, необходимо также учитывать три аспекта: правовой, территориальный и финансовый. Право на оказание квалифицированной юридической помощи закреплено в Конституции РФ (статья 48) и рядом законов, в частности, Законом РСФСР «О судоустройстве РСФСР» (статьи 15 и 16), УПК (статьи 49—53, 56, 189, 248), ГПК РФ (гл. 5). В ходе реформы были значительно расширены права граждан на использование профессиональной юридической помощи, особенно это касается уголовного процесса. В советский период защитник представлялся только в момент предъявления обвинительного заключения, т.е. по завершении предварительного следствия. Современный УПК разрешает пользоваться помощью адвоката не только обвиняемому, но и подозреваемому, и даже свидетель имеет право давать показания в присутствии своего адвоката. Существенно расширены полномочия адвоката, например, свидание со своим клиентом наедине до начала следственных действий уже воспринимается как неотъемлемая норма современного уголовного процесса.

Однако на возможность воспользоваться квалифицированной юридической помощью сильно влияют территориальные и финансовые аспекты. Знаменитая фраза, знакомая большинству российских обывателей по зарубежным фильмам: «Я буду говорить только в присутствии моего адвоката», вряд ли может быть так легко произнесена каждым россиянином. Так же как и в XIX в., место жительства сущес-

548 Отдел письменных источников Новгородского государственного объединенного музея-заповедника (ОПИ НГОМЗ). Ф. 24. Оп. 1. Д. 450. Л. 21 об.

549 ОПИ НГОМЗ. Ф. 24. Оп. 1. Д. 450. Л. 22 об.

твенно влияет на доступность юридической помощи. Еще на заре современной судебной реформы специалисты прогнозировали нехватку адвокатов. В советском государстве на душу населения приходилось в 3—4 раза меньше адвокатов, чем в Европе, и в 12 раз меньше, чем в США[550]. Так, в 1987 г. в Могилевской области работало 87 адвокатов[551]. Учитывая, что в 1987 г. в данной области проживало 359 тысяч человек[552], на одного «Плевако» приходилось около 4 тысяч человек. Более того, как признал в интервью газете «Правда» председатель судебной коллегии по уголовным делам Верховного Суда СССР С. Ромазин: «В стране имеются такие районы, где нет ни одного адвоката»[553]. Судебная реформа создала спрос на услуги адвокатов. Речь идет не только о гуманизации и демократизации уголовного процесса. Развитие рыночной экономики, стремительный рост предпринимательства, появление широкого спектра сферы платных услуг, расширение компетенции судов в защите прав граждан, появление новых видов исков, о которых раньше даже не вспоминали (о защите чести и достоинства, о защите авторских прав, обжалование неправомерных действий органов власти), — все это создало базу для роста количества представителей адвокатской профессии. Для выпускников юридических факультетов конца XX в. карьера адвоката становится более привлекательной, чем карьера следователя или прокурора.

Регулярно публикуемые отчеты коллегии адвокатов отмечают ежегодное увеличение членов этой профессиональной корпорации. Только за 1990 г. в Украинской ССР было создано 5 новых консультаций и 7 филиалов, 27 односоставных консультаций преобразованы в двухсоставные. В Белорусской ССР только за 4 месяца 1990 г. численность адвокатов увеличилась на 32 человека. Активными темпами росла численность адвокатов и в РСФСР. В 1990 г. в Московской области их стало больше на 38 человек, в Кемеровской — на 35, в Ульяновской — на 25, в Ярославской — на 22, в Алтайском крае — на 29. Всего по республике дополнительно в корпорацию принято 600 человек[554]. В 1994 г. в России было 21 382 адвоката, в 1997 г. — 31 481,

---

550 Веремчук В. Защита в нападении? // Комсомольская правда. 1989. 24 февраля.

551 ГАРФ. Ф. Р-9492. Оп. 8. Д. 2405. Л. 77.

552 Могилевская область // Советский энциклопедический словарь / под ред. А.М. Прохоров. Издание четвертое, исправленное и дополненное. М.: Советская энциклопедия, 1989. С. 829.

553 Ромазин С. Суду все ясно? (интервью с председателем судебной коллегии по уголовным делам Верховного Суда СССР С. Ромазиным / Беседовал А. Уванцев) // Правда. 1990. 14 сентября.

554 ГАРФ. Ф. Р-9492. Оп. 8. Д. 2735. Л. 133.

в 2001 г. — 43 317, в 2003 г. — 48 800[555]. Таким образом, число адвокатов в нашей стране за 9 лет выросло более чем в 2 раза. Медленно, но сокращается количество районов, в которых нет адвокатов. Правда, первоначально количество таких районов даже увеличилось: в 1993 г. таковых было 132, к 1997 г. их число достигло 480. Увеличение можно объяснить развитием рыночных отношений: многие первые коммерческие предприятия на фоне нехватки квалифицированных адвокатов устанавливали своим юрисконсультантам не слыханные по советским представлениям зарплаты. Поэтому для многих адвокатов, работающих в провинции, было реально перебраться в город и найти работу в какой-нибудь фирме. Зарплаты хватало не только на жизнь, но и чтобы снять жилье в городе. Однако профессия адвоката оказывается настолько востребованной, что на место уехавших быстро приходили новые. В 1998-м уже намечается уменьшение количества районов, где нет адвокатов, их становится 158, в 1999 г. — 165, в 2000 г. — 45, в 2002-м — 35[556]. Сейчас по улицам многих райцентров нельзя пройти, чтобы не встретить вывеску «Адвокаты» или «Юридические услуги». Однако количество адвокатов до сих пор не соответствует потребностям. Так, провинциальная газета «Тамбовская жизнь» в 2004 г. констатировала, что всего в области 342 адвоката, однако есть районы, где меньше двух адвокатов на одного федерального судью, т.е. если федеральный судья рассматривает дело, то на одного участника процесса, истца или ответчика, адвокат найдется, а на другого — нет[557]. Всего в России в 2004 г. адвокатов было в 20 раз меньше, чем только в одном Нью-Йорке[558].

Еще более сложным является финансовый аспект оказания юридической помощи. Если обращение в суд сопрягается с уплатой относительно небольшой пошлины, то обращение к помощи адвоката может быть очень чувствительным для кармана обывателя. Юридические услуги — это один из видов услуг, который предлагает современный рынок, и цены на них формируются по законам рынка. Рост спроса на адвокатские услуги неизбежно повлек удорожание стоимости этих услуг. Уже в 1991 г. была утверждена новая инструкция

555 Адвокаты принимают поручения // Российская юстиция. 1995. № 6.С. 55; Основные итоги работы коллегий адвокатов Российской Федерации за 1995 г. // Российская юстиция. 1996. № 5. С. 57; Работа коллегий адвокатов Российской Федерации в 1998 г. // Российская юстиция. 1999. № 7. С. 53; Работа коллегий адвокатов Российской Федерации в 1999 г. // Российская юстиция. 2000. № 7. С. 61; Работа коллегий адвокатов Российской Федерации в 2001 г. // Российская юстиция. 2002. № 8. С. 71; Работа коллегий адвокатов Российской Федерации в 2002 г. // Российская юстиция. 2003. № 6. С. 76.

556 Там же.

557 Свинцова Н. Адвокатура: вехи развития // Тамбовская жизнь. 2004. 23 марта.

558 Морщакова Т.Г. Российское правосудие в контексте судебной реформы. М., 2004. С. 179.

об оплате юридических услуг, которая повысила расценки вдвое. Так, ранее один день работы адвоката в суде первой инстанции по уголовному делу стоил 25 рублей, стало — 50. День работы адвоката в суде первой инстанции по гражданскому делу стоил 20 рублей, стало — 40. Устная консультация теперь оценивалась в 5 рублей. Вызов адвоката на дом или в места лишения свободы — 30 рублей без затрат на дорогу[559]. Следует заметить, что в 1990 г. еще сохранялся советский уровень зарплат, когда зарплата 150 рублей считалась уже большой, студенческая стипендия была 50 рублей[560]. С одной стороны, это имело свои плюсы — работа адвоката становилась более оплачиваемой, и соответственно появлялось больше желающих работать в этой сфере. С другой стороны — обращение за юридической помощью могло быть накладно для граждан.

В современные дни проблема финансовой доступности юридической помощи является еще более острой. Наиболее оптимальный вариант оказания юридической помощи — это персональный адвокат. Персональный адвокат — это привычный атрибут жизни многих, даже не очень состоятельных, людей на Западе. Однако для большинства россиян это малодоступно. Как показывает изучение персональных сайтов адвокатов и официальных сайтов различных адвокатских компаний, стоимость этой услуги в фирме «Адвокаты Москвы» составляет 9 тысяч рублей в месяц[561], в фирме «Экономико-юридический центр» (г. Москва) — от 300 у.е. в год[562].

Поэтому большинству граждан приходится ограничиваться разовыми услугами адвоката. Первый вид помощи, который обычно оказывают юристы, — это устная консультация и составление искового заявления. Цены на этот вид помощи колеблются в широких пределах: устная консультация в коллегии адвокатов «Презумция» (г. Москва) по уголовному делу стоит от 1000 рублей, по гражданскому делу — от 700 рублей[563], у адвоката Арефьева А.В. (г. Москва) консультация по гражданскому делу — 1500 рублей[564], у адвоката Ю.Д. Кремер (г. Мос-

559 ГАРФ. Ф. Р-9492. Оп. 8. Д. 2836. Л. 64.

560 Именно стипендию такого размера получала автор работы в 1990 г.

561 Официальный сайт компании «Адвокаты Москвы» http://www.mosadworat.ru/?mod=services 29.04.2007

562 Официальный сайт компании «Экономико-Юридический центр» http://www.ecucent.ru/fiz.php?p=1 29.04.2007

563 Официальный сайт коллегии адвокатов «Презумпция» http://www.presum.ru/prices/3.htm 29.04.2007

564 Персональный сайт адвоката Арефьева А.В. http://www.advokatmos.ru 29.04.2007.

ква) — от 500 рублей[565]. В провинции цены ниже, чем в Москве (на 30-50%). Однако там и уровень доходов населения значительно ниже. В Рязани в юридическом центре «АгроВектор» юридическая консультация стоит 200 рублей[566], в Информационно-консультационном центре «Юрист-аудитсервис» — 300 рублей[567], в «Агентстве правовой помощи» — от 100 рублей и выше[568]. Юридическая консультация — это только первый шаг, обращение в суд невозможно без составления искового заявления. Это уже более дорогая услуга адвоката. У адвоката Ю.Д. Кремер она стоит 3000 рублей, в коллегии адвокатов «Презумпция» — от 1500 до 3000 рублей в зависимости от категории дела. В Рязани в «Агентстве правовой помощи» эта услуга стоит от 500 рублей и выше. Причем, как отмечает председатель Верховного Суда В. Лебедев, в некоторых регионах просто нельзя избежать подобных трат, т.к. в них судьи стали принимать исковые заявления только с визами адвокатов[569]. Сам председатель не одобряет подобной практики. Однако она пока существует, и гражданам приходится в обязательном порядке тратиться на услуги адвоката.

При разбирательстве в суде также желательно присутствие адвоката. В европейских странах тяжущиеся чаще всего в суд не приходят, а присылают вместо себя адвоката. Адвокат Кремер оценивает эту услугу в 20 тысяч рублей, адвокат Арефьев чуть дешевле — 15 тысяч рублей, зато петербургская фирма «Иммунитет» указывает стартовую цену на данную услугу — 30 тысяч рублей[570]. В Рязани цены чуть ниже: юридический центр «АгроВектор» готов представлять клиента в суде за сумму от 5 до 15 тысяч рублей, в «Агентстве правовой помощи» — начиная с 6 тысяч рублей, рязанский адвокат А.А. Кузнецов указывает минимальное вознаграждение за ведение дела в 12 тысяч рублей[571].

Еще более дорогим является оказание юридической помощи по уголовному делу. Современный подследственный имеет право каждый свой шаг на предварительном следствии делать только в присутс-

565 Персональный сайт адвоката Ю.Д. Кремер http://advokat-kremer.ru/cena.php 29.04.2007

566 Сайт юридического центра «АгроВектор» http://www.agrovtktor.ru 05.05.2007

567 Сайт Информационно-консультационного центра «Юрист-аудитсервис» http://uas.dominants.ru/price_rights.php 05.05.2007

568 Сайт «Агентства правовой помощи» file://C:\DOCUME~1\9B0E~\LOCALS~1/Temp\WLPEHB1.htm 05.05.2007

569 Куликов В. Правозащитников направили в суд // Российская газета. — 2007. — 14 декабря.

570 Сайт фирмы «Иммунитет» http://www.immunitet.net/main.php?paga=service 29.04.2007

571 http://zakon.reazan.ru/price.htm 05.05.2007

твии адвоката: защитник может присутствовать при допросе, в том числе и в следственном изоляторе, при очных ставках, опознаниях, обысках и других следственных действиях, проводимых с участием подозреваемого или обвиняемого. Однако стоит это недешево. Так, фирма «Презумпция» один выезд к клиенту в следственный изолятор задержанных и обвиняемых (СИЗО) или изолятор временного содержания (ИВС) оценивает в 3 тысячи рублей, изучение уголовного дела и консультирование о перспективах его рассмотрения в суде — 3 тысячи рублей, защита в суде — от 20 тысяч рублей[572]. В Международной коллегии адвокатов «Москва» цены еще выше: консультация по делу без выезда в СИЗО или суд — 1 тысяча рублей, с выездом — 9 тысяч рублей, участие в следственных действиях в органах следствиях — 3 тысячи, в следственном изоляторе — 10 тысяч рублей, участие в суде первой инстанции — от 15 до 25 тысяч по несложному делу до трех дней, свыше трех дней — цена по договоренности[573]. Адвокат Кремер оценивает свою работу на предварительном следствии в 25 тысяч рублей, в суде также 25 тысяч рублей.

Следует отметить, что цены на услуги по конкретному уголовному или гражданскому делу могут колебаться в зависимости от различных обстоятельств. Как остроумно заметил автору работы один адвокат, «если по дороге на работу мне в троллейбусе наступили на ногу, то цена услуги по составлению искового заявления возрастет в два раза». Определяя цену любой услуги, адвокаты опираются на самые различные факторы: финансовое положение клиента, сложность дела, и даже то, насколько часто клиент обращается к услугам адвокатов, если часто и, следовательно, не раз оплачивает юридические услуги, то цену можно назначить поменьше, если пришел первый раз и, скорее всего, больше не придет, то берут побольше. Поэтому за составление искового заявления можно заплатить и 250, и 500, и 700 рублей.

В совокупности все эти расходы, как на поездки в суд, так и на услуги адвокатов, могут составить немаленькую сумму. Любое гражданское дело начинается с подачи искового заявления. Его составление дело непростое — надо четко и обоснованно изложить суть претензий. Даже самое справедливое требование истца требует не эмоций, а логичного изложения сути дела, а многие обыватели этого сделать не могут. Значит, нужна помощь профессионала. По данным Ростовской региональной общественной организации «Христиане против пыток

---

572 Официальный сайт коллегии адвокатов «Презумпция» http://www.presum.ru/prices/3.htm 29.04.2007

573 Официальный сайт Международной коллегии адвокатов «Москва» http://www.smilianets.ru/contacts/ 29.04.2007

и детского рабства» только 55,7% опрошенных в судах истцов писали жалобу в суд самостоятельно, остальные обратились за помощью. Составление искового заявления — дело платное, из всех опрошенных в Ростове (а их было 500 человек) только 23 человека получили такую помощь бесплатно (4,6%). Причем 21 из этих 23 — по знакомству, и только 2 (0,4%) как социально незащищенные, т.е. как инвалиды[574].

Таким образом, обращение за юридической помощью хоть и существенно облегчает общение с правосудием, но сильно удорожает этот процесс. В результате все хлопоты по делу в совокупности могут быть значительны для семейного бюджета. Особенно это касается сельских жителей, для которых к тратам на услуги адвоката прибавляются дорожные расходы. Ведь им в суд надо еще доехать. Например, если жительница села Требухино (Рязанский район) столкнется с нарушением своих прав потребителя, купив, к примеру, в сельмаге бракованные сапоги стоимостью 2 000 рублей, а торговая точка не пожелает их бесплатно заменить или вернуть деньги, то попытки отстоять свои права в суде могут повлечь серьезные расходы. Пошлину в данном случае платить не надо. Однако если данная гражданка для составления искового заявления захочет воспользоваться услугами адвоката, то ей, скорее всего, придется ехать в Рязань. Проезд в Рязань из села Требухино стоит 33 рубля, значит, на одну поездку в город и обратно нужно 66 рублей. Чтобы доехать до ближайшей консультации от автовокзала, надо проехать несколько остановок. За проезд по городу тоже нужно платить. В Рязани проезд в общественном транспорте стоит 8 рублей[575]. В консультации пострадавшая заплатит за составление искового заявления от 200 до 500 рублей. Теперь можно ехать в суд. Оба суда Рязанского района (мировой и федеральный) находятся на окраине города в поселке Соколовка. Туда можно доехать только с пересадкой, значит, минимум 16 рублей в одну сторону, если не возникнет соблазна поехать на маршрутке (10 рублей), т.к. рейсовый автобус № 12, идущий в Соколовку, ходит редко. В итоге на транспортные расходы только на одну поездку в суд можно истратить от 98 до 106 рублей. Естественно, ни одно гражданское дело не может быть решено за один визит, нужно как минимум 4 поездки (для подачи искового заявления, ознакомления с материалами дела, участия в слушании дела и получения исполнительного листа).

Однако 4 поездки — это утопия. Например, крайне редко удается подать заявление с первого раза, только у 30—60% истцов заявление

574 Сайт «Права человека в России» // http://www.hro.org/docs/reps/zaprav/2htm от 29 марта 2004 г.

575 Цены даны на май 2007 г.

принимается сразу, в остальных случаях по разным причинам приходится обращаться повторно: неправильно оформлено исковое заявление, не приложены все необходимые доказательства, не оплачена гос. пошлина и др. Причем, как отмечает Ростовская региональная общественная организация «Христиане против пыток и детского рабства», чаще всего возвращают заявления именно сельским жителям: из 507 опрошенных подали свою жалобу с первого раза 302 человека (59,6%), из них 175 — жители Ростова (34,5% от всех опрошенных или 57,9% подавших заявление с первого раза) и только 127 — сельские жители (42,1%). Несколько раз приезжали в суд, чтобы подать жалобу, 201 человек, т.е. 39,7% опрошенных, из них 129 проживают в области, 72 — в Ростове, причем 64% сельских жителей приезжали еще несколько раз (от двух до пяти)[576].

Слушание дела тоже крайне редко завершается в один день: во-первых, само рассмотрение дела может неоднократно переноситься по различным причинам: болезни или просто неявки ответчика, во-вторых, суду может понадобиться не один день, чтобы исследовать все обстоятельства дела. Поэтому общее количество поездок может перевалить за десяток. А это только на одну дорогу в выбранном примере составит как минимум 980 рублей. Добавим, что истец не может одновременно ездить в суд и присутствовать на своем рабочем месте, в эпоху рыночной экономики далеко не каждый работодатель компенсирует работнику вынужденный прогул, даже если закон обязывает его это делать. Можно, конечно, вместо себя послать представителя, но, как уже отмечалось, его услуги стоят дорого. Таким образом, все расходы по ведению этого рядового для юристов дела составят 2/3 цены иска — полторы тысячи (980 рублей на дорогу + 500 за составление искового заявления, итого — 1480 рублей). Поэтому обращаться в суд по данному делу, скорее всего, обыватель не будет, хотя 2 тысячи рублей ущерба могут быть очень ощутимы.

Более серьезный конфликт об имущественных интересах, например, ущерб, нанесенный во время ДТП машине или причиненный квартире в результате залива или пожара, может подвинуть человека на обращение в суд и траты. Например, если у той же жительницы Требухино не сапоги развалятся, а соседский мальчик, балуясь петардами на улице, случайно устроит возгорание в ее доме, который причинит ущерб в 25 — 30 тысяч, то смысла ездить в Рязань судиться будет больше. Однако вначале надо будет определить и зафиксировать размер причиненного ущерба, для этого надо оплатить независимую экспер-

---

576 Сайт «Права человека в России» // http://www.hro.org/docs/reps/zaprav/2htm от 29 марта 2004 г.

тизу. В каждом городе сейчас есть не одна фирма, оказывающая услуги по проведению строительных и других экспертиз, однако их стоимость порой очень внушительная. Как показывает знакомство с прейскурантами подобных фирм, цена на подобную услугу может стартовать от 5 или даже 10 тысяч рублей[577]. Естественно, жительнице сельского населенного пункта на подобную цену рассчитывать не приходится, т.к. сотрудники фирмы обязательно учтут стоимость выезда за пределы города. Если учесть, что Требухино находится примерно в 40 километрах от Рязани, то к этой стартовой сумме надо прибавить минимум тысячу.

Затем надо оплатить госпошлину, в данном случае она составит 1150—1300 рублей, и составить исковое заявление. Так как это более сложный случай, чем нарушение потребительских прав, то составление искового заявления может обойтись рублей в 500—1000. Неплохо бы в суд пригласить двух-трех свидетелей, которые подтвердят, что именно ребенок ответчика баловался пиротехникой. Согласно статье 96 ГПК денежные суммы, подлежащие выплате свидетелям, экспертам, специалистам, вносятся на банковский счет Судебного департамента стороной, заявившей соответствующую просьбу, в данном случае истцом. Компенсация трем свидетелям только транспортных расходов на одно судебное заседание — это 294 рубля, а если надо пригласить их два раза, то 588 рублей. Хорошо, что в данном случае истец и его свидетели живут относительно недалеко и каждый день возвращаются домой, следовательно, не надо оплачивать суточные и проживание в гостинице. Однако Требухино — это место, где охотно покупают дачи не только рязанцы, но и москвичи. Если свидетели окажутся жителями столицы, то придется оплачивать им проезд из Москвы в Рязань. В оба конца — это около 400 рублей. Конечно, ведение такого дела лучше поручить профессионалу, т.е. адвокату-представителю, но уже было сказано, что это минимум 5 тысяч рублей в день, и поэтому данный вид юридической услуги почти недоступен. 77% тяжущихся ведут дела самостоятельно[578]. В общей сложности получается примерно 10—11 тысяч рублей, т.е. почти половина стоимости иска. Для жителей районов, в которых упразднены районные суды, к этим расходам надо добавить стоимость билета до соседнего райцентра. Билет из Путятино в Шацк стоит 120 рублей. Соответственно одна только поездка в суд становится дороже на 240 рублей. Согласно ГПК все расходы, связанные с ведением дела, включая услуги представителя и

577 Так, петербургская фирма «Центр Экспертизы и независимой оценки Санкт-Петербурга» оценивает подобную услугу в 10 тысяч рублей. В Екатеринбурге в ООО «ТрансЭнергоРесурс» цена стартует от 5 тысяч рублей.

578 Сайт «Права человека в России» // http://www.hro.org/docs/reps/zaprav/2htm от 29 марта 2004 г.

понесенные истцом, должны быть компенсированы ответчиком, если суд удовлетворит требования истца. Однако, во-первых, все средства надо найти до ведения дела, во-вторых, нехватка средств на юридические услуги может привести к тому, что истец не сможет правильно представить все доказательства по делу, и даже если по существу он будет прав, то суд все равно не удовлетворит его жалобу.

В ходе обеих судебных реформ законодатель старался дать возможность обращения за юридической помощью каждому, независимо от его финансового положения. Судебные Уставы предусматривали предоставление защитника каждому подсудимому. Современные законы России также предусматривают случаи, когда юридическая помощь оказывается гражданам бесплатно. Согласно статье 26 Закона РФ «Об адвокатской деятельности и адвокатуре в Российской Федерации» по гражданским делам юридическая помощь оказывается бесплатно гражданам, чей доход ниже прожиточного минимума, в следующих случаях:

1) истцам — по делам о взыскании алиментов, возмещении вреда, причиненного смертью кормильца, увечьем, связанным с трудовой деятельностью;
2) ветеранам Великой Отечественной войны — по вопросам, не связанным с предпринимательской деятельностью;
3) гражданам Российской Федерации — при составлении заявлений о назначении пенсий и пособий;
4) гражданам Российской Федерации, пострадавшим от политических репрессий, — по вопросам, связанным с реабилитацией.

По уголовным делам бесплатно помощь оказывается в следующих случаях (статья 51 УПК):

1) подозреваемый, обвиняемый является несовершеннолетним;
2) подозреваемый, обвиняемый в силу физических или психических недостатков, не может самостоятельно осуществлять свое право на защиту;
3) подозреваемый, обвиняемый не владеет языком, на котором ведется производство по уголовному делу;
4) лицо обвиняется в совершении преступления, за которое может быть назначено наказание в виде лишения свободы на срок свыше 15 лет, пожизненное лишение свободы или смертная казнь;
5) уголовное дело подлежит рассмотрению судом с участием присяжных заседателей;

6) обвиняемый заявил ходатайство о рассмотрении уголовного дела в особом порядке, в связи с согласием с предъявленным обвинением.

Следует признать, что круг вопросов, по которым предусмотрена бесплатная юридическая помощь, достаточно узкий. По гражданским делам его можно назвать просто мизерным, а по уголовным делам обвиняемые в не очень серьезных преступлениях вообще лишены юридической помощи.

4.1.5. Проблема качества юридической помощи. Еще более важным и актуальным является вопрос о качестве предоставления юридической помощи. Вопрос актуален и в том случае, когда адвокат работает по соглашению, т.е. за плату, получаемую от клиента, и если адвокат предоставлен государством бесплатно. Назначенный адвокат получает плату от государства по установленным ставкам. Размер вознаграждения определен постановлением Правительства РФ от 4 июля 2003 № 400 «О размере оплаты труда адвоката, участвующего в качестве защитника в уголовном судопроизводстве по назначению органов дознания, органов предварительного следствия, прокурора или суда» и Приказом Министерства юстиции РФ и Министерства финансов РФ от 6 октября 2003 № 257/89н[579]. Согласно этому документу за день работы адвокат получает вознаграждение в сумме 25% минимального размера оплаты труда, если нет каких-либо особых обстоятельств. Если подсудимый несовершеннолетний, не владеет языком судопроизводства или дело рассматривается в закрытом судебном заседании, то размер вознаграждения повышается до 50% МРОТ. Если по делу проходят трое или более подозреваемых, обвиняемым инкриминируется более трех преступлений, объемы материалов уголовного дела составляют более трех томов, то — 75% МРОТ. Современный размер МРОТ составляет 2300 рублей, соответственно адвокат получит за день работы от 575 до 1725 рублей, что значительно ниже цен, устанавливаемых самими адвокатами. Объем бесплатной помощи, предоставляемой адвокатами, составляет примерно 36% общего числа поручений. В Московской областной коллегии количество «бесплатных» гражданских дел составляет 10—20%, а уголовных — 50%[580]. В некоторых регионах это процентное соотношение еще больше — 70—80%[581].

---

579 Постановление Правительства РФ от 4 июля 2003 № 400 «О размере оплаты труда адвоката, участвующего в качестве защитника в уголовном судопроизводстве по назначению органов дознания, органов предварительного следствия, прокурора или суда» и Приказ Министерства юстиции РФ и Министерства финансов РФ от 6 октября 2003 № 257/89н // Российская газета. 2003. 21 октября.

580 Кучерена А.Г. О юридической помощи адвокатов в России // Правоведение. 2002. № 4. С. 64.

581 Гармаев Ю.П. О личности адвоката, допускающего правонарушения в уголовном судопроизводстве // Закон и право. 2004. № 12. С. 37.

Естественно, профессиональная этика адвоката предписывает ему оказывать одинаково добросовестно юридическую помощь как по соглашению, т.е. за деньги, получаемые от клиента, так и по назначению, т.е. за небольшое вознаграждение от государства. Подобная традиция была заложена на заре деятельности российской адвокатуры. Московский совет присяжных поверенных постановил, что присяжный поверенный должен отвечать за халатность, проявленную при защите по назначению от суда, даже более серьезно, чем за упущение при защите по соглашению, т.к. при защите по соглашению у клиента есть выбор, а при защите по назначению такого выбора нет[582]. В наши дни сами адвокаты признают, что бесплатная юридическая помощь на практике часто оказывается в «роли огородного пугала». Как признает адвокат С. Поляков, активная позиция защиты в этом случае — явление крайне редкое: «Защита “по назначению”, как правило, ограничивается скромной просьбой проявить снисхождение, если еще раньше адвокат по назначению не уговорил клиента “добровольно” отказаться от его дела»[583]. Более того, чтобы избавиться от обременительных поручений, адвокаты нередко идут на нарушение норм профессиональной этики. Чаще всего это бывает:

- срыв следственных действий, т.е. неявка адвоката в органы следствия или в суд;
- подписание протоколов следственных действий задним числом без присутствия на таковых;
- пассивность адвоката, когда надо действовать, например, налицо незаконность действий следователя или дознавателя, есть очевидное основание для подачи ходатайства в суде;
- занятие позиции вопреки воле доверителя, например, адвокат убеждает клиента взять вину на себя, чтобы побыстрее все закончить;
- грубость к клиенту[584].

Примеры таких случаев не единичны. Так, адвокат П. был привлечен к дисциплинарной ответственности за то, что, осуществляя защиту по «назначению» гражданина, обвиняемого в умышленном убийстве, настаивавшего на своей невиновности и на наличии алиби, ограничился

582 Таран А.С. Оказание бесплатной юридической помощи: актуальные традиции // Адвокатская практика. 2005. № 6. С. 2.

583 Поляков С. За «бесплатно» адвокат выполнит лишь роль огородного пугала // Российская юстиция. — 2002. — № 5. — С. 15.

584 Гармаев Ю.П. О личности адвоката, допускающего правонарушения в уголовном судопроизводстве // Закон и право. — 2004. — № 12. — С. 37.

только ходатайством перед судом квалифицировать действия подзащитного как причинение смерти по неосторожности. Другой адвокат в г. Тольятти, вызванный в следственное управление к задержанной, заявил, что отказывается участвовать в допросе, т.к. ему платят только 212 рублей. Подозреваемая обещала заплатить в будущем, но защитник ответил, что «в кредит не работает»[585]. Еще более вопиющий пример: по групповому убийству обвинялись два человека. Адвокат по соглашению защищал главного виновного — сына состоятельных родителей. Помимо официального соглашения он согласился защищать и подельника своего подзащитного из небогатой семьи, вина которого была несравненно меньше. Этот адвокат уговорил подельника взять всю вину на себя. В результате главный виновный отделался условным наказанием, а его неимущий подельник был приговорен к 20 годам лишения свободы[586]. Таким образом, чтобы судебная реформа продолжалась более успешно, необходимо сделать более качественной доступную юридическую помощь.

В XIX в. земства пытались содействовать большей доступности бесплатной юридической помощи, в частности, оплачивать работу адвоката, оказывающего помощь крестьянам. Сейчас можно отметить несколько направлений, предпринимаемых для расширения возможностей получения качественной бесплатной юридической помощи. Первое направление — это деятельность правозащитных организаций. Как правило, для таких организаций характерна узкая специализация. Так, общество по охране прав потребителей сможет проконсультировать по вопросам защиты прав потребителей, Комитет солдатских матерей — по вопросам прохождения военной службы, общество «Мемориал» поможет лицам, подвергавшимся репрессиям. Недостатком деятельности данных организаций можно назвать ограниченность объема помощи — в них проконсультируют, помогут составить исковое заявление или заявление в прокуратуру, но вести дело в суде они не всегда смогут. Второе направление — это попытки создания муниципальных или государственных юридических бюро для оказания юридической помощи малоимущим. Эксперимент по созданию государственных адвокатских бюро начался в 2006 г. в десяти регионах — Карелии, Чечне, Волгоградской, Иркутской, Магаданской, Московской, Самарской, Свердловской, Томской и Ульяновской областях[587]. Однако сами юристы относятся к этому эксперименту неоднозначно. Так, преподаватель Кабардино-Балкарского университета М. Канукова считает, что создание муниципальной адвокату-

585 Таран А.С. Указ. соч. С. 4.

586 Гармаев Ю.П. Указ. соч. С. 38.

587 Козлова Н., Долгишева В. Богатый адвокат для бедных // Российская юстиция. 2005. 4 октября.

ры позволит решить проблему доступности юридической помощи[588]. В.М. Волков и Н.А. Подольный, наоборот, считают, что создание государственного бюро не решит проблему, а породит новые. Адвокаты станут карманными, будут такими же бездушными чиновниками, от каких страдает народ, станут глухими к проблемам своих клиентов[589]. Можно высказать еще два соображения по поводу государственных или муниципальных адвокатских бюро. Первое: штат сотрудников определен в 15 человек, включая кассира и сотрудника отдела кадров. Смогут ли 13 адвокатов обслуживать все малоимущее население области или республики? Второе: какой будет уровень оплаты труда адвоката в таких бюро? Не получится ли, что из-за невысокой зарплаты там будут оседать только наиболее неуспешные, не состоявшиеся в профессиональном отношении адвокаты или новички, мечтающие о больших гонорарах, а работу в государственном бюро воспринимающие как ошибку судьбы, что соответственно отразится на клиентах.

Третье направление, получившее распространение в начале нынешнего века, — это создание при юридических факультетах так называемых юридических клиник. Юридическая клиника — это оказание гражданам юридической помощи силами студентов юридических факультетов под руководством преподавателей. Юридические клиники активно создаются во многих учебных заведениях, т.к. администрации вуза это позволяет решить вопрос с прохождением студентами практики (что актуально особенно для студентов модной нынче гражданско-правовой специализации), а также позволяет повысить уровень практической подготовки студентов[590]. Организация работы клиники строится однотипно: под руководством преподавателей, среди которых обычно есть и практикующие юристы, студенты 3—5-х курсов ведут прием населения и дают юридические консультации. В некоторых вузах требуют подтвердить экономическую несостоятельность клиента. Например, в клинике Академии права и управления

588 Канукова М. Нужна муниципальная адвокатура // Российская юстиция. 2000. № 4.С. 30.

589 Волков В.М., Подольный Н.А. Государственные юридические бюро: надежды и иллюзии // Адвокатская практика. 2005. № 4. С. 46.

590 В исследовании были изучены страницы, посвященные работе юридических клиник, официальных сайтов следующих вузов: Академии права и управления ФСИН (г. Рязань), Волгоградского института бизнеса, Омского юридического института, Самарской гуманитарной академии, Бурятского государственного университета, Алтайского экономико-юридического университета, Академии управления (г. Казань), Иркутского государственного университета, Санкт-Петербургского университета, Петрозаводского государственного университета. Информация о работе клиники Рязанского филиала академии права и управления Российского совета ветеранов ОВД и ВВ получена в ходе интервьюирования помощника председателя Общественной приемной при Уполномоченном по правам человека по Рязанской области О.С. Турусовой.

ФСИН (г. Рязань), придя на консультацию, нужно представить любой документ, который свидетельствовал бы о плохом материальном положении (пенсионное свидетельство, студенческий билет)[591]. В клинике Санкт-Петербургского университета оказывают помощь только тем, чей доход не превышает 5,5 тысячи рублей в месяц[592]. Оговорен статус клиентов и в клиниках Петрозаводского государственного университета[593] и Иркутского государственного университета[594]. А в юридической клинике Рязанского филиала Академии права и управления Российского Совета ветеранов ОВД и ВВ документов об имущественной несостоятельности не спрашивают — выслушивают всех, кто придет. Как показывает опыт, основными клиентами клиник являются пенсионеры. Так, в юридической клинике Академии управления «ТИСБИ» (г. Казань) из 395 человек, обратившихся в 2006 г., 204 были пенсионерами (51,6%), 109 — разнорабочими (27,6%), 60 — инвалидами (15,2%), 39 — участниками Великой Отечественной войны (9,8%)[595]. В клинику Иркутского государственного университета за пять лет работы (с 2001 по 2006 г.) обратилось 2 663 человека. В клинике Рязанского филиала Академии права и управления Российского Совета ветеранов ОВД и ВВ за пять лет работы выслушали более тысячи человек, из которых большинство — пенсионеры и участники Великой Отечественной войны.

Основной формой работы клиники является прием граждан и консультирование по правовым вопросам. В клинике Иркутского государственного университета практикуют выезды для дачи консультаций в исправительные учреждения и госпитали для участников войны. Практикуются выезды в исправительные учреждения и членами клиники Академии права и управления ФСИН. Также студенты могут помочь написать заявление в суд, в прокуратуру, подскажут, какие надо представить документы. Бывает, что студенты представляют интересы обратившихся граждан в суде и других инстанциях, причем нередко это делают успешно. Отсутствие опыта в данном случае искупается в прямом смысле энтузиазмом: как правило, работать в клинике до-

591 Официальный сайт Академии права и управления ФСИН http://academjust.ryazantelecom.ru/service/sociallaw.shtml 21.04.2007

592 Официальный сайт Санкт-Петербургского государственного университета http://clinic.jurfak.spb.ru/glavnaya.htm 21.04.2007

593 Официальный сайт Петрозаводского государственного университета http://petrsu.karelia.ru/Faculties/Law/clinic.html 21.04.2007

594 Официальный сайт Иркутского государственного университета http://clinic.lawinstitut.ru/info/job.html 21.04.2007

595 Официальный сайт Академии управления «ТИСБИ» (г. Казань) http://www.tisbi.ru/about/struct/lawyers/Klinika/JK.html 21.04.2007

веряют не всем студентам, а только тем, кто успешно зарекомендовал себя в учебе. В этом случае для студента выиграть процесс становится делом чести, хочется лишний раз подчеркнуть свой статус отличника, оправдать доверие преподавателей, поэтому он в первую очередь думает о том, как лучше провести дело, а не о получении гонорара.

Недостатком работы юридической клиники является узкий круг рассматриваемых вопросов. Большинство из них ограничиваются только гражданскими делами, это даже оговаривается в положениях о клиниках (Бурятский государственный университет[596], Волгоградский университет[597]). По уголовному делу в лучшем случае смогут дать консультацию, а осуществлять защиту в ходе предварительного следствия уже не станут, и это понятно: студента без статуса адвоката все равно в СИЗО не пустят. Вторым недостатком можно назвать узкий график работы. В Волгоградском университете клиника работает каждый день, кроме субботы и воскресенья, с 9.00 до 17.30. В Казани юридическая клиника Академии управления ведет прием по скользящему графику — от 2 до 4 часов в день. Клиника Академии права и управления ФСИН (г. Рязань) ведет прием только три дня в неделю с 10.00 до 12.00 и с 15.00 до 17.00. Клиника Бурятского государственного университета работает каждый день кроме субботы и воскресенья с 15.00 до 18.00, а клиника Рязанского филиала Академии права и управления Российского Совета ветеранов ОВД и ВВ работает только по субботам с 9.00 до 14.00.

Проблема с качеством предоставляемых юридических услуг может возникнуть и у тех, у кого есть деньги нанять адвоката. Заплатить несколько тысяч, а то и больше адвокату, к сожалению, не всегда значит получить качественную помощь. Так же как и в XIX в., вопрос о качестве юридической помощи является достаточно острым. Так, один гражданин жалуется в газету «Суд идет», что он заключил для ведения гражданского дела в суде соглашение с адвокатом. Сумма гонорара была определена в 10 тысяч. За эти деньги адвокат сделал следующее:

1) изучил с помощью клиента дело, потратив 2,5 часа;

2) трижды присутствовал на судебных заседаниях, которые длились всего по 5 минут, т.к. из-за болезни не являлся ответчик.

На очередное заседание адвокат просто не явился. Когда клиент попытался расторгнуть договор, то получил счет в 7,5 тысячи рублей (изучение дела — 3,5 тысячи, участие в трех судебных заседаниях, на

---

596 Официальный сайт Бурятского государственного университета http://burzakon.bsu.ru 21.04.2007

597 Официальный сайт Волгоградского института бизнеса http://www.volbi.ru/index.php?section=ten&volgib=plus&free=uk 21.04.2007

которых он даже рта не раскрыл, — 4 тысячи)[598]. Еще более неприятные последствия может повлечь для клиента бездействие адвоката по уголовному делу. Так, в одном уголовном деле, которое рассматривалось в Санкт-Петербурге по обвинению 19-летней студентки в сбыте наркотических средств, обвиняемая получила максимальный срок (6 лет лишения свободы) только по вине адвокатов. Вся защита строилась на выпадах в адрес правоохранительных органов. В то же время адвокаты упустили из виду противоречия в показаниях главного свидетеля обвинения, который заявил, что не приобретал наркотики из рук обвиняемой, а взял в квартире, где она проживала еще с двумя студентками. Два (!) адвоката, получившие солидные гонорары, не потребовали внести эти показания в протокол. Цена этой ошибки серьезная: минимум, что можно было извлечь из этих показаний, — настаивать на переквалификации обвинения в сбыте наркотиков на обвинение в их хранении, за что ответственность несравненно ниже (при первой судимости, как правило, назначают условное наказание), максимум — полное оправдание, т.к. пакетик с запрещенным зельем мог принадлежать любой жительнице квартиры[599]. Аналогичный случай имел место в Гагаринском суде г. Москвы по делу И., когда одной из причин обвинительного приговора стало низкое качество защиты. При этом адвокатом был получен гонорар в несколько тысяч долларов[600].

Как констатируют сами судьи, качество оказания юридической помощи оставляет желать лучшего. Судья Октябрьского районного суда г. Рязани Л.Н. Рожкова отмечает: «…и адвокаты тоже очень разные встречаются. В области их сегодня около 500, но уровень их профессионализма весьма разнится»[601]. При проведении анкетирования на вопрос «Как Вы оцениваете работу адвокатов в суде?» 55,% опрошенных судей выбрали ответ «Среднее». Только 8,6% выбрали ответ «Хорошее», ни один не выбрал ответ «Очень хорошее». 27,2% остановились на варианте «Плохое», а 8,6% предпочли «Очень плохое». По мнению большинства опрошенных судей, качество работы адвокатов за последние годы также не изменилось (55,6%). 12,3% отметили, что оно стало незначительно лучше, только 2,5% согласились с вариантом ответа, что качество работы адвокатов резко повысилось. А вот ухудшение качества ра-

598 Суд идет. 2006. № 22.

599 Кузнецова Э.А. Как не попасть в милицию и как из нее выбраться без потерь. СПб., 2005. С. 47.

600 Корчагина А. Выбираем адвоката // Человек и закон. 2005. № 11. С. 37.

601 Рожкова Л.Н. Состязание бывает и юридическим (Интервью с судьей Октябрьского районного суда г. Рязани Л.Н. Рожковой / Беседовали И. Матвеева и Т. Кривцова) // Буква закона: журнал судейского сообщества Рязанской области. 2004. № 3—4. С. 63.

боты адвокатов отмечают более активно: 14,8% опрошенных выбрали вариант «несколько ухудшилось», столько же — «резко ухудшилось». Данные достаточно тревожные. Самое страшное, что условия состязательного процесса не позволяют судье указать истцу или ответчику на плохую работу адвоката, даже если это очевидно. В современные дни существует одна защита от ущерба, наносимого неверными действиями адвоката: страхование риска ответственности адвоката (статья 19 Закона РФ «Об адвокатской деятельности и адвокатуре в РФ»). Однако, чтобы воспользоваться этой статьей, клиент должен доказать нанесение этого ущерба и вину адвоката, а ведь адвокат потому и нанимается, что гражданин не может сам отстоять свою позицию в суде.

Следует указать еще одно порочное явление при предоставлении юридической помощи по уголовным делам: следователь «поставляет» клиентов своему знакомому адвокату, т.е. он настоятельно «рекомендует» подследственному своего знакомого адвоката, получая с того часть гонорара (примерно 20%)[602]. Несговорчивого подследственного увещевают очень простым аргументом: «изменим меру пресечения». Естественно, в таких случаях адвокат может закрыть глаза на незначительные (а то и значительные) нарушения закона. Бывают и факты откровенных злоупотреблений и нарушений закона со стороны адвокатов. В юридическую клинику Рязанского филиала Академии права и управления Российского Совета ветеранов ОВД и ВВ обратилась гражданка с жалобой на своего адвоката: она наняла его для защиты внука, который совершил ряд краж. Кроме гонорара в 10 тысяч рублей она передала ему 60 тысяч рублей для возмещения ущерба потерпевшим, что могло сыграть существенную роль при определении меры наказания подростку. Однако защитник не сделал ничего. На четыре судебных заседания он просто не явился. Деньги потерпевшим не отдал. В Ставрополе одна женщина-адвокат была задержана при попытке дать взятку следователю за прекращение дела против ее клиента[603].

Таким образом, доступность судопроизводства и юридической помощи являются важными факторами успешности проведения судебной реформы. Доступность судопроизводства и юридической помощи реально создает возможность для населения воспользоваться результатами реформы, в то же время содействует защите прав и свобод личности, становлению гражданского общества. Без этого говорить об эффективности реформы не имеет смысла, т.к. она проводится прежде всего в

602 Наличие подобной практики подтверждается как при общении с работниками правоохранительных органов, так и публикациями в научных изданиях: См. Редин М.П. Тупик российского правосудия // Юридическая мысль. 2006. № 2. С. 27.

603 Куликов В. Взятка с посредником // Российская газета. 2007. 5 апреля.

интересах простых граждан, а не для удобства властных структур. В оба реформаторских периода мероприятия по приближению правосудия к населению стали ключевыми моментами судебных реформ. В оба периода законодатель стремился расширить доступ населения к правосудию. Всесословное судопроизводство, вводимое Судебными Уставами 1864 г., делало обновленное судопроизводство доступным всем сословиям. Однако существовало серьезное исключение: из подсудности новых судов были изъяты мелкие гражданские и уголовные дела, возникающие в крестьянской среде. Законодатель конца XX в. более последовательно рассмотрел этот вопрос. О существовании сословных судов в конце XX в., конечно, не могло быть и речи, т.к. сами сословия уже давно ушли в прошлое. Однако предстояло преодолеть последствия работы командно-административной системы, когда многие споры урегулировались не в судебном, а в административном порядке. Расширение компетенции судов в защите прав и свобод граждан стало важнейшей составляющей современной судебной реформы.

Однако правовой аспект доступности сильно корректируется территориальными и финансовыми аспектами. Территориальный аспект весьма значимо проявлял себя как в XIX в., так и в современные дни. В XIX в. сильно проявлялась общая отсталость России. Россия оставалась аграрной страной, со слабым развитием сети дорог. Основным средством сообщения являлись почтовые дороги, которые при любой прихоти природы становились непроезжими. Пересечение водных преград, даже в виде небольших речек, было серьезной проблемой. Переправы через судоходные реки осуществлялись, как правило, в двух вариантах — понтонный мост или паром. То и другое было неудобно, даже небезопасно. В любой момент такая переправа могла перестать существовать, и путник оказывался перед непреодолимой преградой. Сеть железных дорог только начинала интенсивно развиваться. Соответственно для жителей крупных городов правосудие оказалось более доступным, чем для жителей провинции, особенно сельской. В современные дни ситуация кардинально не изменилась. Дороги по-прежнему остаются главной бедой России. Связь сельских населенных пунктов с городами развита очень слабо. Даже при значительной эволюции транспортных средств поездка в город по любому поводу для сельских жителей представляет трудновыполнимую задачу. Неоднозначную роль в приближении правосудия к населению сыграло введение мировой юстиции. В XIX в. введение мировой юстиции действительно приблизило правосудие к населению. В современные дни мировые суды прежде всего смогли ослабить нагрузку на федеральных судей. Однако территориально они располагаются так же, как районные суды, более того, введение мировых судов обусловило в ряде районов закрытие районных судов, что сократило доступность правосудия по некоторым уголовным и гражданским делам. Территориальное расположение судов обуславливает финансовую доступность правосудия. Следует отметить, что в оба исторических периода законодатель стремился сделать правосудие доступным в финансовом отношении, в оба периода были установлены небольшие пошлины. Однако транспортные расходы сильно удорожали и удорожают обращение к правосудию.

Особенно ярко финансовые аспекты проявляются при оказании юридической помощи, что является неотъемлемой частью обращения в суд. Состязательное правосудие требует от сторон обстоятельно и доказательно отстаивать свою позицию в суде. Порой для частного или юридического лица это невозможно без квалифицированной юридической помощи. В XIX в. на доступность юридической помощи сильное влияние оказывал территориальный аспект: большое количество присяжных поверенных было только в крупных городах, а в небольших, даже губернских, городах профессиональные адвокаты исчислялись единицами. Еще хуже обстояло дело в уездных городах и сельской местности: там профессиональных, грамотных адвокатов не было совсем, юридическую помощь оказывали неграмотные в юридическом отношении обыватели. В современные дни в территориальном отношении юридическая помощь оказалась более доступной — адвокаты есть даже в райцентрах. Однако по-прежнему оказывается актуальной проблема качества юридической помощи и ее финансовой доступности. Как и в XIX в., услуги адвоката сейчас далеко не всем по карману, так же как в XIX в., качество услуг адвокатов оставляет желать лучшего. Следует отметить, что в оба периода предпринимаются схожие попытки расширить доступность юридической помощи — путем привлечения сил общественных организаций. До революции в этом отношении активность проявляли земства, в современные дни — общественные правозащитные организации и юридические факультеты. Чуть больше активности стало проявлять и государство: стали создаваться государственные юридические бюро. Однако в настоящее время взаимоотношения государства и общества стали более равноправными, чем это было до революции, поэтому такое участие государства вряд ли может быть признано очень передовым. Для дальнейшего продвижения судебной реформы необходимы более радикальные меры по расширению финансовой доступности правосудия и юридической помощи, а также повышение качества последней.

4.2 Участие граждан в отправлении правосудия

Одним из важных конституционных прав гражданина является право на участие в отправлении правосудия. Это право закреплено в части 5 статьи 32 Конституции Российской Федерации. Считается, что в демократическом государстве отправление правосудия должно происходить с участием представителей народа. Это гарантирует беспристрастность, гуманность и справедливость суда, а его деятельность оказывается под контролем общества. Значимым моментом обеих модернизаций следует отметить расширение демократии, возможностей для общества участвовать в реализации государственной власти, что предполагает реализацию права на участие в отправлении правосудия. В судебной системе, действующей по Судебным Уставам 1864 г., обыватели участвовали в отправлении правосудия в двух вариантах: в качестве сословных представителей в судебной палате или в качестве присяжных заседателей в окружных судах и судебной палате. Однако количество дел, рассматриваемых окружными судами, было больше, чем рассматриваемых судебными палатами в качестве суда первой инстанции (судебной палате были подсудны только некоторые уголовные дела). В современной судебной системе единственная форма участия граждан в отправлении правосудия — это исполнение обязанностей присяжных заседателей. Существовавший весь советский период институт народных заседателей был отменен как малоэффективный[604]. Таким образом, суд присяжных стал основной формой участия народа в отправлении правосудия в оба исторических периода. В то же время надо заметить, что суд присяжных стал знаковым элементом обеих судебных реформ, своеобразным символом всего самого передового и демократического, что содержали обе реформы. Суд присяжных — это эффективный способ развития правосознания общества и поднятия авторитета суда в глазах народа. Поэтому представляется актуальным проследить, какое воздействие на деятельность судебной системы и на развитие общества оказала работа суда присяжных, а также как само общество отнеслось к этому нововведению. Особенно важно проанализировать роль суда присяжных в решении задач модернизации, выявить его значение в формировании гражданского общества.

4.2.1. Введение суда присяжных в России. Суд присяжных пришел в Россию из Англии. Именно в этой стране сформировались основные принципы деятельности этой формы отправления правосудия. Суть рассмотрения дела с участием присяжных заседателей состоит в следующем: обычные люди из народа (12 человек) в качестве присяжных участвуют вместе с профессиональным судьей в рассмотрении дела, при этом они обладают всеми правами судьи — могут

---

604 По данным канадского ученого П. Соломона в 1997 г. 61,4% судей признали, что нецелесообразно сохранять институт народных заседателей - Solomon P. Courts and transition in Russia: the challenge of Judical reform. — Boulder Oxford Westview press, 2000. P. 208.

участвовать в исследовании всех доказательств, через председательствующего задавать вопросы свидетелям, экспертам, подсудимому. Затем присяжные удаляются на совещание (отдельно от судьи, что особенно важно) и выносят решение по вопросу факта, т.е. доказано ли, что данное деяние совершил подсудимый, или нет. А уже на основании вердикта присяжных судья выносит приговор, определяя степень вины подсудимого, назначая ему наказание, т.е. решает вопрос права.

Введению суда присяжных в XIX в. предшествовали бурные споры. Впервые о введении суда присяжных в России заговорил в конце XVIII века профессор права Московского университета Семен Десницкий. В знаменитую Уложенную комиссию, созданную Екатериной II, он подал свой наказ, в котором предлагал преобразовать русский суд по образу суда английского, но эти смелые идеи не были оглашены, наказ Десницкого даже не зачитали в комиссии. Знаменитый реформатор М.М. Сперанский тоже планировал ввести суд присяжных, однако эти проекты также не были реализованы. Особо оживленные дискуссии о суде присяжных разгорелись в ходе подготовки судебной реформы 1864 года. Идея ввести суд присяжных нашла как своих горячих сторонников, так не менее яростных противников. «Русский народ не способен к самоуправлению» — писала газета «День»[605]. Русскому человеку суд присяжных не подходит, утверждала она, так как он в массе необразован и не будет в состоянии понять, что происходит в зале суда. Присяжные-крестьяне способны будут только говорить судьям: «Не знаем, кормилец» или «Как прикажете, ваша милость, на том и станем». Общество будет в ужасе от «мужичьей бестолковости». К тому же русскому человеку приписывалось особое правосознание, в частности, особая правовая психология, заключающаяся в способности жалеть всех, даже самого жестокого преступника, когда тот оказывался на плахе. Считалось, что если в России ввести суд присяжных, то все преступники будут избегать заслуженного наказания, так как в судах будут выносить исключительно оправдательные вердикты.

Даже среди тех, кто понимал необходимость преобразований в судебном ведомстве, были противники введения суда присяжных. Например, главноуправляющий II Отделения Д.Н. Блудов, говоря о судебной реформе, утверждал, что для России суд присяжных непригоден, так как русский народ необразован. По этой же причине выступал против введения суда присяжных профессор права В.Д. Спасович (впоследствии — один из известнейших русских адвокатов) [606].

---

605 День. 1862. № 45.

606 Спасович В.Д. О теории судебно-уголовных доказательств в связи с судоустройством и судопроизводством // Журнал министерства юстиции. 1860. № 11.

Против подобных утверждений решительно выступали передовые люди страны. Известный тверской либерал А.М. Унковский в нелегальном издании «Голоса из России» писал: «Говорят, что суд присяжных у нас в настоящее время невозможен, потому что народ недостаточно развит для этого учреждения. Я не понимаю этого возражения. Что значит недостаточно развит и какая нужна степень развития для наглядного суждения о факте по совести и здравому смыслу. Присяжным именно это одно только и нужно, а русский народ, конечно, не имеет недостатка ни в здравом смысле, ни в добросовестности»[607]. Профессор А. Чебышев-Дмитриев, соглашаясь с тем, что русский народ не так образован, как англичане или французы, добавлял: «Но не забудем, что и формы общественной жизни могут существенно улучшить народ, развить его. Медлить с улучшениями в судопроизводстве в ожидании той поры, когда народ дорастет до них — это все равно, что не давать ребенку книгу, пока он не выучится хорошо читать»[608].

В целом победа оказалась на стороне сторонников суда присяжных. Суд присяжных вводился в России на тех же принципах, что и в Европе. На этих же принципах строился и механизм отбора присяжных. Естественно, XIX век был менее демократичным, чем век XXI. В присяжные не допускались женщины, наемная прислуга, существовал имущественный ценз (это было не только в России, но и в европейских странах). Однако, так же как в западных странах, в России перестали играть роль сословное происхождение, национальность и вероисповедание. Присяжными не могли быть люди, скомпрометировавшие себя (судимые, банкроты), занимающие должность судьи, следователя, неспособные исполнять функции присяжного по возрасту или состоянию здоровья. Российский подданный мог быть призван на скамью присяжного раньше французского гражданина — в 25 лет (во Франции возрастной ценз составлял 30 лет), зато позже английского подданного (в Англии возрастной ценз был установлен в 21 год). Особо следует сказать об имущественном цензе. По Судебным Уставам он был определен, но для лиц, побывавших на выборной службе, он был не обязателен, поэтому среди присяжных было очень много крестьян, и даже весьма бедных. Это создавало дополнительные проблемы в организации работы суда присяжных в XIX в.: чтобы как-нибудь прокормиться в городе, присяжные были вынуждены порой даже просить милостыню, что, естественно, снижало авторитет судебной власти.

---

607 Унковский А.М. Соображения по докладам Редакционных комиссий // Голоса из России. Сборники А.И. Герцена и Н.П. Огарева. Выпуск третий. Кн. 9. М. 1974. С. 12.

608 Чебышев-Дмитриев А. Очерк лекций уголовного процесса в Англии, Франции и Германии // Отечественные записки. 1860. № 12. С. 210.

Регламентируя права присяжных заседателей, Россия пошла дальше европейских стран: она предоставила им возможность задавать свидетелям вопросы. Была выбрана континентальная форма вынесения вердикта [609]. Российские условия (низкий уровень распространения грамотности) не позволили заимствовать французский порядок голосования присяжных по вердикту, т.е. путем тайного голосования[610]. По всем вопросам проводилось открытое голосование.

Обсуждение современной судебной реформы достаточно быстро породило идею вернуться к суду присяжных. Как уже отмечалось, в публикациях конца 80-х — начала 90-х годов XX в. неоднократно встречается предложение ввести суд присяжных. Первый шаг к этому был сделан 13 ноября 1989 г., когда были приняты «Основы законодательства Союза ССР и союзных республик о судоустройстве»[611]. Статья 11 впервые за весь советский период предусматривала возможность рассмотрения уголовных дел по делам о преступлениях, за совершение которых предусмотрено наказание в виде смертной казни либо лишения свободы на срок свыше 10 лет, с участием присяжных заседателей. Можно сказать, что и в конце XX в. суд присяжных становится своеобразным символом обновления судебной системы. В письме первого заместителя министра юстиции СССР М.П. Вышинского на имя министра юстиции РСФСР Н.В. Федорова от 15.10.1991 г. отмечалось: «Не вызывает сомнения, например, необходимость введения суда присяжных, т.к. его целесообразность оправданна мировой практикой»[612]. Идея введения суда присяжных стала одной из ключевых в Концепции судебной реформы, разработанной в 1991 г. Согласно этому документу, суд присяжных должен был участвовать в рассмотрении почти всех уголовных дел (по всем преступлениям, где может быть назначено наказание сроком более 1 года лишения свободы). Более того, впервые в нашей стране предполагалось распространить суд присяжных и на гражданские дела. Реальный шаг к введению суда присяжных был сделан в 1993 г., когда 16 июля был принят Закон РФ, согласно которому в ряде регионов в качестве эксперимента допускалось рассматривать уголовные дела с участием присяжных заседателей.

---

609 В Великобритании присяжные высказывают свое мнение путем ответа только на один вопрос «Виновен подсудимый или нет», во Франции присяжные должны ответить на несколько вопросов.

610 Статья 345 Устава уголовного судопроизводства Франции // Журнал министерства юстиции. 1860. № 12. С. 68.

611 Ведомости Съезда народных депутатов СССР и Верховного Совета СССР. 1989. № 23. Ст. 441.

612 ГАРФ. Ф. Р-9492. Оп. 8. Д. 2836. Л. 100.

Однако законодатель не решился сделать такой смелый шаг, который был заявлен в «Концепции…». Во-первых, суд присяжных вводился только на ограниченной территории: с 1 ноября 1993 г. — в Ставропольском крае, Ивановской, Московской, Рязанской и Саратовской областях, с 1 января 1994 г. — в Алтайском и Краснодарском краях, Ульяновской и Ростовской областях[613]. Во-вторых, суд присяжных мог использоваться только при рассмотрении уголовных дел по обвинению в особо тяжких и тяжких преступлениях, подсудных суду областного звена. Статья 421 старого УПК РСФСР четко определяла, что суд присяжных действует только в областных, краевых и городских судах и соответственно рассматривает дела, подсудные этой судебной инстанции. Как видим, подсудность российского суда присяжных в постсоветскую эпоху оказалась даже уже, чем в дореволюционный период. Также следует отметить, что до революции суд присяжных был единственной формой рассмотрения уголовных дел определенной категории. В современные дни у подсудимых, которых обвиняют в преступлениях, подсудных областному или краевому суду, есть выбор: они могут ходатайствовать, чтобы дело рассматривалось или с участием присяжных, или одним судьей, или коллегией из трех профессиональных судей.

Зато принципы подбора присяжных остались прежние. Согласно российскому законодательству (глава 5, раздел 5 «Присяжные заседатели» Закона РСФСР «О судоустройстве РСФСР», который действует до сих пор в частях, не противоречащих Закону РФ «О судебной системе РФ») стать присяжным заседателем может каждый гражданин России, достигший 25 лет, внесенный в списки избирателей, не имеющий неснятой или непогашенной судимости, полностью дееспособный. Из этого правила есть исключения. Из списка присяжных заседателей исключаются:

- лица, не владеющие языком судопроизводства;
- немые, слепые, глухие, т.е. те, кто в силу своих физических или психических недостатков не способен успешно выполнять обязанности присяжного заседателя;
- престарелые, достигшие 70 лет;
- руководители и заместители руководителей органов представительной и исполнительной власти;
- судьи, прокуроры, следователи, адвокаты, нотариусы, оперативные работники;
- священнослужители[614].

---

613 Ведомости Верховного Совета РФ. 1993. № 33. Ст. 1314.

614 Закон РСФСР «О судоустройстве РСФСР» // Судебное законодательство России. Сборник законодательных актов. — М., 2004. — С. 89.

Закон особо подчеркивает, что какие-либо ограничения по социальному происхождению, расе, национальности, имущественному положению, принадлежности к общественным объединениям, полу, вероисповеданию не допускаются. Не устанавливается требование иметь присяжным какое-либо образование, не оговорен и запрет дискриминации по образовательному признаку. Однако если не допускаются до исполнения обязанности присяжных заседателей глухие и слепые лица, т.е. люди, которые не могут оценить ряд доказательств, то логично предположить, что лица, не умеющие читать и, следовательно, которые не в состоянии оценить доказательства в виде письменных документов, тоже не могут являться присяжными заседателями.

Также от выполнения обязанностей присяжных могут быть освобождены по их письменному заявлению следующие лица:

- лица старше 60 лет;
- женщины, имеющие детей в возрасте до трех лет;
- лица, которые в силу своих религиозных убеждений считают для себя невозможным участвовать в отправлении правосудия;
- лица, отвлечение которых от исполнения служебных обязанностей может повлечь существенный вред общественным и государственным интересам (врачи, учителя, пилоты авиалиний и другие);
- иные лица, имеющие уважительные причины для неучастия в судебном заседании (статья 80 Закона «О судоустройстве»).

Таким образом, в оба исторических периода исходили из того, что присяжными должны быть представители общества независимо от образования и профессионального опыта. В XX в. исправили ошибку законодателей XIX в. относительно содержания присяжных: у современных российских присяжных сохраняется средняя зарплата по месту работы. Безработным выплачивается зарплата в размере не менее половины зарплаты судьи. Далеко не каждая современная страна, где есть суд присяжных, выплачивает судьям из народа такие пособия. Например, в США в штате Калифорния присяжным законом предусмотрена оплата — 5 долларов в день. Сумма, как замечает американский адвокат С. Теймэн, весьма скромная[615]. Зато другая ошибка так и не исправлена до сих пор: присяжные не изолируются на время процесса, что делает их весьма уязвимыми для различного рода влияний и воздействий.

615 Теймэн С. Формирование скамьи присяжных в России и США // Российская юстиция. 1994. № 7. С. 5.

Первое рассмотрение уголовного дела с участием присяжных заседателей состоялось в Саратове в декабре 1993 г. Весной 1994 г. первое дело было рассмотрено присяжными в Рязани. Интересно, что возрождение суда присяжных началось не со столичных городов, а с провинции. При выборе городов — участников эксперимента — учитывалось многое: желание судей областного или краевого суда, наличие подходящего здания. Постепенно, с каждым годом суд присяжных стал все больше распространяться по территории страны. К 1 января 2004 г. уже все регионы России, кроме Чеченской Республики, ввели суд присяжных. Также росло процентное соотношение дел, рассматриваемых с участием присяжных заседателей, в судах соответствующей подсудности. В 1994 г. такие дела составили 20,4% от всех дел, поступивших в областные и краевые суды, в 1995 г. уже 30,9%, в 1996 и 1997 гг. — 38,5%. В 1994 г. с участием присяжных было рассмотрено 173 уголовных дела, в 1995 г. — 305, в 1996 г. — 345, в 1997 г. — 431[616].

4.2.2. Состав суда присяжных. В оба исторических периода состав присяжных представлял слепок с социальной структуры общества. До революции наиболее типичной фигурой присяжного являлся крестьянин, т.е. представитель наиболее массового социального слоя в России[617]. Представители других социальных слоев не стремились исполнять эту роль, поэтому если в крупных городах и можно было собрать коллегию из более образованных и обеспеченных слоев, то в провинции, особенно на выездных сессиях в уездах, на скамье присяжных оказывалось большинство крестьян. В провинции их количество достигало 57%[618]. «Серенькие сессии», как говорили профессиональные юристы. Порой с трудом находили среди присяжных хотя бы одного способного заполнить вопросный лист.

Состав присяжных постсоветского периода изучен меньше. В 2003 г. в Рязани автором работы был проведен социологический анализ состава присяжных заседателей. В основу исследования был положен анализ анкет, которые заполняет каждый присяжный заседатель.

---

616 Информационное письмо Генеральной прокуратуры прокурорам Алтайского, Краснодарского, Ставропольского краев, Ивановской, Московской, Ростовской, Рязанской, Саратовской, Ульяновской областей о некоторых особенностях участия прокурора в кассационном производстве по делам, рассмотренным судом присяжных. Исходящий № 12/5 98 от 16.03.1998 г.

617 Подробно сословный состав присяжных проанализирован в специальных диссертационных работах, посвященных истории российского суда присяжных: См. Афанасьев А.К. Суд присяжных в России. Дисс. ... канд. ист. наук. М., 1978; Демичев А.А. История российского суда присяжных (историко-социальное исследование). Дисс. ... канд. ист. наук. Нижний Новгород, 1997. Он же. История российского суда присяжных. Нижний Новгород, 2002.

618 РГИА. Ф. 1405. Оп. 66. Д. 3044. Л. 192.

Работа проводилась по анкетам, сохранившимся в Рязанском областном суде. Были выбраны анкеты 1994, 1997, 1999, 2000, 2001, 2002, 2003 годов. В общей сложности было проанализировано 1146 анкет. Следует подчеркнуть, что анализу подвергались анкеты, не специально созданные для научного исследования, а те, которые заполняют присяжные в ходе их допущения к судебному заседанию, именно этим были предопределены рамки исследования[619].

Как показало исследование анкет присяжных заседателей, судьи от народа представляют пеструю картину. Среди них есть молодые и старые, образованные и не очень, технари и гуманитарии, встречаются военные, инженеры, учителя, врачи, художники, рабочие и просто домохозяйки. Современный присяжный — это, как правило, городской житель. Из всех 1146 человек, побывавших в роли служителей Фемиды в Рязанском областном суде, только 18 являются жителями близлежащих поселков и сел (Рыбное и Агро-Пустынь), что составляет всего 1,5% от общего количества присяжных, остальные 98,5% — жители города Рязани. Безусловно, даже при весьма высоком уровне урбанизации в нашей стране процент городских жителей среди всего населения России гораздо ниже, чем среди присяжных. По данным Всероссийской переписи населения 2002 года, в городах проживают 73% людей, в сельской местности — 27%. Таким образом, в суде присяжных представлено не все население страны, а в основном проживающее в городах. Подобное явление легко объяснить: суд присяжных действует только в областных судах, которые находятся в областных центрах, присяжные в России, в отличие западных стран, не изолируются от общества на время процесса (за границей их поселяют в гостинице под охраной), у нас присяжные должны иметь возможность

619 Анкета содержит 13 вопросов: 1.Ф.И.О.; 2. Пол; 3. Дата рождения; 4 Паспортные данные (серия, номер, кем и когда выдан); 5. Род занятий (профессия, должность, место работы); 7. Имеете ли Вы детей? Если да, то укажите количество и возраст; 8. Имеете ли Вы неснятую или непогашенную судимость? Если да, то укажите дату совершения преступления и дату вынесения приговора; 9. Выносилось ли в отношении Вас судебное решение о признании недееспособным или ограниченно недееспособным?; 10. Являетесь ли Вы в настоящий момент подозреваемым? 11. Являетесь ли Вы в настоящий момент обвиняемым? 12. Можете ли Вы говорить, читать, писать, понимать русский язык? 13. Есть ли у Вас существенные проблемы со слухом, зрением, речью, другие физические и психические недостатки, препятствующие успешному исполнению обязанностей присяжного заседателя? Легко объяснимо наличие именно таких вопросов и отсутствие, например, вопросов о национальности, вероисповедании и образовании. Содержание анкеты диктуется требованиями, предъявляемыми к присяжным: не иметь судимости и быть полностью дееспособным. Категорическое требование не допускать дискриминации по социальному, национальному, религиозному признаку обусловило отсутствие соответствующих вопросов.

каждый день приехать в суд и вернуться вечером домой, государству не по карману обустраивать работу присяжных по западному образцу. Расхождение в составе присяжных с общероссийскими показателями не следует признавать как приносящее вред суду присяжных, т.к. по природе его работы место жительства присяжного не имеет значения. Однако, безусловно, следует отметить фактическое ограничение права сельских жителей участвовать в отправлении правосудия, а такое право гарантировано Конституцией всем гражданам России (статья 32 Конституции РФ).

Правосудие в лице присяжных имеет женское лицо: среди присяжных больше женщин, они составляют 71%, и только 29% приходится на сильную половину человечества. Такая половая структура суда присяжных расходится с общероссийскими показателями, хотя в стране женщин больше мужчин, но разрыв не так велик, как в суде присяжных: по данным Всероссийской переписи населения 2002 года, 46,6% населения нашей страны составляют мужчины, 53,4% приходится на женщин[620].

Кроме того, наблюдается тенденция увеличения количества присяжных-женщин и уменьшения количества мужчин: если в 1994, 1997, 1999 годах женщины составляли 63—67% от всех присяжных, то в 2000, 2001, 2002 годах их стало больше: 73—76%. Объяснить эту тенденцию довольно легко: стороны (в первую очередь защита) желают видеть в присяжных именно женщин, т.к. они более эмоциональные, считается, что их легче разжалобить, убедить «не ломать жизнь случайно оступившемуся человеку». Помимо этого немаловажную роль играет и вторая причина: женщины реже занимают должности, на которых трудно оторваться от работы на несколько дней (руководители предприятий, предприниматели и пр.), поэтому реже просят суд не отрывать их от повседневной работы.

Если говорить о возрасте присяжных, то можно отметить, что стороны не очень доверяют молодым: только 7,8% присяжных моложе 30 лет, чуть больше присяжных в возрасте от 30 до 35 лет — 8,7%. Больше всего присяжных в возрасте от 40 до 50 лет — 34,7%. Присяжные в возрасте от 50 до 60 лет составляют 26,8%, а на присяжных, уже перешагнувших 60-летний рубеж, приходится 8,8%, почти столько же, сколько и на молодежь. Можно отметить, что по этому показателю суд присяжных полностью отобразил наиболее распространенный возраст в нашей стране среди мужчин и женщин: от 40 до 50 лет.

Если сопоставить возрастно-половые характеристики, то больше всего окажется женщин среднего возраста: от 40 до 50 лет — 25%

620 Основные итоги Всероссийской переписи населения. http:www.gks.ru/PEREPIS/osnitgi.htm = 05.06.04

от всех присяжных или 35,2% от всех присяжных-женщин, женщины в возрасте от 50 до 60 лет составляют 18,3% от всех присяжных или 29,8% от присяжных-женщин. Аналогичная картина и у мужчин, у них тоже лидируют те же возрастные группы, хотя и не так явно: мужчины от 40 до 50 лет составляют 9,7% всех присяжных или 33,4% всех присяжных-мужчин, мужчины от 50 до 60 составляют 8,5% всех присяжных или 29,3% всех присяжных-мужчин.

Характеризуя возрастной состав присяжных, можно также отметить тенденцию постарения присяжных. Если в 1994 и 1997 годах молодые люди обоего пола в возрасте от 31 до 35 лет составляли 30 и 11% всех присяжных, а возрастная группа от 36 до 40 —21,7 и 12,5%, то в 2001 и 2002 годах процентный вес первой группы составил 7,7 и 1,9%, а второй группы — 12,5 и 2,4%. В 1994 и 1997 годах возрастная группа от 41 до 45 лет составляла 15,2 и 19,2%, а возрастная группа от 46 до 50 составляла 17,4 и 13,9%. В 2001 и 2002 годах представителей этой возрастной группы среди присяжных стало больше: присяжные в возрасте от 41 до 45 составляли 18,3 и 21,9%, а процентное соотношение людей в возрасте от 46 до 50 осталось почти неизменным — 12,5 и 16,2%. Постарение присяжных можно объяснить двумя причинами. Во-первых, население страны в целом стареет: если по переписи 1989 года средний возраст населения был 34 года, то в 2002 году средний возраст — 37 лет[621]. Однако эта причина не главная. Во-вторых, молодежь в суде присяжных чаще просит суд освободить их от этой обязанности, т.к. их карьерный рост только начинается, а участие в работе суда может помешать лишний раз проявить себя на работе. У людей в возрасте 40—50 лет положение на работе уже сложилось, отсутствие на работе в течение двух недель его не поколеблет. К тому же стороны больше доверяют людям в возрасте, и это правильно: для участия в отправлении правосудия нужен определенный жизненный опыт, сдержанность в оценках и решениях, юношеский максимализм здесь явно будет лишним.

Сложнее всего анализировать образовательный уровень присяжных, т.к. в анкете отсутствует вопрос об образовании, есть только вопрос о месте работы и занимаемой должности. При этом 17,7% всех присяжных являются пенсионерами, 28,9% занимают рабочие должности (т.е. работают слесарями, водителями, лаборантами, электриками и пр.), 11,3% нигде не работают по различным причинам. Интеллектуальным трудом (врачи, преподаватели, бухгалтеры, художники) заняты 20% , а 6,2% составляют средний технический персонал, 4,7% — средний медицинский персонал. Совершенно точно можно утверждать, что

621 Там же.

высшее образование имеют не менее 22,7%. Именно столько в общей сложности составляют врачи, учителя, инженеры, экономисты, библиотекари, руководители среднего звена, т.е. люди, занимающие должности, которые могут занимать лица с высшим образованием. В целом уровень образования присяжных даже выше, чем уровень образования всего общества. По данным Всероссийской переписи 2002 года, всего по стране только 16% населения трудоспособного и старше трудоспособного возраста (т.е. старше 15 лет) имеют высшее образование, в Рязанской области этот показатель еще ниже — 14%. Если подсчитать процентное соотношение лиц, имеющих высшее образование, среди потенциальных присяжных (т.е. старше 25 лет), то получится 21,7%[622]. Здесь следует подчеркнуть, что выявленные 22,7% у присяжных являются гарантированным минимумом, т.к. подсчет велся по должностям, на которые назначают только лиц с высшим образованием. Реально число присяжных с высшим образованием, конечно, выше, т.к. часть пенсионеров, безработных имеют высшее образование, да и среди тех, кто трудится на рабочих местах, тоже могут быть обладатели диплома о высшем образовании, но не работающие по специальности по различным причинам. Современный продавец зарабатывает куда больше учителя. Однако следует подчеркнуть, что наличие диплома о высшем образовании в принципе не гарантирует умения правильно анализировать увиденное и услышанное, что требуется от присяжных, точно так же как отсутствие высшего образования не означает, что человек обладает низкими умственными способностями.

Преобладание среди присяжных пенсионеров, рабочих, безработных объясняется, прежде всего, спецификой деятельности присяжных: участие в заседании суда требует отвлечься от основной работы, что влечет известные затруднения, а иногда и финансовые потери. Легче всего вырваться из обычного ритма жизни и погрузиться в судебное дело пенсионерам, безработным и представителям рабочих специальностей. Поэтому процентное соотношение безработных среди присяжных гораздо больше, чем в обществе в целом. В России всего 0,8% населения получает пособие по безработице. Однако надо учесть, что анкеты присяжных учитывают и скрытую безработицу, т.е. тех, кто работы не имеет, но не зарегистрирован как безработный, например, домохозяйки — жены обеспеченных мужей, имеющие возможность не работать и не желающие трудоустраиваться. Таким образом, можно сделать вывод, что в оба исторических периода коллегии присяжных представляют слепок со всего общества, включая представителей всех социальных слоев.

---

622 Там же.

4.2.3. Коллизии суда присяжных. Внедрение суда присяжных в обе исторические эпохи происходило нелегко. Возникали некоторые коллизии, причем интересно, что в оба исторических периода они были похожи. Одной из таких коллизий стало неоднозначное восприятие в общественном мнении и в правоохранительных органах оправдательных вердиктов. И в постсоветской России, и в дореволюционной количество оправдательных вердиктов, выносимых судом присяжных и судьями короны (так по английской традиции иногда называют профессиональных судей), было различным. В 1874 г. присяжные вынесли 28,2% оправдательных вердиктов, в то время как у профессиональных судей оправдательные приговоры составили только 18,4%. В постсоветский период разрыв между мнением присяжных и профессиональных судей стал еще более резким. В 1996 году оправдательные вердикты составили 19,1% от общего числа всех вердиктов[623]. В 1997 году эта цифра составила 22,9%[624]. В то же время число оправдательных приговоров у профессиональных судей не превышало 1%. В оба периода это становилось причиной сильной критики в адрес суда присяжных. Оправдательные вердикты нередко воспринимались общественностью как попрание справедливости.

Особенно резкой реакция была в постсоветский период в силу большего контраста между мнением присяжных и профессиональных судей. Публикации 90-х годов как в юридической, так и в общественно-политической литературе отражали мнения как горячих сторонников этого суда, так и ярых противников. Одни считали, что только с участием присяжных российское правосудие станет по-настоящему беспристрастным[625]. Другие доказывали, что суд присяжных малопригоден для России и представляет произвол неграмотных в юридическом отношении людей[626]. В частности, прокурор М. Селезнев пишет:

---

623 Обзор статистических сведений о состоянии судимости и работе судов по рассмотрению уголовных дел за 1994-1996 гг. // Российская юстиция. 1997. № 6. С. 52.

624 Шурыгин А. Суд присяжных должен действовать по всей территории России // Российская юстиция. 2000. № 4. С. 6.

625 Укажем только некоторые публикации в поддержку суда присяжных: Пашин С. Затмение // Человек и закон. 1997. № 2; Мельник В. Правосудие без обвинительного уклона // Домашний адвокат. 1996. № 10; Рустамов Х.У. Парадоксы суда присяжных // Законность. 1995. № 12; Галкин А., Немытина М. Право на суд присяжных // Российская юстиция. 1995. № 12; Ларин А. Иного пути у нас нет // Российская юстиция. 1999. № 2; Мельник В. Суд должен быть удобным для общества, а не для юристов // Российская юстиция. 2000. № 1.

626 В качестве примера можно привести следующие публикации: Мельников С. Пир во время Чечни // Российская юстиция. 1995. № 9; Селезнев М. Суд присяжных действует, но…// Законность. 1998. № 4; Букреев А. Самый гуманный суд в мире

«Вследствие своей некомпетентности, иррациональности, подверженности сиюминутным симпатиям и антипатиям, общественным страстям и популистским тенденциям этот институт с полным основанием… можно назвать антидемократическим фактором в лоне демократии». «Качество у всех у нас, бывших советских людей, одинаковое — полнейшая правовая безграмотность. Законов мы не понимаем. Даже с толмачами… Зато мы понимаем, что такое жалость»,[627] — писала одна региональная газета по поводу суда присяжных. В общественном мнении стало складываться представление о суде присяжных как о суде, только и делающем, что оправдывающем всех подсудимых.

Это ярко показывают проводимые социологические опросы. Первые подобные исследования были проведены в Нижнем Новгороде и в Ростове-на-Дону[628]. В 2005 г. социологический опрос был проведен на базе Рязанского филиала Академии права и управления Российского Совета ветеранов ОВД и ВВ в г. Рязани[629]. В общей сложности было опрошено 457 человек. Респонденты отбирались из разных социальных слоев, разные по возрасту, образованию, роду занятий. Особо следует отметить, что респонденты специально подбирались не из юристов и не из сотрудников правоохранительных органов. Один из вопросов («На Ваш взгляд, сколько оправдательных вердиктов выносят российские присяжные?») ставился с целью проверить, насколько распространен в обществе стереотип, встречающийся нередко в СМИ о том, что суд присяжных только и делает, что оправдывает убийц и насильников. Респондентам было предложено выбрать примерный процент оправдательных вердиктов:

а) менее 20%;
б) от 20 до 50%;
в) от 51 до 80%;
г) более 80%.

Больше половины респондентов (52%) сочли, что выносимые присяжными оправдательные вердикты составляют от 20 до 50%. 18,2% еще больше «повысили» лояльность присяжных, согласившись с вариантом, по которому присяжные оправдывают в от 51 до 80 слу-

прощает даже киллеров // Комсомольская правда. 1997. 21 августа; Зыков В. Суд присяжных: напрасные ожидания // Российская газета. 1999. 28 сентября.

627 Приокская газета. 1997. 29 июля.

628 Сатаров В.С. Судебная система как социальный институт. Казань, 2004; Демичев А.А. Суд присяжных глазамаи российских граждан // Законность. 2000. № 5.

629 В проведении социологического опроса принимали участие студенты юридического факультета филиала: Митякова, Дучева, Мелешкина, Петина, Морев, Зимина, Чуракова, Мишина, Желонкина, Туртанова.

чаях из 100, а 6,6% респондентов уверены, что более 80% вердиктов присяжных — оправдательные. Только 23,2% респондентов ответили правильно, выбрав первый вариант ответа. Надо заметить, что при составлении анкеты ожидалось, что количество людей, выбравших третий и четвертый вариант ответа, будет еще больше. Ежегодно автор данного исследования проводит следующий эксперимент: студентам юридического факультета первого курса (которые уже точно знают, что такое суд присяжных, но еще не знают о результатах его работы) предлагается предположить, сколько сейчас присяжные выносят оправдательных вердиктов. Обычно студенты называют 70—80%. Извращенное представление об уровне репрессивности суда присяжных в обществе сложилось под влиянием средств массовой информации, которые нередко оправдательные вердикты представляют как попрание справедливости и стараются акцентировать внимание именно на оправдательных вердиктах. Можно предположить, что в общественном мнении, которое сейчас было показано, процент оправдательных вердиктов оказался ниже, чем в представлении студентов, и за счет того, что не все респонденты знают, что такое суд присяжных — у некоторых он ассоциируется с народным судом, традиционно выносившим крайне мало оправдательных вердиктов.

Другой коллизий можно назвать очень неоднозначное отношение общества к суду присяжных и к выполнению обязанностей присяжных. Как показал проведенный в Рязани социологический опрос, большинство поддержало введение суда присяжных у нас в стране. Наиболее важную роль в анкете было отведено вопросу 8: «Считаете ли Вы необходимым существование суда присяжных у нас в стране?» Подавляющее большинство респондентов допускает данную форму отправления правосудия у нас в стране — 74,4% опрашиваемых выбрали ответы «Да» или «Скорее да, чем нет». Количество тех, кто однозначно ответил «Да», и тех, кто допускает долю сомнения, казалось почти равным: 37% и 37,5% соответственно. Для определения мотивации были предложены следующие варианты:

А — присяжные как представители общественности сделают суд более справедливым и независимым, они не дадут судье принять неправильное решение;

Б — наша страна будет как западная, нас больше будут уважать за рубежом;

В — свой вариант.

Из всех, кто согласился с введением суда присяжных в нашей стране, подавляющее большинство (90,3%) объяснили это тем, что суд присяжных будет более справедливым и независимым. 8,5% сослались на западный опыт, решив, что этот суд сделает нашу страну похожей на западные страны. Свой вариант предложили четыре человека. Один из них убежден, что присяжных трудно подкупить, еще один считает, что у подсудимого должно быть право выбора, еще один почему-то верит, что от этого «станет легче жить», и еще один сослался на человеческий фактор.

Категорически не признают суд присяжных 13,5% опрошенных. Еще 12% выбрали более мягкую формулировку: «Скорее нет, чем да». Среди возможных мотивов были предложены следующие:

А — это слишком дорогое удовольствие для государства;

Б — это слишком либеральный суд, присяжные выносят оправдательные вердикты, может вырасти преступность;

В — свой вариант ответа.

Среди тех, кто не являются сторонниками введения суда присяжных, большинство категорично настроено именно против сущности этого суда. 74,4% выбрали второй вариант мотивации, опасаясь роста преступности. 18% сослались на дороговизну суда присяжных для государственной казны. Достаточно разнообразными оказались свои варианты ответов, их дали 7,6% респондентов, не согласившихся с существованием у нас в стране суда присяжных. Среди вариантов фигурируют ссылки на отсутствие специальных условий для суда присяжных, на специфичность страны в целом: «мы не доросли до этого» — констатирует один респондент. Несколько раз высказываются опасения за жизнь присяжных и убежденность в том, что присяжные не способны выносить объективные решения: «судьбу человека должен решать профессионал», «все преступные авторитеты будут находиться на свободе, заключить в тюрьму их будет невозможно». Еще один человек, не разобравшись, кто такие присяжные (на первый вопрос выбрал вариант «В», ассоциируя присяжных с товарищеским судом), вообще считает их крайне бесполезными: «Что такого полезного они сделали?»

Однако тот же социологический опрос показал, что далеко не каждый гражданин как следует понимает, что такое суд присяжных. На выявление уровня познаний опрашиваемых о суде присяжных в опросе был нацелен первый блок вопросов:

1. Что такое суд присяжных, кто такие присяжные заседатели?
2. Кто может стать присяжным?
3. Где введен суд присяжных?
4. Есть ли суд присяжных в Рязани?
5. На Ваш взгляд, сколько оправдательных вердиктов выносят российские присяжные?
6. Откуда у Вас сведения о суде присяжных?

Первый вопрос предлагал 4 варианта ответа:

А — присяжные — обычные люди, которые приглашаются в суд с отрывом от основной работы для участия в рассмотрении уголовных дел, в суде они выслушивают все обстоятельства дела и независимо от судьи выносят решение, виновен человек или нет, а на основании их вердикта судья определяет человеку наказание или освобождает его;

Б — присяжные — обычные люди, которых приглашают в суд с отрывом от основной работы для участия в рассмотрении уголовных дел, вместе с судьей рассматривают все обстоятельства дела и вместе с ним под руководством судьи выносят приговор;

В — присяжные — это представители общественности, которые на предприятиях разбирают трудовые конфликты, нарушения трудовой дисциплины, осуждают пьяниц, дебоширов, прогульщиков;

Г — присяжные — это специальные судьи с высшим юридическим образованием, которые рассматривают дела о нарушении воинской или другой присяги.

Следует отметить, что больше половины опрашиваемых (62,8%) имеют правильное представление о роли присяжных в судебном процессе, так как выбрали ответ «А», который правильно изложил суть суда присяжных. Для 29,8% суд присяжных ассоциируется с народным судом: они выбрали ответ, по которому присяжные выносят вердикт не самостоятельно, а под руководством судьи, так, как это делали народные заседатели. Остальные респонденты (7,4%) явно имеют слабое представление о роли присяжных: у 4,4% опрошенных присяжные приравнены к товарищеским судам, ныне не существующим, а у 3% отнесены к специальным судам, рассматривающим дела о присяге. Можно предположить, что данная категория лиц имеет слабое представление о российской судебной системе, если они выбрали ответ, предполагавший работу уже не существующих судов.

Второй вопрос анализировал уровень знаний опрашиваемых о том, кто может стать присяжным, предлагались следующие варианты ответов:

А — любой человек, без каких -либо ограничений;

Б — каждый гражданин России старше 25 лет, несудимый, не являющийся сотрудником правоохранительных органов, без ограничения пола, национальности, вероисповедания, образования;

В — каждый гражданин России старше 25 лет, несудимый, с высшим образованием, без ограничения пола, национальности, вероисповедания;

Г — каждый гражданин России старше 25 лет, несудимый, с высшим юридическим образованием и со стажем работы в правоохранительных органах не менее 5 лет, без ограничения пола, национальности, вероисповедания.

Правильно ответили, выбрав ответ «Б», 56,5% респондентов. 24% людей считают обязательным критерием наличие высшего образования. Это достаточно распространенная черта общественного мнения: общество желает видеть у власти людей образованных. В обывательском мнении распространен стереотип: чтобы стать президентом или депутатом, надо обязательно иметь высшее образование, хотя реально законодательство такого требования не устанавливает. Этот же стереотип распространяется и на суд присяжных. 10,5% опрошенных считают, что присяжными могут быть только работники правоохранительных органов с высшим юридическим образованием, а 9% сочли, что к присяжным никакие требования предъявляться не могут.

Также большинство опрашиваемых правильно определились с вопросом, где существует суд присяжных. Были предложены следующие варианты ответов:

А — во многих зарубежных странах, но не в России;

Б — только в России, в других странах такого суда нет;

В — во многих зарубежных странах, в России он существует в отдельных регионах;

Г — во многих зарубежных странах, а также во всех регионах России.

Из числа опрошенных 63,7% смогли правильно указать, что суд присяжных существует во многих странах, а в России он введен в ряде регионов, а 20,6% согласились с версией, что суд присяжных существует во всех регионах нашей страны. Только небольшой процент (9,8%) опрошенных сочли, что в нашей стране совсем нет суда присяжных, а 5,9% решили, что такая форма отправления правосудия является исключительно российской особенностью — в других странах ее нет.

Более сложным для рязанцев оказался вопрос о том, есть ли суд присяжных в Рязани и когда он был введен. Для ответа были предложены три даты: 1994 г. (год введения в Рязани суда присяжных), 2002 г. (год введения в действие нового УПК) и 1917 г., а также был предложен вариант ответа, по которому в Рязани нет суда присяжных. 32,1% опрошенных не знают, что в Рязани уже действует суд присяжных, хотя его работа не раз обсуждалась в прессе и даже на телевидении, причем речь идет не только о местных, но и о центральных СМИ. Больше половины (61,3%) опрошенных знают, что в Рязани существует суд присяжных, но только половина из них смогли правильно назвать дату введения этого суда (31% всех опрошенных), остальные — 30,3% отнесли это событие к 2004 г. 6,6% связали введение суда присяжных с установлением социалистического строя в нашей стране, видимо полагая, что суд присяжных — это и есть народный суд.

Последний вопрос в этой группе был направлен на выявление источника информации о суде присяжных. Респондентам было предложено указать один источник, который дал им больше всего информации о суде присяжных (1 — специальная юридическая литература, законодательство; 2 — пресса; 3 — популярные телевизионные юридические передачи; 4 — художественные фильмы; 5 — информация от знакомых, друзей, родных; 6 — личный опыт; 7 — полное отсутствие информации).

Результаты оказались обескураживающие. На первом месте (29%) оказались... художественные фильмы. Учитывая, что на момент проведения анкетирования российские фильмы, где освещалась работа суда присяжных, еще только снимались, а реально можно было увидеть на эту тему только зарубежные фильмы, не удивительно, что некоторые представления о суде присяжных далеки от истины. На втором месте оказалась пресса (25,4%). На третьем месте (23,9%) оказался источник — «друзья, знакомые», т.е. рассказы таких же далеких от юридической сферы людей, как и сами респонденты. Четвертое место (10%) заняло телевидение. Причем лидером оказалась передача «Человек и закон». Информацию из нее получили 14 человек (3% опрошенных). Также источником информации стали передачи: «Территория закона», «Основной инстинкт», «Момент истины», «Новости». Совершенно необоснованно в этот список попали такие постановочные передачи, как «Федеральный судья» и «Час суда», в которых коллегия присяжных отсутствует. Объясняется это, прежде всего, недостаточно хорошим представлением о том, что такое суд присяжных. Из 10 человек, которые указали эти передачи в качестве источника информации, только двое правильно ответили на вопрос «Что такое суд присяжных?». Особо стоит сказать о воздействии передачи «Момент истины». У тех, кто получил представление о суде присяжных из этой передачи, сформировалось мнение, что суд присяжных создан для прикрытия преступников: все они, отвечая на 5-й вопрос, выбрали ответы «В» и «Г». Только 6,8% респондентов пользовались специальной юридической литературой. Остальные респонденты вообще ничем не пользовались.

Результаты анализа ответов на вопросы первой группы показывают, что чуть больше половины граждан имеют правильное представление о том, что такое суд присяжных вообще и кто может стать присяжным заседателем. Много это или мало, чуть больше половины? Учитывая, что присяжным может оказаться почти каждый россиянин, достигший 25 лет, этого явно недостаточно. Уровень знаний о положении суда присяжных именно в России значительно ниже. Часть рязанцев даже не знают, что суд присяжных действует у них в городе, а ведь каждый может оказаться в роле присяжного заседателя. Следует отметить недостаток информации о суде присяжных в современном обществе. Лидерство зарубежных художественных фильмов в качестве источника информации о суде присяжных явно об этом свидетельствует. Популярные телепередачи мало играют роль просветителя или, наоборот, создают извращенное представление.

Следует отметить еще одну существенную коллизию в деятельности суда присяжных. Обыватели поддерживают введение суда присяжных, но быть сами присяжными не спешат. Это было характерно и для века XIX, и века XXI. Обязанность быть присяжным заседателем не вызывала прилив гражданского энтузиазма, т.к. ради ее выполнения неизбежно надо было поступиться какими-то своими интересами, отложить запланированные дела. Во второй половине XIX столетия в массовом российском сознании пока еще слабо укрепилась мысль, что пользование благами общественного развития невозможно без выполнения определенных обязанностей. Однажды Комиссия по составлению очередных списков присяжных заседателей в Московском окружном суде попыталась облегчить себе работу. Через газету было объявлено, чтобы «лица, подлежащие внесению в список», сами заявили о себе. Заодно, наверное, надеялись, что таким образом в списки попадут действительно желающие исполнять обязанность присяжных, и с ними проблем в плане явки на суд не будет. Однако идея потерпела фиаско: о себе заявили всего два десятка человек[630]. Восхищаться судом присяжных гораздо легче, чем личным участием содействовать его работе. Поэтому избежать скамьи присяжных заседателей пытались любым способом. Самым распространенным приемом было найти врача, согласного выдать за соответствующее вознаграждение подложное свидетельство о болезни. Иногда это приводило к курьезам. Во Владимирской губернии один купец убедил врача выдать ему такой документ. Врач явно переусердствовал, написав, что пациент лежит при смерти. «Больной» лично понес эту бумагу судье. «Да кто же это при смерти-то лежит и не может быть присяжным?» — спросил судья. «Это я-с», — ответил «умирающий»[631]. В конечном итоге купцу пришлось исполнять обязанности присяжного.

Как пишет Н.П. Тимофеев, в провинции нашелся один ходатай, который ухитрился даже делать бизнес на таком отношении к роли присяжного. Этот деятель, по кличке Гриша Двужильный, брался на уездной сессии защищать всех бесплатно. Доход он имел с другого: за

630 Демичев А.А. История российского суда присяжных. Нижний Новгород, 2002. С. 82.

631 Дело. 1868. № 5. С. 105.

плату он отводил присяжного и тем самым освобождал его от сидения в зале суда. В результате обязанности присяжных выполняли почти одни крестьяне. Нежелание представителей обеспеченных слоев выполнять обязанности присяжного отмечалось и в американской литературе как существенный фактор, тормозивший становление этого института[632].

Существовавшее отношение к обязанностям присяжных менялось медленно, хотя и здесь судебные отчеты показывают положительную динамику: в 1867 году за неявку в суд в качестве присяжного было оштрафовано на каждые 100 дел 14,7 человека, в 1870 году — 8,6, в 1875 — 4,3, в 1881 — 1,6 человека.

XXI век пока не внес существенных изменений в общественное сознание. Роль присяжного заседателя также не вызывает прилива гражданского энтузиазма. Очень показательно письмо, пришедшее в редакцию рязанской вкладки газеты «Аргументы и факты»: «В своем почтовом ящике обнаружила извещение из областного суда — меня выбрали присяжным заседателем. Я не понимаю, неужели это могут сделать без моего согласия? А если я придерживаюсь принципа “не судите да не судимы будете”?»[633].Позиция далеко не единственная. Председатель Владимирского областного суда Е.М. Батанова констатирует, что обычно граждане с большим удивлением реагируют на вызов в суд в качестве присяжного: «Некоторые пребывают в полном недоумении и никак не могут взять в толк, что от них все-таки хотят»[634]. Естественно, это сказывается на работе суда. В Орле на первый процесс с участием присяжных из вызванных 35 граждан явились только 26, отбор прошли 17 человек. Остальные заявили самоотводы или были отведены защитой и обвинением[635]. В Смоленске первый процесс с присяжными не состоялся из-за отсутствия у граждан желания выполнять эту роль. Из явившихся в зал суда 53 человек 47 заявили самоотвод[636]. Формально закон не требует согласия граждан, есть только ограниченный перечень условий, когда гражданину не имеют права отказать в подобном ходатайстве, однако в суде стремятся учитывать позицию

632 Atwell J.W. The Russian Jury // Slavonic and East European Review. 1975. January. P. 49.

633 Аргументы и факты. Рязань. 2006. №51.

634 Ботанова Е.М. Присяжным заседателем может стать каждый (Интервью с председателем Владимирского областного суда Е.М. Батановой (Беседовала Е. Ужешева) // Владимирские ведомости. 2003. 31 января.

635 Рогачева В.Н. Лед тронулся, господа присяжные заседатели! (Интервью с заместителем председателя Орловского областного суда В.Н. Рогачевой / Беседовала Е. Годлевская) // Орловский курьер. 2003. 19 февраля.

636 Калибров А., Асадчий А. Смоленские присяжные не хотят идти в суд // Смоленские губернские ведомости. 2004. 13—19 января.

граждан, т.к. отработать механизм отказа от этой миссии, подобно тому, как это происходило в XIX в., довольно несложно.

Позиция общества по этому вопросу видна и в социологических опросах. При проведении анкетирования рязанцам задавался вопрос: «Если бы Вам предложили стать присяжным, согласились бы Вы?», при этом предлагалось четыре варианта ответа: «Да», «Скорее да, чем нет», «Нет», «Скорее нет, чем да». Однозначно готовы были к выполнению такой обязанности 17,2% респондентов, 33,5% выбрали ответ «Скорее да, чем нет». В общей сложности не исключают себя в роли присяжных 39,7% опрашиваемых. При этом анкетируемым предлагалось мотивировать свой ответ, выбрав одну из предлагаемых мотиваций:

А — я могу этим принести пользу обществу, участие людей от общества делает правосудие более справедливым, профессиональный судья тоже может ошибиться;

Б — я привык все время участвовать в общественной работе;

В — мне интересно увидеть реальный суд по- настоящему, а не только в кино;

Г — свой вариант.

Больше половины из всех, кто не отрицает для себя подобную роль (55,8% или 22,1% от всех опрашиваемых) выбрали первый мотив, т.е. ассоциируют свое участие в отправлении правосудия с повышением справедливости правосудия. 12,2% не отрицавших возможности работы в суде присяжных (4,8% всех опрошенных) выбрали второй ответ. Неожиданно оказалось достаточно много людей, для которых роль присяжного оказалась сопоставима с удовлетворением собственного любопытства: 29,8% этой группы людей выбрали третий мотив — «Интересно увидеть работу суда реально, а не в кино». Три человека предложили свои варианты. Из них один человек сослался на то, что согласие гражданина все равно не требуется, другой написал, что хочет заработать в суде деньги, а третий ответ вызывает и улыбку, и тревогу одновременно — «отпустят из института, день будет свободный». Респондент явно не представляет, что выполнение обязанности присяжного требует немало времени, а также вызывает беспокойство преобладание личных мотивов перед гражданскими.

Гораздо больше среди респондентов оказалось тех, кто не готов к роли присяжного заседателя — 60,3% опрашиваемых выбрали ответы «нет» или «Скорее нет, чем да». Причем 29,5% респондентов решительно отвечают «Нет», а 30,8% допускают долю сомнения. Для определения мотива выбора данных ответов были предложены следующие варианты:

А — у меня совсем нет на это времени;

Б — я боюсь брать на себя ответственность за судьбы людей;

В — я принципиально не согласен с идеей суда присяжных, считаю, что в суде должны быть только профессиональные судьи;

Г — свой вариант ответа.

Наиболее распространенным мотивом оказалась боязнь брать на себя ответственность. Для подавляющего большинства не желающих брать на себя роль присяжного (60,5%) именно эта причина стала основной, что составило 36,6% от всех опрашиваемых. Второе место занял мотив отрицания суда присяжных как такового, 18,8% не готовых участвовать в судопроизводстве выбрали именно этот мотив (11,4% от всех опрашиваемых). 14,2% сослались на отсутствие свободного времени, а 6,6% предложили свои варианты ответов. Здесь на первом месте оказались опасения за собственную безопасность. 6 человек высказывали опасения, «что будут запугивать», «будут угрожать мне или моим близким» и т.п. Четыре человека побоялись допустить судебную ошибку. Троим оказались чужды гражданские побуждения, и они написали, что им это не интересно. Пять человек сослались на моральную тяжесть данной миссии или «личные соображения». Интересно, что с проблемой отсутствия гражданской сознательности при исполнении обязанностей присяжных сталкиваются даже в США, где суд присяжных воспринимается как оплот демократии. В 1998 в штате Массачусетс 31% граждан, вызванных в суд, нашли способ избежать почетной роли присяжного: 6% просто не явились, 25% убедили суд освободить их от этой роли. Причем по изобретательности в придумывании отговорок американские граждане не уступали российским: они обвиняли себя в предвзятости, ссылались на занятость в работе, студенты (в США часто высшее образование получают в зрелом возрасте) — в нежелании пропускать занятия[637].

Таким образом, введение суда присяжных, с одной стороны, неизбежно сталкивается с пережитками в общественном сознании, заложенными в прежние эпохи. Однако, с другой стороны, именно суд присяжных не просто позволяет глубже реализовывать такие общие веяния модернизации, как расширение прав и свобод личности, но и становится инструментом совершенствования обыденного правосознания и гражданской ответственности, без чего модернизация не будет успешной.

4.2.4. Воздействие суда присяжных на общество и работу правоохранительных органов. Опыт обоих исторических периодов продемонстрировал, что суд присяжных, как общественный элемент в судебной системе, может оказывать очень сильное воздействие как

637 Abramson Jeffrey We the jury: the jury system and the ideal of democracy. Cambridge. Mass London Harvard press, 2000. P. 248

на общество, так и на деятельность правоохранительных органов. В частности, суд присяжных содействует повышению качества предварительного следствия. Уже упоминалось, что одной из главных коллизий деятельности суда присяжных являются споры о причинах большого количества оправдательных вердиктов. Однако, как показывает изучение опыта работы суда присяжных в оба исторических периода, главной причиной оправдательных вердиктов является не отсутствие профессионализма присяжных, а слабость предварительного следствия. В пореформенной Российской империи институт судебных следователей был еще очень молод — он создан только в 1860 году. Далеко не все следователи имели специальное образование, у всех опыта работы было мало. При чтении многих уголовных дел XIX в. обращает на себя внимание отсутствие каких-либо весомых доказательств вины обвиняемых, кроме чистосердечного признания. В суде такому обвиняемому было достаточно только отказаться от признания, и присяжным не оставалось ничего другого, как оправдать его. В 1874 году министерством юстиции было проведено исследование причин оправдательных приговоров. Почти половина вердиктов (47,5%) была порождена плохой работой предварительного следствия — суду не было предоставлено весомых улик; 25% оправдательных вердиктов были вынесены по причине отсутствия видимого вреда или его незначительности (например, кража товара на 5 копеек); 15% — объяснялись индивидуальными особенностями подсудимых. Присяжные со снисхождением относились к детям, престарелым, слабоумным, инвалидам. В 11% случаев играли роль мотивы совершения преступления. Нельзя не согласиться с мнением присяжных, оправдавших человека, нарушившего Паспортный устав, чтобы положить родственника в больницу. Только 17% вердиктов были порождены непонятными причинами и 8% являлись результатом предвзятого взгляда присяжных на некоторые преступления[638]. Таким образом, основной причиной оправдательных вердиктов была слабость предварительного следствия, и деятельность суда присяжных стала фактором, повышающим качество работы следственных органов.

В постсоветский период присяжные также оказались фактором, способствовавшим повышению качества предварительного следствия. Предварительное следствие в Советском Союзе не было поставлено в положение, при котором оно было вынуждено собирать все доказательства строго в соответствии с законом. Суды порою впадали в обвинительный уклон, оправдательные приговоры выносились редко (они составляли всего 1%). Обвинительная позиция суда иногда была

638 РГИА. Ф. 1405. Оп. 77. Д. 13. ЛЛ 2-9 об.

такова, что обвинению даже не приходилось прилагать усилия, чтобы отстоять свою позицию. Судья Останкинского суда г. Москвы В. Матвеев пишет: «У некоторых прокуроров стало правилом садиться в процессе, не прочитав материалы уголовного дела»[639]. Действительно, зачем прокурору читать дело, если судья и так вынесет обвинительный приговор, даже если прокурор будет весь процесс молчать! Поэтому практически стало нормой, что первый процесс с участием присяжных в каком-либо регионе заканчивался или полным оправданием подсудимого, или резким изменением содержания обвинения. На первом процессе с участием присяжных, состоявшемся в г. Саратове в декабре 1993 г., присяжные не согласились с мнением обвинения, что подсудимые совершили умышленное убийство с особой жестокостью, а признали их виновными в убийстве при превышении пределов необходимой обороны. Вместо грозивших 20 лет лишения свободы подсудимые получили 1,5 и 1 год лишения свободы[640]. В Рязани первый процесс с участием присяжных состоялся весной 1994 г. Подсудимый, также обвинявшийся в убийстве, был полностью оправдан. Закончился оправдательным вердиктом и первый суд присяжных в Смоленске в ноябре 2003 г.[641]

Причина таких неожиданных вердиктов одна: плохая подготовка процесса со стороны обвинения, наличие недопустимых доказательств, т.е. собранных с нарушением требований УПК. Суд присяжных ввел в постсоветский уголовный процесс важнейшее правило — если доказательство собрано с нарушениями процессуальных норм, то оно должно устраняться. Нарушение, из-за которого должно быть отклонено доказательство, кому-то может показаться пустяковым: например, орудие преступления было изъято без понятых. К тому же нагрузка у современных следователей огромна, где уж теперь до таких «мелочей». Однако это далеко не мелочи, так как именно они гарантируют достоверность доказательств, а перегруженность сотрудников правоохранительных органов — проблема государства, а не гражданина, на которого пало подозрение. В одном процессе судья была вынуждена отклонить 5 (!) из 6 томов уголовного дела, так как все доказательства, представленные в этих томах, были собраны с нарушением УПК. Последний 6-й том содержал обвинительное заключение и докумен-

---

639 Матвеев В. А иные прокуроры даже дел не читают… // Российская газета. 1999. 28 октября.

640 Лукин В. Суд присяжных: преимущества неоспоримы, недостатки устранимы. Специальный доклад Уполномоченного по правам человека в Российской Федерации // Новое время. 2004. № 48. С. 15.

641 Балов А. А киллеры где? // Смоленские губернские ведомости. 2004. 24—30 августа.

ты, фиксирующие процесс ознакомления подсудимых с материалами дела. Таким образом, практически все доказательства были собраны с нарушением закона[642].

Именно по этой причине «развалилось» первое дело в Рязани, которое слушалось в 1994 г. Важнейшее вещественное доказательство — орудие убийства было изъято без понятых. Вызвал у присяжных сомнение и вопрос о возможности подсудимого совершить преступление: у него отсутствовали пальцы на обеих руках. Даже в обычном суде возникли бы сомнения. Председательствовавший на этом процессе судья Рязанского областного суда Н.П. Лежнев отмечает: «Если бы дело рассматривалось коллегией профессиональных судей или с участием народных заседателей, то могли бы направить на дополнительное расследование — основания к этому были»[643].

Иногда в суд направляются дела просто со слабыми доказательствами. Если раньше в народном суде подобное и могло пройти незамеченным, то присяжные такие вещи замечают очень хорошо и не решаются отправить в тюрьму человека при ограниченных доказательствах. В этом плане показательно еще одно дело из практики Рязанского областного суда. В 2001 г. рассматривалось дело об убийстве директора рынка в г. Скопине Рязанской области. Основу доказательственной базы составляли показания подсудимых. Автору работы удалось побеседовать об этом процессе с одной из присяжных и с председательствующем на этом заседании судьей. Присяжная — женщина, библиотекарь по профессии, отметила, что им не было представлено никаких доказательств, кроме показаний подсудимых, от которых они отказались в суде. «Мы были в шоке, что так можно обвинить абсолютно каждого», — отметила она. Судья Рязанского областного суда А.И. Платонов также согласился с тем, что весомых доказательств не было: «Даже потерпевшая (жена убитого. — А.П.) была согласна с вердиктом. "Не могли эти наркоманы совершить убийство мужа, который был спортсменом, он бы их просто раскидал", — говорила она». Как отметила присяжная: «Мы допускаем, что именно эти люди совершили убийство, но дайте нам тогда доказательства». Недостаток доказательств стал причиной оправдательного вердикта в нашумевшем деле об убийстве таджикской девочки в Санкт-Петербурге. «Оправдательный вердикт по обвинению одного из подсудимых в убийстве — абсолютно адекватное, взвешенное решение, присяжные

---

642 Мельник В. Суд должен быть удобным для общества, а не для юристов // Российская юстиция. 2000. № 1. С. 9.

643 Лежнев Н.П. Взгляд сквозь десятилетие (Интервью с судьей Рязанского областного суда Н.П. Лежневым / Беседовала Т. Москвина) // Буква закона. 2003. № 3—4. С. 25.

руководствовались не эмоциями, а доказательствами. Но следствие не представило убедительных доказательств того, что именно этот молодой человек совершил убийство», — признает председательствующая на этом процессе судья Т. Егорова[644]. Уже сам факт такого заявления со стороны профессионального судьи явно свидетельствует о справедливости решения присяжных.

Сами судебные деятели обоих периодов констатировали положительное воздействие суда присяжных на работу всей правоохранительной системы. В отчетах о ходе реформы 1864 г. все председатели судов и прокуроры сделали вывод, что в целом присяжные весьма успешно справляются со своими обязанностями, и введение этой формы судопроизводства оправдало себя. В частности, председатель Рыбинского окружного суда писал: «Предлагаемые вопросы присяжные разрешают весьма правильно и справедливо, вердикты их заслуживают всеобщее одобрение»[645]. Российские присяжные, даже в виде полуграмотных крестьян, оказались вполне в состоянии самым внимательным образом выслушать стороны и принять здравое решение. Известный российский юрист А.Ф. Кони, имевший обширную практику, писал, что за все годы работы «я не могу указать ни одного решения присяжных, которое оставило бы в моей душе впечатление поруганной правды и оскорбленной справедливости»[646].

Это отмечают и современные судьи. Как важный итог деятельности суда присяжных, А.И. Платонов констатирует рост качества предварительного следствия. Суд присяжных делает процесс по- настоящему состязательным, в нем стороны действительно поставлены в такую ситуацию, когда вынуждены обстоятельно доказывать свою позицию. Интересно замечание бывшего судьи Московского городского суда С.А. Пашина: «Деятельность суда присяжных не прибавляет хлеба, хотя представляет интересное зрелище. Там, где заседают присяжные заседатели, судебная драма приобретает особую остроту, поскольку стороны вынуждены всеми силами отстаивать свою позицию самостоятельно, не имея возможности переложить обязанности доказывания на председательствующего судью»[647]. Эту позицию разделяют и другие судьи[648]. Председатель Кассационной палаты Верхов-

644 Биянова Н. Народ-судья. Почему несовершенные присяжные судят лучше, чес профессионалы // Ведомости. 2007. 19 февраля.

645 РГИА. Ф. 1405. Оп. 66. Д. 3045. Л. 17 об.

646 Кони А.Ф. Присяжные заседатели. Собр. соч. в 8т. Т. 1. М., 1966. С. 372.

647 Пашин С.А. Судебная реформа и суд присяжных. М., 1995. С. 59.

648 См. Гордейчик С.А. (судья Волгоградского областного суда) Еще раз о необходимости суда присяжных в России // Российский судья. 2007. № 4. С. 47; Старцева С.Н. (судья

ного суда РФ А.П. Шурыгин 30 апреля 2003 г. на Интернет-конференции заметил: «В принципе качество рассмотрения судами присяжных аналогичных дел лучше, чем в обычном судопроизводстве». Постепенно органы предварительного следствия и прокуратура научились убеждать присяжных, и это привело к снижению количества оправдательных вердиктов. С учетом опыта первых регионов, в некоторых областных или краевых судах первые процессы с участием присяжных проходили более успешно, чем в Рязани или Смоленске. В мае 2003 г. первый процесс с присяжными состоялся во Владимире и закончился обвинительным вердиктом, чем немало озадачил местный криминальный мир. В рассылаемой в местном СИЗО записке говорилось: «Этим двоим дали 25 лет на двоих, вот и тебе и присяжные…»[649] В 2005 г. из 1389 подсудимых, выбравших суд присяжных, было оправдано 204 человека, т.е. 14,9%[650]. При этом надо учитывать, что самих процессов с участием присяжных было немного, поэтому даже один оправдательный вердикт дает большой процент в статистике. Там, где суд присяжных действует уже давно, оправдательные вердикты стали редкостью. В 2005 г. в Рязанском областном суде не было вынесено ни одного оправдательного вердикта. Через несколько лет один из подсудимых, проходивших по делу об убийстве директора рынка в г. Скопине, опять стал обвиняемым в убийстве. Снова подсудимый выбрал суд присяжных, но на этот раз присяжные признали его виновным и даже не заслуживающим снисхождения. Более того, можно отметить, что, вопреки опасениям, высказанным при проведении социологического опроса, что «все криминальные авторитеты будут избегать уголовного наказания», есть примеры, когда присяжные отправляли за решетку руководителей преступных групп. Так, в Рязани летом 2007 г. присяжные признали виновным организатора «Дороховской» группировки. В январе 2008 г. в Воронеже после длительного слушания присяжные согласились с доводами обвинения о виновности руководителя местной ОПГ по кличке Матрос. В результате стало снижаться количество ходатайств о рассмотрении дел с участием присяжных. Так, в Рязанском областном суде количество дел, рассматриваемых с участием присяжных, в 1996 г. составило 60% всех дел, в 1997-м — 56%,

---

Московского областного суда) Суд присяжных заседателей: взгляд судьи // Уголовный процесс. 2005. № 10. С. 53; Егорова О. (председатель Московского городского суда). Суд по евростандарту (интервью с председателем Московского городского суда О. Егоровой / Беседовал В. Куликов) // Российская газета. 2007. 13 декабря.

649 Ганцев П. Суд присяжных: неотвратимость возмездия или шанс уйти от него? // Владимирские ведомости. 2003. 10 июля.

650 Обзор деятельности федеральных судов общей юрисдикции и мировых судей в 2005 г. // Российская юстиция. 2006. № 9. С. 72.

а в 2003-м — всего 24%, в 2004-м — опять 24%, в 2005-м — 17,3%, в 2006 г. — 15,6%[651]. Местная статистика подтверждает общероссийскую тенденцию: если в 1997 количество таких дел в областных и краевых судах достигло 38,5%, то в 2005 г. — 11,9%[652].

В этом плане можно заметить, что воздействие суда присяжных на судебную и правоохранительные системы было бы шире, если бы была расширена подсудность суда присяжных. Сейчас присяжные могут рассматривать только те дела, которые подсудны судам областного звена, т.е. дела, указанные в п. 3 статьи 31 УПК. Это ряд особо тяжких и тяжких преступлений. Процессы с участием присяжных составляют мизерное количество в море всех уголовных дел, рассматриваемых районными, городскими судами и судами областного звена. В 2005 г. было рассмотрено всего по России только 617 уголовных дел с участием присяжных — они составили 0,08% от всех дел, рассмотренных районными и судами областного звена[653]. Роль суда присяжных до революции в уголовном судопроизводстве была гораздо выше. По данным нижегородского исследователя суда присяжных А.А. Демичева, в 1874 г. из всех уголовных дел, рассмотренных окружными судами Московской судебной палаты, 80% были рассмотрены с участием присяжных, в 1876 г. чуть меньше — 75%[654]. Возможно, следует расширить подсудность суда присяжных, передав на его рассмотрение и некоторые дела, подсудные районным судам. С одной стороны, это усилит участие народного элемента в отправлении правосудия, с другой — повысит качество предварительного следствия и по этим категориям дел. Естественно, не каждое уголовное дело, подсудное районному суду, должно рассматриваться с участием коллегии присяжных. Право просить рассмотрения дела в суде присяжных надо предоставлять подсудимым, обвиняемым в тяжких и особо тяжких преступлениях и, возможно, в некоторых преступлениях средней тяжести. Конечно, возникает много сложностей организационного плана, прежде всего, связанных с помещениями. В большинстве районных судов не найдется подходящих залов, где могли бы разместиться 12 судей из народа. В таких случаях дело может передаваться на рассмотрение суда областного звена.

---

651 Статистическая отчетность Рязанского областного суда за соответствующие годы. Данные предоставлены пресс-службой Рязанского областного суда.

652 Обзор деятельности федеральных судов общей юрисдикции и мировых судей в 2005 г. // Российская юстиция. 2006. № 9. С. 72.

653 Обзор деятельности федеральных судов общей юрисдикции и мировых судей в 2005 г. // Российская юстиция. 2006. № 9. С. 72.

654 Демичев *А.А.* Репрессивность российского суда присяжных во второй половине XIX — начале XX вв. // История государства и права. 2002. № 6. С. 44.

Конечно, присяжных нельзя идеализировать. Бывали случаи, когда их вердикт поражал своей нелогичностью: оправдывался явно виновный и не заслуживающий снисхождения человек, или, наоборот, осуждался подсудимый, против которого не было никаких улик. В XIX в. временами судам приходилось даже применять статью 818 Устава уголовного судопроизводства, предписывающую отменять вердикт присяжных, если был осужден явно невиновный человек. При составлении Судебных Уставов предполагалось, что эта статья не понадобится. Однако в реальной жизни ее все-таки приходилось использовать, хотя количество отклоненных вердиктов составляло незначительный процент. В XXI в. законодатель также включил аналогичную статью в Уголовно-процессуальный кодекс (ст. 348), однако прецедентов ее применения нигде не отмечалось. Зато недоумевать по поводу оправдательных вердиктов при большом количестве доказательств приходилось. В Рязани, наверно, долго еще дежурным примером для противников суда присяжных будет дело об убийстве Виктора О. (1997 г.). Убийц задержали через полчаса после совершения преступления, при них был обнаружен пистолет, сменная одежда, обувь, сгоряча задержанные признались в преступлении. Тем не менее вердикт был «не виновны». О причинах можно только гадать[655].

Однако вряд ли этот пример следует расценивать как бесспорное доказательство вреда суда присяжных. Создать судебную систему абсолютно идеальную, не допускающую судебных ошибок практически невозможно. Это только мифическая Фемида имеет весы, которые безошибочно показывают, кто прав, а кто виноват. В реальной жизни правосудие вершат люди, как врачи и летчики, они не имеют права на ошибку. Однако в жизни бывают самые различные ситуации — даже самые опытные врачи и летчики принимают неверные решения, которые порой имеют тяжкие последствия. Цивилизованные страны выбирают такие формы отправления правосудия, чтобы свести риск ошибки к минимуму. Безусловно, позволяет снизить такой риск состязательный процесс. А именно суд присяжных делает уголовный процесс по- настоящему состязательным, следовательно, здесь риск судебной ошибки ниже.

Суд присяжных — это зеркало общества, поэтому по тому, как присяжные реагируют на некоторые уголовные дела, можно судить об отношении общества к тем или иным явлениям. Соответственно деятельность суда присяжных может корректировать судебную прак-

655 Данный вердикт был отменен в кассационной инстанции: нашлись некоторые процессуальные нарушения, которые позволили это сделать. При повторном рассмотрении дела другой коллегией присяжных подсудимые были признаны виновными.

тику или сигнализировать власти о несовершенстве закона. В XIX в. российские законы во многом отставали от жизни. Поэтому формальное решение дела по букве закона нередко противоречило здравому смыслу. Присяжные учитывали все обстоятельства дела, они понимали, что во многих случаях вынесение обвинительного вердикта будет негуманно и неразумно. Например, присяжные более снисходительно относились к тем, кто пошел на преступление из-за крайних обстоятельств, например нищеты. Так, они могли решить, что слишком сурово будет осудить человека, укравшего из-за отсутствия денег несколько поленьев, чтобы обогреть семью. Они также понимали, что не следует отправлять в тюрьму тех, кто оступился случайно и раскаивается в своем поступке. В частности, часто оправдывались дети и подростки, нарушившие закон скорее по глупости, чем по злому умыслу. Присяжные могли посочувствовать тем, кого судьба довела до преступления, например, несчастной девушке, обманутой любимым человеком и нанесшей ему из-за этого увечье ,или жене деспотичного мужа, регулярно избивавшего свою жену и убитого ею в порыве отчаяния. Снисходительное отношение было также к инвалидам и престарелым[656].

Однако вряд ли стоит говорить об особой жалостливости российских присяжных. Они проявляли свою жалость там, где возникала в этом необходимость. Просто российская жизнь создавала слишком много поводов для этого. Например, в России только начала создаваться система исправительных приютов для несовершеннолетних преступников. В 1891 году их было всего 19, в них могло содержаться 300 человек[657]. Помещение подростка в тюрьму наравне со взрослыми могло испортить его окончательно, а не исправить. Поэтому присяжные предпочитали выносить детям-преступникам оправдательные вердикты. В России практически отсутствовала система социальной помощи, человек, потерявший работу, даже не мог мечтать о каком-либо пособии, и часто голод гнал его на кражу. Суд присяжных сигнализировал обществу о существовании этих проблем[658]. В пост-

656 Много примеров на эту тему содержится в указанной работе А.Ф. Кони. Присяжные заседатели. Собр. соч. в 8 т. Т. 1. М., 1966.

657 Отчет о деятельности Рязанского общества исправительных приютов и колоний для несовершеннолетних преступников за 1896 год. Рязань, 1897. С. 25.

658 Американский исследователь деятельности российского суда присяжных Джон Этвел, изучив причины вынесения присяжными оправдательных приговоров, также пришел к выводу, что они были порождены не особенностью российского менталитета, а дефектами российского законодательства. Он отмечает, что введение в России с ее особенностями суда присяжных было очень рискованным делом, но оно прошло успешно. Atwell J.W. The Russian Jury // Slavonic and East European Review.

советской России есть свои примеры, когда присяжные изменили сложившуюся судебную практику. В 1997 г. в Рязанском областном суде рассматривалось дело о банде, орудовавшей в Старожиловском районе Рязанской области. На счету банды были кражи и несколько убийств. Тело одной из потерпевших так найти и не смогли: преступники совершили убийство в состоянии сильного алкогольного опьянения и не смогли вспомнить, где закопали убитую ими женщину. По сложившейся практике в советский период человека не признавали виновным в убийстве, если не найден труп жертвы. Однако в данном случае присяжные признали подсудимых виновными и в этом убийстве.

Суд присяжных способен изменить взгляд населения на некоторые привычные явления. Особенно ярко это проявилось в XIX в. Особенность развития правосознания народа, прежде всего крестьян, отличалась тем, что некоторые деяния, признанные законом преступными, не воспринимались как преступление. Так, например, крестьяне снисходительно относились к дракам, так как в их сознании это было не нарушением закона, а проявлением молодецкой удали. Снисходительное отношение было также к незаконным рубкам леса, растратам[659]. По таким делам оправдательный вердикт мог последовать даже при серьезных уликах. Правда, оправдательных вердиктов, вынесенных по этой причине, было не очень много. Как уже говорилось, они составляли 8%. Прокуратуре приходились прилагать немало усилий, чтобы добиться обвинительного вердикта. Однако когда это удавалось, то такой вердикт имел колоссальный воспитательный эффект, намного сильнее, чем если бы приговор вынес обычный суд. Эту особенность суда присяжных отмечает судья Рязанского областного суда А.Ю. Конных. Он отмечает, что в суде присяжных приговор судьи перестает быть просто плодом работы только представителей правоохранительных органов — следователей, экспертов, оперативников, судей: «Это также выражение воли и мнения простых граждан, с которым сложно спорить. И если тебя осудили, то осудило не государство, а простые люди, с которыми ты, возможно, ехал на суд в одном автобусе. И это, как мне представляется, такое свидетельство "за суд присяжных", которое перевешивает многочисленные "против оного"»[660]. Таким образом, суд присяжных существенно содействует и росту авторитета суда в обществе, и изменению правосознания обывателей.

Таким образом, суд присяжных является важным элементом модернизационного процесса, причем не только модернизации судебной

1975. January. P. 55.

659 Тимофеев Н.П. Суд присяжных в России. М., 1882. С. 243.

660 Конных А.Ю. С волей граждан трудно спорить // Буква закона. 2003. № 3—4. С. 15.

системы, но и всего общества. Суд присяжных является наиболее демократичной формой реализации права народа на участие в отправлении правосудия. В отличие от суда сословных представителей, имевшего место в дореволюционной России, и института народных заседателей, существовавшего в Советском Союзе, эта форма отправления правосудия действительно учитывает мнение народных представителей. Суд с народными заседателями фактически превращался в красивую ширму, реально мнение народных заседателей мало учитывалось. В оба исторических периода состав присяжных заседателей отражал все общество и был достаточно демократичным для своего времени. Для обеих судебных реформ суд присяжных стал важнейшим фактором улучшения работы правоохранительных органов. Именно он превращает судебный процесс в состязательный, что влияет на предварительное следствие, существенно повышая требования к его качеству. В свою очередь это повышает уровень защиты прав и свобод граждан, снижая риск от необоснованного обвинения. Также следует отметить, что суд присяжных влияет не только на правоохранительную систему, но и на общество и обыденное правосознание граждан. Решение суда присяжных, безусловно, повышает авторитет судебной власти в глазах граждан, способствует изменению отношения к некоторым негативным явлениям. Конечно, необходимо отметить некоторую пассивность граждан к участию в отправлении правосудия в качестве присяжных заседателей. Однако в этом плане суд присяжных — один из способов воспитания гражданской позиции у людей. В то же время само участие граждан в отправлении правосудия меняет отношение к суду в целом. Как показал социологический опрос, проведенный ВЦИОМ в апреле 2006 г., 75% опрошенных присяжных после своего участия в судебном заседании улучшили свое мнение об уголовном судопроизводстве[661]. Таким образом, суд присяжных — это не только один из важнейших элементов реформирования правоохранительной сферы, но в то же время важнейший фактор модернизации в целом и формирования гражданского общества в стране.

4.3 Судебная реформа и общественное сознание

Судебная реформа направлена, прежде всего, на улучшение работы судебного ведомства, призванного защищать интересы граждан, их права и свободы. Так как в ходе судебного разбирательства разрешаются самые острые, жизненно важные для людей и юридических лиц (которые тоже представляют интересы конкретных граждан) вопросы, то деятельность судебной системы значительно воздействует на обще-

661 Официальный сайт ВЦИОМ http://wciom.ru/arkhiv/tematicheskii-arkhiv/item/single/2559.html

ственное сознание. Соответственно и судебная реформа не просто совершенствует саму судебную систему и порядок судопроизводства, а также значительно влияет на общественное сознание. Таким образом, представляет интерес проследить, какую роль может сыграть судебная реформа в формировании гражданского общества и в развитии общественного сознания.

4.3.1. Принцип гласности судопроизводства и его правовое закрепление. Существенной предпосылкой воздействия деятельности судебной системы на общественное сознание является принцип гласности судопроизводства. Под гласностью судопроизводства понимается открытость деятельности судов перед обществом, т.е. возможность каждым гражданином получения информации о работе судебной системы. В узком значении этого термина можно иметь гласность относительно процесса отправления правосудия, т.е. возможность любого лица в той или иной форме получать информацию о ходе того или иного судебного процесса. Причем в первую очередь подразумевается, что лицо может непосредственно присутствовать при разбирательстве дела в зале суда. Исключение составляют процессы, в ходе которых может быть разглашена какая-либо тайна (государственная, коммерческая, семейная) или сведения об интимной жизни участников процесса. В этом смысле под гласностью подразумевается и возможность средств массовой информации освещать ход того или иного судебного процесса, а для общества — узнавать о нем из средств массовой информации. В более широком смысле гласность судопроизводства может трактоваться как открытость судебной системы для общества, информированность его о различных аспектах деятельности судов, определенная информационная политика со стороны государства. Так, общество вправе быть информированным, насколько оперативно действует судебная система, насколько высока репрессивность судов, какую зарплату получают судьи и т.п. В целом общество должно получать полную и достоверную информацию о ходе судебной реформы, чтобы повысить уровень правовой грамотности населения, а самое главное — получить представление о способах правовой защиты законных интересов и прав личности. В то же время информационная политика представляет неотъемлемую часть всего реформаторского процесса, так как только она способна сделать реформу более понятной для населения и повысить авторитет судов в обществе. Разъяснение целей судебной реформы, их пропагандирование в той или иной форме, с одной стороны, облегчает ход реформы, а с другой — воздействует положительно на общество. В этом плане судебная реформа близка к реформе образования, медицины, т.е. таких сфер, которые касаются широких слоев населения. Поэтому проведение реформ в этих сферах должно сопровождаться определенной информационной поддержкой, разъяснением обществу целей и содержания реформаторских мероприятий. Становление гласности судопроизводства в узком и широком значении этого термина стало необъемлемой частью и судебной реформы 1864 г., и судебной реформы рубежа XX—XXI веков.

Гласное судопроизводство в нашей стране берет начало с судебной реформы 1864 года. Гласность становится одним из принципиальных новшеств российского правосудия, вводимых этой реформой. До нее все дела решались за закрытыми дверями, в зал суда не допускались не только посетители и пресса, но и даже сами фигуранты по делу. Они в принципе были не нужны дореформенному правосудию, т.к. судопроизводство велось письменно по бумагам, поступающим в суд. Это давало возможность для любых злоупотреблений и произвола, сильно тормозило ход разбирательства. Поэтому за введение гласного суда настойчиво боролась либеральная пресса второй половины 50-х годов XIX века.

Новые Судебные Уставы значительно закрепили этот передовой принцип. Статья 153 Учреждения судебных установлений определила: «Судебные заседания для решения уголовных и гражданских дел происходят публично». Данный закон никак не определял порядок работы средств массовой информации. И это понятно: в то время из всех средств массовой информации существовала только пресса, ни радио, ни телевидения не было, а работа журналиста-газетчика, в руках которого были только блокнот и карандаш, вряд ли могла помешать. Закон только оговаривал, что публика должна соблюдать тишину в зале, в противном случае председательствующий имел право удалить нарушителя из зала и даже очистить зал заседаний от публики, если не представится возможным выделить отдельных нарушителей. Устав уголовного судопроизводства также подчеркивал, что судопроизводство как у мировых судей, так и в общих судах ведется открыто (статьи 88 и 620 Устава), и определял случаи, когда возможно закрытое заседание. К ним относились дела о женской чести, разврате, богохульстве, т.е. дела, слушание которых могло поколебать нравственные устои в обществе; за закрытыми дверями также слушались дела о проступках и преступлениях, нарушающих семейные права. В любом случае, после завершения прений сторон двери заседания должны были раскрываться и все остальные действия (вынесение вердикта, приговора) должны были происходить публично.

В Советском Союзе принцип гласности формально никогда не отрицался. Большинство уголовных и гражданских дел разбирались в открытых судебных заседаниях. Более того, открытые процессы не раз использовались властью как средство идейного воспитания масс.

Практиковались показательные выездные процессы на предприятиях. Количество показательных выездных заседаний на предприятиях было одним из критериев оценки работы любого суда. Снижение числа таких процессов рассматривалось как снижение качества работы[662]. Однако в целом работа судебной системы, как и все в государстве, освещалась очень дозированно и в строго определенном ракурсе. Публикации на криминальную тему не очень-то поощрялись (если только в воспитательных целях), чтобы не портить идеальный облик первого в мире социалистического государства. Известный ленинградский следователь, кандидат юридических наук Е.В. Топильская вспоминает, как однажды она пыталась опубликовать статью, в которой содержались случаи из судебной практики. В редакции у нее попросили справку из городского суда о том, что суд не возражает против публикации этих сведений. В суде Е. Топильской отказали, сославшись на то, что статью могут прочитать на Западе[663].

Современная судебная реформа поставила задачу сделать гласность судопроизводства одним из ключевых принципов деятельности судебной системы. Статья 123 Конституции Российской Федерации гласит: «Разбирательство дел во всех судах открытое. Слушание дела в закрытом заседании допускается в случаях, предусмотренных Федеральным законом». Статья 9 Федерального конституционного закона РФ от 31 декабря 1996 «О судебной системе РФ» практически дословно повторяет слова Основного документа: «Разбирательство дел во всех судах открытое. Разбирательство дела в закрытом заседании допускается в случаях, предусмотренных Федеральным законом». Новые процессуальные кодексы также закрепили данный принцип, четко ограничивая круг дел, при рассмотрении которых может проводиться закрытое заседание. В закрытом заседании дело должно рассматриваться только в следующих случаях: если может быть разглашена государственная или иная охраняемая федеральным законом тайна или могут быть разглашены сведения об интимной стороне жизни граждан. Так, в закрытом заседании предписывается рассматривать в качестве доказательств записи телефонных переговоров, информацию об усыновлении или удочерении, уголовные дела, где подсудимыми являются лица, не достигшие 16 лет. Во всех остальных случаях в зале суда могут присутствовать все желающие, достигшие 16 лет, а также представители средств массовой информации, однако видеосъемка, фотографирование допускается только с разрешения председательствующего. На ведение письменных записей и аудиозаписей никаких

662 ГАРФ. Ф. Р-9492. Оп. 8. Д. 2749. Л. 36.

663 Топильская Е.В. Настоящие тайны следствия // Мир криминала. 2008. № 25.

ограничений не накладывается (статья 241 УПК РФ, статья 10 ГПК). В настоящее время рассматриваемые в закрытых заседаниях дела составляют около 20%. Более высокий процент закрытых заседаний, по сравнению с дореволюционным периодом, объясняется более строгими требованиями закона к соблюдению прав и свобод граждан и к охране частного интереса. Таким образом, в нормативных документах обеих эпох принцип гласности получил правовое закрепление.

4.3.2. Реализация принципа гласности на практике. Необходимо проследить, как реально воплощался и воплощается этот принцип на практике. Изучение исторических документов показывает, что в XIX в. осознание значения принципа гласности и воплощение его в жизнь происходило быстрее, чем в современные дни. Сухие цифры ежегодных отчетов показывают, что этот принцип в пореформенной царской России воплощался весьма полно. Количество закрытых заседаний составляло всего несколько процентов. По данным округа Московской судебной палаты (он включал в себя в разные годы от 7 до 14 губерний), в 1867 году только 2% дел рассматривалось в закрытых заседаниях, в 1870-м такие дела составили 8%, в 1875-м — 5%, а в 1881-м — 3%[664].

Новые суды стали объектом самого пристального внимания общества. В первые годы их работы публика всех сословий битком наполняла судебные залы, желая лично увидеть новинку российской жизни. В мемуарах этой эпохи часто можно встретить упоминания авторов о посещении судов как о непременном явлении в жизни обывателей 60-х гг.[665] XIX века. У некоторых регулярное посещение судов вошло в привычку. Очевидцы отмечают необычайную атмосферу внимания и сочувствия к новому суду, царившую в зале. В дневнике русского писателя XIX века, сенатора В.Ф. Одоевского, это описано кратко, но образно: «...публики пропасть, и много крестьян (выделено автором дневника — А.П.), и слушают с большим вниманием. Заседания длятся до 7 часов. Настоящая юридическая обедня»[666]. После судебного заседания публика активно обсуждала увиденное и услы-

---

664 Подсчитано автором на основании изучении перечневых ведомостей за соответствующие годы. ЦГИА г. Москвы. Ф. 131. Оп. 22. Д. 3. ЛЛ. 3 об. — 4, 5об. — 6. Д. 9. ЛЛ. 3 об. — 4, 7 об. — 8, Д. 34. ЛЛ. 23 об. — 24, 27 об. — 28, Д. 45. ЛЛ. 3 об. — 4,5 об.,6.

665 В качестве примера можно привести следующие мемуары: Егоров А. Страницы из прожитого. Одесса, 1913. С. 124; Козлина Е.И. За полвека. 1862—1912. М., 1913. С. 94; Найденов Н.А. Воспоминания о виденном, слышанном и испытанном. М., 1905, Т. 2. С. 48; Голицин В.М. Московский университет в 60-х гг. // Голос минувшего. 1917. 11/12. С. 222.

666 Одоевский В.Ф. Текущая хроника и особые происшествия. Дневник // Литературное наследство. 1935. № 22/24. С. 216.

шанное. Как пишет Н.В. Давыдов, большой интерес вызывал мировой суд, но особо сильное впечатление производила на людей работа суда присяжных: «Приговоры присяжных горячо обсуждались в обществе, вызывая, конечно, различные мнения и страстные споры»[667].

И это было не случайно. Гласность судопроизводства имела огромное значение для изменения общественного сознания. Для российского подданного новые суды были своеобразным «окном» в совсем иную жизнь, вобравшую традиции западноевропейской демократии и общие веяния Александровской модернизации. Именно здесь, в пореформенных судах, простой обыватель сталкивался с невиданными доселе проявлениями либеральной демократии: равенством всех перед законом и уважением к личности каждого человека независимо от его положения в обществе.

Не попавшие на слушание могли удовлетворить свое любопытство чтением газет: редкое издание не имело рубрики «Из зала суда», где помещались подробные отчеты о наиболее интересных делах. XIX в. практически не дал примеров конфликтов между судом и прессой — можно привести только один эпизод, когда суд пытался ограничить деятельность прессы. В Нижнем Новгороде, когда только открылись новые суды, после рассмотрения дела об оскорблении крестьянином сотрудника полиции товарищ председателя суда потребовал от присутствующего журналиста не печатать речь защитника. Самое важное в этом эпизоде — реакция вышестоящих судебных инстанций. Товарищу председателя была разъяснена ошибочность его действий. Можно согласиться с оценкой этого эпизода, сделанной доктором юридических наук А.А. Демичевым: причиной инцидента следует назвать неопытность сотрудника нижегородского суда, а не умышленное противодействие прессе[668].

В газетных публикациях судебное заседание чаще всего воспроизводилось не в виде судебного очерка с различными журналистскими интерпретациями событий и всплеском эмоций, а в виде сухого стенографического отчета судебного заседания или почти дословного воспроизведения всех выступлений в третьем лице. Единственно, что позволял журналист «от себя» — это характеристики персонажей: «Небольшой мужичок, лет 60-ти, глуховатый, со слабым голосом». Иногда из номера в номер в течение нескольких дней (а то и недель) шло беспристрастное отображение хода судебного разбирательства без каких-либо комментариев и выводов. Стенографические отчеты

667 Давыдов Н.В. Из прошлого. М., 1914. С. 152.

668 Демичев А.А. История суда присяжных в дореволюционной России (1864—1917 гг.). М., 2007. С. 113.

готовились специальными стенографистами, которых приглашало министерство юстиции и оплачивало их работу. На страницы газет попадали разные дела: и гражданские, и уголовные, мелкие и «громкие». В первую очередь освещали, конечно, ход «громких» дел. В то же время на страницах газет можно встретить стенографический отчет разбирательства незначительного гражданского дела в камере мирового судьи. Это повышало авторитет судебной власти.

В провинции интерес к новым судам был особенно высок из-за скудости провинциальной жизни. В Рязани, например, с 1867 по 1871 годы, когда вводилась судебная реформа, был закрыт местный театр. Поэтому при слушании интересного дела недостатка в зрителях не было. Временами большой наплыв публики затруднял нормальное функционирование судов: толпа желающих побывать на заседании, столпившись у дверей суда, мешала судьям и другим участникам процесса пройти в здание или так стремительно занимала места в зале, что страдала мебель. Это стало причиной издания специального циркуляра министра юстиции о порядке допуска публики в зал суда[669]. Документ предписывал впускать желающих по особым билетам, которые предварительно выдавались в канцелярии.

Современная судебная реформа поставила задачу реализации принципа гласности в полном объеме. Однако в реальной жизни его воплощение происходило сложнее, чем в XIX в. Прежде всего на реализацию данного принципа оказала влияние ситуация с помещениями судов. Как уже отмечалось, просторные судебные залы есть далеко не в каждом суде. Часто зал судебного заседания только условно может называться так, на самом деле он представляет собой небольшую комнатку, куда кроме мест для судьи, секретаря, прокурора, адвоката и подсудимого вмещается одна-две лавочки для посетителей. Да и таких «залов» хватает не всегда. Нередко судье приходится разбирать дела в своем кабинете, куда могут поместиться только стороны и их представители. Естественно, это уже не гласное правосудие. К тому же далеко не все суды оказались в состоянии работать публично. В середине 90-х гг. XX в. под флагом борьбы за безопасность в судах начали ограничивать вход для людей. Вход в суды стали охранять судебные приставы, а на дверях стали появляться надписи типа: «Вход в суд только при предъявлении повестки». Более того, приставы стали выяснять, к кому (какому судье) направляется посетитель, звонят судьям и спрашивают, можно ли пропустить посторонних. Такая практика одно время имела место в Калужском городском суде. Председательствующий суда прокомментировал это очень просто: «Иначе любой человек с улицы мо-

669 ЦГИА г. Москвы. Ф. 131. Оп. 20. Д. 367. Л. 119.

жет ходить в суд, как в кино»[670]. Даже если гражданину и удалось пройти в зал суда, то еще не факт, что ему удастся поприсутствовать при рассмотрении дела. Одно время в некоторых судах практиковалось выяснять у лиц, находящихся в зале судебного заседания, их отношения к рассматриваемому делу с последующим выдворением посторонних. Конечно, меры безопасности типа проверки документов и использования металлоискателей должны применяться обязательно, однако они не должны ограничивать реализацию принципа гласности.

Так же нелегко строились отношения судей с представителями средств массовой информации. Перестройка и гласность в обществе в целом стала привлекать внимание журналистов и к судебным процессам. Однако о продуманной информационной поддержке судебной реформы в первой половине 90-х XX в. говорить вряд ли приходится. В первую очередь публикации о работе судов и о проблемах судебной власти были вызваны поиском сенсаций. Если в орбиту судебного разбирательства оказалось вовлеченным известное лицо или дело имело большой общественный резонанс, то для журналистов это становилось желанной темой для репортажа. В 90-е годы XX в. взаимоотношения суда и прессы складывались крайне сложно. В проведенном в 1998 г. Фондом защиты гласности опросе судей и журналистов обе стороны высказали взаимные претензии. Например, 39% опрошенных журналистов жаловались на факты необоснованного отказа в доступе к информации[671]. Далеко не всегда судьи оказывались способными работать при наличии журналиста в зале суда. Так, корреспондент газеты «Тамбовское время», желая посетить один процесс, решил подстраховаться и спросил об этом разрешения у судьи, хотя и не обязан был этого делать. Судья категорически отказала, мотивируя тем, что не сможет вести процесс в присутствии прессы. Причем эта мотивировка была повторена даже в кабинете председательствующего суда, к которому журналист обратился за помощью. Другой работник пера был удален из зала суда за ведение записей во время судебного заседания. Эпизод имел место в городе Липецке. Аналогичный случай произошел в Орловской области. В Воронеже одна судья, прежде чем разрешить представителю прессы находиться на слушании уголовного дела, спросила согласия… у подсудимых, при этом журналисту было разъяснено, что он не имеет права пользоваться диктофоном[672].

В то же время и судьи имеют свои обоснованные претензии к прессе. Согласно указанному опросу более 80% судей склонны считать, что журналисты допускают нарушения при освещении работы

670 Котляр Т. Всем выйти — суд идет! // Российская газета. 2001. 9 февраля.

671 СМИ и судебная власть в России / Под ред. А.К. Симонова. М., 1998. С. 85.

672 СМИ и судебная власть в России / Под ред. А.К. Симонова. М., 1998. С. 183.

судов. В качестве наиболее распространенных были названы использование непроверенной информации (80,3%), предвзятость (81,8%) и некомпетентность (88,1%), склонность к сенсации (89%)[673]. Это признают и сами журналисты: «Сегодня в журналистике работает всего 7% людей со специальным образованием. И когда были открыты все шлюзы, следует признать, что многие журналисты, многие СМИ повели себя недопустимым образом»[674].

Во взаимоотношениях прессы и судебной власти ситуация стала меняться с начала XXI в. Постепенно судебная власть стала становиться более открытой. Гласность, открытость судов стала частью всей реформаторской политики. В прессе все чаще появляются интервью с судьями. Сама судебная система начинает разрабатывать механизмы диалога с прессой и обществом. На одной из встреч с журналистами председатель Верховного суда В. Лебедев подчеркивал, что судья обязан разрешить журналистам присутствовать в зале суда, пользоваться диктофоном, если заседание не является закрытым: «Мы заинтересованы, чтобы вы были в процессе»[675]. В принятом летом 2007 г. постановлении Пленума Верховного суда, детально регламентирующем поведение судей как на работе, так и в быту, попытки строить помехи работе журналистов приравнены к нарушению профессиональной этики[676].

Однако пережитки старого сознания еще встречаются в коридорах судебной власти. Так, нормы некоторых локальных «Правил поведения граждан в суде» вызывают недоумение. На официальном сайте Верховного суда Республики Башкортостан помещен «Перечень действий физических лиц, квалифицирующихся как нарушение установленного порядка деятельности судов». Пункт 4 к таковым относит: «Проникновение в здание суда и на судебное заседание представителей средств массовой информации без письменного разрешения председателя суда»[677]. Обращает внимание и само содержание нормы: представители прессы, как все граждане, имеют право присутствовать на любом заседании, если оно в силу закона не является закрытым, и сама формулировка: термин «проникновение» говорит о явно предвзятом отношении к представителям средств массовой информации. В Калужском област-

673 Там же. С. 100.

674 Из выступления А.И. Копейки — главного редактора издательства «Юридический мир» на судейско-журналистском семинаре по проблемам информационного права, который состоялся в Рязанском областном суде 6—7 октября 2005 г. // Буква закона. Журнал судейского сообщества Рязанской области. 2005. № 4. С. 24.

675 Закатнова А. Спорьте с властью, вас рассудят // Российская газета. 2002. 7 июня.

676 Куликов В. Ваша честь — сама любезность // Российская газета. 2007. 27 июня.

677 Официальный сайт Верховного суда Республики Башкортостан http://scrb.ufacom.ru/pravila.htm 20.10.2007

ном суде приняты правила, которые тоже содержат аналогичные опусы, разрешающие присутствовать на заседании только «по согласованию с соответствующим судьей». Еще один пункт запрещает проводить без разрешения судьи не только видео- и фотосъемку, но и аудиозапись, хотя согласно закону на последнее разрешение не требуется[678].

Достаточно острой ситуация во взаимоотношениях представителей судебной власти и прессы сохранялась в Воронеже. Дошло до того, что правозащитные организации провели летом 2006 г. специальный мониторинг открытости судов. Комментируя результаты этого мониторинга, председатель Воронежского областного суда В. Богомолов, с одной стороны, ссылался на объективные трудности (нехватка залов заседания), а с другой — явно демонстрировал нежелание делать работу судов более открытой: «…есть граждане, которым просто нечего делать, Они хотят прийти в суд, как на представление. Будут шататься по всем комнатам, мешая нормальной работе. Это будет называться открытостью судебной системы? Нет, это будет называться анархией и вседозволенностью»[679]. Даже странно слышать подобные рассуждения от представителя судебной власти, который законы должен знать отлично. Возможность граждан присутствовать на любом открытом процессе гарантирована законом.

Конечно, плохо, если граждане будут ходить, заглядывать во все помещения суда, мешать нормальной работе, но почему председатель решил, что так именно и будет? Обычный рядовой гражданин в коридорах власти лишний шаг боится сделать. Даже если и найдется один сверхлюбопытный и невоспитанный гражданин, то на это есть служба судебных приставов. В XIX в. почему-то не боялись граждан пускать в здания суда, более того, тогда действительно ходили на заседания как на представление, и никто из этого трагедии не делал. Судей не смущали ни журналисты, ни любопытствующие дамы, ничего не смыслящие в юриспруденции и явно пришедшие за острыми впечатлениями. Именно возможность для простых обывателей присутствовать на судебном заседании «просто так» и становилась фактором, меняющим правовое сознание людей. Конечно, не во всех судах так: в целом ряде судов приняты почти дословно одинаковые «Правила», в которых пункт 2.4 гласит: «Посетители судов вправе по своему усмотрению находиться в качестве наблюдателей при рассмотрении судом того или иного судебного дела, если судебное заседание не объявлено

---

678 Официальный сайт Калужского областного суда http://www.oblsud49.ru/contacts rules.aspx 20.10.2007

679 Богомолов В. Разрешите Вам не разрешить. Журналисты и судейское сообщество области разошлись во мнении о принципах гласности (интервью с председателем Воронежского областного суда В. Богомоловым) // Коммуна. — 2007. — 13 февраля.

председательствующим по делу закрытым»[680]. Хочется надеяться, что остатки прежнего сознания скоро исчезнут из умов представителей судебной власти. Возможно, в высшем эшелоне судебной власти следует разработать типовые «Правила поведения граждан в суде», которые содействовали бы большей открытости правосудия. Эти правила должны помещаться не только на официальных сайтах судов, но и в фойе судов, на доске информации.

Значимым шагом в развитии принципа гласности стало создание института пресс-служб в судах. Именно на них возлагается работа по освещению работы суда, осуществляется взаимодействие с прессой. Следующим шагом стало появление у судейского сообщества того или иного субъекта федерации своих изданий[681]. Затем к работе стали привлекаться свои информационные технологии: в Интернете появляется сайт Верховного суда и целый ряд сайтов федеральных судов. На октябрь 2007 г. 42 из 88 судов областного звена имели свой сайт в Интернете. При написании работы было проанализировано 30 сайтов[682]. Содержание сайтов примерно схоже и включает такие рубрики:

---

680 Данные правила помещены на сайтах Верховного суда Калмыкии, Брянского областного суда, Владимирского областного суда.

681 В качестве примера можно указать: «Буква закона. Журнал судейского сообщества Рязанской области», «Судебный вестник Чувашии», «Калужский судебный вестник», «Суд и правосудие: Журнал судейского сообщества Ивановской области», «Правосудие в Татарстане», «Судебный вестник Нижегородской области», «Судебная власть: Журнал управления Судебного департамента при Верховном суде по Пермской области».

682 Анализировались следующие сайты: Верховного суда Республики Адыгея www.sudadg.maykop.ru, Верховного суда Республики Башкортостан www.scrb.ufacom.ru, Верховного суда Республики Бурятия www.vsudrb.ru, Верховного суда Республики Дагестан www.supcourt.e-dag.ru, Верховного суда Республики Калмыкия www.vs.kalm.sudrf.ru, Верховного суда Республики Карелия www.versud.karelia.ru, Верховного суда Республики Марий Эл www.vsudmari.ru, Верховного суда Республики Мордовия www.verhsud.saransk.ru, Верховного суда Республики Татарстан www.tatsud.ru, Верховного суда Республики Тыва www.vsudrt.ru, Верховного суда Чувашской республики www.gov.cap.ru/main.asp?govid=47, Краснодарского краевого суда www.kubansud.ru, Ставропольского краевого суда www.stavsud.ru, Архангельского областного суда www.arhcourt.ru, Амурского областного суда www.oblsud.tsl.ru, Брянского областного суда www.br-oblsud.ru, Владимирского областного суда oblsud.avo.ru, Ивановского областного суда www.oblsud.ivanovo.ru, Калининградского областного суда www.kalingrad-court.ru, Калужского областного суда www.oblsud49.ru, Камчатского областного суда www.kamchatka.ru/~oblsud/, Кировского областного суда www.oblsud.kirov.ru, Орловского областного суда www.oblsud.orel.ru, Пензенского областного суда www.oblsud.penza.ru, Рязанского областного суда www.ryazoblsud.ru, Свердловского областного суда www.ekboblsud.ru, Смоленского областного суда www.smoloblsud.ru, Тамбовского областного суда www.tambov-court.ru, Ярославского областного суда www.oblsud.yar.ru, Московского городского суда www.mos-gorsud.ru.

«новости» (как из жизни суда, типа интервью председателя суда местной прессе, приезд иностранных гостей, так и результаты рассмотрения отдельных дел), «история суда», «законодательство» (законы, регулирующие деятельность судов), «структура суда» или «состав суда». Так же обязательной вкладкой является страничка «контакты», где даются адрес суда, необходимые телефоны и схема проезда до суда, и вкладка с банковскими реквизитами суда для оплаты судебной пошлины. Многие добавляют к этим сведениям адреса и телефоны районных и мировых судов. Некоторые сайты содержат странички с образцами оформления документов, например, кассационных жалоб. Ряд сайтов размещают графики рассмотрения дел, а также информацию о вынесенных приговорах и принятых решениях. Есть сайты, которые разместили информацию о судебной системе в целом и даже дали отдельные странички о мероприятиях судебной реформы. Таким образом, анализируя содержание сайтов, можно заметить, что обычно сочетаются два элемента: просветительский — информация о суде, судебной системе в целом, и практический — схемы проезда, реквизиты для уплаты пошли, образцы документов, график заседаний. Эти два элемента сочетаются по-разному, в некоторых судах преимущество отдают общей информации, в некоторых — практической. Очевидно, что для развития гласности судов и правового просвещения обывателя необходимы оба элемента.

Согласно Федеральной целевой программе «Развитие судебной системы России» на 2007—2011 гг., планируется, чтобы каждый суд общей юрисдикции имел свой сайт в Интернете, предоставляющий гражданам всю необходимую информацию, от графика приема посетителей до сведений о рассмотрении конкретного дела[683]. Сейчас большое значение в развитии гласности работы судов в самой судебной системе придается созданию Государственной автоматизированной системы (ГАС) «Правосудие». ГАС — это электронная система хранения и представления судебных документов. Традиционно в России все документы, проходящие через суд, представляются на бумажных носителях, прошитых в дело. Порой это ряд тяжелейших томов. Чтобы ознакомиться с ними, например, адвокату приходилось стоять в очереди в канцелярии. Теперь все документы будут сканироваться и станут доступны, как минимум, сторонам и их адвокатам на любой стадии дела и в любой момент (при сохранении делопроизводства на бумаге). Частично данные будут поступать и в Интернет. Это не только повысит уровень открытости судебной системы, но и оградит от всех возможностей злоупотреблений и фальсификаций. Исправить в

683 Гусев А. Открытое правосудие // Российская газета. 2006. 1 ноября.

документе что-либо задним числом будет невозможно. Как остроумно заметил обозреватель «Новой газеты» Л. Никитинский: «И даже если в приговоре будет написано "карова", то и это тоже будет так висеть у всех на виду»[684]. В 2007 г. в Верховном суде появился первый «электронный киоск» — специальный электронный терминал, аналогичный тем, которые стоят на вокзалах и в аэропортах. В нем каждый посетитель может получить доступ к любому документу, который открыт для публичного просмотра. Это может быть как информация о работе суда, так и информация по рассматриваемым делам, в том числе и вынесенные приговоры. Поиск, благодаря специальной поисковой системе, занимает секунды[685]. Следует ждать появления таких киосков и в судах низших инстанциях.

4.3.3. Информационная политика как фактор реализации реформы. Исторический опыт проведения судебной реформы 1864 г. дает еще один нужный урок: частью реформаторского процесса должна стать продуманная информационная политика. Успешность реформы зависит не только от продуманности ее мероприятий и уровня финансирования, но и от того, насколько население информировано о целях и задачах этой реформы. Надо помнить, что даже самая полезная реформа может достаточно болезненно восприниматься обществом, а также и то, что осведомленность граждан будет помогать эту реформу проводить. Соответственно власть в самых различных формах должна разъяснять цели реформы, ее содержание, проще говоря, «пиарить» ее в средствах массовой информации. Особенно это важно, если реформа затрагивает интересы масс, а судебная реформа как раз относится к таковой.

Как уже отмечалось, деятельность новых судов в XIX в. привлекала пристальное внимание и публики, и прессы. Однако печать освещала не только разбирательства по «громким» и не очень «громким» делам, а еще и ход судебной реформы в целом. Такие периодические издания, как «Колокол», «Голос», «Дело», «Отечественные записки», «Русский инвалид» и др., внимательно следили за ходом судебной реформы. На их страницах освещались все более-менее крупные события в жизни судебного ведомства. Каждое открытие нового окружного суда подробно описывалось в местной печати, где не только детально расписывалась процедура открытия суда, но и приводились тексты речей выступавших. Не оставляла без внимания печать суды и после их открытия, анализируя их деятельность, в том числе печатные издания не стеснялись освещать недостатки работы новых судов. Иногда со

684 Никитинский Л. Электронный суд // Российская газета. 2006. 2 августа.

685 Куликов В. Верховный суд открыл окно. Высшая судебная инстанция выдает служебные тайны гражданам // Российская газета. 2007. 19 июля.

страниц газет и журналов раздавалась весьма острая критика работы судейских чинов, только, как правило, касалась она не рассмотрения дела по существу, а работы судов вообще. Так, на страницах журналов и газет обсуждались вопросы об образовательном уровне судебных деятелей, медлительность судопроизводства, проблема авторитета мировых судей в обществе и др. Например, журнал «Отечественные записки» вводит в оборот термин «лежачая магистратура», им журналист окрестил мировых судей, которые избегали выполнять свои прямые обязанности, лишая обывателей возможности обратиться к правосудию. Журналом «Дело» поднималась проблема объективности судей в провинции, где все друг друга знают и связаны различными отношениями. Некоторые такие публикации весьма остры и даже ехидны. Те же «Отечественные записки», комментируя случай в Саратове, когда один почетный мировой судья, поругавшись с прокурором, вызвал его на дуэль (к счастью, ее удалось избежать), не стеснялись в выражениях. «И очень хорошо, что дело обошлось без дуэли, — язвили «Отечественные записки». — Если бы не умеющие метко стрелять прокуроры постоянно принимали вызовы, то можно сказать, что в первое пятилетие существования новых судебных учреждений их бы всех уничтожили, как лесную дичь в наших внутренних губерниях, и в живых остались бы одни только защитники»[686].

Все это можно назвать информационной поддержкой судебной реформы 1864 г. Вряд ли уместно говорить о том, что она проводилась продуманно и планомерно. Правительство Александра II, скорее всего, не сознавало потребности в ней, это получилось само собой. Однако то, что в XIX в. получилось по наитию, в современные дни должно стать осознанной целью.

К сожалению, современная судебная реформа как таковая в отличие от XIX в. оказалась не избалованной вниманием прессы, особенно в 90-е гг. XX в. Как показывают исследования Фонда защиты гласности: «всерьез судебная тематика освещается явно недостаточно». Более того, большинство (56%) и так не очень многочисленных публикаций, посвященных судебной тематике, нацелены не на освещение работы судебной власти в целом, а на освещение «громкого» процесса[687]. В этот период редко звучит в средствах массовой информации голос самих судей: только 1,8% газетных публикаций подготовлены с участием судей, больше половины из них представляют интервью с судьями[688]. В целом журналисты, средства массовой информации,

686 Отечественные записки. 1870. № 2. С. 372.

687 СМИ и судебная власть в России / Под ред. А.К. Симонова. М., 1998. С. 20.

688 СМИ и судебная власть в России / Под ред. А.К. Симонова. М., 1998.С. 24.

освободившись от цензуры и запретов, активно начали освещать запретную ранее тему криминала. Однако в центре внимания журналистов в первую очередь оказывался именно криминал, а не работа судов и правоохранительных органов. Погоня за рейтингом стала причиной того, что на первое место перед зрителем или читателем помещались различные «жареные» факты. В информационной политике, деятельности различных СМИ в первой половине 90-х можно проследить две тенденции. Первая — большой интерес к криминалу в целом. В Советском Союзе к преступлениям относились как к отдельным, случайным фактам, поэтому о них редко говорили в печати или с экранов телевизоров. Гласность сделала эту тему одной из наиболее популярных. С начала перестройки и по сегодняшний день появляется огромный ряд передач, существование которых раньше даже было трудно представить: «Криминальная Россия», «История любви», «Криминальное чтиво», «Честный детектив», «Программа максимум», «Территория закона», «Очная ставка» и пр. Практический каждый канал обзаводится своей передачей с криминальной хроникой: «ЧП» (НТВ), «Дежурный патруль», «Вести. Дежурная часть» (Россия), «Петровка, 38» (ТВ-центр). Качество этих передач и воздействие на зрителей самое различное. Так, передача «Криминальная Россия» старается ставить в центр внимания зрителя работу сотрудников милиции и прокуратуры, борющихся с преступностью, зато в некоторых других откровенно смакуются кровавые подробности, устрашающие простого обывателя. В совокупности с ростом преступности это существенно повлияло на общественное сознание. Элементы криминальной субкультуры широким потоком хлынули в массы. В частности, словарный запас российского обывателя обильно пополнился терминами из криминального арго. Теперь «забивать стрелки», считать деньги «лимонами» или «кусками», жаловаться на «беспредел» или «кидалово» стали не только представители криминального мира, но и законопослушные граждане[689]. Зарубежным филологам, изучающим русский язык, пришлось проводить специальные исследования по новому русскому языку[690]. Вторая тенденция — усиленное навязывание образа сотрудника правоохранительных органов как отрицательного героя. Если в Советском Союзе не разрешалось критиковать советскую милицию, прокуратуру, суд даже самую малость, то в начале 90-х гг. в поисках сенсации эта критика обрушилась огромным потоком, огульно и без-

689 «Забить стрелку» — назначить встречу, «лимон» — миллион, «кусок» — тысяча, «беспредел» грубейшее нарушение закона, установленных порядков, «кидалово» - обман, мошенничество, от глагола «кидать» - обманывать.

690 Ryazanova-Clarke Lare Developments in the Russian language in the post-soviet period // Russia after communist / by Fawn R and White St. London, 2001. P. 121.

удержно. Средства массовой информации были переполнены публикациями и сообщениями о «плохих» органах. Это нашло отражение и в развитии киноискусства. В фильмах 90-х гг. детективный сюжет, как правило, содержит образ не только героя-супермена, который в одиночку борется с преступностью, но и коррумпированного, бездушного сотрудника милиции или прокуратуры[691]. Даже старые образы пытались поправить на потребу дня. Создатели знаменитого советского «милицейского» сериала «Следствие ведут знатоки» вспоминают, как при попытке создать очередную серию в начале 90-х годов им на киностудии предложили: «Вот если б Знаменского и Томина арестовали за взятки! Как было бы интересно и свежо!»[692]. Естественно, это подрывало и авторитет судов: большинство граждан не делают различий между судом, милицией, прокуратурой. Поэтому если пишут плохо о милиционерах, то аналогичное отношение переносится и на суды. Канадский исследователь П. Соломон, анализируя ход российской судебной реформы, особо выделил, что при освещении работы судов журналисты в первую очередь показывали отрицательные стороны их работы, что отрицательно сказывается на отношении общества к суду[693]. При этом надо отметить, что на Западе особое внимание со стороны государства уделяется поддержанию авторитета суда через прессу, кино и телевидение. Даже существует отдельный жанр в кинематографе court drama (дословно — судебная драма), где суд никогда не будет показан отрицательно[694], в США действует специальный канал «Court TV» (дословно — телевизионный суд»)[695].

Итогом недостаточно продуманной информационной политики является слабое представление граждан о задачах и мероприятиях судебной реформы, низкий авторитет судов и судей в обществе. К сожалению, в общественном сознании суды с трудом завоевывают репутацию защитника. Фондом «Общественное мнение» в 1997 г. был проведен ряд социологических опросов граждан об их отношении к судьям и судам. Как показал опрос, только 5% опрошенных убеждены, что суд гарантирует беспристрастное рассмотрение дела, 24% — гарантирует, но редко, 38% — не гарантирует, 25% затруднились с ответом.

---

691 В качестве примеров можно назвать фильмы «Воры в законе», «Дураки умирают по пятницам», сериал «Бандитский Петербург».

692 Лавров А, Лаврова О. Шантаж. Криминальные повести. М., 1993. С. 374.

693 Solomon P. Courts and transition in Russia: the challenge of Judical reform. — Boulder Oxford Westriw press, 2000. P. 83.

694 Лебедев А. Оберегать Фемиду // Российская газета. 2006. 6 октября.

695 Solomon P. Courts and transition in Russia: the challenge of Judical reform. — Boulder Oxford Westriw press, 2000. P. 83.

Только 35% опрошенных уверены, что судьи при принятии решения руководствуются законом. Остальные опрошенные в качестве источника указаний для судей выбрали: органы исполнительной власти (15%), высшие судебные инстанции (15%), мнение прокуратуры (13%), личные симпатии (12%), криминал (10%). Только треть (33%) готова обратиться в суд в случае нарушения их прав[696]. Аналогичные данные получил и Фонд защиты гласности. Согласно их исследованиям 27,7% опрошенных считают судей прислужниками властей, влиятельных и богатых людей, еще 26,8% — бездушными чиновниками, 18% — продажными людьми, взяточниками. Только 19,4% опрошенных согласились с мнением, что судьи — это защитники граждан от произвола, 16,2% — служители закона и гаранты справедливости, 10,2% — независимые объективные арбитры в спорах и конфликтах[697]. Конечно, плохое мнение о судах — это не только результат непродуманной информационной политики. Большую роль сыграли сами недостатки судебной системы, ее медлительность, плохое состояние судебных помещений, грубость в судах, как в канцелярии, так и со стороны судей. Повлиял на падение авторитета суда и резкий рост преступности, произошедший в начале 90-х годов XX в. Если государство не в состоянии справиться с преступностью, то падает авторитет не только милиции, но и всей государственной власти, в том числе и судебной[698].

Также в качестве результата плохой информационной поддержки судебной реформы следует отметить низкий уровень информированности общества о задачах и содержании судебной реформы. При написании работы в г. Рязани весной — летом 2007 г. автором был проведен опрос граждан об их отношении к судебной системе и судебной реформе[699]. Всего было опрошено 716 человек, опрашивались люди разных возрастов и профессий. Из респондентов исключались сотрудники судов и правоохранительных органов. Первый блок вопросов был направлен на выявление степени информативности граждан о целях и задачах судебной реформы. Респондентам предлагалось выбрать из перечня различных мероприятий, которые, по их мнению, были проведены в ходе современной судебной реформы, и указать, как они оценивают данное нововведение — положительно или отри-

696 Официальный сайт Фонда «Общественное мнение» http://bd.fom.ru/report/cat/policy/strvices/right/sudebnaya_vlast 03.01.2007

697 СМИ и судебная власть в России / Под ред. А.К. Симонова. М., 1998. С. 143.

698 Galeotti Mark Crime, corruption and the law // Russia after the cold war / Ed. Bowken. M.-London, 1999. P. 140.

699 В проведении опроса приняли участие студенты: Рудакова, Веревкина, Жукова, Рой, Мелдрис, Черненская, Федосеев, Панченко, Бодрова, Шлыкова, Курапов, Шувариков, Якубова, Акимов, Наумов, Збитнева, Солдатов, Пахомова, Яковлева.

цательно. Только 61,3% опрошенных знают о том, что появился суд присяжных, 54% — что появились мировые суды, 51,3% — что создан институт судебных приставов. Еще меньше повезло арбитражным судам и Конституционному суду: о создании первых знают только 37% опрошенных, о создании второго — только 31%. В целом результаты опроса показали не очень высокий интерес обывателей к судебной реформе. Только 6,6% опрошенных указали, что интересуются реформой целенаправленно, 16,4% совсем не знают, что такая проводится, 10,5% об этом знают, но им эта тема не интересна, 28,5% отметили, что особого интереса реформа у них не вызывает, и только 38% признали, что реформа вызывает у них интерес, но специально информацию о ее ходе они не собирают. Таким образом, можно отметить не только низкий уровень информированности граждан, но и достаточно низкий уровень потребности в информации об этой реформе. Этим и объясняется большой уровень ошибок в ответах о содержании судебной реформы.

Низкий уровень знаний о целях, задачах и мероприятиях судебной реформы не так безобиден, как может показаться на первый взгляд. Если гражданин не знает о содержании судебной реформы, соответственно он плохо представляет, каким образом судебная власть может помочь ему в защите своих прав и свобод, он плохо ориентируется в том, что и как надо делать, чтобы обратиться в суд.

Следует отметить, что низкая информированность граждан и низкая потребность в этой информации являются следствием общего низкого уровня правовой грамотности населения. Относительно деятельности других ветвей власти граждане информированы не многим лучше. Проведенный небольшой опрос студентов неюридических специальностей это подтверждает. Студенты были выбраны потому, что они относятся к тому поколению, которое получало школьное образование уже при действующей Конституции, а также исходя из того, что это самая образованная часть молодежи. Предлагались вопросы на знание Конституции по самым «ходовым» проблемам: кто является носителем суверенитета страны, кем является президент страны, какой срок его полномочий, какие требования предъявляются по Конституции к кандидату в президенты. Опрос проводился осенью 2007 г., т.е. за полгода до проведения выборов на пост Президента, когда внимание общества уже было заострено на вопросах избирательного права. Только незначительное число опрошенных (3,2%) не допустило ни одной ошибки, правильно ответив на все вопросы. Большинство правильно знают, на какой срок в нашей стране избирается Президент (91,1%). А вот относительно требований, предъявляемых по Конституции к кандидату на пост президента, опрошенные оказались просвещены плохо.

Достаточно распространенным заблуждением является представление о том, что к кандидату в президенты Конституция предъявляет требование иметь высшее образование (68,5%). Также многие указывают такое требование, как опыт управленческой работы (53,2%), еще 25,8% уверены, что на этот пост может баллотироваться только русский. 57,2% респондентов знают, что носителем суверенитета является народ, 21,8% уверены, что — президент. Естественно, ответственность за то, что общество не только не располагает достаточной информацией, но не ощущает потребности в этой информации, лежит на власти, а не на обществе. Именно власть в ходе целого ряда мероприятий должна сформировать высокий уровень правовой грамотности, что и предполагает развитие в обществе потребности обладать правовыми знаниями. Вестись правовое просвещение должно на всех уровнях и различными способами — от школьного образования до средств массовой информации, в том числе и в форме социальной рекламы. Пока эта работа ведется весьма слабо. Интересно, что в Советском Союзе задача правового просвещения выполнялась достаточно целенаправленно. Были разработаны разнообразные формы этой работы. Школьники в обязательном порядке изучали курс «Основы государства и права», аналогичный курс читался и студентам. Данная работа охватывала не только школьников и студентов, но и взрослых. В одной только Могилевской области в 1987 г. действовало 27 народных университетов правового просвещения (естественно, в данном случае имеется в виду не высшее учебное заведение, а краткосрочные курсы), 32 их филиала, 250 кинолекториев, 52 школы правового всеобуча, 73 кружка по праву в комсомольской организации[700]. Как правило, действовали эти кружки и лектории при предприятиях. Конечно, их работа была сильно идеологизирована, порой велась очень формально, но все же содействовала в той или иной степени правовому просвещению.

Вызывает удивление, почему в свете задачи построения гражданского общества и правового государства в школах ликвидировали предмет «Основы государства и права», заменив его на мало информативный в правовом отношении предмет «Обществознание». Причем, когда еще в 1987 г. появились первые предложения ликвидировать курс «Основы государства и права» в школьной программе, это вызвало серьезные возражения в Министерстве юстиции СССР. Тогда вполне здраво было обосновано, что данный курс является «базой для формирования высокой гражданственности молодежи, понимания ею единообразия прав и обязанностей»[701]. Более того, особо оговари-

700 ГАРФ. Ф. Р-9492. Оп. 8. Д. 2405. Л. 75.

701 ГАРФ. Ф. Р-9492. Оп. 8. Д. 2374. Л. 14.

валось, что студенты должны не просто изучать основы права, а что программу правового курса необходимо делать индивидуально для каждой специальности, с учетом профессиональной потребности специалиста. К сожалению, в современные дни эти рассуждения были забыты и предмет «Основы государства и права» исключен из школьного курса, а курс «Правоведение» для студентов находится под угрозой исключения из программы высшего образования.

Пока уровень осознания потребности в правовых знаниях в обществе очень низкий. Указанный опрос студентов показал, что только 59,7% читали Основной закон страны, а остальные — нет. И ведь это самая образованная часть молодежи, у них должен быть не просто выше образовательный уровень, но выше и уровень потребности в информации. Таким образом, правовое просвещение населения — обязательный элемент судебной реформы и всего модернизационного процесса. Это не только должно повысить авторитет судебных органов, но и облегчить их работу. Правовое просвещение в принципе должно стать средством формирования гражданского общества, так как без знания своих обязанностей и прав, способов защиты последних человек не может быть полноправным гражданином.

Постепенно возрастающая гласность судопроизводства в начале XXI в. стала влиять на информационную политику по отношению к судебной реформе. Постепенно стал повышаться интерес средств массовой информации к судебной системе. При написании работы при участии студентов юридического факультета Рязанского филиала Академии права и управления был проведен контент-анализ восьми газет: «Известия», «Российская газета», «Парламентская газета», «Труд», «Независимая газета», «Трибуна», «Правда», «Рязанские ведомости»[702]. Выборка проводилась за три года: 1997, 2001, 2005-й. Налицо повышение количества публикаций, освещающих судебную тематику. Если в 1997 г. было отмечено в общей сложности в 8 изданиях 245 материалов, то в 2001 г. их было уже 363, а в 2005 г. — 435. Правда, если проанализировать тематику публикаций, то лидирующее положение во все годы по-прежнему занимают статьи о «громких» делах. Причем доля таких публикаций возрастает: в 1997 г. они составляли чуть больше 30%, в 2001 г. — 38%, в 2005 г. — 50%. Второе место (хотя и с большим отрывом) занимает проблема справедливости в судах (в 1997 г. 10,5% публикаций, в 2001 г. — 12,4%, в 2005 г. — 8,7%). Увеличилось количество публикаций о суде присяжных, мировой юстиции, по проблеме доступности судопроизводства, оперативности правосудия,

702 В исследовании приняли участие студенты Бадекшанов, Веревкина, Бодрова, Чернеская, Макарова, Бобров, Рудакова, Доника.

независимости судей. Зато уменьшился интерес прессы к проблеме финансирования судов, видимо, в силу того, что проблема перестала быть настолько актуальной. В 2001 г. наблюдался всплеск публикаций о статусе судей, скорее всего, вызванный дискуссией вокруг этого вопроса среди законодателей. В 2005 г. количество публикаций на эту тему резко сократилось. Конечно, вызывает беспокойство, что журналистов в первую очередь интересуют не проблемы судебного ведомства, а громкие процессы, но все же положительная тенденция видна: работа суда в большей степени оказывается на виду общества.

В уже упомянутом опросе граждан в г. Рязани респондентам предлагалось отметить, какой источник информации дал им больше всего сведений о ходе реформы (допускалось выбрать несколько ответов из следующих вариантов: 1 — специальная литература, законодательство; 2 — пресса; 3 — телепередачи; 4 — что-то говорили знакомые; 5 — вообще никакими источниками не пользовался). 21,9% опрошенных признались, что вообще никакими источниками не пользовались, 32,5% ориентируются на информацию, полученную от друзей и знакомых. Самым популярным источником оказалось телевидение. Его указали 40,8% респондентов. Причем на первом месте оказались игровые передачи: «Час суда», «Федеральный судья», «Суд идет». 28,4% опрошенных смотрят эти передачи (или 69,1% из тех, кто отдал предпочтение телевидению, как источнику информации). Особой популярностью пользуется передача «Час суда», ее смотрят более 20% всех респондентов, а среди тех, кто выбрал основным источником именно телевидение, ее указала половина респондентов. Второе место со значительным отрывом занимает передача «Человек и закон», ее смотрят 6,9% респондентов. Также упоминались передачи «Криминальная хроника», «Криминальная Россия», «Момент истины», «К барьеру», «Пусть говорят», новостные передачи. На долю последних выпадает очень незначительный процент: всего 1,7% от всех опрошенных.

Газеты стали источником информации для 27,8% опрошенных. Перечень изданий достаточно велик: от центральных изданий («Российская газета», «Аргументы и факты», «Труд», «Советская Россия», «Правда») до местных («Рязанские ведомости», «Панорама города», «Мещерская сторона» и др.). Самыми популярными оказались две центральные газеты: «Российская газета» и «Аргументы и факты». Безусловно, результаты опроса отражают общий рейтинг газет, а не рейтинг в плане освещения именно этой темы. Только 14,2% опрошенных указали, что используют специальную литературу и законодательство, и то в некоторых анкетах это утверждение выглядит натянутым, т.к. респондент при этом ухитрился допустить ряд грубейших ошибок, отвечая на вопрос о мероприятиях судебной реформы. Таким образом, можно отметить, что пока еще проблемы проведения судебной реформы, их популяризация и пропаганда недостаточно освещаются средствами массовой информации. Если сравнивать с XIX в., то для журналистов того времени судебные темы были более привлекательны. Конечно, в определенной степени это объясняется более скудной на события жизнью в XIX столетии, особенно в провинции. Порой известия из зала суда становились главной темой, потому что других тем не возникало.

Одной из форм информационной политики о ходе современной судебной реформы можно считать игровые постановочные передачи, где разыгрывается судебный процесс. В современные дни четыре канала соперничают в показах шоу на судебную тематику: «Федеральный судья» (1-й канал), «Суд идет» (Россия), «Дела семейные» (канал «Домашний»), но наибольшей популярности добилась передача «Час суда»: как уже отмечалось, ее смотрят 20% взрослого населения. Если оценивать передачи с точки зрения достоверности, то, конечно, все они имеют недостатки: ни одно дело не может быть рассмотрено за 15 минут, как в «Часе суда», или за 1 час, как в «Федеральном судье». Именно это обстоятельство чаще всего вызывает потом у граждан недовольство в реальных судах, когда они начинают высказывать судье: «Павел Астахов аналогичное дело рассмотрел за 15 минут, а вы сколько копаетесь». Передача «Суд идет» особенно изобилует процессуальными неточностями: так, при рассмотрении даже серьезных дел отсутствует представитель прокуратуры, присяжные находятся не в зале суда, а в отдельной комнате, полностью забывают о таких деталях, как предупреждение свидетелей и экспертов об уголовной ответственности за дачу заведомо ложных показаний. Однако очевидно, что данные передачи поднимают статус суда, пропагандируют обращение в суд как способ защиты своих прав, наглядно демонстрируют порядок работы, его основополагающие принципы. В частности, наиболее ярко показаны такие основополагающие принципы, как презумпция невиновности, состязательность, обязанность сторон доказывать свою позицию. С этим согласны и сами работники судебной власти. Начальник отдела по связи со СМИ Верховного суда РФ П.П. Одинцов отмечает: «Опыт программ на центральном телевидении “Слушается дело”, “Суд идет” и др. показал: данная тематика интересна зрителю (о чем свидетельствуют высокие рейтинги), а главное, появилась возможность внедрять в общественное сознание тезис о том, что большинство спорных вопросов можно и нужно решать через суд…»[703] Этой точки зрения при-

---

703 Одинцов П.П. Особенности формирования общественного мнения о судебной системе в российских СМИ: факторы эффективного взаимодействия // Официальный сайт Верховного суда http://www.supcourt.ru/news_detale.php?id=2967 11.06.2006

держивается председатель Рязанского областного суда А.П. Музюкин: «Может быть, это срежиссированная игра, может быть, дела, которые рассматриваются в телеэфире, надуманны, но в любом случае это правовое просвещение граждан»[704].

Следует отметить и попытки реализации проектов в провинции. Так, в Рязанской области с участием Рязанского областного суда был снят цикл передач «Слушается дело». Основная цель цикла — просвещение населения по различным правовым вопросам, в том числе связанным с работой судов. Для участия в передачах приглашались судьи, работники правоохранительных органов. Также заслуживает внимания проект «Суд и школьники», проводимый совместно Рязанским областным судом и Рязанским институтом развития образования. В ходе этого проекта школьники знакомятся с целями и формами работы судебной власти, посещают здание областного суда.

Медленно стало меняться отношение к суду и правоохранительным органам в искусстве. Искусство тоже можно назвать одной из форм информационной политики. Следует отметить, что модернизация в оба исторических периода вызывает оживление в мире искусства. Перемены в различных сферах жизни неизбежно вызывают отклик в душах творческих людей, поэтому в оба исторических периода мероприятия модернизации повлияли на творческую жизнь, но в то же время искусство влияет на проведение реформ, становится одним из факторов модернизации. Искусство в различных формах выражает отношение общества к проводимым мероприятиям, а также содействует их популяризации. XIX век еще не знал такого искусства, как кинематограф. Поэтому проведение судебной реформы 1864 г. нашло отклик в литературе и живописи. Величайший классик российской литературы — Лев Толстой показал работу суда присяжных в известном романе «Воскресенье». Мастер бытового рассказа Антон Чехов с присущим ему юмором в ряде своих произведений нарисовал целую серию живых сценок с участием судебных деятелей: «Злоумышленник», «Ты и Вы», «В суде» и др. Привлекала судебная атмосфера и художников. Целый ряд художников — членов знаменитого Товарищества передвижных выставок посвятили сюжеты своих картин работе суда: В. Маковский — «Оправданная», «Осужденный», «У мирового судьи», «Сени у мирового судьи», «У острога», Н.А. Касаткин — «В коридоре окружного суда», «В суде», «Свидание арестанток» (полное ее назва-

704 Музюкин А.П. Когда с решением суда не согласен (Интервью с председателем Рязанского областного суда А.П. Музюкиным / Беседовала М. Мосейкина) // Панорама города. 2008. 9 января.

ние — «Свидание с арестованными допускается по воскресеньям и четвергам от 11 до 12 часов»), К.А. Случевский «В ожидании приговора». Последняя картина появилась под впечатлением личного участия художника в работе суда присяжных[705].

Современная модернизация также повлияла на развитие всех форм искусства, которые отобразили психологическую атмосферу в обществе, созданную процессом преобразований. Однако модернизация XIX в. и судебная реформа, в частности, и отображались в произведениях искусства позитивно. Большинство картин или литературных произведений несли позитивный заряд, одобряя нововведения. Александровская модернизация, хоть и воспринималась неоднозначно и в некоторых моментах протекала болезненно, все же не влекла таких неблагоприятных последствий типа массового социального расслоения общества (в XIX в. оно и так воспринималось как норма), как это было в конце XX в. К тому же судебная реформа проводилась сразу и комплексно, поэтому не могла не привлекать к себе внимание общества. Как все новое, она несла надежды на лучшее и во многом эти надежды оправдала.

Современная модернизация проводилась иначе. Становление рыночной экономики и последовавшее резкое социальное расслоение общества сильно диссонировали с привычными представлениями о всеобщем равенстве. Усугублялось положение и более резким ростом преступности. К тому же реформа суда и правоохранительных органов проводилась очень медленно, и, как уже отмечалось, для многих она шла незамеченной. Поэтому в искусстве современная модернизация отобразилась более пессимистическими настроениями общества. Этим объясняется преобладание негативного образа сотрудников правоохранительных органов, в том числе и в киноискусстве. Для современной модернизации киноискусство становится наиболее ярким отображением общественного настроения. В то же время киноискусство — одно из важнейших средств информационной политики, т.к. кино наиболее сильно воздействует на сознание масс вследствие своей художественной выразительности. Неслучайно еще В.И. Ленин говорил, что из всех искусств для нас важнейшим является кино. То, что показано на экране, запоминается ярче и сильнее, оказывает сильнейшее воздействие на сознание масс. Однако первоначально даже не пытались использовать теле-киносредства как способ информационной поддержки модернизации. Более того, после поднятия «железного занавеса», была открыта дорога для различных дешевых западных

705 Более подробно смотри: Попова А.Д. Судебные будни на холсте // Буква закона. Журнал судейского сообщества Рязанской области. 2006. № 3—4. С. 78 — 82.

фильмов-боевиков, что создало определенный эталон и для российских фильмов.

Со второй половины 90-х гг. постепенно на экраны стал возвращаться положительный образ человека, стоящего на страже закона. Первым «шаром» стало создание знаменитого сериала «Улицы разбитых фонарей», в центре которого — работа обычных сотрудников милиции, не лишенных некоторых человеческих недостатков, а потому и более близких публике, и в то же время — честных, служащих идеалам добра и справедливости. Потом начался бум на детективные сериалы, в которых по очереди главными героями становились различные представители правоохранительных органов: сотрудники уголовного розыска («Убойная сила», «Новые приключения Мухтара», «Сыщики», «Центральный округ», «Опера. Убойный отдел», «Каменская»), следователи прокуратуры («Марш Турецкого», «Гражданин начальник», «Тайны следствия»), органы государственной безопасности («Агент национальной безопасности»), адвокатура («Линия защиты», «Адвокат», «Кулагин и партнеры»). Дождались своей очереди и судьи. В 2001 г. на экраны вышел сериал «Закон», где главным героем является судья Скляр. В 2006 г. телевидение показало сериал «Ваша честь!», в котором главной героиней является судья обычного районного суда. В 2007 г. в прокат вышел новый фильм Н. Михалкова «12», где в центре — работа суда присяжных. К сожалению, все эти работы оказались неоднозначными по силе сюжета, игре актеров и даже по достоверности материала.

Стоит отметить главный недостаток этих фильмов: зачастую они являются крайне безграмотными с правовой точки зрения. Как уже отмечалось, художественные фильмы — это важнейший способ воздействия на сознание людей. Поэтому они могут быть эффективнейшим средством разъяснения целей судебной реформы, повышения авторитета правоохранительных органов, повышения правовой грамотности населения. Благодаря силе искусства граждане лучше воспринимают именно то, что показано в фильме, а не то, что разъясняется в газете или в законе. Фильму и верят больше, соответственно любая ошибка в правовом плане крепче отпечатывается в сознании людей, чем правильные с правовой точки зрения строчки закона или статьи газетной публикации, подготовленные специалистами. Таким образом, к художественным фильмам обязательно должны предъявляться высокие требования в плане достоверности, а к работе над ними надо привлекать специалистов-консультантов. В советские времена обязательно при работе над детективом приглашали консультантов, которые, с одной стороны, следили, чтобы все было более-менее достоверно с точки зрения закона, с другой — чтобы фильм не стал учебным пособием для потенциальных правонарушителей.

Однако про фильмы 90-х — начала 2000-х гг., особенно сериалы, этого не скажешь. В некоторых из них действия главных героев, подаваемые как законные и обоснованные, явно расходятся с процессуальным законом. Так, в одной из серий фильма «Ваша честь!» главная героиня рассматривает дело об изнасиловании, одно и то же заседание является то открытым, то закрытым. В конце этой серии она председательствует по делу, по которому фактически сама является свидетелем. Еще в одной серии при рассмотрении дела по обвинению в неоказании медицинской помощи участвуют присяжные заседатели, хотя присяжные рассматривают только дела о преступлениях, подсудных судам областного звена, а указанное дело к ним не относится. Изобилует правовыми ошибками и бесспорно удачная работа с точки зрения режиссуры и игры актеров — фильм Н. Михалкова «12». Вся интрига фильма построена на чисто американской особенности работы суда присяжных: решение должно быть вынесено единогласно. В России присяжные только первые 3 часа не имеют права принять не единогласное решение, потом они могут вынести вердикт по большинству голосов. Также в фильме старшина избирается перед началом совещания в совещательной комнате, а не перед рассмотрением дела, как положено по закону, почему-то полностью отсутствует вопросный лист, присяжные решают, как в США: «виновен или не виновен». Согласно нашему УПК в России, как и в XIX в. сохраняется континентальная форма вердикта: перед присяжными ставится целый ряд вопросов. Как минимум в данном случае перед присяжными должны были стоять три вопроса: «Доказано ли, что совершено убийство?», «Доказано ли, что убийство совершил подсудимый?», «Заслуживает ли он снисхождения?». Это только самый скромный набор. Отдельно могут быть поставлены вопросы о мотивах, смягчающих или отягчающих обстоятельствах. Бывает, что современные российские присяжные получают вопросный лист, в котором количество вопросов исчисляется десятками, а то и сотнями[706]. Натянуто выглядят и некоторые сомнения присяжных, их легко можно было бы устранить, задав дополнительные вопросы свидетелям. Почему присяжные у Михалкова этого не сделали? Все очень просто: образцом для него служил американский фильм «12 разгневанных мужчин». В США присяжные не могут задавать вопросы свидетелям, подсудимым, экспертам, а в России это возможно. Удивляет полное отсутствие женщин в коллегии присяжных. Есть ошибки и в области материального права: в России несовершеннолетнему не может грозить пожизненное заключение, как это указа-

706 В Воронеже по делу руководителя местной ОПГ по кличке «Матрос» вопросный лист включал более 500 вопросов.

но в фильме. Хотя стоит отметить положительную сторону фильма: безусловно, он в принципе доносит до зрителя идею суда присяжных, содействует повышению чувства ответственности за принимаемое решение у потенциальных судей из народа.

В целом правовые ошибки становятся весьма распространенными как в художественных произведениях, так и в новостных передачах. Самым распространенным и безобидным примером можно считать выражение — «заведено (как вариант "открыто") уголовное дело», хотя в соответствии с УПК уголовные дела не «заводят», и не «открывают», а «возбуждают». В одной региональной новостной передаче прозвучал опус: «Прокуратура вынесла приговор злоумышленнику», хотя прокуратура может только расследовать уголовное дело и направить его для рассмотрения в суд, где и выносят приговор. Элементы детектива и криминальный сюжет присутствуют во многих фильмах, а зритель порой получает совершенно извращенное представление о правовых нормах. Так, если верить сериалу «Татьянин день», у российского гражданина при задержании есть такое право, как право на один телефонный звонок[707]. Подобный опус встречается во многих российских фильмах. В сериале «Срочно в номер» полковник милиции отдает приказ следователю прокуратуры отпустить задержанного. В этом же сериале опознание подозреваемой происходит на свадьбе в отсутствие понятых и подставных[708]. Причем руководит опознанием даже не следователь, а адвокат другой дамы, на которую подозрение падало раньше. В другом сериале — «Обреченная стать звездой» происходящий по сюжету судебный процесс показан так, что даже не понятно, уголовный это процесс или гражданский.

Не отстают от кинематографистов и работники пера. Детективный жанр стал массовым не только в кино, но и в литературе. Детективы начали сочинять все кому не лень. Далеко не все авторы имеют представление о работе суда, правоохранительных органов, уголовном и уголовно-процессуальном законодательстве. В результате во многих произведениях фигурирует такой опус, как «ордер на обыск», чего уже давно нет в современном УПК, а также персонажи типа «следователь

707 Согласно статье 92 УПК задержанному предоставляется право на свидание с защитником не менее 2 часов. Согласно статье 96 следователь или дознаватель должен уведомить о задержании родственников задержанного, однако данная статья допускает с разрешения прокурора не делать этого в интересах следствия, кроме случая, когда задержан несовершеннолетний.

708 Статья 193 УПК РФ требует, чтобы при проведении опознания опознающему лицо предъявляется для опознания вместе с другими лицами, похожими на него. Такие лица обычно называются «подставные», их количество не может быть меньше двух.

уголовного розыска», «отдел по расследованию заказных убийств» или взятие подписки о невыезде у свидетеля, причем в массовом порядке[709], в слушании гражданского дела участвуют присяжные заседатели, свидетели в суде клянутся говорить только правду и ничего, кроме правды[710], гражданин может быть «задержан как свидетель»[711]. Детективы популярной писательницы Д. Донцовой тоже не отличаются правовой грамотностью. Ее главная героиня Даша Васильева постоянно сталкивается с убийствами, только почему-то их расследуют не следователи прокуратуры, а милиция. В одном произведении героиня сама оказывается в роли подозреваемой, причем подозрения настолько серьезны, что ее не берут под стражу только благодаря заступничеству друга-милиционера, но при этом ее даже ни разу не вызывают к следователю. Еще в одной повести этой писательницы адвокат подозреваемой присутствует на допросе свидетеля по делу, хотя сама подозреваемая в этом следственном действии не участвует[712].

Сами судьи с горечью отмечают поток безграмотной с правовой точки зрения информации, льющейся с телеэкрана и страниц газет. Так, председатель Конституционного суда Валерий Зорькин констатирует: «Посмотрите, что показывают в бесконечных сериалах! Сплошная пропаганда нарушений законности, незнание элементарных правовых норм, выдуманные правоохранительные органы. Это результат провалов в правовом воспитании наших деятелей культуры и сотрудников СМИ»[713]. Приятным исключением можно назвать детективный сериал «Тайны следствия», снятый по сценариям бывшего следователя прокуратуры Е. Топильской. Бесспорно, в современные дни авторов нельзя обязать писать или снимать определенным образом. Времена цензуры давно ушли в прошлое. Однако продуманная информационная поддержка должна стать частью всего реформаторского процесса. Возможно, частью ее должно стать и выделение государством средств

709 Согласно статье 102 УПК подписка о невыезде может браться у подозреваемого или обвиняемого.

710 Согласно законодательству в российском суде не предусмотрено приводить свидетелей к клятве, им только разъясняется о наличии в Уголовном кодексе статей, предусматривающих наказание за отказ от показаний и за дачу заведомо ложных показаний (ст. 176 ГПК РФ и 278 УПК РФ).

711 Согласно статьям 91—96 УПК РФ такая мера процессуального припуждения может применяться только к подозреваемому. К свидетелю из мер процессуального принуждения может применяться только взятие письменного обязательства о явке (ст. 112 УПК) и привод (ст. 113 УПК).

712 Согласно статье 53 УПК защитник может присутствовать только в следственных действиях, в которых участвует его клиент.

713 Зорькин В. Право знать (интервью с председателем Конституционного суда В.Д. Зорькиным / Беседовал П. Дульман) // Российская газета. 2007. 6 апреля.

на съемку просветительских передач и фильмов. Определенную роль могло бы сыграть учреждение ведомственных премий (от Генеральной прокуратуры РФ или МВД РФ) за лучшие фильмы и передачи, способствующие поднятию авторитета суда и правоохранительных органов и правовому просвещению граждан, где одним из критериев должна стать и достоверность изложения материала.

4.3.4. Влияние процесса реализации реформы на массовое сознание. Как показывает исторический опыт, гласность судопроизводства и информационная поддержка судебной реформы имели огромное значение не только для улучшения работы судебного ведомства, но и для эволюции общественного сознания. Именное гласное судопроизводство, введенное реформой 1864 г., содействовало во второй половине XIX в. развитию обыденного правосознания из патриархального в гражданское. Гражданское правосознание не может сформироваться, если население будет безграмотно в правовом отношении. Уважение к закону невозможно без его знания. В крепостнической России уровень знания законов был невелик. Для российского подданного первой половины XIX века главным руководством в поведении была не норма закона, а указание или мнение человека, стоящего выше в иерархии общественных отношений (начальника по службе, старшего члена семьи, для крепостного — барина). Как писал в 1859 году К.П. Победоносцев, государственная служба из службы Отечеству переросла в службу лично начальнику: «Начальник мог повелевать беспрекословно; а самым способным к начальству, по системе Николая I, считался не тот, кто привык рассуждать, а привык повиноваться слепо и беспрекословно не по закону, не по совести (и закон, и совесть слишком близко касались опасной области идей), а воле начальника»[714]. Любые проявления самостоятельности, любое несогласие с мнением начальства, даже если оно выразилось в указании на то, что распоряжение начальника противоречит закону, рассматривалось как возмущение против властей.

В результате знание законов становилось для российского обывателя делом необязательным и даже нежелательным. Правовая безграмотность способствовала установлению самовластия и произвола, авторитет закона замещался авторитетом внешних атрибутов проявления власти. Даже самое нелепое распоряжение должностного лица становилось обязательным для его подчиненных. Не меньшей магической силой, особенно для низших слоев, обладала любая бумага, имевшая печать. Земский деятель П.А. Дементьев писал: «Я помню,

714 Победоносцев К.П. Граф В.Н. Панин // Голоса из России. Сборники А.И. Герцена и П.И. Огарева. М., 1976. Вып. 3. Кн. 7. С. 7.

некоторые сельские старосты прикапчивали[715] свои печати к самым возмутительным абсурдам, и никакая сила в мире не могла разубедить целое сельское общество, что это все-таки был абсурд и беззаконие»[716]. Существовавшие в народе «правовые» представления порою серьезно контрастировали с важнейшими юридическими принципами, признаваемыми в каждом цивилизованном обществе. Содержание «страстных споров» после первых открытых процессов свидетельствует о том, что даже такое понятие, как право подсудимого на защиту, было весьма непривычным для многих российских обывателей. Например, князь В.М. Голицин, рассказывая о своих впечатлениях о работе новых судов, пишет, что ему неоднократно приходилось слышать недоуменные высказывания людей по поводу судебной защиты: «Ради чего, говорили они, защищать заведомого преступника, уличенного в совершенном им деянии, убийцу или вора, которых полиция накрыла на месте преступления»[717].

Этого мнения придерживались не только простые обыватели. В 70-е годы XIX века на имя Александра II была подана записка неустановленного лица, в которой давалась оценка проводимым реформам. Мероприятия судебной реформы, по оценке автора, серьезно вредили безопасности государственного строя — особенно большую опасность представляла адвокатура. Адвокаты, по мнению автора, только вредят делу правосудия, так как учат преступников запирательству и способам утаивания своей вины. Они сами являются пособниками преступников, и их место в тюрьме или в Сибири: «У нас на суде эти пустомели совершенно лишние»[718]. Поэтому каждый должен вести сам свою защиту, только в крайних случаях, когда подсудимый по своим умственным или психическим качествам не может защищаться, нужно приглашать родственников или сословных представителей для защиты. У автора этой записки даже не мелькнуло и тени сомнения, что подсудимый или его родственник, не имея юридического образования, может даже приблизительно не представлять способов и методов защиты.

Открытые судебные заседания были единственной формой правового просвещения в России в прошлом веке. Гласное судопроизводс-

715 «Прикапчивать» — данный глагол отражает способ, каким ставили печати в ряде случаев: к зажженной свече подносилась печать так, чтобы ее поверхность покрылась копотью, которой и ставился оттиск на бумагу.

716 Дементьев П.А. Воспоминания старого земца // Вестник Европы. 1903. Кн. 9 — 11. С. 630.

717 Голицин В.М. Московский университет в 60-х гг. // Голос минувшего. 1917. 11/12. С. 222.

718 ГАРФ. Ф. 678. Оп. 1. Д. 671 а. Л. 28 об.

тво способствовало, с одной стороны, ознакомлению с существующими нормами права, с другой стороны, возвышало авторитет именно закона, а не человека, облеченного властью. Публичное отправление правосудия меняло отношение к самой судебной власти. Старые суды, сильно скомпрометировав себя взяточничеством и волокитою, имели весьма низкий авторитет в обществе. Суд не воспринимался как орган защиты нарушенных прав, и обращение в него не рассматривалось как привычный способ разрешения конфликтов правовым путем. В сознании многих обывателей закрепилось представление (оно еще живо до сих пор), что иметь дело с судом недостойно честного человека. Новым судам пришлось бороться с такой философией, которая порой особенно ярко проявлялась, когда человеку приходила повестка в суд или к следователю.

Одно дело — восхищаться новыми судами на торжественном обеде или скрашивать зимние вечера чтением увлекательного судебного отчета. Совсем другое дело — явиться в указанный день и час в суд или к следователю, отказавшись от намеченных планов. Многие представители привилегированных слоев общества сам факт допроса в суде считали для себя оскорбительным. В отзыве о ходе судебной реформы прокурор Рыбинского окружного суда писал по этому поводу: «По уголовным делам вызовы различных представителей административных ведомств, присяга и допрос их на суде считались ими вначале равносильными к оскорблению служебного достоинства»[719]. Уже приводился пример, когда один господин устроил скандал в суде из-за повестки, присланной его сыну. Сам факт повестки рассматривался этим обывателем как покушение на репутацию молодого человека. Открытое судопроизводство, а также имущественные санкции (наложение штрафа, возложение судебных издержек на неявившихся свидетелей) постепенно приводили к более высокой явке свидетелей. Судебные отчеты фиксировали число лиц, оштрафованных судом за неявку. Сравнение данных за разные годы позволяет установить, что число таких людей на каждые 100 дел неуклонно уменьшалось: в 1867 году их было 8,3, в 1870 году — 7, в 1875 году — 5,8, в 1881 — 4.

Гласность судопроизводства заставила наконец общество увидеть мерзость некоторых привычных явлений. К сожалению, произвол и жестокость в российском обществе были явлениями очень распространенными и типичными. Чеховский Ванька Жуков, сетовавший в письме дедушке на суровую хозяйку, типичный и не самый страшный пример этого периода. Российская жизнь знает немало более страшных примеров, когда жизнь некоторых детей, женщин в кругу родных

719 ЦГИА г. Москвы. Ф. 131. Оп. 8. Д. 94. Л. 96 об.

людей была наполнена страхом и болью. Причем все было настолько распространено, что к жестокости в обыденной жизни привыкли и ее не замечали. Именно публичное правосудие смогло заставить людей обратить внимание на эти явления. Порой это происходило неожиданно: на скамье подсудимых оказывались женщины и подростки, совершившие преступление по причине жестокого с ними обращения. Нередко женщины шли на нарушение Паспортного устава, чтобы избавиться от побоев мужа или его родни (например, убежав из дома, проживали по подложным документам). В некоторых случаях доходило дело до убийства[720]. Как правило, на суде безотрадная картина жизни подсудимого вырисовывалась яркими красками, шокируя присяжных и публику. Неприглядные явления жизни, запрятанные в темных углах, оказались под всеобщим обозрением. Это значение гласного суда подчеркивалось журналом «Дело»: «Со времени судебной реформы уголовные процессы сделались новым источником для нашего знакомства с явлениями общественной жизни. Из следственных протоколов, обвинительных актов и адвокатских речей мы в короткое время узнали о многих патологических явлениях общественного организма, которых не замечали прежде»[721]. Журнал «Вестник Европы» констатировал по этому поводу: «Мы продолжаем еще открывать себя, как какую-то неведомую Америку»[722].

Таким образом, судебная реформа имела значение не только для улучшения самого правосудия. Она не просто ускорила правосудие, сделала его более гуманным и справедливым, но и существенно повлияла на развитие общества, содействуя его правовому просвещению, росту авторитета суда и закона, помогла изменить обыденное правосознание. Решающую роль в этом сыграл принцип гласности судопроизводства. Именно благодаря тому, что данный принцип реализовался наиболее полно, был обеспечен большой общественный резонанс судебной реформы 1864 г., ее большое воздействие на общественное сознание.

Естественно, судебная реформа рубежа XX—XXI вв., как и реформа 1864 г., также должна воздействовать на общественное сознание людей. Хотя выявить и заметить это воздействие пока достаточно трудно, т.к. с начала реформы прошло еще мало времени, чуть больше 10 лет, а ее полное завершение еще только впереди. Поэтому пока говорить о кардинальном изменении образа судьи и суда в общественном созна-

---

720 Н.П. Тимофеев описывает случай, когда женщина умышленно совершила преступление, чтобы быть отправленной в Сибирь, подальше от мужа-изверга.

721 Дело. 1872. № 9. С. 187.

722 Вестник Европы. 1879. № 10. С. 70.

нии еще рано. Проведенный в 2004 г. Фондом «Общественное мнение» опрос показал, что только 26% опрошенных оценивают работу судов положительно, 46% — отрицательно, 28% — затруднились с ответом. При этом 47% респондентов согласились с утверждением, что российские судьи часто выносят несправедливые приговоры. Однако в то же время можно отметить небольшую положительную динамику: обращаться в суд для защиты своих прав готовы уже 39% опрошенных, в то время как в 1998 г. таких было всего 33%[723]. Сам рост количества дел, поступающих в суды, косвенно свидетельствует о росте доверия к судам. В 3-й главе уже отмечалось, что, так же как и в XIX в., на реформированные суды обрушивается поток гражданских дел. Если сравнить статистические данные о работе судов за 1997 и 2004 гг., то видно, что за этот временной промежуток количество дел о защите прав потребителей выросло в 3,5 раза, о праве собственности на землю — в 3,7 раза, жалоб на неправомерные действия должностных лиц, государственных органов, органов самоуправления — в 1,3 раза. Появляются категории дел, которые раньше даже не возникали: о защите интеллектуальной собственности, защите чести и достоинства.

Проведенный опрос жителей Рязани показал, что постепенно желание обращаться в суды за правдой растет. 66,3% опрошенных на вопрос, будут ли они обращаться в суд, если будут нарушены их права, выбрали варианты ответов «Да» или «Скорее да, чем нет» (28,4% выбрали первый ответ, 37,9% — второй). Только 11% однозначно отрицают обращение в суд как способ решения своих проблем (выбрали ответ «Нет»). 22,7% остановились на варианте «Скорее нет, чем да». Из тех, кто готов обращаться в суд, наиболее распространенным мотивом стал ответ: «В правовом государстве надо решать все конфликты через суд». На втором месте (26,4%) оказалось убеждение, что «суд обязательно решит по справедливости». 24,3% этой группы респондентов надеются на силу суда («Суд олицетворяет силу государства, он заставит обидчика ответить за нарушение моих прав»). Чуть больше 10% не мотивировали свой ответ.

Если анализировать мотивы, по котором люди не хотят идти в суд, то приходится констатировать, что на первом месте стоит неверие в справедливость суда: 31,5% респондентов, не желающих обращаться в суд, выбрали ответ «Все равно справедливости не добьешься». Они составили чуть больше 10% всех респондентов. На втором месте (16,6%) стоит убеждение, что обращение в суд очень дорого — «У меня нет денег, чтобы судиться». Почти столько же респондентов этой

723 Официальный сайт Фонда «Общественное мнение» http://bd.fom.ru/report/cat/policy/strvices/right/sudebnaya_vlast/tb044111 03.01.2007

группы (15%) объяснили свою позицию нехваткой времени. 13,2% посетовали, что не знают, как это делается. Отрадно, что только 10,5% этой группы выбрали ответ «Я приличный человек, чтобы иметь дело с судом». Все-таки обращение в суд перестает быть в глазах людей делом, недостойным порядочного человека. 9,1% отметили, что лучше обратятся не в суд, а к кому-либо еще. Опять же отрадно, что под другой силой чаще всего подразумевается адвокат, и только несколько раз фигурирует ответ типа «обращусь к друзьям», «обращусь к влиятельным личностям», «разберусь сам», «нервы дороже».

В анкете содержался вопрос, какой фактор, по мнению респондента, прежде всего влияет на решение суда: обстоятельства дела, материальное положение человека, качество юридической помощи, связи адвоката, уровень квалификации судьи, моральные качества истца или ответчика, связи истца или ответчика, место работы истца или ответчика. При этом предлагалось также отметить, какие факторы занимают второе, третье и так далее место. Среди факторов, которые были поставлены на первое место, больше всего голосов получил такой фактор как «обстоятельства дела» (71,3%), затем следует «материальное положение человека» (34,5%). Учитывая, что третье место среди факторов, играющих первостепенное значение, заняло «качество юридической помощи» (29,8%), а среди обстоятельств, стоящих на втором месте, это утверждение получило наибольшее количество голосов (60%), то, скорее всего, граждане трактовали финансовый фактор как возможность нанять более опытного адвоката, а не как желание подкупить судью. Зато такие факторы как «связи адвоката», «связи истца или ответчика», «место работы истца или ответчика» набрали гораздо меньше голосов. В целом, все же можно говорить о том, что хоть медленно, но кредит доверия к суду в обществе растет, хотя еще не достиг уровня развитых европейских государств.

Так же медленно меняется отношение к закону: правовая безграмотность пока явление более распространенное, чем правовая грамотность. Однако именно закон постепенно начинает восприниматься как главный регулятор поведения людей, а не указания должностного лица или партийного органа. Авторитет закона медленно, но повышается. Как отмечает американский профессор Герман Швартс, в советский период на Конституцию никто внимания не обращал, важнее были рекомендации партийной элиты. Теперь это ушло в прошлое[724].

Также как в XIX в., и сегодня суды своей деятельностью «просвещают» людей относительно некоторых их действий. К сожале-

724 Schwartz Herman .The Struggle for Constitutional Justice in Post-Communist Europe. Chicago and London. 2000. P. 162.

нию, до сих пор является актуальным произвол в отношении детей со стороны взрослых. По сей день время от времени в больницы поступают дети избитые, и порой весьма жестоко, своими ближайшими родственниками. И по сей день реакция правоохранительных органов на поведение этих родственников вызывает у последних недоумение и удивление: «Меня что, за это судить будут?», «Я что, не могу воспитывать своего ребенка как хочу?». XX век дал новую тему для «просветительных» процессов — дела по факту жестокого обращения с животными. С удивлением некоторые граждане только в зале суда узнавали, что ударить, убить соседскую Муську или Жучку есть преступление и что существует в Уголовном кодексе статья, предусматривающая ответственность за жестокое обращение с животными. Такие процессы возникают нечасто, требуют большого терпения со стороны заявителей, но зато привлекают внимание прессы, получают освещение и на телевидении, и в прессе, что должно воздействовать на остальных граждан.

Рост авторитета суда зависит не только от работы СМИ, режиссеров художественных фильмов, но и от самих судов. Во многом впечатление от суда у обывателя складывается из того, как быстро рассмотрели в суде его дело или дело его знакомого, как разговаривали с ним в суде, насколько комфортным оказалось само состояние суда. На авторитет всей судебной системы могут повлиять даже такие мелочи, как грубость уборщицы или обшарпанный, а то и закрытый на замок туалет. Это понимают и сами служители Фемиды. На заре реформы в обзорах писем, пришедших в Министерство юстиции, с тревогой отмечалось, что 60% жалоб граждан на ненадлежащие исполнение сотрудниками судов своих обязанностей были признаны обоснованными[725]. Поэтому большое внимание в ходе реформы наконец стало уделяться благоустройству судов, что нужно не только судьям, но и посетителям. Стали приниматься меры к тому, чтобы изжить из храма правосудия волокиту и хамство. Принятые в 2006 г. правила для работников аппарата суда жестко регламентируют порядок обращения с гражданами. Они категорически запрещают любую грубость, даже если сами посетители ведут себя вызывающе, обязывают представляться при телефонном разговоре, носить бейджики с указанием должности и фамилии[726]. Не сделано исключение и для самих судей. Постановлением Пленума Верховного суда судьям вменяется в обязанность доброжелательный тон, на председателей возлагается обязанность контролировать абсо-

725 ГАРФ. Ф. Р-9492. Оп. 8. Д. 2405. Л.73.

726 Куликов В. Повежливее, ваша честь! Совет судей принял жесткие правила общения судебных чиновников с посетителями // Российская газета. 2006. 6 июня.

лютно все в своем суде, даже то, насколько быстро выдаются справки, насколько удобно расположена информация на стендах в суде[727]. Судьям также предписывается писать приговоры и решения простым и ясным языком, чтобы каждый гражданин мог понять, почему именно такое, а не другое решение было принято. Все это должно приблизить судебную систему к народу, сделать ее более удобной и понятной для простого обывателя.

Соответственно процесс проведения судебной реформы имеет сильное воздействие на общественное сознание и на развитие обыденного правосознания. Как показал опыт реализации реформы 1864 г., судебная реформа воздействует не только на саму судебную систему, но и на общество. Реализация реформы 1864 г. содействовала повышению правовой грамотности населения, формированию всесословного общества, повышению авторитета суда и закона, повышению уровня защиты прав и свобод людей, становлению принципа равенства людей. Однако такое действие судебной реформы было возможно только благодаря полному воплощению в жизнь наиважнейшего принципа судопроизводства — принципа гласности, а также информационной поддержке судебной реформы, т.е. освещению ее хода в средствах массовой информации. Безусловно, современное общество вправе ждать от судебной реформы рубежа XX—XXI вв. подобного результата. Нельзя утверждать, что современная судебная реформа не оказала воздействия на общественное сознание. Однако ее значение в этом плане труднее оценить, так как в отличие от XIX столетия преобразования в судебной сфере представляют не крупномасштабный акт, охватывающий все стороны деятельности суда, а растянуты на десятилетия. Последние нововведения в судебной сфере только начинают осознаваться обществом. К тому же следует отметить, что в современном обществе труднее реализовывался принцип гласности судопроизводства. Большую роль в этом сыграли объективные трудности, в частности, проблема судебных помещений, нехватка просторных судебных залов, куда бы могла вместиться публика. Кроме того, труднее изживаются и стереотипы старого мышления. СМИ и судебная власть оказались хуже подготовлены к процессу взаимодействия и взаимному диалогу. Следует также отметить, что сама судебная реформа оказалась в современные дни менее привлекательна для журналистов, чем это было в XIX веке. Причина, возможно, кроется за пределами деятельности судебной власти: XIX век был более скромным на события, особенно если говорить о жизни в провинции. Поэтому многие факты из

727 Куликов В. «Ваша честь» — сама любезность. Верховный суд запретил судьям принимать подарки и грубить в храмах правосудия // Российская газета. 2007. 27 июня.

сферы деятельности суда, будь то громкий процесс или открытие нового суда, привлекали больше внимания. В современной жизни информационный поток гораздо больше, событиям в коридорах судебной власти труднее конкурировать с другой информацией. Поэтому проведение судебной реформы в современные дни должно сопровождаться определенной продуманной информационной поддержкой самого различного плана. Речь идет как о просвещении народа о задачах и принципах деятельности судебной власти (об этом должны иметь представление даже школьники, и часть уроков по курсу «Обществознание» или «Граждановедение» должна быть посвящена этим темам), так и об информировании о содержании судебной реформы. Также следует признать весьма актуальной идею 1987 г. о корректировке правоведческого курса для студентов с учетом их специальности. С одной стороны, это повысит авторитет судебной власти и облегчит ее функционирование, а с другой — будет содействовать изменению общественного сознания.

***

Судебная реформа, бесспорно, относится к тем мероприятиям, которые выходят за пределы узковедомственных проблем и затрагивают интересы широких слоев общества. В этом плане судебная реформа может быть сопоставима с реформой образования или медицины. Соответственно судебная реформа является важным фактором проведения всего процесса модернизации и формирования гражданского общества. Эта роль проявляется многолико. Во-первых, судебная реформа создает условия для защиты прав и свобод людей и повышает уровень законности, без чего гражданское общество невозможно. Во-вторых, в демократическом государстве граждане должны иметь возможность участвовать в отправлении правосудия. С одной стороны, это повышает уровень демократизма самого судопроизводства, обеспечивает контроль со стороны народа за реализацией власти государства и в тоже время повышает авторитет суда в глазах народа. С другой — само участие народа в работе судов повышает уровень обыденного правосознания. Соответственно одной из целей судебной реформы является создание условий для реального участия народа в отправлении правосудия. В-третьих, судебная реформа и вся деятельность судебных органов в целом оказывают воздействие на развитие общественного сознания, являются мощным фактором повышения уровня правовой культуры населения, но в то же время сами преобразования в судебном ведомстве требуют проведения просветительской работы среди населения.

Следует отметить, что эти три аспекта проявились в обеих исследуемых судебных реформах. Законодатели обеих эпох исходили из того, что правосудие должно быть доступно для каждого человека независимо от общественного и имущественного положения, места жительства. Если оценивать доступность с правовой точки зрения, то более последовательно этот вопрос был решен в ходе современной судебной реформы: подсудность судов была серьезно расширена. Теперь фактически любой вопрос, регулируемый правом, может быть решен в судебном порядке. В XIX столетии еще оставались некоторые пережитки дореформенных порядков, прежде всего — наличие сословных судов для крестьян и духовенства. Они сократили доступность реформированного правосудия для населения. Однако и в XIX в., и на рубеже XX—XXI вв. законодатели стремились сделать судопроизводство доступным с финансовой точки зрения, с этой целью устанавливались небольшие судебные пошлины. Однако в оба исторических периода данный вопрос серьезно корректировался территориальными и другими факторами. Доступность правосудия зависела также от места жительства человека, наличия подготовленных адвокатов, расценок на их услуги.

Знаковыми моментами обеих судебных реформ стало введение суда присяжных. И это не случайно, так как именно суд присяжных в наибольшей степени олицетворяет возможность народа участвовать в отправлении правосудия. Только в суде присяжных представители народа могут наиболее независимо высказать свое мнение. В этом плане суд присяжных выгодно отличается от советского института народных заседателей, которые принимали решение вместе с судьей и нередко реально не могли высказать свое мнение. Участие судей от народа в оба исторических периода благотворно воздействовало на работу не только суда, но и правоохранительных органов. В частности, следует отметить повышение качества предварительного следствия. Однако реформа XIX в. создала более широкий круг дел, подсудных суду присяжных. Современная реформа ограничила компетенцию присяжных только делами по тяжким и особо тяжким преступлениям, чем значительно снизила потенциал воздействия этого института как на судебную систему и правоохранительные органы, так и на само общество. Однако надо отметить, что реформа рубежа XX—XXI вв. создала более демократичные требования к присяжным, сделав доступной эту роль практически для каждого гражданина России, достигшего 25 лет.

В оба исторических периода реформа неизбежно привлекала внимание общественности и воздействовала на уровень правовой культуры. В XIX в. внимание общества, возможно, было даже большим. Сильнее оказалась информационная поддержка реформы. Однако это скорее следует объяснять не как результат более продуманной управленческой политики, а более низким уровнем насыщенности информационного потока. Жизнь в XIX в., особенно в провинции, была беднее на события, чем сейчас, поэтому каждое событие, в том числе и в коридорах судебной власти, привлекало больше внимания. Однако в оба исторических периода реформа воздействовала на обыденное сознание, повышала авторитет судов, что в свою очередь способствовало росту правовой грамотности населения и правовой культуры. Исторический опыт показывает, что проведение судебной реформы обязательно должно сопровождаться информационной поддержкой — разъяснением в средствах массовой информации целей и задач реформы, повышением авторитета суда, а также правовым просвещением населения. Это не только облегчит проведение судебной реформы, но и обеспечит более полное использование ее потенциала в становлении гражданского общества.

ЗАКЛЮЧЕНИЕ

Прошедшая за два последних десятилетия волна преобразований сильно изменила страну. Облик современной России стал весьма далеким от «первого в мире социалистического государства». Произошедшие изменения могут быть вполне сопоставимы со знаменитой Эпохой Великих реформ Александра II. Конечно, Россия эпохи Николая I и Советский Союз не могут быть однозначно приравнены друг к другу. Если Россия XIX в. была аграрной страной, то Советский Союз представлял собой индустриальное государство. Николаевская Россия являлась государством с неограниченной монархией, Советский Союз формально признавался республикой, в которой власть принадлежит трудящимся. В николаевской России значительная часть населения находилась в крепостном состоянии, наличествовала корпоративная организация общества. В Советском Союзе формально все были равны. Однако обе эпохи имели и схожие черты: страны отставали в экономическом и культурном отношении, уровень развития демократических институтов был очень слабый для своего времени, были исчерпаны резервы для дальнейшего развития. Оба модернизационных процесса были направлены на демократизацию общественных отношений, создание рыночной экономики, повышение уровня законности. Большую роль в произошедших изменениях сыграли судебные реформы. Судебная реформа 1864 г. может быть по праву названа жемчужиной во всей Александровской модернизации. Современные демократические преобразования также были бы невозможны без судебной реформы.

Обе судебные реформы проводились в сложных условиях, в переломные моменты. Объединяет их и то, что они становились неотъемлемой частью реформаторской политики и являлись важным условием для проведения всех остальных реформ. Однако отношение власти к разработке и процессу реализации судебной реформы, сама технология разработки законопроектов, вводящих реформы, в оба периода разнятся.

На технологии разработки судебной реформы в полной мере сказывались уровни демократии каждого времени. Разработка судебной реформы 1864 г. проводилась исключительно с участием только центральных органов власти, власть на местах практически была лишена возможности воздействовать на реформаторский процесс. Современная судебная реформа готовилась с участием местных парламентариев: введение мировой юстиции невозможно без принятия законов субъектов федерации. Естественно, обе реформы оказывались в сильной зависимости от настроения властей и от их общего отношения к процессу модернизации. Если власть в принципе охладевала к реформам в целом, тормозилось и дело судебной реформы. Реформа 1864 г. готовилась на взлете либеральных настроений Александра II и его окружения, поэтому она вылилась в единое комплексное мероприятие. Судебные Уставы содержали нормы, преображавшие всю судебную систему разом. Нестабильность политического курса сказалась на реформе чуть позже, когда реформа стала реализовываться на практике. Все новшества хоть и вводились сразу, но не на всей территории страны, а по ее частям.

Модернизация рубежа XX—XXI вв. сразу была заявлена как постепенная и неспешная. Первоначально в задачи реформаторов не входила коренная ломка общественных, политических и экономических отношений. Более того, весь реформаторский курс был еще более нестабильным, чем в XIX столетии, он то ускорялся, то тормозился. Соответственно судебная реформа рубежа XX—XXI вв. приняла затяжной характер. Она в полной мере испытала на себе все колебания внутреннего курса — разрабатывалась и внедрялась более 15 лет, представляла не единовременный акт, а набор мероприятий, растянутых во времени и пространстве. Так, идея суда присяжных впервые была заявлена в 1989 г., в 1991 г. получила свое подкрепление в «Концепции судебной реформы», законодательно была введена в нескольких субъектах в качестве эксперимента только в 1993 г., получила распространение на территории всей страны только к 1 января 2007 г.

Однако следует отметить, что обе реформы судебной сферы в оба периода имели схожие цели и содержали похожие мероприятия. Обе реформы ставили цель обеспечить независимое, справедливое, оперативное и доступное правосудие, утвердить принципы гласности, законности, состязательности и равенства всех перед судом и законом. Они ввели суд присяжных, мировую юстицию, службу судебных приставов, изменили отношение к финансированию судебной власти, повысили статус судей. Обе повлияли на работу органов предварительного следствия, адвокатуры, создали условия для развития предпринимательства, повысили уровень законности и уровень защиты прав и свобод людей.

Обе реформы не просто кардинально улучшили работу судебного ведомства, но и изменили статус судебных органов в системе органов власти. В недемократических государствах, какими являлись Российская империя и СССР в дореформенные периоды, статус суда был невысоким, так как задача защиты прав и свобод личности не ставилась на первый план, в решении конфликтов на первое место выступали административные способы, а не судебные. На решение суда большое влияние оказывала позиция административных органов (в советский период — еще и партийных). Только если в николаевской России участие административных лиц, например губернаторов, было закреплено законодательно, то в Советском Союзе суд формально был независимым, но мнение партийных органов было очень значимым. Соответственно вопрос независимости судей стал ключевым для обеих реформ. Ключевым моментом в изменении статуса суда стала и проблема финансирования. В недемократическом государстве низкий статус суда подчеркивается плохим финансированием судебной системы, низкими зарплатами судей и работников аппарата суда. Обе реформы кардинально изменили подход к финансированию судов, в оба исторических периода работа в судебной сфере стала одной из наиболее оплачиваемых. Принципиально менялся подход к устройству помещений для судов. Следует отметить, что в XXI в. проблема финансирования решалась более драматично, XIX в. не знал таких провалов в материальном обеспечении судебной системы, как это было в 90-е гг. XX в., что даже поставило под угрозу всю деятельность третьей ветви власти. В конечном итоге эта проблема была решена более последовательно, чем в Александровскую модернизацию. В пореформенной России XIX в. только начали осознавать необходимость строительства для судов специальных зданий, в которых было бы удобно всем, от судей до случайного посетителя. В XXI в. наконец стали появляться специальные здания для судов, которые по праву могут претендовать на звание Дворцов правосудия.

Следует выделить одну существенную ошибку, допущенную законодателями XIX в. и повторенную в современные дни: финансирование мировой юстиции частично возложено на местные бюджеты. Законодатель XIX в. возложил содержание мировых судей в полной мере на земства, чем не только ухудшил положение мировых судей с материальной точки зрения, но и ущемил их независимость по отношению к этим органам самоуправления. В современные дни законодатель определил, что в соответствии с Конституцией мировые судьи будут получать зарплату из федерального бюджета, а все остальное будут обеспечивать местные бюджеты. Это ухудшило положение мировых судей, ущемило их независимость по отношению к местным органам власти.

Роднит обе реформы и то, что на них в полной мере сказались сложности переходного периода. С одной стороны, судебные реформы должны были создать условия для развития предпринимательства, свободного рынка, стать орудием защиты прав и свобод граждан. Однако именно это и породило сложности в работе судов: развитие рыночных отношений вызвало огромный поток дел, который как лавина обрушился на суды. В оба исторических периода судьи оказались чрезмерно перегружены. Особенно велик оказался поток гражданских дел. Повлияло и изменение отношения к статусу личности, к защите прав и свобод людей. В обе эпохи стали появляться дела, которых раньше не было. Для XIX в. это стали дела о защите чести и достоинства, жестоком обращении с женщинами и детьми, в XXI в. — о нарушении авторских прав, защите чести и достоинства, обжаловании незаконных действий государственных органов и должностных лиц. Оборотной стороной демократизации и становления рыночной экономики явился рост преступности. Поэтому судьи двух эпох оказались завалены и уголовными делами. Единственно, в чем судьи XXI в. могли позавидовать своим коллегам из XIX в.: в то время еще не существовало понятия «организованная преступность» и судьям окружных судов не приходилось рассматривать многотомные уголовные дела об организованных преступных группировках с большим количеством подсудимых, потерпевших и свидетелей. Следует заметить, что ни о какой эффективности реформы нельзя говорить, если какое-либо дело рассматривается годами, а людям годами приходится ждать справедливости. Оперативность судопроизводства также стала важнейшим вектором обеих реформ. Поэтому существенным стало расширение штатов судов. Стоит отметить, что в оба периода эта проблема не сразу нашла понимание у властей и потребовала для ее решения больших усилий со стороны судебного ведомства.

Изменение статуса судов невозможно без изменения статуса судей. Поэтому изменение статуса судей и кадровая политика тоже стали неотъемлемыми моментами обеих реформ. Служба по судебному ведомству превратилась в престижную высокооплачиваемую работу. Судьи стали представлять особый слой государственных служащих, с одной стороны, имеющих очень высокий статус, в том числе и в плане заработной платы, а с другой стороны, для занятия этих должностей стали предъявляться как никогда высокие требования (образование, возраст, ценз опытности, нравственные и деловые качества). Даже к кандидатам на высший пост в стране — Президента — и то требования намного скромнее. Законодатели обеих эпох исходили из того, что правосудие должны вершить только граждане (подданные) страны, образованные, достигшие определенного возраста, имеющие опыт работы по специальности и безупречную репутацию. Естественно, на некоторые требования в каждую эпоху оказывало влияние время. Так, в XIX в. к службе в судах допускались только мужчины, требования к образовательному цензу были меньше в силу более низкого уровня образования общества. Зато ценз опытности соблюдался более последовательно — учитывалась только служба по судебному ведомству, а не по юридической специальности вообще.

Обе реформы проходили в тесном взаимодействии с другими общественными процессами, воздействовали на общественное сознание, становились важнейшими факторами формирования гражданского общества и повышения правовой культуры обывателя. Существенно, что обе реформы создавали для людей более благоприятные условия для защиты своих прав и свобод. Без наличия таких возможностей гражданское общество и правовое государство не могут быть построены. Поэтому важными ориентирами для реформаторов стали доступность правосудия и юридической помощи. Законодатели обеих эпох постарались создать такие правовые нормы, чтобы правосудие действительно было доступно. Если в XIX в. еще сохранялись некоторые осколки дореформенных порядков, в частности, сословные суды, то в XX в. этот вопрос был решен наиболее полно. Юрисдикция судов была значительно расширена. Сейчас каждый гражданин может потребовать рассмотрения в суде фактически любого спора, вытекающего из правоотношений. Однако как в XIX в., так и сейчас вопрос доступности правосудия и юридической помощи во многом зависит от неправовых факторов: места жительства человека и состояния инфраструктуры страны. Например, российское бездорожье серьезно влияло и влияет на степень доступности новых судов. Зачастую обыватель был вынужден отказываться от ведения дела в суде, т.к. состояние дорог, плохая работа транспорта делало и делает обращение к правосудию слишком дорогим и тяжелым.

Соответственно надо выделить воздействие реформ на общественное сознание. В оба исторических периода оно было очень мозаичным, в нем переплетались различные убеждения и настроения. Реформы суда стали эффективным средством утверждения в массовом сознании важнейших демократических принципов: принципа презумпции невиновности, равенства всех перед судом, уважения к закону. Естественно, это воздействие осуществлялось медленно.

Большая роль в этом процессе принадлежит гласности правосудия. От того насколько полно реализуется этот принцип судопроизводства, насколько хорошо судебная реформа обеспечена информационной поддержкой, настолько сильно будет воздействие реформы на общественное сознание. Следует отметить, что в XIX в. этот принцип проводился даже более последовательно, чем в современные дни. Однако сейчас задача сделать работу судов более открытой для общества уже четко осознается и самой судебной системой. Также современный мир предъявляет более жесткие требования к информационной поддержке судебной реформы. Информационный поток сейчас гораздо обильнее, чем в XIX в. Поэтому для успешного хода реформы, более полного использования ее потенциала воздействия на общественное сознание должны привлекаться новые технологии для правового просвещения масс и разъяснения целей и содержания реформы.

Большую роль в развитии взаимодействия общества и суда играет возможность народа участвовать в отправлении правосудия. С одной стороны, это повышает авторитет суда в глазах общества, делает процедуру отправления правосудия более демократичной, с другой — воздействует на правосознание самих граждан. Однако в современные дни присяжные играют гораздо меньшую роль в отправлении правосудия, чем это было в XIX столетии. Если в эпоху Александра II присяжные рассматривали основную массу уголовных дел, подсудных общим судебным местам, то сейчас только незначительную часть. Численный недостаток частично компенсируется большим резонансом, который эти дела вызывают , — благодаря более высокому уровню развития средств массовой информации они получают большую огласку.

В целом, обе реформы были проведены достаточно успешно, в конечном итоге они выполнили поставленные задачи. К сожалению, стоит отметить, что исторический опыт реализации судебной реформы 1864 г. был изучен недостаточно полно. С одной стороны, реформа Александра II явно служила примером для современных законодателей. Это видно по набору проводившихся мероприятий. В то же время налицо повторение одних и тех же ошибок, которые хоть и не исказили полностью поставленные задачи, но все же снизили эффективность проводимых мероприятий. В частности, следует отметить ошибки с определением порядка финансирования мировых судей, медленное решение вопроса расширения штатного состава судов, недооценку значения информационной поддержки реформы. Современная судебная реформа пока еще завершена не полностью, еще только предстоит введение ювенальной юстиции, административных судов. Стоит ждать преобразований в системе МВД и прокуратуре.

Однако произведенные перемены очень масштабны, их значение очень велико. В заключение можно привести мнение самих судей об основных результатах реформирования судебной системы: «Суд превратился из второстепенного государственного органа в орган судебной власти, действующей независимо от власти законодательной и исполнительной» (председатель Советского районного суда г. Рязани Е.В. Сапунова), «...главная идея судебной реформы — реализация права на судебную защиту — в последнее десятилетие нашла свое реальное воплощение. У граждан нашей страны появилось больше возможностей через суд защищать свои права, свободы и интересы практически во всех сферах общественной жизни» [председатель Захаровского районного суда (Рязанская область) О.А. Хараламова], «Значительно улучшилось материально-техническое и финансовое обеспечение судов и судей. Суды обеспечены информационной базой, оргтехникой, транспортом, ремонтируются и строятся новые здания» [председатель Старожиловского районного суда (Рязанская область) Т.И. Масюкова][728].

Таким образом, обе судебные реформы: и реформа 1864 г., и реформа рубежа XX—XXI вв. стали значимой частью модернизационного процесса, значительно повлияли на все преобразования, включая процесс становления гражданского общества и правового государства. В этом состоит их роль в историческом процессе, и она не может быть переоценена.

728 Буква закона. Журнал судейского сообщества Рязанской области. 2006. № 3—4. С. 15, 16.

Издательство «НОВЫЙ ХРОНОГРАФ»
в 2008 году вышли в свет

Серия «Российское общество. Современные исследования»

Александр Янов.
Россия и Европа в трех книгах. 1462—1921.

Книга первая. Европейское столетие России. 1480—1560
Объем 696 с., формат 60x90/16, переплет. ISBN 978-5-94881-064-5

Трилогия известного историка и политического мыслителя Александра Янова посвящена происхождению и перспективам европейской традиции России. Вопреки общепринятому сегодня — и в России, и на Западе — мнению, что традиция эта ведет начало лишь с XVIII века (будь то с царствования Петра I или Екатерины II), автор, опираясь на множество бесспорных исторических фактов, демонстрирует, что и родилась-то Россия страной европейской. И что по этой причине европейская, «договорная» традиция (он называет её традицией вольных дружинников) преобладала в стране не только на протяжении четырех с половиной веков Киевско-Новгородской Руси, но и, что прицfolgиально важно, в начальном столетии Руси Московской (1480—1560), которому главным образом и посвящена первая книга трилогии.

Согласно документально подтвержденным свидетельствам , отрезали Россию от Европы лишь сломавшие вековое сопротивление православной Реформации победа иосифлянской Контрреформации и вдохновленная ею самодержавная революция Ивана Грозного — во второй половине XVI века. Только тогда евразийская (холопская по терминологии автора) традиция, безуспешно конкурировавшая с европейской на протяжении двадцати поколений, — с самого начала русской государственности — возобладала над своей вечной соперницей. Возобладала, но не сумела её раздавить — несмотря даже на умопомрачительные репрессии, на сакральную диктатуру самодержавия, на порабощение крестьянства и имперскую мифологию Третьего Рима, при помощи которых холопская традиция пыталась увековечить себя в России.

Как в зеркале, отразилась эта жестокая, порою смертельная война двух одинаково древних и легитимных традиций в «Ивaниане», первой в мировой историографии летописи их векового соперничества, которой посвящено более трети первой книги трилогии. «Иваниана» не оставляет сомнений, что европейская традиция жила в русской мысли и после победы иосифлянской Контрреформации. Больше того, сумела она разрушить почти все главные основы холопской традиции — православный фундаментализм и обязательную службу дворянства в XVIII веке, крестьянское рабство в XIX, сакральное самодержавие и мифологию Третьего Рима в XX.

Именно поэтому шансы на новое возрождение европейской традиции, сколь бы маловероятными они сегодня ни казались, значительнее и серьезнее в наши дни, чем когда-либо после самодержавной революции 1560 года. Так, по крайней мере, свидетельствует русская история.

Александр Янов.

Россия и Европа в трех книгах. 1462—1921.

Книга вторая. Загадка николаевской России. 1825—1855

Объем 504 с., формат 60x90/16, переплет. ISBN 978-5-94881-029-4.

Вторая книга трилогии известного историка и политического публициста Александра Янова посвящена эпохе Николая I. За событиями второй четверти XIX века автор обнаруживает характерные и не слишком привлекательные черты русской истории, сформировавшиеся задолго до Николая I и в известной степени сохраняющиеся по сей день. Приводимые Яновым параллели с современными политическими событиями впечатлят любого неравнодушного к судьбам своей страны читателя, даже далекого от размышлений об отечественной истории. Однако автор не стремится убедить нас в том, что история повторяется, а пытается понять, как найти выход из этой «дурной бесконечности».

Александр Янов.

Россия и Европа в трех книгах. 1462—1921

Книга третья. Драма патриотизма в России. 1855—1921

Объем 656 с., формат 60x90/16, переплет. ISBN 978-5-94881-072-0

Заключительная книга трилогии известного историка и политического мыслителя Александра Янова посвящена одной из величайших загадок русского прошлого, перерождению самого светлого и драгоценного общественного чувства, любви к отечеству, в собственную противоположность: «из любви к своему, — по словам Г.П. Федотова, — в ненависть к чужому». Иначе говоря, в национализм. Как это могло случиться? На обширном документальном

материале, связанном с борьбой идеологий в XIX веке, автор убедительно показывает, как и почему сбылось мрачное пророчество В.С. Соловьева о том, что эта зловещая деградация патриотизма в конце концов погубит петровскую Россию. В 1917 она погибла.
Сегодня, в постсоветской России, когда разница между патриотизмом и национализмом снова на наших глазах стирается, опыт этой роковой деградации становится столь же опасным и актуальным, каким он был в XIX веке, во времена Соловьева.

Политическая социализация российских граждан в период трансформации.

Под редакцией Е.Б.Шестопал

Объем 525 с., формат 60x90/16, переплет. ISBN 978-5-94881-063-8

Предлагаемая читателю монография впервые в отечественной политической науке предлагает для анализа процесса политической социализации концептуальную модель, которая позволяет учитывать формирование как осознаваемых, так и неосознаваемых компонентов политических представлений. Кроме того, данная монография вводит в научный оборот большой объем новых эмпирических данных об особенностях существующих политических представлений российских граждан эпохи В.В.Путина, формирующихся в процессе их политической социализации.
Высказанные в монографии положения, идеи и выводы могут использоваться для дальнейшей разработки теории и практики изучения функционирования процесса политической социализации в трансформационном контексте современной России и выработки общей модели становления новых политических представлений граждан.

Алексей Давыдов.
Душа Гоголя.

Объем 272 с., форм. 60x90/16, переплет. ISBN 978-5-94881-065-2

В книге анализируется внутренний конфликт Н.В.Гоголя между двумя представлениями о Боге — Богочеловеком Иисусом, у которого Гоголь учился познанию человеческого, и Богом-отцом, хозяином Царства небесного. Основной вопрос, терзавший Гоголя: что спасает душу — служение людям через художественное творчество или служение Богу-отцу через ритуал. Этот конфликт между ценностями этого и того мира нарастал в душе Гоголя постепенно и определял многие его метания, когда он либо отказывался от многих своих произведений, либо брался объяснять читателя их духовно-нравственную сторону.

Алексей Тепляков.
Машина террора: ОГПУ-НКВД Сибири в 1929—1941 гг.
Объем 632 с., формат 60x84/16, переплет. ISBN 978-5-94881-075-1

Стремясь в наиболее значимых подробностях показать функционирование машины сталинского террора на территории Сибири, мы считаем необходимым сосредоточиться на рассмотрении следующих основных проблем. Анализ структуры, функций и кадров ОГПУ-НКВД позволит проследить и объяснить изменения в строении карательного механизма на протяжении 30-х годов, его кадрового наполнения. Изучение агентурно-оперативной работы поможет близко увидеть и оценить те методы, с помощью которых осуществлялись контроль и прямые репрессии в отношении населения СССР. Сосредоточение на так называемых «массовых операциях» позволит бросить взгляд на самые крупные карательные акции ОГПУ-НКВД, в том числе и в отношении деклассированных элементов, оценить масштабы демографического урона. Изучение места «органов» в структуре власти поможет сделать выводы о системе взаимоотношений компартии с её «передовым вооружённым отрядом». И, наконец, пристальное внимание к психологии, быту и нравам чекистов даст возможность увидеть в кадрах ОГПУ-НКВД их человеческое наполнение и понять, что же такое настоящий чекист.

Вне серий:

На приеме у И.В. Сталина.
Журналы (тетради) записей лиц, принятых И.В.Сталиным
в 1924—1953 гг.
Объем 784 с., формат 70x90/16, переплет. ISBN 978-5-94881-008-9

Публикуются сохранившиеся в Архиве Президента РФ записи дежурных секретарей приемной И.В.Сталина за 1924—1953 гг., в которых каждый день с точностью до минуты фиксировалось время пребывания в кремлевском кабинете Сталина всех его посетителей.
Издание сопровождает обширный научный комментарий, включающий сведения обо всех посетителях кремлевского кабинета Сталина. Эта публикация представляет исследователям богатейший фактический материал по истории СССР сталинской эпохи.

А.Махрова, Т.Нефедова, А Трейвиш.
Московская область сегодня и завтра: тенденции и перспективы.
Объем 344 с., формат 70x100/16, ил., карты, схемы,, переплет.
ISBN 978-5-94881-054-6

Московская область — не просто зона влияния столицы, а сложное образование, крупнейшая агломерация страны, особый урбанизированный и субурбанизированный регион, стремящийся стать равноправным партнером столицы.

Авторы дают современный портрет области, территориальные сдвиги в ней во время кризиса 1990-х гг. и в период выхода из него в 2000-х гг. Раскрываются особенности расселения, рынка земли и жилья, основные сдвиги в экономике, социальной сфере и формирование основного пространственного каркаса развития области. Книга предлагает читателю проехать по четырем лучам от столицы до окраин области (на север, юг, запад и восток) и увидеть, как меняется сама местность и жизнь на ней. И, наконец, в ней сделана попытка рассмотрения возможных сценариев развития области.

Книга адресована широкому кругу читателей: научным работникам, преподавателям и студентам, а также всем, кто интересуется окружением столицы России.

Владимир Калуцков.

Ландшафт в культурной географии.

Объем 334 с., формат 60х90/16, переплет. ISBN 978-5-94881-062-1

В монографии анализируется становление ландшафтной концепции в современной культурной географии (в англо-американской, немецкой, французской и российской научных школах). Культурный ландшафт рассматривается как социоприродная и гуманитарно-информационная система. Разрабатываются теоретические и методологические основы этнокультурного ландшафтоведения.

Во второй части книги обсуждаются результаты многолетних культурно-ландшафтных исследований Русского Севера как модельного региона. Представлены результаты исследований проблем делимитации, комплексной характеристики и векового пространственного развития Русского Севера. Рассматриваются особенности селений в севернорусском культурном ландшафте, региональная ландшафтная топонимия, ландшафтно-ориентированный фольклор, а также сакрально-ландшафтная тематики. Завершают вторую часть вопросы культурно-ландщафтной таксономии и районирования Русского Севера.